소로의
자연사 에세이

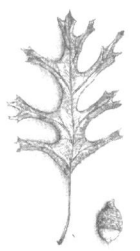

The Natural History Essays
by Henry David Thoreau

Published by Acanet, Korea 2013

이 책은 저작권법에 따라 보호를 받는 저작물이므로 무단 전재와 무단 복제를 금하며
이 책 내용의 전부 또는 일부를 이용하려면 반드시 저작권자와 아카넷의 동의를 얻어야 합니다.

한국연구재단총서 학술명저번역 536

소로의
자연사 에세이

Natural History Essays

헨리 데이비드 소로 지음 | 김원중 옮김

아카넷

일러두기
1. *가 달린 주는 저자 주이며, 번호가 붙은 것은 옮긴이 주이다.
2. 본문의 고딕 강조는 원문의 강조이다.
3. 본문에 등장하는 길이나 거리, 면적 단위들은 가독성을 위해 미터법으로 환산하지 않고 원문 그대로인 야드파운드법으로 두었다. 본문에 나오는 단위들을 미터법으로 바꾸면 다음과 같다.
    · 1갤런=약 3.8리터
    · 1로드=약 5미터
    · 1마일=약 1.6킬로미터
    · 1에이커=약 4,047제곱미터
    · 1인치=약 2.54센티미터
    · 1쿼트=약 1.14리터
    · 1파운드=약 0.45킬로그램
    · 1피트=약 30.48센티미터

차례

1. 매사추세츠의 자연사 | 7

2. 와추셋 산 등반기 | 45

3. 겨울 산책 | 73

4. 숲 나무들의 천이(遷移) | 99

5. 산책 | 123

6. 가을의 빛깔 | 175

7. 야생사과 | 221

8. 허클베리 | 263

옮긴이 해제 | 321

1
메사추세츠의 자연사*

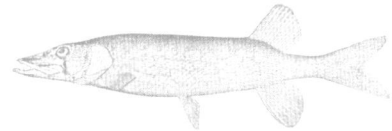

* 『매사추세츠 주에 서식하는 어류, 파충류, 조류와 초본식물, 네발짐승, 그리고 초목에 해로운 곤충과 무척추동물에 관한 보고서』(주 의회의 요청에 따라 주동식물학조사위원회가 출판함).

자연사 책은 겨울에 가장 즐겁게 읽을 수 있다. 눈이 대지를 덮으면 나는 오듀본[1]의 책에서 목련과 플로리다 키스[2]와, 그곳의 따뜻한 해풍에 관한 얘기를 가슴 두근거리며 즐겁게 읽는다. 담장 가로장, 판야나무, 보통문조(Rice-bird)들의 이동에 관하여, 그리고 래브라도[3]에서 물러가는 겨울과 미주리 강의 지류에서 녹는 눈에 관한 얘기도 읽는다. 내가 활력이 넘치는 것도 이런 풍요로운 자연을 떠올려볼 수 있기 때문이다.

---

1 존 제임스 오듀본(John James Audubon, 1785~1851): 아이티 출신의 미국 조류학자, 박물학자, 화가. 미국의 조류를 연구하여 489종 1,065마리에서 435매의 사실화(寫實畵)를 그려 『미국의 새들(The Birds of America)』(전 4권, 1827~1838)에 수록하여 출판하였다. 흔히 '미국 조류학의 아버지'라고 불린다. 그의 이름을 붙인 유명한 자연보호 단체인 국립오듀본협회(National Audubon Society)가 있고 100여 개 지부가 있다.
2 플로리다 키스(Florida Keys): 미국 플로리다 주 남부 먼로 카운티와 데이비드 카운티에 걸쳐 있는 제도. 1,700여 개 섬의 다도해이며 산호초와 석회암으로 이루어져 있다.
3 래브라도(Labrador): 북아메리카 북동부의 허드슨 만과 대서양 사이의 반도.

이 단조로운 삶의 영역으로

봄이 굽이치는 시냇가에 뿌려놓은

제비꽃이나 아네모네처럼

때 묻지 않고 아름다운 하늘색 순간이

들어오는 때가 있네. 그런 순간은

인간의 불평을 위로하려고만 드는

최고의 철학을 무용하게 만든다.

겨울이 찾아와 서리 내린 저녁

내 방에 높이 앉아, 명랑한 달의

고요한 빛 속에서 모든 가지와 울타리

그리고 삐죽 나온 새싹들 위에

떠오르는 햇살에 맞서

얼음 창(槍)이 그 길이를 늘이는 동안,

나는 기억했다, 지난여름 찌는 듯한 한낮에

성 요한 풀이 자라는 고산지 초장(草場) 너머로

여태 보지 못했던 햇살이 비스듬하게 내린 것을.

나는 듣기도 했다, 내 마음의 풀밭 가운데서

초원을 어슬렁거리는 붓꽃 위에서

억눌린 듯 길게 이어지는 벌의 윙윙 소리를. 혹은 이제

그 모든 여정을 마치고 말없이 조용히 서 있는 부산한 개울 소리를,

그 자신의 기념물이 되어 비탈을 따라 소용돌이치며

흘러 인접한 초원들을 지나 마침내 저지대 개천의 차분한 물결 속에서

그 발랄한 소리가 조용해지는 것을.

나는 보기도 했다, 최근에 사람들이 갈아 엎어놓은 이랑들이 빛나는 것을,

그리고 다른 모든 주위의 밭은 두꺼운
눈의 외피(外皮) 아래 하얗게 갇혀 있는데
개똥지빠귀가 그것들을 뒤에서 따라가는 것을.
그래서 신의 풍족한 보살핌으로 부유해져서
나의 겨울 일로 다시 되돌아간다.

겨울에 채진목, 미국자리공, 노간주나무에 관한 이야기를 들으면 기분이 아주 상쾌해진다. 천국은 여름이면 지천으로 널린 이런 멋진 것들로 이루어져 있는 것 아닌가? 래브라도와 이스트메인 같은 말에는 침울한 교리(敎理)가 인지하지 못하는 특이한 활력이 있다. 이 주(州)들은 나라라는 경계를 훨씬 뛰어넘는다. 계절이 바뀌는 것을 제외하고 다른 변화가 없다고 해도 우리의 흥미는 결코 시들지 않을 것이다. 의회가 알고 있는 것보다 훨씬 더 많은 일들이 일어나고 있다. 감나무와 칠엽수, 줄무늬새매는 어떤 일지를 쓰고 있는가? 사우스, 노스 캐롤라이나 주와 그레이트 파인 포리스트,[4] 모호크 계곡[5]에서는 여름에서 겨울 사이에 무슨 일이 일어나고 있는가? 땅을 단순히 정치적인 측면으로만 보는 것은 결코 그리 고무적이지 못하며, 인간을 정치 조직의 구성원으로만 간주하면 인간의 품격은 떨어지고 만다. 이런 측면에서 보면 모든 지역은 쇠락의 징조만을 드러

---

4 그레이트 파인 포리스트(Great Pine Forest): 1841년까지 존재했던 38곳의 제재소에 공급된 목재의 주된 출처. 그 거대한 숲은 대부분 솔송나무가 들어차 있었는데 솔송나무 껍질은 가죽을 무두질하는 데 쓰였다.
5 모호크(Mohawk) 계곡: 미국 뉴욕 주 중동부 허드슨 강의 최대 지류인 모호크 강을 둘러싸고 있는 지역. 북미 내륙 지역을 대서양으로 이어주는 자연 통로의 역할을 하는 곳으로 많은 이민자들이 19세기 중반 미국의 산업화를 좇아 들어오기도 했고, 미국 독립전쟁 시기에는 100여 차례 전투가 벌어져 '불타는 계곡'이라 불리기도 했다.

내고 있다. 벙커힐[6]과 싱싱 감옥,[7] 컬럼비아 특별구, 설리번스 아일랜드[8]가 몇몇 대로로 연결되어서 보일 뿐이다. 그러나 그것들은 그 위로 부는 한 차례의 동풍이나 남풍에 비하면 모두 하찮은 것들이다.

    건강은 사회 속에서는 찾을 수 없고 오로지 자연 속에서만 찾을 수 있다. 적어도 우리 발이 자연 가운데 서 있지 않으면 우리의 얼굴은 창백하고 납빛일 것이다. 사회는 항상 병들어 있고, 그래서 가장 좋은 사회는 가장 심하게 병들어 있다. 소나무의 향기만큼 건강한 향내가 사회에는 없고 고지대 초원에서 영속(永續)하는 생명체들처럼 폐부를 관통하며 생명을 복원시키는 향기도 없다. 그래서 나는 자연사 책을 일종의 특효약으로 곁에 두고 지내는데 그런 책을 읽으면 온몸의 상태가 정상으로 돌아온다. 자연은 병든 자에게는 정말 병든 것이지만, 건강한 자에게는 건강의 원천이다. 자연의 미가 지닌 특성을 깊이 생각하는 사람에게는 어떤 해(害)나 실망도 다가올 수 없다. 자연의 평정을 공유하는 사람이 절망이나, 영적 혹은 정치적 압제나 노역의 교리를 가르친 적은 없다. 우리가 모피 생산 국가[9]들에 맞닿아 있는 한 맹세건대, 여기 대서양 경계 지역에 참된 용기가 시들해지는 일은 없을 것이다. 그 말에는 어떤 환경에 처한 사람도 힘을 내게 할 만큼 넉넉한 그 무엇이 있다. 가문비나무와, 솔송나무, 소나무는 절망을

---

6 벙커힐(Bunker Hill): 미국 매사추세츠 보스턴 시 찰스타운에 있는 낮은 언덕. 본격적인 미국 독립전쟁이 처음 일어난 곳으로 간주되는데 실제로는 1775년 6월 17일 벙커힐 근처의 브리즈 힐(Breed's Hill)에서 처음 전쟁이 일어났다.
7 싱싱(Sing Sing) 감옥: 미국 뉴욕 시 북쪽 허드슨 강의 오시닝(Ossining)에 위치한 악명 높은 감옥. 1820년대에 건축되었다.
8 설리번스 아일랜드(Sullivan's Island): 미국 사우스캐롤라이나 주 찰스턴 카운티의 지명. 미국 독립전쟁 시기인 1776년 대규모 전투가 벌어졌던 곳이다.
9 모피 생산 국가: 모피 무역을 위한 동물들의 가죽이 나오는 지역. 러시아와 시베리아·북미 지역을 가리키는데 여기서는 특히 캐나다와 미국을 지칭한다.

용인하는 법이 없다. 그레이트슬레이브 호수[10] 가에서 모피로 몸을 감싼 사냥꾼들과 개들이 에스키모인들의 썰매를 끌었고, 사냥꾼은 북부의 밤 어스름 속에서도 얼음 위의 바다표범이나 해마를 포기하지 않고 추적한다는 사실을 교구회나 교회의 몇몇 교리는 까마득하게 잊어버린 것 같다. 세상의 종말을 알리는 조종을 그렇게 쉽게 울리려는 자들은 생각이 병들고 퇴폐한 사람이다. 이 앉은뱅이 종자들이 바쁘게 살아가는 사람들의 수의를 준비하고 비문을 쓰는 것보다 더 나은 일을 할 수는 없는가? 사람들의 현실적 믿음은 설교자의 위로가 거짓임을 드러낸다. 만일 내가 다른 사람의 말에서 귀뚜라미의 귀뚤귀뚤 소리와 같이 한결같고 즐거운 어떤 것을 찾아내지 못한다면 그 말이 내게 무슨 소용이 있는가? 숲은 그 소리를 들으면서 하늘 아래에서 마음이 편안해졌을 것이다. 반짝이며 흐르는 개울물처럼 나를 계속해서 반기고 기운을 차리게 하는 경우가 아니라면 사람들은 나를 싫증 나게 한다. 기쁨이야말로 정녕 우리 삶의 조건이다. 연못에서 뛰노는 작은 물고기들, 어느 여름날 저녁 태어난 수많은 곤충들, 봄에 숲을 울리는 청개구리들의 끝없는 울음소리, 수천 가지 색 날개 위에 우연과 변화를 지고 다니는 나비의 태연함, 힘차게 강물을 거슬러 오르는 모치와 마찰 때문에 닳아 밝게 빛나는 모치들의 비늘 광채가 강둑에 반사되는 광경을 떠올려보라!

우리는 강단, 문화회관, 거실에서 들은 종교, 문학, 철학의 시끄러운 소리가 온 우주에 울려 퍼지며 또 지축의 삐거덕거리는 소리만큼 보편적이라 생각한다. 그러나 잠을 잘 자고 나면 일몰과 새벽 사이에 그 모든 것

---

10 그레이트슬레이브(Great Slave) 호수: 캐나다 북서부 지역에서 두 번째로 크고(약 2만 7,200제곱킬로미터), 북미 지역에서 가장 깊으며(약 614미터), 세계에서 아홉 번째로 큰 호수.

을 잊어버리게 될 것이다. 그것은 벽장 속 추의 3인치 진자 운동 같은 것인데, 자연의 위대한 박동은 매 순간 벽장을 뚫고 퍼져나간다. 우리가 눈꺼풀을 들어 올리고 귀를 열면 그 시끄러운 소리는 철길을 달리는 화차처럼 덜커덩거리며 연기를 내고 사라진다. 자연의 구석진 곳 어디에서든 아름다움을 발견하면 그 아름다움을 찬찬히 보는 데 필요한 한적하고 고요한 기분에 젖어 한 생명체가 지닌 말로 표현할 수 없는 그만의 비밀이 떠오른다. 그것이 얼마나 소박하고 내밀한지를 말이다. 이끼 속에 깃든 아름다움은 가장 신성하고 조용한 구석에서 음미해야만 한다. 보다 치열한 인생의 전쟁을 치르는 데에 과학은 얼마나 탁월한 훈련인가! 이런 연구에 수반되는 불굴의 용기는 호언장담하는 전사의 용맹보다 훨씬 더 인상적이다. 그의 천문학적 발견이 증명해주듯이 탈레스[11]가 밤에도 자주 자지 않고 일을 했었다는 것을 알고서 기분이 좋았다. 린네[12]는 라플란드[13]로 출발하며 빗과 여분의 셔츠, 가죽 바지, 그리고 각다귀를 쫓기 위한 거즈 모자를 마치 보나파르트가 러시아 원정을 위해 포병대를 사열하듯 만족감에 젖어 바라본다. 그의 묵묵한 용기는 감탄할 만하다. 린네의 눈은 물고기, 꽃, 새, 네발짐승과 두발짐승을 자세히 살펴볼 것이다. 과학은 언제나 용감한데 뭔가를 안다는 것은 그것을 잘 안다는 것이요, 의심과 위험은 과학의 눈앞에서 기가 죽기 때문이다. 겁쟁이가 서두르다 간과하는 것을 과

---

11 탈레스(Thales, BC 624~BC 546): 고대 그리스 일곱 현인(Seven Sages of Greece) 중 한 사람. 아리스토텔레스는 그를 그리스 최초의 철학자로 여겼다.
12 칼 폰 린네(Carl von Linné, 1707~1778): 스웨덴의 식물학자, 의사, 동물학자. 근대 분류학의 아버지 또는 근대 생태학의 아버지로 불린다.
13 라플란드(Lappland): 유럽 최북부 지역. 북극에서 노르웨이, 스웨덴, 핀란드, 러시아의 콜라 반도에 걸쳐 있다.

학은 침착하게 탐구해서, 개척자처럼 과학에 수행원으로 따라오는 여러 기술을 위한 터전을 마련한다. 비겁함은 비과학적인데 무지의 과학이라는 것은 있을 수 없기 때문이다. 그러나 용맹은 전진하기에 용맹의 과학이라는 것은 있을 수 있다. 후퇴가 제대로 행해지는 경우는 거의 없는데, 만일 그런 일이 있다면 그것은 상황에 대면해 일어난 일종의 정연한 전진이다.

    이제 우리가 얘기하기로 한 주제로 좀 더 가까이 가보자. 곤충학은 존재의 한계를 새로운 방향으로 확장하는데, 그래서 나는 더 넓은 공간 의식을 가지고 더 자유롭게 자연 속을 돌아다닌다. 게다가 곤충학은 우주가 거칠게 만들어진 게 아니라 모든 세부 사항까지 완벽하다는 것을 시사한다. 자연은 그 어떤 치밀한 검사라도 감당해낼 것이기에 가장 작은 나뭇잎에 눈높이를 맞추고 그 넓은 들판을 곤충의 눈으로 바라볼 것을 요구한다. 자연에는 빈틈이 없고 모든 부분이 생명으로 가득하다. 나 또한 즐겁게 여름 한낮을 가득 채우며 영원의 조직과 결이 바로 이런 것들로 이루어졌겠구나 싶은 온갖 소리의 근원을 탐구한다. 날카로운 점호 나팔 같은 매미의 울음소리를 누가 기억하지 못하겠는가? 아나크레온[14]의 송시에서 보듯 오래전에 그리스에서도 이런 소리를 들을 귀를 가진 사람이 있었다.

---

14 아나크레온(Anacreon): 그리스의 서정시인(BC 582?~BC 485?). 술과 사랑을 주제로 한 아나크레온풍을 유행시키고 많은 모방자를 배출하였다. 저서에 단편 시집 『아나크레온테아(*Anacreontea*)』가 있다.

매미여, 단언하건대 그대는 행복하다.

우듬지에 앉아

이슬을 조금 마시며

여느 왕처럼 노래하니,

그대가 들에서 보는 모든 것

숲이 열매 맺는 모든 것

다 그대의 것이니.

그대는 농부들의 친구라

결코 남을 해치는 일이 없구나.

여름의 감미로운 예언자,

사람들의 칭송을 받네.

뮤즈들이 그대를 사랑하고

포이보스[15]도 친히 그대를 사랑하여

그대에게 새된 울음소리 선사했도다.

세월도 그대를 해하지 못한다.

땅에서 태어나 재주 많고 노래를 즐기며

고통을 모르며 피 흘리지 않는 존재,

그대는 거의 신과 같구나.

가을철 한낮에는 어디서나 귀뚜라미의 귀뚤귀뚤 우는 소리가 들린다. 여름에는 주로 해질녘에 우는 데 반해 가을 이때쯤에는 끊임없이 울어대어

---

[15] 포이보스(그 Phoibos, 영 Phoebus): 그리스 신화에서 태양신 아폴론(Apollon)의 별명. '빛나는 자'라는 뜻이며, 로마 신화의 아폴로에 해당한다.

한 해의 저녁을 재촉한다. 세상을 괴롭히는 그 모든 허망한 것들이 밤이 선택한 선율을 조금도 바꾸지 못한다. 모든 맥박 뛰는 소리는 귀뚜라미의 노랫소리와 벽 속 살짝수염벌레의 사각사각 소리와 정확하게 들어맞는다. 할 수 있거든 이것들과 맥박 소리를 번갈아 들어보라.

매사추세츠 주에는 텃새로 상주하거나, 여름만 나거나, 혹은 지나가며 들르는 새가 대략 280종에 이른다. 우리와 함께 겨울을 나는 새들을 우리는 가장 따뜻하게 대접해왔다. 동고비와 박새는 무리를 지어 숲 속 작은 골짜기를 휙휙 날아다니는데, 동고비는 침입자를 엄히 꾸짖고 박새는 혀 짤배기 가냘픈 소리로 계속 들어오라고 유혹한다. 어치는 과수원에서 갸야갸아 소리 지르고 까마귀는 폭풍 소리에 맞춰 까악까악 운다. 자고새는 가을에서 봄 위로 펼쳐진 적갈색 끈처럼 여름과 여름의 고리를 끊이지 않게 이어주고 매는 전사의 결연함으로 겨울 폭풍에 맞선다. 개똥지빠귀*와 종달새는 숲 속 따뜻한 샘물가에 숨어 지내고, 낯익은 흰멧새는 정원에서 씨앗 몇 알, 뜰에서 부스러기 몇 개를 주워 먹고 때까치는 가끔 움츠러들지 않은 노래를 아무렇게나 불러대 여름을 다시 불러들인다.

때까치는 일 년 어느 때도
한결같은 날갯짓 접는 법 없더니

---

* 흰개똥지빠귀와 흰메추라기가 가끔 보였다. 오듀본 책에 개똥지빠귀 둥지가 땅 위에서 발견되는 것은 주목할 만한 일이라고 적혀 있는데 그러나 이 새는 둥지 틀 곳을 선택하는 데서 대다수의 다른 새들보다 덜 까다롭다. 나는 버려진 곳간의 초가지붕 아래에 그 새의 둥지가 있는 것도 보았고, 한 번은 주변에 나무가 거의 없는 시골에서 피비 두 마리와 더불어 제재소 다락에 있는 널빤지 끝에 둥지를 튼 것도 보았는데, 톱에서 몇 피트밖에 떨어져 있지 않아 기계가 돌면 몇 인치씩 그 나무판이 진동하는 곳이었다.

이제 곱슬머리 동장군(冬將軍) 위에 앉아
귀에 대고 속삭인다.

봄이 다가오고 강에 얼음이 녹으면 여기저기서 첫 방문객들이 모습을 드러낸다. 테오스의 옛 시인[16]의 다음 노래는 그리스뿐만 아니라 뉴잉글랜드를 위한 것이기도 하다.

봄의 귀환

보라, 어떻게 봄이 등장하는지를
미의 여신들이 장미를 보내온다
보라, 바다에 바람이 자서
파도가 얼마나 잔잔한지를
보라, 오리가 물속에 뛰어드는 모습을,
보라, 두루미가 날아다니는 모습을,
티탄[17]은 언제나 밝게 빛난다.
구름이 만드는 그림자는 움직이고
인간이 한 일은 빛난다.
땅은 과실을 베풀고
올리브 열매가 맺힌다.

---

16 테오스(Teos) 출신의 서정시인 아나크레온을 말한다. 테오스는 이오니아의 해양도시이다.
17 티탄(Titan) 중 한 명으로 우라노스(그 Uranos, 영 Uranus)와 가이아(그 Gaia, 영 Gaea)의 아들인 휘페리온(Hyperion)을 가리킨다. 태양신 헬리오스(Helios)의 아버지인데 호메로스(Homeros)는 헬리오스를 휘페리온이라고 부른다. 휘페리온은 흔히 태양과 동일시된다.

박코스[18]의 잔은 넘쳐나고
나뭇잎과 가지가 휘어지도록
그 위에 열매가 무성하다.

　오리들은 이맘때에는 잔잔한 물 위에 내려앉아 갈매기와 어울린다. 갈매기들은 잊지 않고 동풍을 정비해 이곳 초원을 방문하는데 두세 마리씩 짝을 지어 헤엄치며 깃털을 다듬고 물속에 뛰어들어 수련 뿌리와 매서운 추위에 아직도 얼어 있는 크랜베리를 쪼아댄다. 물결치는 긴 써레 모양으로 너울대며 북쪽으로 날개를 퍼덕이는 첫 기러기 떼가 보인다. 관목과 울타리에서 노래참새의 찟찟찍이오 소리가 우리를 반기고 종다리의 구슬픈 가락이 초원에서 맑고 감미롭게 들린다. 푸른 울새는 산책하는 우리를 마치 하늘색 광선처럼 휙 스치고 지나간다. 이맘때에는 물 위를 장엄하게 유영하는 물수리의 모습도 가끔 보이는데 그 모습을 한 번이라도 본 사람은 그 장엄한 비행을 쉽게 잊지 못할 것이다. 마치 거센 비바람에 맞서 싸우기에 부족함이 없는 전열함(戰列艦)처럼 공중을 미끄러지듯 날고, 때로는 난파 직전의 배처럼 뒤로 물러나기도 하고, 국조(國鳥)의 자태로 화살에 맞설 준비가 된 듯 발톱을 치켜세우기도 한다. 강과 숲의 주인 같은 위대한 존재이다. 물수리의 눈은 그 땅의 주인 앞에서도 전혀 기죽지 않고 오히려 주인을 침입자처럼 느끼게 한다. 그러고 나서 너무나 한결같이 물 위를 스치듯 날며 물러나기 때문에 후퇴조차 일종의 전진처럼 보인다. 이 부근에서 수년간 물고기를 잡던 물수리 한 쌍 중 한 마리가 근처 연못에서 총을

---

18 박코스(그 Bakchos, 영 Bacchus): 로마 신화에 나오는 술의 신. 그리스 신화의 디오뉘소스(그 Dionysos, 영 Dionysus)에 해당한다.

맞아 죽어 내 옆에 있는데 재어보니 몸길이는 2피트가 넘고 날개를 펼치니 6피트나 된다. 너톨[19]은 "고대인들은, 특히 그중에서도 아리스토텔레스는 물수리가 새끼에게 태양을 응시하라고 가르쳤고 그렇게 하지 못하는 녀석들은 죽여버렸다고 사람들을 속였다. 그리고 린네는 심지어 옛 문헌을 근거로 이 새의 한쪽 발은 발가락이 모두 나뉘어 있지만 다른 발은 부분적으로 물갈퀴가 있어 한 다리로는 헤엄을 치고 다른 다리로는 물고기를 잡을 수 있다고 믿기까지 했다"라고 말한다. 그러나 그렇게 교육받은 눈도 이제 침침하고 발톱도 무기력하다. 그러나 아직 목구멍에는 그 새된 울음소리가 남아 있고 날개에는 바다의 포효가 머무르는 듯하다. 발톱에는 제우스의 포악함이, 목과 머리의 곤추선 깃털에는 그의 분노가 서려 있다. 그 새는 내게 아르고선[20]의 원정을 떠올리게 하는데, 아무리 둔한 사람이라도 파르낫소스 산[21] 위로 날아오르도록 영감을 불어넣을 것이다.

골드스미스(Goldsmith)와 너톨이 말한 대로 알락해오라기의 쿵쿵하는 울음소리가 아침저녁으로 이곳 소택지에 자주 들리는데, 그 소리는 펌프질하는 소리 같기도 하고 좀 멀리 떨어진 농가 마당에서 서리 내린 아침에 장작을 패는 소리 같기도 하다. 어떻게 해서 이 새가 이런 소리를 내는지에 관해서는 어디서도 읽은 적이 없다. 전에 이웃 사람이 이 새를 본 적이 있

---

19 토머스 너톨(Thomas Nuttall, 1786~1859): 영국의 식물학자, 동물학자. 1808년부터 1841년까지 미국에 살며 동식물을 연구했다.
20 아르고(Argo): 아르고선(船). 그리스 신화에서 아르고나우타이(그 Argonautai, 영 Argonauts, 복수형)는 트로이아 전쟁 발발 전에 황금 양털(Golden Fleece)을 찾으러 떠났던 영웅의 무리를 일컫는다. 그들의 이름은 타고 갔던 배의 이름에서 딴 것이다.
21 파르낫소스(그 Parnassos, 영 Parnassus) 산: 그리스 중부 지방에 석회석으로 이루어진 산. 델피와 코린토스 만의 북쪽 지방에 걸쳐져 있다. 그리스 신화에 따르면 이 산은 아폴론 신을 모신 곳이었으며 9명 무사(Musa)들의 고향이었다고 한다.

는데 부리를 물속에 넣고서 최대한 물을 빨아들이더니 네댓 번 목을 부풀려 2~3피트 높이로 물을 뿜어냈는데 그때마다 이런 소리를 내더라고 말했다.

마침내 언덕 참나무 사이에서 들리는 딱따구리의 딱딱거리는 소리가 긴 여름의 시작을 재촉하고, 조용하고 평안하게 새 시대가 시작된다.

오월과 유월에 숲의 합창단은 절정의 화음을 구가하는데, 공활(空豁)한 대기와 호기심 많은 사람들의 귀를 감안하면 이 빈 공간을 이보다 더 멋지게 채울 방안을 찾기가 쉽지 않다.

여름의 모든 소리는
여름이 부르는 돌림노래

계절이 깊어가고 지나가다 들른 새들도 떠나버리면 숲은 다시 조용해지고, 몇 안 되는 새들만 나른한 대기에 파문을 일으킨다. 그러나 고독한 산책자는 여전히 깊은 숲에서 온갖 기분에 상응하는 반응과 표현을 찾을 수 있을 것이다.

이따금씩 나는 듣네, 개똥지빠귀*의 클라리온 소리와
성마른 어치의 요란한 나팔 소리를.

---

* 너톨은 이 새를 아주 잘 묘사하고 있지만 이 보고서의 저자는 분명 잘 알지 못하는 새이다. 여기 인근 숲에 아주 흔한 새이며 나는 캠브리지대학 교정이 이 새의 지저귀는 소리로 울리는 것을 들었다. 소년들은 그 새가 여행자 근처 덤불을 날아다니며 수다스럽고 꾸짖는 소리를 낸다고 "요릭(yorrick)"이라고 부른다. 오듀본의 말처럼 찌르레기의 알이 이 새의 둥지에서 발견되기도 한다.

호젓한 숲에서 박새는
들릴 듯 말 듯한 노래를 조금씩 내어놓네.
영웅들을 찬양하고 변함없는 미덕의
아름다움을 얘기하는 노래를.

동부산적딱새는 연못가에서 찌는 듯한 더위에 어울리는 노래를 계속 불러대는데, 정오의 산만한 시간에도 마을 가운데 음유시인이 없는 것은 아니다.

우뚝 솟은 느릅나무 가지 위에서
개고마리는 달콤한 변주곡을 노래하며
단조로운 여름날, 우리의 사고를
저자 거리 너머로 고양하려 애쓰네.

새봄은 어느 정도는 가을과 더불어 시작하는 셈이다. 마른 초원 위 하늘에서 물떼새 피피욧 피이 휘파람 소리가 들리고, 되새는 이 나무에서 저 나무로 휙휙 날아다닌다. 쌀먹이새와 딱따구리는 떼를 지어 날아다니고 황금방울새는 살랑거리는 나뭇잎 사이에서 엿보고 있는 날랜 청개구리처럼 첫 강풍을 타고 날아오른다. 이맘때에는 까마귀들도 무리를 이룬다. 까마귀들이 홀로 혹은 두세 마리씩 짝을 지어 풍경 위를 나지막이 날다 사방으로 흩어지는 것을 서서 세다 보면 반마일 거리에서 100마리를 헤아릴 수도 있을 것이다.

나는 까마귀가 백인들에 의해 우리나라에 들어왔을 거라는 글을 어디선가 본 적이 있다. 이 말을 믿느니 차라리 이 소나무들과 솔송나무들을 백인이 심었다는 말을 믿는 편이 낫겠다. 이 녀석들은 우리의 발자국을 따라다니는 스패니얼이 아니고 오히려 인디언의 음울한 영혼처럼 개간지 위를 휙휙 날아다니는데, 그런 모습이 내게는 자주 윈스럽[22]이나 스미스[23]보다는 필립[24]이나 포우하탄[25]을 떠올리게 한다. 까마귀는 암흑시대의 잔재이다. 그처럼 미미하지만 그렇게 끈질긴 생명력으로 미신은 항상 세계를 지배한다. 영국에는 떼까마귀가 있고 뉴잉글랜드에는 까마귀가 있다.[26]

숲의 음울한 영혼,

너만의 외로운 길을 날아다니는

오래된 새 종족,

여름날의 유성처럼

숲에서 숲으로, 언덕에서 언덕으로

숲과 들판, 개울 위를 낮게 날면서

---

22 존 윈스럽(John Winthrop, 1588~1649): 미국의 식민지 시절의 법률가·정치가. 17세기에 청교도를 신세계로 이끈 정치인이다. 1629년에 매사추세츠베이 식민지 건설에 참가하여 1630년 4월 8일 초대 총독으로 선출되었다. 그의 저서 『일기(Journal)』는 초기 뉴잉글랜드의 생활사를 잘 보여준다.
23 존 스미스(John Smith, 1580~1631): 영국의 군인, 탐험가, 작가. 미국 버지니아 주 제임스 타운에 북아메리카 최초의 영국 식민지를 건설했다. 자서전에 따르면 한때 포우하탄 부족연합의 인디언에게 잡혔으나 추장 딸 포카혼타스(Pocahontas)의 구명 운동으로 살아났다.
24 필립(Philip): 북아메리카 원주민과 뉴잉글랜드 초기 개척자 사이에 벌어진 필립 왕 전쟁(King Philip's War)에서 원주민을 이끈 추장. 인디언식 이름은 메타콤(Metacom) 또는 메타코메트(Metacomet)이다.
25 포우하탄(Powhatan): 영국인 존 롤프(John Rolfe)와 결혼한 아메리카 원주민 여성 포카혼타스의 아버지. 포우하탄 부족연합의 추장이다.
26 떼까마귀(rook)는 부리 앞부분이 희뿌옇고 나무 꼭대기에 둥지를 틀고 살며 유럽과 아시아에 서식한다. 까마귀(crow)는 검은 깃털이 유달리 반짝거리며 귀에 거슬리는 소란한 울음소리를 내는데 세계 곳곳에 서식한다.

너는 무슨 말을 하니?

왜 한낮에 자주 모습을 드러내니?

무엇이 너를 우울하게 표류하게 만드니?

어떤 용기가 너의 목청에 영감을 불어넣으며

저 아래에서 너희의 거처를

황폐시키는 우울한

인간의 무리들 위 구름 너머로

너희를 들어 올리니?

    10월 저녁 늦게 산책하는 사람이나 선원은 초원을 선회하는 도요새의 뽀오뽀오 하는 나지막한 울음소리를 들을 수 있을 터인데, 이 소리는 자연에서 들을 수 있는 소리 가운데 영혼에 가장 가까운 소리이다. 가을이 좀 더 깊어져서 서리가 나뭇잎을 물들이면 외로운 아비(阿比)가 우리가 칩거하는 호수를 찾아오는데, 털갈이 철이 지날 때까지 아무런 방해도 받지 않고 머물며 온 숲을 자기의 거친 웃음소리로 울리게 한다. 이 새가 "북부 지역의 위대한 무자맥질 선수(The Great Northern Diver)"라고 불리는 것은 아주 적절한데, 보트를 타고 이 새를 쫓아가면 이 새는 물속으로 뛰어들어 60로드[27] 혹은 그 이상을 보트를 타고 최대한 노를 저어야 쫓아갈 수 있을 정도로 빠르게 물고기처럼 헤엄친다. 쫓아간 사람이 자신의 사냥감을 다시 찾으려면 물에다 귀를 갖다 대고 그 새가 어디에서 올라오는지 소리를 들어보아야 한다. 녀석은 물 위로 올라오면 날개를 한 번 흔들어 물을 털어내고는 누군가가 다시 방해할 때까지 주변을 조용히 헤엄쳐 다닌다.

---

27 로드(rod): 길이의 단위. 1로드는 약 5미터에 해당한다.

이러한 것들이 일 년을 지내는 동안 우리의 오감에 가장 자주 와 닿는 광경과 소리들이다. 그러나 가끔씩 전혀 다른 소리를 듣기도 하는데 그 소리는 책들이 묘사하는 것과는 다른 캐롤라이나나 멕시코를 배경으로 하는 것들이고 그래서 자신이 알고 있는 조류학이 아무런 도움도 되지 않는다는 것을 깨닫게 된다.

보고서에 따르면 우리 주에는 약 40종의 네발짐승이 살고 있는 것 같은데 그중에 곰, 늑대, 스라소니, 살쾡이도 얼마간 있다는 말을 들으니 반갑다.

봄이 되어 강물이 범람하면 초원에서 불어오는 바람에는 강한 사향 냄새가 실려 있는데, 그 신선한 향내는 아직 탐험되지 않은 야생지가 있음을 내게 일러준다. 그렇다면 그 야생지가 그리 멀리 떨어져 있지는 않을 것이다. 강을 따라 3, 4피트 높은 곳에 진흙과 풀로 지어놓은 사향뒤쥐의 오두막들을 보자 아시아의 봉분에 관한 글을 읽을 때처럼 마음이 설렜다. 사람들이 정착한 주(州)에서는 사향뒤쥐가 비버인 셈이다. 지난 수년 동안 이 근방에서 그들의 수는 늘어나기까지 했다. 메리맥 강으로 흘러드는 강들 중에 콩코드 강은 사공들 사이에서 잠잠한 강으로 알려져 있다. 인디언들은 이 강을 머스케타퀴드[28] 혹은 평원(平原)의 강이라 불렀다고 한다. 그 강물은 다른 강물보다 훨씬 더 느릿느릿하고 탁해서 온갖 물고기와 사냥감이 풍부하다. 이 도시의 역사에 의하면 "이곳에서 한때 모피 교역이 아주 중요했다. 일찍이 1641년에도 이 지역에 콩코드의 시장인 윌러드가 관리자로 일하는 회사가 있었는데 모피와 다른 물품들을 인디언들과 교역할 독점권을 갖고 있었다. 이 권리에 대한 대가로 그들은 획득한 모피의 12분

---

28 머스케타퀴드(Musketaquid): 미국 원주민들이 콩코드(Concord) 지역을 일컫던 말.

의 1을 공공 기금으로 바쳐야 했다"라고 한다. 인디언을 두려워하지 않고 밤낮으로 그들이 놓은 덫을 돌아보고 다니는 덫사냥꾼들이 먼 서부의 개천뿐만 아니라 우리가 살고 있는 여기 한가운데도 아직 존재한다. 이들 중 한 명은 일 년에 150~200마리의 사향뒤쥐를 잡는데, 많게는 한 사람이 하루에 36마리를 쏘아 잡았다고도 한다. 사향뒤쥐의 모피는 예전처럼 값이 나가지는 않고, 그것도 겨울과 봄에만 품질이 양호하다. 얼음이 녹아 깨지기 시작할 때면 녀석들은 물 때문에 자기들의 굴 밖으로 쫓겨 나오게 되고, 그러는 사이에 사람이 배에서 쏜 총에 맞게 된다. 대다수는 헤엄치다가, 혹은 물가에서 나무뿌리나 풀과 갈대로 만든 허술한 받침대에 앉아 있다가 변을 당한다. 녀석들은 때로는 상당히 영리해 보이지만 덫에도 잘 걸려든다. 덫은 주로 사향뒤쥐의 굴 속이나 자주 다니는 길목에 아무런 미끼도 없이 설치하고 때로는 덫에 그 쥐의 사향을 발라놓기도 한다. 겨울에는 사냥꾼들이 얼음에 구멍을 내고 기다리다가 사향뒤쥐가 수면으로 올라오면 총을 쏘아 잡는다. 사향뒤쥐 굴은 대개 강기슭 높은 곳에 있다. 입구는 수면 아래에 나 있고, 굴의 내부는 강의 가장 높은 수위보다 올라와 있다. 마른 왕포아풀과 부들로 만들어진 사향뒤쥐의 보금자리는 흙이 무른 낮은 지대에서 발견되는데, 발로 밟으면 쑥 들어가기 때문에 알 수 있다. 사향뒤쥐는 봄에 세 마리에서 일곱 마리 혹은 여덟 마리의 새끼를 낳는다.

잔잔한 물 위를 사향뒤쥐가 건너며 긴 잔물결을 일으키는 모습은 아침저녁으로 종종 볼 수 있는 풍경인데 코만 수면 위로 내놓고, 때로는 집을 짓기 위해 녹색 가지를 입에 물고 물을 건너기도 한다. 누군가의 시선을 의식하면 물속으로 들어가 5~6로드를 헤엄쳐 마침내 자기 굴이나 잡초 더미에 몸을 숨겨버린다. 물 밑으로 들어가면 한 번에 10분은 버티고, 아무런 방해를 받지 않자 얼음 밑에서 공기 방울을 만드는 것을 보았는데 녀석이 느긋하게 불어넣는 대로 공기 방울은 커졌다 작아졌다 했다. 또 물가에서 위험을 감지하면 다람쥐처럼 똑바로 서서 꼼짝 않고 몇 분간 주위를 살펴보기도 한다.

가을이 되고 사향뒤쥐의 굴과 개울 사이에 풀밭이 자라기 시작하면, 그 끝에다가 진흙과 풀로 3, 4피트 높이의 집을 짓는다. 홍수가 나면 간혹 여기에서 새끼들이 발견되기도 하지만 이곳은 새끼를 낳기 위한 곳이라기보다는 사냥을 위한 거점으로서 겨울에는 이곳으로 음식을 나르기도 하고 은신처로 이용하기도 한다. 사향뒤쥐는 부들과 신선한 민물 홍합을 주식으로 삼는데, 봄에는 이 집 주변에 민물 홍합 껍데기가 잔뜩 널려 있는 걸 볼 수 있다.

페놉스콧[29] 인디언은 사향뒤쥐의 다리와 꼬리가 대롱대롱 달린 가죽을 통째로 입고 다닌다. 사향뒤쥐의 머리는 허리띠 아래에 주머니 삼아 차고, 그 안에 낚시 도구들과 덫에 바를 향유(香油)를 넣는다.

곰과 늑대, 스라소니, 살쾡이, 사슴, 비버, 담비는 이제 자취를 감추었다. 수달은 있다고 해도 지금은 거의 눈에 띄지 않고 밍크도 이전에 비해 흔하지 않다.

필페이[30]와 이솝의 시대부터 현재에 이르기까지 네발 달린 들짐승을 통틀어 가장 친근하고 명성이 자자한 것은 여우이다. 여우의 최근 흔적들이 겨울 산책길을 여전히 다채롭게 한다. 나는 불과 몇 시간 앞서 여우가 지나갔던 길을 따라간다. 아니, 어쩌면 애초에 숲에 사는 정령을 쫓아가다

---

29 페놉스콧(퍼노브스컷, Penobscot): 페놉스콧 만 양 기슭과 지금의 미국 메인 주 페놉스콧 강 유역에 흩어져 살던 알공킨계 인디언.
30 필페이(Pilpay): 고대 인도의 3대 우화집 중 하나인 『판차탄트라(*Panchatantra*)』의 저자.

가 굴에서 그를 만날 수 있을 거라는 큰 기대를 품고 길을 나섰는지도 모르겠다. 무엇이 여우로 하여금 이렇게 우아한 곡선을 그리게 했는지, 그리고 그 길이 그의 마음 속 동요와 얼마나 확실하게 맞아떨어지는지 궁금하다. 그가 지나간 흔적을 보면 그의 마음이 어디로 향했는지, 그의 눈앞에 무엇이 펼쳐졌는지를 알 수 있다. 발자국의 간격과 뚜렷함의 정도에 따라 여우가 천천히 움직였는지, 빨리 움직였는지도 알 수 있다. 빨리 달릴수록 흔적이 더 오래 남기 때문이다. 때로는 여러 마리가 함께 다닌 흔적을 찾을 수도 있다. 여러 마리가 함께 뛰어다니며 수백 번 선회하며 생긴 이러한 흔적은 여우가 자연에서 즐기는 특유의 나른함과 한가로움을 보여준다.

눈 덮인 연못 위로 아무것도 신경 쓰지 않고 자유롭게 달리는 여우를 볼 때나, 빛나는 햇빛 속에서 산마루를 따라 여우가 지나간 길을 얼마간의 간격을 두고 쫓아갈 때면 나는 태양과 땅의 진정한 소유자가 여우인 것만 같아 그 모두를 여우에게 내주고 싶다. 여우가 태양 속으로 들어가는 것이 아니라 마치 태양이 여우를 쫓아오는 것 같고 그 둘 사이에 분명한 교감이 있는 것 같다. 이따금 눈이 아직 뭉쳐지지 않아 보슬보슬 하고 5~6인치 정도만 쌓인 경우에는 여우를 발로 쫓아 따라잡을 수도 있다. 비록 이렇게 하다 곤경에 처하게 되는 경우도 있지만, 이런 상황에서도 녀석은 놀라우리만치 침착하게 가장 안전한 방향만을 선택한다. 겁을 먹은 경우에도 아름답지 않은 발걸음은 결코 떼는 법이 없다. 눈에 전혀 방해를 받지 않고 줄곧 체력을 아끼는 듯하는 여우의 걸음걸이는 표범의 빠른 걸음을 닮았다. 땅이 평평하지 않을 때는 땅 표면의 모양과 같은 우아한 곡선을 계속 만들어내며 나아간다. 여우가 달리는 모습을 보면 마치 등뼈가 없는 것 같다. 때때로 코를 땅에 박고 1~2로드가량을 가다가 자신이 가는 길이 만족스럽다 싶으면 고개를 높이 쳐든다. 내리막길에 이르면 앞발을 모은 채 내

밀어 앞에 있는 눈을 밀어내며 재빠르게 미끄러져 내려간다. 어찌나 살살 걷는지 아무리 가까운 곳에서도 그 소리를 듣기 어렵지만, 아무리 멀리 떨어진 곳에서도 들을 수 있는 그런 음조(音調)를 지니고 있다.

매사추세츠 보고서에는 75속(屬)과 107여 종(種)의 물고기가 서식한다고 나와 있다. 이곳 어부들이 내륙 마을의 연못이나 시내에는 물고기가 10여 종밖에 없고, 그 물고기들의 습성에 관해서도 알려진 바가 거의 없다는 사실을 알게 되면 꽤나 놀랄 것이다. 물고기의 이름과 서식지만 알게 되어도 물고기를 사랑하는 마음이 생겨나는 법이다. 나는 물고기들의 지느러미 줄이 몇 개인지, 측선(側線)의 비늘이 몇 개인지도 알고 있다. 시내에 피라미가 있다는 것을 알게 되어 모든 지식 면에서 그만큼 더 현명해졌고 모든 행운을 누릴 자격도 그만큼 더 갖추게 된 것이다. 그래서 피라미와 더 교감해야 하고 어느 정도 그의 친구가 될 필요도 있다고 생각한다.

나는 낚시나 사냥처럼 소소한 일에서 그 같은 순전한 즐거움을 얻는데 그 옛날 호메로스와 셰익스피어도 그와 같은 소소한 일에서 시상을 얻었을 것이다. 지금, 나는 『낚시꾼의 선물』[31]의 책장을 넘기고 삽화를 유심히 들여다보다가 신이 나서 외친다.

여름날의 구름과도
같은 것들이 있어 우리를 압도할 수 있을까?

자연 곁에서는 사람의 행위 하나하나가 가장 자연스럽고 자연과 아주

---

31 『낚시꾼의 선물(The Angler's Souvenir)』: 영국 작가 윌리엄 앤드루 차토(William Andrew Chatto, 1799~1864)가 1835년에 지은 낚시 책. 낚시에 관련된 사진과 그림들이 실려 있다.

편안하게 조화를 이루는 것처럼 보인다. 햇살 속의 거미줄이 침입자로 보이지 않는 것처럼 얕고 맑은 강에 펼쳐 쳐놓은 아마로 짠 후릿그물도 침입자로 보이지 않는다. 강 한가운데 배를 멈추고, 햇빛이 반짝이는 강물 아래 잘 짜인 그물코를 내려다보면, 저 시끌벅적하기만 한 도시 사람들이 어떻게 꼬마 요정이 지어놓은 듯 이렇게 정교한 그물을 짰는지 놀랍기만 하다. 그물의 실은 새로 자라난 강의 이끼처럼 보이는데, 말없이 미묘하게 드러난 모래 위의 발자국처럼 자연 속 인간의 존재를 강물에 아름답게 상기시키는 것 같다.

얼음이 눈으로 덮여 있을 때도 나는 내 발 아래의 풍요로움을 의심하지 않는다. 어디를 가든 발밑에는 보물 창고가 있다. 짐을 실은 큰 마차 몇 패덤[32] 아래에는 얼마나 많은 강꼬치고기가 여유롭게 헤엄치며 다니는지! 계절의 순환은 이 물고기들에게 분명 신기한 현상일 것이다. 마침내 해와 바람이 자신들을 가렸던 커튼을 걷어내면 하늘을 다시 볼 수 있게 된다.

이른 봄 얼음이 녹으면 작살 낚시 철이 시작된다. 갑작스럽게 북동풍과 동풍이 서풍과 남풍으로 바뀌고 그리도 오랫동안 초원 풀밭에 물방울을 똑똑 떨어뜨리던 고드름은 이제 자기 몸통을 뚝뚝 녹여 수많은 동료들과 함께 제 갈 길을 정확히 찾아간다. 지붕마다 울타리마다 김이 모락모락 피어오른다.

상냥한 태양이 대지의 눈물을 말리고
대지가 흘리는 기쁨의 눈물은 더 빨리 흐른다.

---

32 패덤(fathom): 길이(또는 깊이)를 재는 단위. 약 6피트(1.8미터)에 해당한다.

개울에서는 작은 얼음 덩어리들이 만족과 기대에 가득 차 서로 가볍게 부딪히며, 빠르게 혹은 느리게 흘러가는 소리가 들리는데, 자연적으로 형성된 다리 아래로 물이 콸콸 흘러갈 때면 바삐 흘러가는 이 얼음 뗏목들이 나직하게 소곤거리는 소리도 들을 수 있을 것이다. 모든 시내는 초원에 물을 흘려보내 주는 통로이다. 연못에서는 얼음 조각들이 경쾌하고 활기찬 소리를 내며 깨지고, 저 아래 넓은 하천에서는 좀 더 거칠게 소용돌이 치며 서로 부딪혀 우르릉 쾅쾅 소리를 내며 흘러간다. 바로 얼마 전까지만 해도 이곳은 나무꾼의 썰매, 여우, 그리고 스케이트 타는 사람들이 다니던 길이었고, 강꼬치고기를 잡기 위한 구멍이 뚫려 있었다. 몇 번 보는 것만으로도 얼음 덩어리들을 달래서 예산을 아낄 수 있다고 생각하는지, 마을 위원회 사람들은 걱정스러운 표정으로 다리와 둑길을 살핀다.

조용한 마을에 살그머니 찾아드는
어떤 선량한 기운처럼 강물은 점점
더 불어나고, 그 사이
풀숲들은 자그마한 섬이 되어
지친 사향뒤쥐들이
거기 다정한 아라랏 산[33]에서 쉬네.

많은 생각이 가슴 속에 차오를 때
가장 깊은 영혼이 가장 조용히 쉬는 것처럼
머스케타퀴드 강에는 잔물결 하나 보이지 않고

---

[33] 아라랏(Ararat) 산: 구약성서에서 홍수가 끝나고 노아의 방주가 머무르게 된 산.

물줄기마저 숨어버렸다. 이 강은 여름에 가뭄이 들면

잔물결을 일으키며 패주하는데

지금은 작은 배 한 척도 물결 일으키며 지나가지 않고

나샤우턱[34]에서 높은 언덕까지 곤히 잠들어 있다.

그러나 저 멀리 천 개의 산 때문에

천 개의 실개천은 더 큰 소리로 힘차게 울고

소리 없는 수많은 샘과

노랫소리 죽인 수많은 시내가 지금은

조류 아래 깊이 묻혀 있지만

더욱 빠르게 솟아나 급하게 흘러간다.

우리 마을은 전원의 베네치아라,

저기 늪은 베네치아의 넓은 석호(潟湖)요,

저기 단풍나무숲 가운데 고요한 만은

나폴리 만처럼 아름답다.

내 이웃의 옥수수 밭은

자세히 보니 골든혼[35]일세.

이곳에서는 해마다 자연이 가르침을 주지만,

들으러 오는 이는 원주민들뿐,

내 생각에는 베네치아와 나폴리도

---

34 나샤우턱(Nahshawtuck): 미국 매사추세츠 주 콩코드 지역의 산.
35 골든혼(Gold Horn): 수천 년 동안 그리스, 로마, 비잔틴, 터키 선박의 자연 항구 역할을 해 온 이스탄불 해협의 입구.

이 예술학교에서 그들의 기량을 배운 것 같다.
허나 그들의 스승이 여전히, 내가 보기엔,
어린 제자들을 뒤에 남기고 간 것 같구나.

이제 낚시꾼은 배를 손질해서 물에 띄운다. 물고기들은 여름에는 시원하고 깊은 물을 좋아하고 가을에는 다소간 몸을 숨기는데, 이맘때는 얕은 물에서 움직이기 때문에 수초가 자라기 전 바로 지금이 작살 낚시 하기에 가장 적합한 시기이다. 제일 중요한 준비물은 횃불을 피울 연료이다. 흔히 리기다소나무 뿌리를 쓰는데, 나무가 쓰러지고 8~10년이 지난 썩은 그루터기 밑에서 쉽게 찾을 수 있다.

불을 담기 위해 쇠테로 만든 집어등이나 나무틀을 준비하여 수면에서 3피트 정도 높이로 뱃머리에 붙인 뒤, 창살이 일곱 개 달린 14피트짜리 작살, 땔감과 잡은 고기를 담아 나를 큰 바구니와 손수레를 준비하고 두꺼운 외투를 입으면 배를 타고 나갈 준비가 갖추어진다. 작살 낚시는 따뜻하고 고요한 저녁에 해야 한다. 그러면 뱃머리에 탁탁 경쾌하게 타는 횃불을 매달고 반딧불이처럼 밤공기 속으로 나아갈 수 있을 것이다. 아주 따분하게 사는 사람은 어지간한 모험심 없이는 이런 탐험을 엄두조차 못 낼 것이다. 한밤에 카론[36]의 배를 훔쳐 타고 저승의 강을 지나 플루톤[37]의 왕국으로 탐험을 하는 것에 비교할 만하니 말이다. 떠돌이별처럼 까만 밤을 유영하는

---

36 카론(Charon): 그리스 신화에서 죽은 사람의 영혼을 죽음의 스튁스(Styx) 강을 건너 하데스(Hades)로 실어다 주는 뱃사공. 뱃삯으로 매장할 때에 죽은 사람의 입에 얹어놓은 작은 주화(Charon's toll)를 받았다.
37 플루톤(그 Plouton, 영 Pluto): 그리스 신화에서 지하세계를 다스리는 왕. 하데스라고도 하며, 명왕성을 가리키기도 한다.

이 낚싯배는 생각에 잠겨 밤길을 걷는 이에게 깊은 성찰을 하게 하고, 도깨비불처럼 그를 초원 여기저기로 인도한다. 만일 그가 좀 더 지혜롭다면, '고요한 이 밤에 저 멀리서, 도대체 인생의 무엇이 그 불빛 주위를 나방처럼 맴돌고 있을까'를 상상해보며 그 순간을 즐길 것이다. 말없는 항해자는 물 위로 가만히 배를 저어나가면서, 마치 자기가 인광체(燐鑛體) 혹은 이 어두운 곳에 빛을 선사해주는 존재인 듯, 혹은 자신의 빛으로 주위를 밝혀 은총을 내리는 달님의 누이라도 된 듯 자긍심과 자비로움을 느끼지만 그런 감정을 절제하려 애쓴다. 강물은 배의 양쪽으로 1~2로드, 아래로는 3~4피트 깊이로 한낮보다 더 또렷하게 밝혀져 있어 항해자는 그토록 많은 이가 염원했던 기회를 만끽하게 되는데, 한 도시 전체의 지붕이 들어 올리어져서 한밤중 물고기 세상이 어떤지를 살펴볼 수 있게 된 것이다. 물고기들은 정말 가지각색의 자세로 물속을 노닌다. 어떤 물고기는 하얀 배를 위로 하고 뒤로 누워 있고, 어떤 녀석들은 중간쯤 깊이에서 떠다니고, 또 다른 물고기는 지느러미를 꿈결같이 움직이며 부드럽게 노 젓듯 나아가고 있고, 전혀 졸리지 않은 듯 활기차게 움직이는 녀석들도 있다. 사람 사는 세상과 별다를 것이 없는 광경이다. 한 끼 식사거리를 까다롭게 고르는 거북이나 수초 더미 위에서 쉬고 있는 사향뒤쥐도 이따금 만날 수 있다. 낚시꾼은 멀리서 활발하게 움직이는 물고기를 보면 적당할 때 능숙한 기술을 발휘해 잡고, 뱃전에 가까운 물고기를 잡을 때는 솥에 찐 감자를 찔러 꺼내듯이 하고, 곤히 잠든 물고기는 두 손으로 살짝 건져 올리기도 한다. 하지만 낚시꾼이 추구하는 것의 참 목적을 깨달아 맨 마지막에 잡은 것들은 꼭 갖지 않아도 된다는 것을 알고서 놓아줄 것이고, 대신 그가 자리한 곳에서 펼쳐지는 아름다움과 끝나지 않는 새로움에서 보상을 찾을 것이다. 물가까지 뿌리를 내린 소나무는 커다란 불빛을 받아 다시금 새롭게 보일 것이고, 낚시꾼이 불을 매단 배를 타고 버드나무 아래를 지날 때면 멧종다리가 가지에 앉아 있다가 깨어나 아침에 부르려고 생각해둔 곡조를 한밤중에 부를 것이다. 고기잡이를 마치면 북극성에 의지하여 어둠을 헤치며 집으로 돌아가야 할지도 모르지만 이미 땅 위에서 길을 잃어본 적이 있기에 북극성이 다소 더 친근하게 느껴질 것이다.

흔히 이런 식으로 잡는 물고기는 강꼬치고기, 빨대잉어, 농어, 장어, 메기, 잉어, 돌고기인데 하룻밤에 30~60파운드 정도 잡힌다. 어떤 물고기는 자연광이 아니면 알아보기 어려운데, 특히 농어는 자연광이 아닌 빛에서는 짙은 색 줄무늬가 비정상적으로 과장되어 보여 아주 사나운 모습을 띤다. 농어의 가로줄무늬 수가 보고서에는 일곱 개라고 나와 있으나 실제로는 물고기마다 다양한데, 이곳 연못에는 줄무늬가 아홉 개, 열 개나 되는 것도 있다.

거북이 여덟 종, 독사 한 종을 포함해 뱀이 열두 종, 개구리와 두꺼비 아홉 종, 도롱뇽 아홉 종, 도마뱀 한 종이 우리의 이웃인 것 같다.

그중에서도 특히 내 관심을 끄는 것은 뱀 족속의 움직임이다. 뱀을 보고 있노라면 우리의 손발, 새의 날개, 물고기의 지느러미는 아주 쓸데없어 보여, 마치 자연이 뱀을 만드는 데에만 자기 재주를 다 쏟아 부은 듯싶다. 검정 뱀은 누가 쫓아오면 쏜살같이 덤불 속으로 들어가, 마치 새가 큰 나뭇가지 사이를 날아다니는 것처럼 5~6피트 높이의 가늘고 잎이 없는 나뭇가지 위를 여유롭고 우아한 모습으로 뱅글뱅글 타고 오르거나 갈래진 나뭇가지에 걸어둔 꽃 장식처럼 매달릴 것이다. 체계가 좀 더 단순한 동물이 지닌 탄력과 유연성은 고등동물의 복잡한 팔다리 체계에 해당한다. 손과 발의 어눌한 도움 없이 그처럼 어려운 재주를 부리려면, 우리는 뱀처럼 지혜롭고 꾀가 많아야 할 것이다.

5월에는 풀밭과 강에서 악어거북(*Emysaurus serpentina*)이 자주 잡힌다. 낚시꾼은 잔잔한 표면을 둘러보다가 수십 미터 떨어진 곳에서 악어거북이 코를 물 위로 내밀고 있는 것을 보고 손쉽게 사냥감을 잡을 수 있다. 악어거북은 허둥지둥 헤엄쳐 도망치며 물을 휘저어놓는 것을 싫어하기에, 천천히 고개만 물속으로 집어넣고 나뭇가지나 수풀 더미 위에 가만히 있기 때문이다. 악어거북은 물에서 멀리 떨어진 곳에 비둘기 둥지처럼 부드러운 곳을 찾아 알을 묻어놓는데 그 알은 주로 스컹크한테 먹히고 만다. 낮 동안 악어거북은 두꺼비가 파리를 잡듯이 물고기를 잡는데, 입에서 투명한 액체를 뿜어내 물고기를 유인한다고 한다.

　자연은 자기 자녀들을 교육하고 우아하게 하는 일에 가장 극성맞은 부모보다도 더 관심을 기울인다. 밭에서 도랑을 파는 일꾼이나 내실에 앉아 있는 숙녀에게나 꽃이 차별 없이 가져다주는 조용한 영향을 생각해보라. 숲을 거닐다보면 어떤 지혜로운 공급업자가 나보다 먼저 그곳에 다녀갔음을 깨닫게 된다. 나의 가장 섬세한 경험도 거기에 예표(豫表)되어 있으니 말이다. 나무에 낀 이끼가 바로 그 나무의 잎 모양을 하고 있는 것을 보며 나는 자연의 즐거운 우정과 완벽한 화합에 놀란다. 가장 장대한 광경 속에서도 안개로 만들어진 흐릿한 화환, 이슬방울들의 행렬, 깃털 덮인 잔가지 같은 섬세하고 가냘픈 모습을 발견할 수 있는데, 이런 것들은 이를테면 고상함과 고귀한 혈통과 양육을 엿보게 한다. 그러고 나면 요정과 정령을 설명하는 일도 어렵지 않다. 그런 것들이 이런 은은한 우아함과 천상의 고귀함을 표현하기 때문이다. 숲에서 작은 가지 하나, 혹은 시내에서 옥돌 하나를 가져와 벽난로 선반에 올려놓아 보라. 집 안의 다른 장식품들은 그 고귀한 모습과 기품에 비하면 흔하고 평범해 보일 것이다. 더 세련되고 품격 있는 계급에 익숙했던 물건처럼 그것은 다른 모든 것보다 우월함을 과

시할 것이다. 당신의 모든 열정과 용기 있는 행동에 호응하며 갈채를 보낼 것이다.

겨울이면 나는 길을 가다 멈춰 서서 어떤 시기와 환경에서든 앞날에 대한 걱정 없이 자라는 나무의 모습을 보며 감탄한다. 사실 나무가 사람처럼 시기를 기다리는 법은 없지만, 지금이야말로 묘목이 자라기에 황금 같은 시기다. 토양, 공기, 햇빛과 비가 아주 적절하니 태초의 환경도 지금보다 더 낫지 않았다. 나무들에게 "**그들의 불만스러운 겨울**"[38]이란 결코 오지 않는다. 잎이 하나도 없는 자생 포플러 가지 위에서 서리에도 아랑곳 않고 기운차게 돋은 눈을 보라. 숨길 수 없는 자신감을 표현하고 있지 않은가. 버드나무나 오리나무의 유제꽃차례[39]를 찾아내리라는 확신만 있다면, 사람들은 즐거운 마음으로 황야에 머물 수 있을 것이다. 배핀 만[40]이나 매켄지 강[41] 부근의 북부 탐험가들이 유제꽃차례에 대해 쓴 글을 읽다보면 심지어 그쪽 지역에서도 살 수 있을 것 같다. 그 유제꽃차례들은 우리의 작은 식물 구세주 같다. 그 꽃이 다시 필 때까지 우리의 힘이 남아 있으리라 생각된다. 그 꽃들은 미네르바[42]나 케레스[43]보다 더 위대한 신을 자기네 창

---

38 그들의 불만스러운 겨울(winter of their discontent): 셰익스피어의 『리처드 3세(Richard III)』에 나오는 "Now is the winter of our discontent / Made glorious summer by this sun of York(이제 이 요크 가문의 자손 덕분에 우리의 불만스러운 겨울이 영광스러운 여름이 되었도다)"의 패러디다. 여기서 우리의 "불만스러운 겨울"은 왕위 쟁탈 전쟁을, "영광스러운 여름"은 전쟁의 승리를 뜻한다.
39 유제꽃차례: 무한꽃차례의 하나. 꽃잎은 없이 털이 송송 난 아주 작은 잎과 꽃이 길게 한 덩어리로 달려 있다. 박달나무, 버드나무, 오리나무, 포플러에서 찾아볼 수 있다.
40 배핀 만(Baffin Bay): 그린란드와 캐나다의 배핀 섬에 둘러싸인 만.
41 매켄지 강(Mackenzie River): 캐나다에서 가장 긴 강.
42 미네르바(Minerva): 로마 신화에 나오는 지혜의 여신. 그리스 신화의 아테나(Athena)에 해당한다.

조자로 모시기에 합당하다. 인간에게 이 꽃을 선사한 자애로운 여신은 대체 누구였을까?

자연은 언제나 신화적이고 신비로우며, 천재의 자유로움으로 마음껏 일한다. 자연은 화려하고 현란한 솜씨뿐만 아니라 예술적 기교도 갖고 있다. 순례자의 잔을 하나 만들 때에도 마치 전설 속 바다의 신 네레우스[44]나 트리톤[45]의 전차를 만들기라도 하듯, 굽과 사발, 손잡이, 주둥이까지 모든 것에 환상적인 형태를 부여한다.

식물학자들은 겨울이 왔다고 해서 책과 식물 표본실에만 묻혀 지내며 바깥 활동을 포기할 것이 아니라, 결정(結晶) 식물학(Crystalline botany)이라고 부를 수 있는 식물생리학의 한 분야를 연구해볼 수도 있을 것이다. 1837년의 겨울은 이런 연구에 특별히 유리한 해였다. 그해 12월, 초목의 신은 여느 해와 달리, 밤에 이상하리만큼 빈번히 여름에 자주 출몰하던 곳을 배회하는 듯했다. 그 같은 흰 서리는 여기뿐 아니라 그 어느 곳에서도 보기 드문 광경이고, 동이 튼 뒤에는 더더욱 모습을 제대로 보기 힘든데, 그해에는 그런 일이 몇 차례나 일어났다. 서리 낀 고요한 아침, 일찍 길을 나서면 나무들은 낮잠 자다 들킨 어둠의 피조물처럼 보였다. 이쪽에서는, 해도 들지 않는 외딴 골짜기의 나무들이 서로 의지하듯 한데 모여 잿빛 머리카락을 나부끼고 있었다. 그런가 하면 저편에서는 덤불과 풀잎들이

---

43 케레스(Ceres): 데메테르(Demeter)의 로마 이름으로 농업의 여신. 여기에서 시리얼(cereal)이란 말이 나왔다.
44 네레우스(Nereus): 그리스 신화에서 바다의 신 폰토스(그 Pontos, 영 Pontus)와 땅의 신 가이아의 장남.
45 트리톤(Triton): 그리스 신화에서 바다의 신 포세이돈(Poseidon)과 바다의 여신 암피트리테(Amphitrite)의 아들. 보통 인어(merman)의 모습으로 묘사된다.

수로를 따라 한 줄로 늘어서서 밤의 정령과 요정처럼 듬성듬성 빠진 머리를 눈 속에 숨기려 애쓰고 있었다. 눈앞에 펼쳐진 모든 것이 온통 하얀 빛이었지만 높은 둑에서 내려다본 강물은 노란빛을 띤 녹색이었다. 눈을 뚫고 고개를 내미는 데 성공한 나무 하나하나, 관목, 싹과 풀잎들은 모두 촘촘한 얼음 꽃으로 덮여 있었는데, 마치 잎사귀 하나하나가 여름 신록을 입고 있는 것에 견줄 만했다. 밤사이 나무 울타리까지 잎을 밀어냈다. 잎의 중심부는 사방으로 갈라져 나가는 듯한 형상인데 아주 미세한 섬유조직도 매우 뚜렷하게 보였고, 잎 가장자리는 고른 톱니 모양을 하고 있었다. 이 잎들은 해의 맞은편 가지나 그루터기에 나 있어서 대부분은 해를 직각으로 마주하게 된다. 이외에도, 지탱해주는 변변한 가지나 그루터기가 없어서 이 잎들 위로 혹은 자기들끼리 의지하여 사방으로 뻗어나가는 잎들도 있다. 아침의 첫 햇살이 이 광경 위로 비스듬히 비치자 풀잎에 수많은 보석들이 달려 있는 듯 보였는데, 여행자의 발길이 그 위에 닿자 짤랑짤랑 영롱한 소리를 냈고 그가 이리저리 움직이자 무지개의 온갖 빛깔을 반사했다. 문득 이 '유령 잎사귀들'과 그것들이 형태를 따온 푸른 잎사귀들이 모두 한 법칙에 의해 만들어진 피조물이라는 생각이 들었다. 말하자면 같은 법칙에 따라, 한편으로는 수액이 서서히 올라가 완벽한 잎을 만들고 또 다른 한편으로는 수정 입자들이 같은 이치에 따라 줄기로 떼를 지어 움직이고 있다. 마치 재료는 어떻든 법칙은 유일무이해서 변하지 않는 듯하고, 그래서 봄에는 모든 식물들이 위로 자라며 영원토록 변하지 않는 틀을 형성하고, 여름과 겨울을 지나며 그 틀이 채워지길 기다리는 것이다.

    이러한 잎 모양 구조는 산호나 새의 깃털에서도 공통적으로 발견되며, 대부분의 생물과 무생물에서도 찾아볼 수 있다. 물질에 대한 이러한 법칙의 독립성은 여러 다른 예에서도 찾아볼 수 있는데, 자연적인 운(韻)의 경우처럼 특정한 동물의 모습이나 색깔, 냄새에 대응하는 것들이 어떤 식물 속에 들어 있다. 특정한 의미와 상관없이 시의 모든 운(韻)은 진정 불변의 곡조를 시사하기 때문이다.

식물이 단지 일종의 결정화(結晶化)라는 것을 확인하려면, 창문 위의 서리가 가장자리부터 녹기 시작할 때, 바늘같이 뾰족하던 분자들이 어떻게 하나로 뭉쳐가는지를 관찰해보면 된다. 그 모양은 곡식이 너울거리는 들이나, 그루터기만 남은 밭 이곳저곳에 볏가리가 쌓여 있는 모습과 비슷하다. 한쪽은 동양의 풍경을 그린 그림에서 볼 수 있는, 열대 지역의 키다리 야자수와 넓게 분포된 벵골 보리수의 모습이고, 다른 한쪽은 가지들이 땅 아래쪽을 향하고 뻣뻣하게 얼어 있는 극지대 소나무 모습이다.

식물의 성장은 모든 성장의 전형이다. 그러나 결정이 만들어지는 과정은 그 질료가 단순하면 그만큼 더 분명하고, 그 과정도 대체적으로 더 짧고 순간적이다. 그러니 자연의 한계 안에서 그 내부를 채워가는 과정인 성장을 그저 좀 더 빠르거나 덜 빠른 결정체 형성 과정이라고 생각하는 것은 편리하기도 하거니와 철학적이기까지 하지 않은가?

이 시기에 강의 높은 둑 쪽에는 물과 다른 여러 가지 원인들로 구멍이 생기는데, 그 구멍의 좁은 입구와 바깥 가장자리는 요새의 입구처럼 번쩍이는 얼음 갑옷으로 무장하고 있는 것 같았다. 한쪽에서는 아주 섬세한 타조 깃털을 볼 수도 있는데, 마치 요새로 돌진하는 전사의 투구 깃털이 휘날리는 듯 보였다. 다른 쪽에는 소인국[46] 대군(大軍)의 번쩍이는 부채 모양 군기(軍旗)처럼 보이는 것도 있었고, 또 다른 어느 쪽에는 소나무의 깃털을

---

46 소인국: 조너선 스위프트(Jonathan Swift)의 『걸리버 여행기(Gulliver's Travels)』에 나오는 릴리퍼트(Lilliput)족들의 나라. 그들은 키가 6인치(약 15cm) 이하이다.

닮은 바늘 모양의 분자들이 한데 묶여 있었는데 마치 고대 그리스 투창 부대의 방진[47]이라 해도 큰 무리가 없는 모양새였다. 얼어붙은 개울은 아래쪽으로 갈수록 더 두꺼운 얼음 층이 있었는데, 4~5인치 깊이쯤에 아래쪽으로 벌어지는 프리즘 모양의 얼음 결정이 달려 있었다. 얼음의 평평한 부분을 밑으로 해서 놓으면 꼭 고딕 시대의 도시에서 볼 수 있는 지붕과 첨탑, 혹은 붐비는 항구에서 바람이 허용하는 한도까지 돛을 올린 배와 같았다. 얼음이 녹은 길가의 진흙은 일직선으로 깊게 파인 채 결정화되었고, 그 홈 가장자리에 있는 결정 덩어리들은 바늘잎의 배열에서 정확하게 석면을 닮았다. 그루터기만 남은 나무뿌리와 꽃줄기 주위로도 불규칙한 원뿔 형태 혹은 요정의 고리 모양으로 서리가 쌓여 있었다. 어떤 곳에서는 얼음 결정이 화강암 바위 위, 석영 결정 바로 위쪽에 자리를 잡고 있기도 했다. 석영 결정은 좀 더 긴 밤을 보내고 탄생한 성에이고, 좀 더 오랜 시간의 결정체이긴 하지만 인간사의 짧은 시간에 영향 받지 않는 눈(眼)에는 얼음이 녹는 속도처럼 빠르게 녹고 있다.

「무척추동물에 관한 보고서」에는 시간과 공간에 대한 새로운 가치를 정립하게 하는 특별한 사실이 기록되어 있다. "바다 조가비의 분포는 지질학 사실로서 주목할 만한 특별한 가치가 있다. 매사추세츠 주의 오른팔에 해당하는 케이프 코드는 50~60마일 정도 바다 쪽으로 뻗어 있다. 이 반도는 어느 곳에서도 그 넓이가 결코 몇 마일 이상 되지 않는데 이 좁은 땅이 지금까지 꽤 많은 연체동물의 이동을 막는 장벽 구실을 해왔다는 사실이 증명된 것이다. 겨우 몇 마일에 지나지 않는 땅에 의해 수많은 종(種), 속(屬)의 생물들이 분리되었고 이 만(灣) 때문에 한쪽 해안에서 반대편 해안으

---

47 방진(方陣): 병사들을 사각형으로 배치하여 친 진.

로 넘어가지 못한다……. 197종의 해양생물 중에서 83종은 남쪽 해안으로 건너가지 못하고, 50종은 곶 북쪽에서는 찾아볼 수 없다."

봄이면 사향뒤쥐가 바위나 나무 밑동 옆에 버려두고 가는 유니오 컴플라나투스(*Unio complanatus*)라는 홍합, 더 정확히는 플루비아틸리스(*fluviatilis*)는 인디언에게 중요한 식량이었던 것 같다. 인디언들이 이 조개를 즐겨 먹었다고 알려진 어떤 곳에서 이 조개가 다량으로 발견되었는데, 강에서 30피트 높은 곳에 1피트 정도 높이로 흙을 채우고 있었고 인디언들의 유물과 유해와 함께 뒤섞여 있었다.

목사가 설교 본문을 고르듯 마음대로 골라잡아 이 장 첫 머리에 배치한 우리 연구는 열정보다는 노력을 더 요구하는 것들이었다. 매사추세츠 주는 곧바로 유용하게 쓰일 수 있는 부가적인 내용을 갖춘 완벽한 자연자산의 목록을 원했다.

하지만 어류와 파충류, 곤충, 무척추동물에 대한 보고서는 많은 노력과 연구가 필요하며 주 의회의 목적과는 별개로 그 나름의 독립적인 가치가 있다.

비글로[48]와 너톨의 연구 자료를 볼 수 있는 한 초본식물과 조류에 대한 연구는 대단한 가치가 있다고 할 수는 없겠지만, 매사추세츠 주 내에서 어떤 종이 서식하는지는 나름대로 정확히 알려줄 것이다. 우리 스스로도 몇 가지 오류를 찾아낼 수 있었는데 이쪽 분야에 좀 더 경험 있는 사람이라면 분명 오류 목록을 확대할 수 있을 것이다.

---

48 제이컵 비글로(Jacob Bigelow, 1787~1879): 미국 매사추세츠 주 출신의 의사, 식물학자. 하버드대학에서 학생들을 가르쳤고, 미국 최초의 식물학 서적인 *American Medical Botany* (전 3권, 1817~1820)를 집필했다.

네발짐승에 대한 보고서는 현재의 결과물보다 더욱 완성도가 있고 좀 더 유익하게 작성되었어야 했다.

간혹 독자를 유인하기 위해 문장을 화려하게 꾸민 몇 부분을 제외하고, 이 보고서는 일반 독자는 관심을 갖지 않을 치수와 세부적인 묘사가 대부분이다. 마치 꽃은 피우지 못한 채 잎만 무성한, 어두운 숲의 식물과도 같다고 할 수 있겠다. 하지만 이 분야는 상대적으로 아직 미개척 분야이니, 개척자가 그의 첫 수확 때 꽃을 피우지 못했다고 해서 누가 그를 나무랄 수 있겠는가? 사실의 가치를 평가절하하지 말라. 언젠가는 진실의 꽃으로 피어나게 될 것이다. 어떤 동물의 자연사에 관해 한 세기 내내 추가된 중요한 사실이 이렇게 적다는 것은 정말 충격적인 일이다. 사실 인간 자신에 관한 자연사는 아직도 조금씩 기록되고 있는 중이다. 사람들은 자신들만의 방식으로 필요한 지식을 터득해오고 있다. 시골 사람이나 농장에서 일하는 처녀라면 누구나 암소의 네 번째 위 내막에 우유를 응고시키는 성분이 있다는 것을 알고 있으며, 어떤 버섯이 안전하고 영양분이 있는지도 안다. 어느 들이나 숲으로 가든, 돌 하나하나 나무껍질 하나하나 사람들이 샅샅이 들추어보고 벗겨보지 않은 것이 없는 듯 보일 것이다. 하지만 결국, 나무껍질이 벗겨지는 순간을 기다려서 목격하기보다는 이미 벗겨진 것을 찾아내는 편이 훨씬 쉬운 일이다. "올바른 관찰 태도는 몸을 수그리는 것이다"라는 말은 참 적절하다. 지혜는 조사하지 않고 바라본다. 오랫동안 바라보아야 비로소 제대로 볼 수 있다. 철학의 시작은 느린 법이다. 어떤 법칙을 발견해내고, 두 개의 다른 사실을 조합할 수 있는 사람은 가슴 속에 광기를 품고 있는 사람이다. '물은 위에서 아래로 흐른다'는 사실을 학교에서 배웠을 법한 시기를 생각해볼 수도 있겠다. 하지만 진정한 과학자는 자신의 섬세한 기관을 통해 자연을 더 잘 알게 될 것이다. 그는 다른 사람들보다 더 잘 냄새 맡고, 맛보고, 보고, 듣고, 느낄 것이다. 그의 경험은 더 깊고 섬세할 것이다. 우리는 추측이나 추론, 또는 수학을 철학에 적용함으로써가 아니라 직접적인 접촉과 교감을 통해 배운다. 윤리와 마찬가지로 과학 역시 연구나 논리적인 방법들만으로는 진실을 알 수 없다. 베이컨주의자도 다른 사람들만큼이나 허점이 많다. 아무리 기계와 기술의 도움을 받는다고 해도, 가장 건강하고 다정한 사람이 가장 과학적인 사람이며, 인디언의 지혜를 완벽하게 이해하는 사람이다.

2

와추셋 산 등반기

와추셋 산[1] 등반기

　　　　　　　　　　　　　　　1842년 7월 19일, 콩코드

소나무의 솔잎은
모두 서쪽으로 기울어진다.

　여름과 겨울 우리의 눈길은 지평선에 걸쳐 있는 산들의 희미한 윤곽에 머물렀는데, 멀리 떨어져 있고 흐릿해서 실제 모습보다 훨씬 더 장엄하게 보여서 시인들과 여행가들의 모든 인유(引喻)를 해석하는 데 똑같이 도움이 되었다. 우리가 어느 봄날 아침 호메로스와 함께 봉우리들이 여럿인 올륌포스 산에 앉아 있든, 베르길리우스[2]와 그의 동료들과 더불어 에트루

1　와추셋(Wachusett) 산: 미국 매사추세츠 주 우스터 카운티(Worcester County) 프린스턴과 웨스트민스터 지역에 위치해 있으며 매사추세츠 주 콩코드 강 동쪽에서 제일 높은 산(611미터). 이름은 아메리카 원주민의 언어로 '산 가까이' 혹은 '산이 있는 자리'라는 뜻이다.

리아³와 테살리아⁴의 산을 오르든, 혹은 훔볼트⁵와 함께 근대의 안데스 산맥과 테네리프 섬⁶을 탐험하는 경우에든 말이다. 그래서 콩코드의 절벽에 서서 우리의 생각을 옛 시인들에게 말했다.

> 모든 소리를 대신하는 요란한 침묵,
> 멀리 떨어진 작은 개천들의 보육학교인
> 모내드녹 그리고 피터버러⁷의 산들이여,
> 너희는 변경(邊境)의 위력을 지니고 굳게 서서
> 아주 만족해 하며 감싸고 있구나.
> 마치 비와 진눈깨비를 뚫고
> 겨울의 추위와 여름의 더위를 뚫고
> 항해하는 거대한 선단 같구나.
> 너희들은 숭고한 모험에 몰두해 끝까지 참고 견디어
> 마침내 하늘 가운데서 해안을 찾아낸다.
> 밀수품을 싣고
> 육지 가까이 슬그머니 숨지 않는다.

---

2 베르길리우스(Pubilus Vergilius Maro, BC 70~BC 19): 로마의 시인. 서양문학 최고 걸작 중 하나로 꼽히는 장편 서사시 『아이네이스(*Aeneis*)』의 저자이다.
3 에트루리아(Etruria): 이탈리아 중부에 있는, 고대 에트루리아족이 살던 지역. 그리스어와 라틴어로 된 텍스트에서는 주로 티레니아(Tyrrhenia)라고 불리는 곳이다.
4 테살리아(Thessalia): 북부 에게 해에 면한 지방. 그리스의 13개 주변국 중 하나였다.
5 알렉산더 폰 훔볼트(Alexander von Humboldt, 1769~1859): 독일 박물학자, 탐험가, 식물학자. 그의 광대한 연구는 식물지리학 분야의 토대가 되었다.
6 테네리페(Teneriffe): 북대서양 동쪽에 있는 스페인령 카나리아 제도 중 가장 큰 섬.
7 피터버러(Peterboro): 미국 뉴욕 시러큐스 남서쪽 25마일쯤 떨어진 곳에 위치한 유서 깊은 촌락.

왜냐하면 네 편에 물건을 보낸 사람들은
그들의 정직을 가늠하려고
태양을 높이 올려놓았기 때문이다.
늘어선 배들, 너희 각자는
서부를 향해 달려간다,
언제나 강풍 앞에
돛을 최대한 올리고
밝혀지지 않은 무게의 금속을 싣고서.
여기 흔들리지 않는 의자에 앉아서 나는 느낀다,
깊이를 알 수 없는 너의 힘을
넓은 선폭(船幅)과 긴 구동장치를.

너는 서부에서의 새로운 여흥 속에서
호화스러운 쾌락을 즐기는 것 같구나.
너희 산꼭대기는 너무나 시원하고 새롭게 푸르구나,
마치 시간이 너를 위해 아무 할 일이 없는 것처럼.
너는 사지를 쭉 뻗고 누워 있다
점유되지 않은 힘,
벌채되지 않은 태고의 숲,
곡재(曲材)로는 너무 단단하고, 돛대로는 너무 나긋나긋하다.
그것을 재료 삼아 새 땅이 만들어질 나무줄기
언젠가는 우리 서부의 주요 사업이 될 것이며,
드넓은 우주의 바다로 펼쳐질
세계의 문설주가 되기에 적합하구나.

우리가 머뭇거리고 있는 햇살을 즐기는 동안

너는 여전히 서부의 낮 위로 높이 솟아오르는구나,

마치 꽉 찬 건초 더미처럼

저기 신의 텃밭에서 휴식을 취하며.

구름은 금과 은으로 테두리를 두르고서

장밋빛 주름을 띤 채 걸려 있고

서녘은 아주 짙은 호박색 빛으로

치장하고 있다.

거기에는 여전히 몇몇 햇살이 비스듬히 비치는데,

천국조차 하찮게 보인다.

땅 가장자리에는 산과 나무들이

대기에 조각된 것처럼 서 있거나,

아침 미풍을 기다리는

항구의 배처럼 서 있다.

그뿐 아니라 천국에 이르는 길은

너의 불결한 것들을 뚫고 휘어져 있다는 생각도 든다.

그리고 아직 저기에, 역사의 기록과는 상관없이

황금시대와 은(銀)시대가 남아 있다.

애를 쓰고 있는 강풍에 실려

너의 아주 먼 계곡에서

다가올 세기(世紀)들의 소식과

사고(思考)의 새로운 왕조 소식이 전해져온다.

그러나 나는 특별히 기억한다,

나처럼 교제하는 사람들 없이

홀로 서 있는 너 와추셋 산을.

개척지 혹은 골짜기를 통해

혹은 대장간의 창문을 통해 보이는

하늘의 남은 조각,

너의 아주 파란 눈은

눈길이 스쳐 지나가는 모든 것에 영향을 미친다.

너와 나 사이에 서 있는 것들을 제외하고서

참된 것은 아무것도 없다.

너 서부의 개척자여,

너는 하늘의 처마 아래에서

모험심에 추동(推動)되어

부끄러움도 두려움도 모른다.

너는 거기에서 스스로를 넓혀

공기를 충분히 숨 쉴 수 있니?

하늘을 받들고 땅을 누르는 것이

태어날 적부터 너의 취미이지만

너는 하늘의 도움도 받지 않고 땅에도 기대지 않는구나,

내가 네게 손색없는 동생이라고 해도 되겠니?

마침내 라셀라스[8]처럼, 그리고 행복의 계곡에 사는 다른 주민들처럼 서쪽 수평선을 접하는 푸른 벽을 오르기로 결심했는데, 그 너머에 우리를 위한 요정세계가 존재하지 않을 수도 있다는 의혹이 없는 것은 아니었다. 그러나 여행의 막바지에 이르러서도 결코 여행을 급하게 마무리하지는 않

을 것이며, 우리가 이르게 되는 곳이 겨우 아킬레우스[9]의 막사라고 해도, 독자들을 평야로, 파도 소리 울리는 바다로 이끌고 다닌 호메로스를 흉내 내볼 것이다. 생각의 공간 속에는 사람들이 오고 가는 드넓게 펼쳐진 뭍과 바다가 있다. 풍경이 그 생각의 공간 안에서 멀리 아름답게 펼쳐져 있으니, 생각을 가장 깊이 하는 사람이 가장 멀리 여행하는 사람이다.

    7월의 쌀쌀한 이른 아침에 나와 동료는 휴식을 취하고 새로운 기운을 얻으려 스토(Stow) 마을의 아사벳 강[10] 지류인 작은 개천 둑에 앉아 잠시 멈췄을 뿐 액턴(Acton)과 스토 지역을 서둘러 지나쳐갔다. 단단한 막대기를 손에 잡고 액턴의 시원한 숲 속을 가로지를 때는 붉은눈비레오, 개똥지빠귀, 피비, 뻐꾸기의 노랫소리를 듣고 즐거워했고, 넓게 탁 트인 땅을 지날 때는 들판의 신선한 향기를 들이마셨다. 모든 자연만물이 가만히 누워 있어 마음껏 바라보고 돌아볼 수 있었다. 새벽 어스름 속에서 울타리와 농가는 모두 희미하게 보였고, 딸랑거리는 소리는 모두 평화와 순수를 얘기했다. 촉촉한 길을 행복한 마음으로 걸으며 우리는 하루가 떠나며 남기는 고적함이 아니라 더럽히지 않은 하루의 고적함을 즐겼다. 그것은 빛을 띤 고독으로서 어둠보다 나았다. 이내 들판에서 풀 베는 기계의 탕탕거리는 소리가 들려왔는데, 이 역시 소의 울음소리에 섞여버렸다.

    우리의 노정(路程) 중에 이 구역은 홉을 재배하는 지역에 놓여 있는데

---

8 라셀라스(Rasselas): 영국의 시인·비평가 새뮤얼 존슨(Samuel Johnson, 1709~1784)의 행복에 관한 소설(1759). 원제는 *The History of Rasselas, Prince of Abissinia*인데 라셀라스로 줄여서 부르기도 한다. 라셀라스가 주인공이다.
9 아킬레우스(그 Achilleus, 영 Achilles): 그리스 신화에 등장하는 트로이아 전쟁의 영웅, 호메로스의 『일리아스(그 Ilias, 영 Illiad)』에 나오는 위대한 전사.
10 아사벳(Assabet) 강: 미국 매사추세츠 주 보스턴 서쪽에 있는 작은 강. 매사추세츠 콩코드의 서드베리 강으로 흘러든다.

홉나무는 미국의 정경에 포도나무가 없는 것을 보충해주어서 그 길을 지나는 여행자는 이탈리아나 프랑스 남부를 떠올릴 것이다. 여행자들은 그때[11]와 마찬가지로 홉나무 들판이 막대기들 사이 우아한 꽃줄에 매달려 고르고 짙은 신록과 나그네의 원기를 회복시켜주는 바람이 머무는 시원한 그늘을 선사할 때 이 시골을 지나갈 수도 있고, 여자와 아이들, 그리고 원근에서 온 이웃 마을 사람들이 긴 구유 같은 그릇에 홉을 따 담으려 모여드는 9월경에 지나갈 수도 있다. 아니면 장대들이 거대한 피라미드 형태로 마당에 쌓여 있거나, 길가에 더미처럼 쌓여 있는 더 늦은 철에 지날 수도 있겠다.

홉 재배는 홉 열매의 쓰임새뿐만 아니라 열매를 따는 것부터 시작해서 가마에 말리고, 시장에 내다 팔기 위해 포장하는 과정까지를 모두 포함하는데, 포도 재배 그리고 포도의 쓰임새와 너무나 비슷해서 미래의 시인들에게 좋은 소재가 될 것이다.

근처 초원에서 풀 베는 사람은 우리가 그 둑에 앉아 쉬었던 개천의 이름을 댈 수 없었는데 그 개천에 이름이 있는지 없는지조차 몰랐다. 그러나 보다 어려 보이는, 아마 그의 동생인 듯한 동료는 개천의 이름이 그레이트 브룩(Great Brook)이라는 걸 알고 있었다. 그 들판에 그들이 아주 가까이 서 있었지만 아는 것의 차이는 아주 컸고, 낯선 사람이 오기 전까지는 각자가 보유하고 있는 지식이 어떤지 의심해본 적도 없었다. 볼턴[12]에서는 어느 오두막집 울타리 난간에 앉아 쉬는 동안 집 안에서 음악 소리가 들려왔는데, 아마도 우리 같은 나그네를 위해 연주하는 듯했으며 이렇게 멀리 떨

---

11 여기서 그때는 문맥상 여행자가 이탈리아나 남부 프랑스를 여행했을 때를 가리키는 듯하다.
12 볼턴(Bolton): 미국 매사추세츠 주 우스터 카운티에 있는 도시. 1738년 만들어진 후 많은 사람들이 들어와 정착했다.

어진 곳에서도 사람들은 익숙한 것을 즐기며 산다는 사실을 상기시켜 주었다. 나그네인 우리는 인간의 삶이 어디에서나 비슷비슷한 일들과 똑같은 단출한 관계들로 매듭지어진다는 것을, 그렇기 때문에 그런 사실을 새롭게 알기 위해 여행하는 것은 부질없는 일임을 이내 깨닫기 시작했다. 오히려 꽃들이 사람보다 더 다채로운 모습을 보이며 자란다. 하지만 산의 모습이 훤히 내려다보이는 높은 지대로 올라오니 우리의 여행이 헛된 것이 아니라는 생각이 들었다. 그곳 거주민들의 입에서 '웨이-태틱(Way-tatic)'이나 '웨이-추셋(Way-chusett)'이 아니라 '워-태틱(Wor-tatic)', '워-추셋(Wor-chusett)'과 같은, 더 진실하고 더 거친 발음을 들을 기회를 누리는 게 고작이라도 말이다. 그런 발음을 들으니 점잖게 길든 우리의 발음이 부끄럽게 느껴졌고, 그들이 우리보다 훨씬 더 서쪽에서 나고 자란 사람들이라는 생각이 들었다. 혀와 턱을 연신 움직일 때 숨쉬기가 훨씬 수월한 양, 그들의 말은 억양이 더 풍부했다. 이 시골 남자는 거의 말이 없었는데 제 아내가 사람들 앞에 크림과 치즈를 아낌없이 내어놓자, 거의 수다스러울 정도로 언변을 늘어놓았다. 우리는 정오가 되기 전에 랭커스터[13]의 계곡이 내려다보이는 고지대에 도착했고 그곳에서 처음 서쪽의 아름답고 탁 트인 전망을 볼 수 있었다. 거기 언덕 정상의 참나무 그늘 아래, 납으로 된 파이프에서 샘물이 보글거리며 흘러나오는 곳 가까이에 앉아 한낮의 열기를 피해 쉬며 베르길리우스의 글을 읽고 풍경도 즐겼다. 그곳은 지구 밖의 어느 곳에 나와 있는 듯한 느낌이 드는 장소였는데, 거기에서 지구의 형태와 구조를 어느 정도 조망할 수 있었기 때문이다. 아침에 우리의 시선을 반겼을 때보다는 천상의 느낌이 덜하긴 했지만, 거기에 우리 여행의 목적지인 와

---

13 랭커스터(Lancaster): 미국 매사추세츠 주 우스터 카운티의 가장 오래된 마을.

추셋 산이 변함없이 그 큰 모습으로 우리를 압도하며 솟아 있었다. 더 북쪽으로는 와추셋 산의 위용이 지평선 따라 줄줄이 놓인 그의 자매 산들을 잠재우고 있었다.

천재의 작품이 치러왔을 무수한 시험에 대해 깊이 생각해보아야 했기에 우리는 『아이네이스』[14]를 읽다가

— *atque altae moenia Romae*,[15]
— 그리고 높은 로마의 벽이여,

라는 구절에서 더는 나아갈 수 없었다. 이천 년이라는 세월을 넘어, 저 멀리 로마에 있는 베르길리우스가 뉴잉글랜드 산들의 순례자에게 자기의 생각, 그러니까 이탈리아 계곡의 영감을 펼쳐야 하는 것이다. 이곳의 삶은 너무나 현대적이고 거친 데 반해 베르길리우스의 작품은 너무나 고전적이며 세련되었다. 그러나 베르길리우스의 작품을 읽고 나면 모든 시대를 막론하고 인간의 본성은 동일하다는 것을, 그리고 시인의 설명에 의하면, 우리 모두는 이전 시대의 아이들이며 유피테르의 지배 아래 똑같이 살고 있다는 것을 깨닫게 된다.

"그는 잎사귀에서 꿀을 떨어내고, 불을 앗아가버렸네.
그리고 어디에서나 강 되어 흐르는 포도주를 들이켰네.

---

14 『아이네이스(라 *Aeneis*, 영 *Aeneid*)』: 베르길리우스가 지은 라틴어 대서사시(BC 29~BC 19). 아이네아스(그 Aineas, 영 Aeneas)라는 트로이아 사람이 이탈리아로 여행 갔다가 그곳에서 로마인들의 조상이 되는 이야기이다.
15 베르길리우스의 『아이네이스』 1권 7행에 나오는 구절.

그런 경험이 생각을 통해 점차 다양한 기술을 탄생시키고
밭이랑에서 옥수수 잎사귀를 찾고
부싯돌의 결 속에서 숨은 불을 발견해낼지도 모르지."[16]

마치 저편의 산 하나가 다른 산 뒤로 멀리 더 희미하게 솟아 있는 것처럼 과거의 세상이 새로운 세상 뒤에 고요히 서 있다. 그러나 로마는 이 후대의 세대에게도 자기의 이야기를 강요하고 있다. 우리가 아침에 지나쳤던 바로 그 학교의 아이들도 이웃한 랭커스터[17]의 전쟁에 관해 듣기도 전에 로마의 전쟁에 대해 배웠고 로마의 경보신호를 암송했다. 아직도 사람들은 아니나 다를까 로마의 언덕에서 눈을 떼지 못하고 두리번거리는데 로마는 또 그쪽 하늘의 치맛자락을 들어 올려 과거를 더 아련하게 만든다.

이 부근 땅의 형세는 여행자들이 주목할 만하다. 우리가 앉아 쉬었던 언덕은 이 땅을 남서쪽에서 북동쪽으로 달리는 광대한 산맥의 한 부분인데, 내슈아 강[18] 물을 콩코드 강의 물줄기에서 분리한다. 오늘 아침 우리가 바로 이 콩코드 강 둑을 건너왔는데 이러한 사실을 염두에 두면 우리 여정을 가로지르던 그 모든 개천들이 어디로 향했는지 쉽게 판단할 수 있다.

---

16 베르길리우스가 쓴 『농경시(*Georgica*)』 1권 103~135행에 나오는 구절.
17 1675~1676년 필립 왕 전쟁(King Philip's War)이라 불리는 북미 인디언들과 정착민들 사이의 전쟁이 일어났던 장소. 당시 메리 롤런드슨(Mary Rowlandson, 1637경~1711)이 납치되었다가 풀려나 쓴 *The Sovereignty and Goodness of God: Being a Narrative of the Captivity and Restoration of Mrs. Mary Rowlandson*은 미국문학에서 포로 서사(captivity narrative)의 대표적인 작품으로 꼽힌다.
18 내슈아(Nashua) 강: 미국 매사추세츠 주와 뉴햄프셔 주 메리맥 강의 지류. 총길이는 약 60.4킬로미터이다.

와추셋 산맥은 5마일 더 서쪽에 이 산맥과 나란하게, 그리고 고턴, 셜리, 랭커스터, 보일스턴[19] 마을이 위치한 넓고 깊은 계곡 너머에서 거의 비슷한 방향으로 내달리고 있다. 내슈아 강 쪽 계곡으로 내려가는 길은 지금까지 본 것 중에 가장 가팔랐다. 몇 마일 더 가니 내슈아 강의 남쪽 지류가 나왔는데 얕지만 물살이 급했고, 자갈 많은 높은 둑 사이로 흘러가고 있었다. 그러나 우리가 내려온 이곳은 얼음 계곡(*gelidae valles*)이 아니고 그래서 아침의 차가운 공기가 없다는 것을 이내 알게 되었고, 이제 태양이 우리에게 위세를 과시할 차례가 된 게 아닌가 하는 걱정이 들었다.

"이글거리는 태양이 하늘 한가운데를 차지했는데
가까이에 나무 한 그루, 풀 한 포기 있지 않았다."

이런 우울한 즐거움에 젖어 우리는 동료 여행자인 하산[20]이 사막에서 부른 슬픔의 노래를 따라서 읊어보았다.

"그 시간은 애잔했고, 그날은 불운했다.
시라즈[21]의 벽에서 내가 처음 길을 떠났을 그때."

---

19 고턴(Gorton), 셜리(Shirley): 미국 매사추세츠 주 미들섹스 카운티(Middlesex County)의 마을. 보일스턴(Boylston): 매사추세츠 주 우스터 카운티의 마을.
20 하산(Hassan): 영국의 시인 윌리엄 콜린스(William Collins, 1721~1759)의 장시 『페르시아의 전원시(*Persian Eclogues*)』 중 제2 전원시에 나오는 인물로 낙타를 모는 사람. 아래 시 구절은 *Ecologue* II, 13~14행에서 따왔다.
21 시라즈(Schirāz): 이란 중남부 파르스 주의 주도. 이란에서 여섯 번째로 인구가 많으며 시인, 와인, 꽃의 도시로 유명하다.

언덕과 언덕 사이의 공기는 펄펄 끓는 가마솥 안에 들어 있는 것처럼 맥이 빠져 있었고 잎새 하나 살랑거리지 않았으며, 앞서 우리가 들여 마시고 원기를 찾았던 잔디와 토끼풀의 신선한 냄새 대신 온갖 풀이 내뿜는 마른 향이 고약하게 느껴질 뿐이었다. 더위에 굴복하여 우리는 숲 속으로 들어가 좀 전에 어슬렁거렸던 둑 아래로 흐르는 작은 시내를 따라 거닐며 느긋하게 이 새로운 들판의 식물들을 관찰했다. 이 철에 이곳 삼림지대를 지나쳐가 본 사람은 아래로 늘어지는 종 모양의 작은 꽃과 가느다랗고 빨간 줄기를 가진 개정향풀, 줄기와 열매가 거친 미국자리공[22]을 똑똑히 기억할 터인데, 둘 다 인적이 드물고 외딴곳에서 흔히 눈에 띈다. 이 근방을 처음 통과해갔던 사람들이 불평했듯이, 여행자가 민둥산을 오를 때 '태양이 스윗펀[23]에서 반사된 열기를 다시 내리쬐어' 그를 기절할 지경으로 몰고 갈지라도, 언덕 사이의 계곡을 지날 때쯤이면 늪에서 자라는 패랭이꽃의 시원한 향이 그의 원기를 다시 회복시켜줄 것이다.

늦은 오후까지 계속 걷다가 개울을 마주칠 때마다 발을 씻으며 피로를 풀었는데, 이내 산 그림자 밑을 걸어가게 되었고 아침의 원기를 되찾을 수 있었다. 저녁이 다 되어서야 스털링[24] 지역을 통과하여 작은 촌락들이 밀집해 있는 마을의 서쪽 지역인 스틸워터 강[25] 둑에 다다랐다. 이곳에서 벌써 어느 정도 서부의 면모를 느낄 수 있으리라 생각했는데, 스틸워터라는

---

22 미국자리공: 자리공과의 한해살이풀. 원래 명칭은 pokeweed이나 poke, pokebush, pokeberry, pokeroot, pokesalad 등으로 불린다.
23 스윗펀(sweet-fern): 소귀나뭇과의 관목. 북미산으로 잎은 양치(羊齒) 모양이고 향기가 있다.
24 스털링(Sterling): 미국 매사추세츠 주 우스터 카운티의 마을.
25 스틸워터(Stillwater) 강: 내슈아 강 분수령의 지류. 보스턴 지역에 식수를 대는 매사추세츠 수자원공사 시스템의 일부에 해당한다. 강이 잔잔히 흐른다는 뜻에서 나온 이름이다.

이름을 비웃기라도 하듯 최근에 댐으로 막아놓은 물이 콸콸 흐르는 소리와 솔향기가 무척 상쾌했다. 처음으로 이곳에 사람이 들어온 후, 몇 에이커[26]의 땅을 평평하게 다지고 집을 몇 채 세웠지만 숲은 그 어느 때보다도 더 황량해 보였다. 그대로 내버려둘 때 자연은 언제나 어느 정도 품위를 유지하며 그 나름의 세련된 모습을 즐긴다. 하지만 일단 인간의 도끼가 숲 속의 가장자리를 잠식해 들어가면 푸른 잎으로 된 둑이 감추고 있던 볼품없는 죽은 나뭇가지가 모습을 드러낸다. 이 마을은 아직까지는 우체국도 정해진 이름도 없다. 이곳 마을 사람들은 우리가 마치 이 늦은 시간에 이 세계에 첫발을 내딛기라도 한 양 자기만족적이며 거의 연민 어린 표정을 하고 우리를 쳐다보았다. 그들은 "그렇지만, 이리 와서 우리를 보고 인간과 예절에 대해 배워보시게"라고 말하는 듯했다. 이처럼 모든 사람의 세계는 너무나 열려 있는 동시에 닫혀 있는 공간인 숲 속의 벌판에 지나지 않는다. 사람들을 데리고 밭으로 일하러 나간 여관 주인은 아직 돌아오지 않았고, 아직 소의 젖을 짜주지도 않았다. 하지만 우리는 스웨덴 여관에 걸려 있던 글귀, "트롤헤탄[27]에서는 최상의 빵과 고기, 와인을 맛볼 수 있습니다. 당신이 그것들을 갖고 오기만 한다면 말이지요"를 생각해내고 만족해했다. 그러나 신문을 통해 시내에서 일어나는 일들을 알 수 있게 해주는 것이 이 시골에서 여행자들에게 해줄 수 있는 최상의 서비스라고 생각하는 듯, 여관 주인이 우리에게 건넨 우리 지역 신문을 이 궁벽한 곳에서 보게 되는 것은 솔직히 썩 유쾌한 일이 아니었음을 고백하지 않을 수 없다. 이렇게 높

---

26 에이커(acre): 토지의 측정 단위. 1에이커는 약 4,046.8제곱미터이다.
27 트롤헤탄(Trollhättan): 스웨덴 남서부 엘브스보리(Älvsborg) 주의 도시. 스웨덴에서 두 번째로 큰 도시인 고센버그(Gothenburg) 즉 예테보리(Göteborg)의 북쪽 75킬로미터 지점에 위치해 있다.

은 산 정상에서는 저급한 보스턴이나 뉴욕 따위를 기웃거릴 일이 아니라 이곳에 있는 영원불멸의 산에 의지하고 사는 게 좋겠다.

밤 내내, 간간이 물이 소곤거리는 소리와 졸리게 하는 귀뚜라미의 속삭이는 소리가 들렸다. 이튿날 아침 우리는 대기가 밤공기로 신성해진 후 회색빛 어스름 속에서 아쉬워하며 그 여관을 떠났는데 천진한 소들만이 일어나 움직이고 있었다. 산 밑까지는 4마일 정도밖에 되지 않았는데, 벌써 경치가 한 폭의 그림보다 더 아름다웠다. 우리가 갈 길은 소나무와 바위들이 가득한 깊은 계곡 바닥에서 좔좔거리며 흘러나오는 스틸워터의 물길을 따라 놓여 있었는데, 이 물길은 산 위에서 이내 곤두박질쳐서 시혜(施惠)의 삶을 시작할 것이다. 처음에는 산 정상과 우리가 있는 곳 사이에 구름이 드리워져 있었지만 곧 바람에 흩어졌다. 길가에 흐드러지게 자라고 있는 산딸기를 따 모으면서, 그 일이 신의 고결한 배려와 아주 부합하는 일이라는 생각이 들었다. 고산 지대의 희박하고 더 맑은 공기를 차츰 들이마시며 산으로 올라가는 여행자는 바로 거기서 자라는 신찬(神饌)과 같은 이 담백한 과일을 먹고 산언저리에서 솟구쳐 올라오는 샘물을 마셔 체력을 키워야 하며, 산신(山神)들 자신의 과일을 바쳐 그들을 달래야 하는 것 같았다. 평야나 골짜기에서 나는 모든 산물은 그곳에 거주하는 사람들을 위한 것이다. 하지만 이 열매의 과즙은 산 꼭대기의 희박한 공기와 어떤 관련이 있는 것 같았다.

곧 산을 오르기 시작해서 처음에는 송곳 자국이 난 큰 사탕단풍 나무를 지났고 그 후 나무가 좀 더 빽빽한 숲을 지나가게 되었는데, 나무들의 키가 점차 낮아지더니 이내 나무라곤 하나도 찾을 수 없는 곳에 이르게 되었다. 마침내 산 정상에 텐트를 쳤다. 이곳은 프린스턴 마을에서 불과 1,900피트 높은 지점으로 해발 3,000피트이다. 하지만 이렇게 조금 높은 곳도 평지에서 아주 멀리 옮겨온 듯해서, 거기에 오르자 멀리 떨어져 있다는 느낌이 들어 마치 아라비아 페트리아[28]나 극동 지방과 같은 먼 곳으로 여행을 온 듯했다. 우리 시야에 들어오는 것 중에 가장 높이 있는 것은 장대 위의 울새였다. 참새가 우리 주위를 날아다녔고 되새와 뻐꾸기 소리도 가까이에서 들려왔다. 산 정상은 몇 에이커쯤 되었는데 나무도 별로 없이 휑한 바위로 덮여 있고, 나무딸기, 블루베리, 구스베리, 딸기, 그리고 이끼와 가늘고 빳빳한 풀이 흩어져 있었다. 바위 틈 사이에는 흔한 노란 백합과 난쟁이 산딸나무가 잔뜩 자라고 있었다. 둥그스름한 이 개활지 몇 피트 아래는 떡갈나무와 단풍나무, 미루나무, 너도밤나무, 체리, 그리고 간혹 마가목이 뒤섞여 있는 관목 숲으로 둘러싸여 있었는데, 그중에 둥굴레 속 식물의 밝은색 푸른 열매와 노루발풀의 열매를 볼 수 있었다. 가장 높은 지점에 이전에 세운 목재 전망대 기초는 지름 12피트, 높이는 5, 6피트 정도 되는 움푹 팬 천연 바위 위에다 만든 것으로서, 그곳에서 북서쪽에 거의 1,000여 피트 높이로 장대하게 솟아 있는 모내드녹 산을 볼 수 있었는데 옆에서 보니 조금 달리 보였지만 여전히 '머나먼 푸른 산' 모습 그대로였다. 첫날은 안개가 너무 짙어서 그 흐릿함을 걷어내려고 애를 써도 아무 소용이 없었다. 하늘을 다시 보고 있는 것 같았는데, 여기저기 조각난 숲들이 더 낮은 하늘 위에 구름처럼 띄엄띄엄 박혀 있었다. 창공에서 폴리네시아[29] 군도를 내려다보는 여행자에게처럼 지구가 창공에 떠 있는 큰 섬 같

---

28 아라비아 페트리아(Arabia Petraea): 2세기에 생겨나기 시작한 로마제국의 국경 지역. 그냥 '아라비아'라고도 불린다.
29 폴리네시아(Polynesia): 인종지리학적으로 분류한 태평양의 도서군. 오세아니아의 소구역으로, 태평양의 중앙과 남쪽에 흩어져 있는 1,000여 개의 섬으로 이루어져 있다. 보통 폴리네이시아 삼각형(Polynesian triangle) 안에 있는 섬들을 가리킨다.

았다. 하늘은 그 깊이를 가늠할 수 없는 심연처럼 사위(四圍)에 우리가 있는 이 낮은 곳까지 내려와 푸르른 태평양 섬을 둘러싸고 있는 것 같았다. 어떤 섬사람들이 사는지 아무도 알지 못하는 그런 섬, 그러다가 해안으로 가까이 다가가면 바람에 흔들리는 나무가 보이고 소의 울음소리가 들려오는 그런 섬 말이다.

안개가 걷히길 기다리며 텐트 안에서 베르길리우스와 워즈워스의 작품을 읽었는데 그것은 또 다른 즐거움이었으며, 피터 벨[30]의 소박한 진리와 아름다움을 감상하는 데 그런 날씨가 방해가 되지는 않았다.

"그는 높은 체비엇 구릉지대[31] 위에서,
당나귀 옆에 누웠다."

"그러곤 바위들과 구불구불한 절벽 사이
요크셔[32] 골짜기를 터벅터벅 걸었다.
자그마한 하늘 조각과
별들의 작은 터 아래에, 깊숙이
나지막하게 작은 마을들이 자리 잡고 있는 곳을."

언젠가 이 언덕이 헬벨린[33] 산이나 파르낫소스 산이 되어 시신(詩神)들

---

30 피터 벨(Peter Bell): 영국의 낭만주의 시인 윌리엄 워즈워스(William Wordsworth)의 장시. 1819년에 출판되었다.
31 체비엇 구릉지대(Cheviot Hills): 잉글랜드와 스코틀랜드의 경계에 있는 구릉지대. 선사 시대와 로마 시대의 주거지 흔적이 널리 퍼져 있다.
32 요크셔(Yorkshire): 영국 잉글랜드 북동부의 옛 주.

이 자주 나타나고, 또 다른 호메로스들이 주위의 들판을 돌아다닐지 누가 알겠는가?

> 관심이 없지 않은 와추셋 산이
> 자연에서 최근에 얻어낸 들판 위로 머리를 든다,
> 마치 인류 역사의 새로운 연대기라도 읽는 양
> 엄숙한 얼굴로 느긋하게.

산에서 얻은 산딸기에 챙겨온 우유를 같이하니 소박한 저녁 식사가 마련되었고 산마루를 따라 울리는 개똥지빠귀의 저녁 기도 소리가 여흥을 돋우었다. 벽화가 그려진 천장이나 카펫이 깔린 복도가 아니라 자연이 그림을 그려놓은 하늘과 자연이 직접 수놓은 숲과 산에 우리의 눈길이 머물렀다. 해가 지기 전에 북쪽으로 난 산길을 따라 걸었는데 그 위로 매 한 마리가 날아올랐다. 그곳은 너무나도 장엄하고 고적하며 평지의 나쁜 것들은 다 제거되어 버린 곳이어서, 신들이 거닐 것만 같았다. 저녁이 되자 안개가 모두 수증기로 변하며 눈앞의 경관이 눈에 띄게 명확해졌고 넓게 퍼져 있는 수많은 물방울들이 햇빛에 드러났다.

> *Et jam summa procul villarum culmina fumant,*
> *Majoresque cadunt altis de montibus umbrae.*[34]

---

33 헬벨린(Helvellyn): 영국 잉글랜드 북서부 레이크디스트릭트(Lake District)의 산. 그 지역 산중에서 가장 높으며(950미터) 잉글랜드와 레이크디스트릭트에서 세 번째로 높은 봉우리이다.
34 베르길리우스의 『목가시(*Eclogues*)』 1부 83~84행.

이제 장원(莊園)의 지붕 위로 연기가 멀리 피어오르고,
높은 산은 길게 그림자를 드리운다.

    해가 지는 동안 우리는 높은 바위 위에 올라서서 밤의 그림자가 천천히 동쪽 골짜기로 기어드는 모습을 구경했다. 마을 사람들은 달님이 고요히 솟아올라 해의 자리를 차지하는 동안 각자 집으로 들어가 문을 걸어 닫았다. 같은 장면이 서쪽에서, 멀게는 코네티컷 주와 버몬트 주에서도 반복되었는데, 뉴잉글랜드 모든 사람들 중에 오직 우리 두 사람에게만 저녁 햇살이 오롯이 쏟아졌다.

    그 밤은 만월 하루 전이라 달빛이 아주 밝아서 그 빛으로 글도 명확하게 읽을 수 있었고, 저녁에도 안전하게 산 정상을 거닐 수 있었다. 우연히도 그날 모내드녹 산[35] 위로 불길이 타오르는 것을 볼 수 있었는데, 그 불길은 서쪽 지평선을 밝히며 타올라 산들이 모여 있다는 것을 알게 해주었고 우리가 있는 곳을 덜 외롭게 했다. 그러나 우리는 바람을 피해 텐트 속으로 들어가서 문을 닫고 잠이 들었다.

    날이 꽤 추워지고 바람도 많이 불어 간간히 잠에서 깼었고 바람이 이따금 바위 위로 포효하는 소리도 들려 소름이 돋았다. 밤은 악천후 속에서도 밝은 달빛과 살을 에는 바람을 거느리고 있어 그 황량한 곳에서도 장엄함이 느껴질 정도로 순전(純全)했다. 텐트 안에서는 황혼 무렵처럼 어두워서 누운 채로 투명한 천장을 통해 쉽게 달을 볼 수 있었다. 달은 양편에 목

---

35 모내드녹(Monadnock) 산: 미국 매사추세츠 주 뉴햄프셔에 있으며 뉴잉글랜드의 산 중에 가장 유명한 봉우리(965미터). 세계에서 사람들이 가장 많이 찾는 산 중의 하나로 유명하다. 주로 편암과 규암으로 이루어져 있다. 그랜드 모내드녹(Grand Monadnock)으로 불리기도 한다.

성과 토성을 끼고 우리 위에 떠서 와추셋 산을 내려다보고 있었는데 그것들이 우리 자신의 운명처럼 저 높이 우리가 닿을 수 없는 곳에 있는 동료 여행자라는 사실이 흐뭇했다. 별들은 인간에게 위안을 주려고 만들어진 것이 틀림없다. 우리 삶이 언제나 비굴하게 굴도록 운명 지워진 것은 아님을 우리가 모를 수는 있지만, 별들을 바라볼 기회는 주어졌고 그 별들은 확실히 멋진 운명을 누릴 자격이 있다. 결코 틀리는 법이 없으며, 실패한다는 것은 생각조차 할 수 없는 법을 우리는 안다. 그런 법의 등불이 낮은 물론 밤에도 계속 타고 있다. 자연은 너무나 풍족하고 넉넉하여 이렇게 넘치도록 빛을 제공할 수 있는 것이다.

    달이 지자마자 동이 트기 시작했고, 일어나 불을 피웠는데 아마 주변 30마일 떨어진 곳에서도 그 불길을 볼 수 있었을 것이다. 햇볕이 늘어나니 바람이 순식간에 놀라울 정도로 잠잠해졌다. 산 정상에 이슬은 없었고 추위가 그 자리를 차지하고 있었다. 새벽의 여명이 절정에 이르자 지평선의 뚜렷한 풍경을 즐기면서 바다에 있는 듯한 공상에 빠졌는데, 멀리 보이는 언덕이 배 갑판에서 보는 수평선의 파도 같았다. 박새들이 우리 주위를 훨훨 날아다니고 동고비와 딱따구리 소리가 덤불 속에서 들리는데, 박새는 몇 피트 떨어진 높은 장대에 앉아 있고 개똥지빠귀 노랫소리는 다시금 능선을 따라 울렸다. 마침내 해가 바다 위로 떠올라 매사추세츠를 비췄다. 그때부터 우리가 그곳을 떠날 때까지 주위는 점점 더 선명해져서 가시 범위가 어디까지 미칠 수 있는지, 그리고 하얀 마을들을 하늘의 별자리라고 간주하면 지구가 그 넓이 면에서 어느 정도 하늘에 상응하는지를 짐작할 수 있었다. 산의 경관이 지닌 장엄이나 위용이 그리 대단하지는 않았지만 여름날 사색에 잠기기에는 충분히 멋있었다. 자연이 얼마나 광대하고 넉넉한지 알 수 있었다. 시선이 닿는 범위 안에 생명체는 거의 없었다. 몇몇 새들이 지나갈 뿐 그들도 무리를 짓지는 않았다. 사방에서 이 지역을 가로지르는 저 멀리 떨어진 신작로를 지나가는 여행자의 수 마일 앞에도 수 마일 뒤에도 동료 여행자가 없다. 사방에 포도밭 지붕처럼 한 마을이 다른 마을 위로 솟아 줄줄이 이어져 있었는데, 우리의 눈은 그런 마을을 지평선 너머 더는 보이지 않을 때까지 배회했다. 사실상 와추셋 산은 매사추세츠 주의 전망대이다. 여기에서는 마치 지도를 펼쳐놓은 듯 매사추세츠 주의 전체 모습이 우리 앞에 활짝 펼쳐진다. 동쪽과 남쪽으로는 바다가 있다는 것을 알려주는 평평한 수평선이, 북쪽으로는 뉴햄프셔 주의 유명한 산들이, 북서쪽과 서쪽으로는 아침 바람이 흩어버릴 것 같은 구름 언덕처럼 푸르고 꿈결 같은 모습을 어제저녁 처음으로 우리에게 내보인 후삭 산맥[36]과 그린 산맥[37]이 있다. 봉우리 서너 개가 희미하게 보이는 저 멀리 떨어져 있는 그린 산맥은 북쪽의 가파른 표석에서 시작되어 코네티컷 주를 지나 남쪽으로 뻗어가는데 아무리 보아도 질리지 않는다. 그러나 북서쪽으로 남성적인 앞모습을 높이 올린 모내드녹 산이 가장 멋진 모습을 자랑한다. 그 모습을 바라보고 있으면 이 산이 두 강 사이에 자리 잡고 있는 높은 지대임을 알 수 있는데, 이쪽 편에는 메리맥 강의 골짜기가, 저쪽 편으로는 코네티컷 강의 골짜기가 마치 푸른 바다처럼 넘실대고 있다. 서로 자웅을 겨루는 이 두 골짜기에는 각기 물줄기를 따라 벌써 양키[38]들이 그득한데, 그 골

---

36 후삭(Hoosac) 산맥: 미국 매사추세츠 주 서쪽의 버크셔 지역과 버몬트의 그린 산맥 남부의 일부. 애팔래치아 산계(山系)의 부분이다.
37 그린(Green) 산맥: 미국 버몬트 주 중부를 관통해 북에서 남으로 402킬로미터쯤 뻗어 있는 산맥. 애팔래치아 산맥의 일부이다.
38 양키(Yankee): 지금은 좀 더 넓은 의미로 쓰이지만 소로가 살던 시대에는 특히 뉴잉글랜드 사람들을 지칭.

짜기들이 어떤 운명을 타고 났는지 누가 알 수 있겠는가? 워태틱 산[39]과 이웃한 매사추세츠 주와 뉴햄프셔 주의 산들은 우리가 서 있는 이 높은 산맥의 연장이다. 하지만 저 뉴햄프셔의 절벽은 주(州)의 갑(岬)에 해당하는데 ―이쪽 우리 매사추세츠 주에서는 주야로 낮아지고 있지만― 오래도록 꿈속에 나타날 것이다.

마침내 우리는 산들이 대지에서 차지하는 위치와 어떻게 그것들이 우주의 총체적인 설계 속에 들어오게 되었는지를 깨달을 수 있었다. 처음 산 정상에 올라 아래의 자잘한 산들을 내려다봤을 때만 해도 우리는 이 모든 것을 빚어낸 포괄적 지적 존재[40]를 믿지 않았다. 하지만 그 후 수평선 위로 펼쳐진 산들의 윤곽을 보자, 서로 균형을 이루도록 그 맞은편에 언덕들을 빚어낸 손이 가장 깊은 중심에서 관여했고 이 우주를 설계한 당사자임을 인정하게 되었다. 자연의 가장 미세한 부분들도 그것이 전체 공간과 관련하여 가지는 의미는 동일하다. 앨러게니 산맥[41]뿐만 아니라 그보다 작은 이 산맥들도 북동쪽에서 남서쪽으로 달리고 있고, 보다 유장한 강들이 거대한 바다의 둑인 해안의 전체 방향에 화답하듯 이 산의 하천들과 나란히 흘러간다. 그뿐 아니라 구름까지도 가느다란 줄무늬를 그으며 자발적으로 이 방향으로 흘러가고, 주된 바람의 경로, 그리고 인간과 새의 이주 경로 역시 마찬가지이다. 산맥은 정치가나 철학자에게도 많은 영향력을 발휘한다. 문명의 발전도 산맥 꼭대기를 넘어가기보다는 산기슭을 따라서

---

39 워태틱(Watatic) 산: 미국 매사추세츠 주와 뉴햄프셔 주의 경계에 위치한 잔구(殘丘) 형태의 산. 높이는 약 558미터이다.
40 포괄적인 지적 존재(comprehensive intelligence): 여기서는 세상의 창조자, 조물주를 뜻함.
41 앨러게니(Allegheny) 산맥: 미국 펜실베이니아, 메릴랜드, 웨스트버지니아 주에 걸쳐 있는 산맥.

이루어지는 법이다. 얼마나 자주 산맥은 편견과 광신을 막는 장벽인가! 이 높게 솟은 땅을 넘어가며 희박한 대기를 통과하는 사이에 평지의 어리석음은 정제되고 맑아진다. 그리고 산 정상에서는 식물들 대다수가 생존하지 못하는 것처럼 이 세상의 수많은 어리석음 역시 앨러게니 산맥을 넘어가지 못할 것이 분명하다. 오직 강건한 산지(山地)식물만이 산봉우리를 조용히 기어올라 그 너머의 골짜기로 내려가는 것이다.

산에 올라와 보니 새들의 비상이, 특히 하늘 높이 나는 새들의 비상이 어떠한지를 어렴풋이 알 수 있었다. 새들의 이주에 산들이 어떤 지표가 되는지 이제 알 수 있게 되었다. 와추셋 산과 모내드녹 산은 북동쪽으로의 경로를 열어주는 데 반해, 캐츠킬 산맥[42]과 하이랜드[43] 산이 어떻게 그들의 행로 앞에서 낮게 수그러드는 법이 없는지를 알게 되었다. 새들이 강과 골짜기를 보며 어떻게 길을 찾아가는지도 알게 되었는데, 새들은 우리네 인간들처럼 자잘한 지표가 아니라 산맥이나 별들을 보며 길을 찾는다는 사실을 깨달았다. 한쪽으로는 그린 산맥을, 또 한편으로는 바다를 지표 삼아 날아가는 새는 절대로 길을 찾느라 당황할 필요가 없을 것이다.

정오에 산을 내려와 인간들의 거처로 돌아왔고 다시 동쪽을 향해 얼굴을 돌렸다. 산이 취하는 더 영묘한 빛깔로 우리가 얼마나 깊이 들어왔는지를 때때로 가늠해보았다. 내려오는 데 가속도가 붙어 스틸워터 강과 스털링 지역을 순식간에 지나쳐오다 보니 어느새 랭커스터의 푸른 초원 속

---

42 캐츠킬(Catskill) 산맥: 미국 뉴욕 주의 자연지대로, 뉴욕 시의 북서쪽과 올버니의 남서쪽에 위치해 있다. 앨러게니 고원 동쪽으로 뻗어 있는 부분에 있으며 가장 높은 지대이다.
43 하이랜드(Highland) 산: 미국 중동부 지역에서 육지로 둘러싸인 세 개의 고원지대 중에 가장 중심부에 있으며 가장 높은 곳. American Highland 또는 American Plateau로도 알려져 있다.

우리 집에 거의 다 와 있었다. 랭커스터는 콩코드 지역과 너무나 유사했는데, 두 곳 모두 두 강줄기가 흘러가다가 중앙에서 하나로 모인다는 점 외에도 비슷한 게 참 많았다. 이곳의 경관은 기대 이상으로 우아했는데, 아주 넓고 평평한 초원 위에 느릅나무와 홉나무 들판, 그리고 작은 숲이 흩뿌려진 듯 펼쳐져 있어 거의 고전적인 모습을 하고 있었다. 이곳은 롤런드슨 부인[44]의 납치와 인디언 전쟁의 여러 다른 사건들이 일어난 곳으로 기억되겠지만, 이 7월 오후에 그런 온화한 경관을 보고 있노라니 그 시절이 마치 고트족이 쳐들어왔던 때만큼이나 아득하게 느껴졌다. 그때는 뉴잉글랜드의 암흑기였다. 당시 뉴잉글랜드 마을의 그림을 보면, 탁 트인 전망에 훤한 대낮처럼 나무와 강에 빛이 비치고 있긴 해도 그 시절에도 이곳에 햇빛이 비치고 훤한 대낮에 사람이 살았다는 사실이 잘 믿기지 않았다. 필립 왕 전쟁을 치르는 동안 산과 골짜기에, 그리고 퍼구스, 스탠디시, 처치, 로벨[45]의 전쟁 행로에도 햇빛이 비치고 있었다는 생각은 들지 않고, 오히려 그런 사건들은 평온한 여름날이 아닌 어둑한 여명이나 밤에 벌어졌다는 생각이 드는 것이다. 그들은 분명 자기들의 어두운 행동들이 만들어낸 그림자 속에서 싸웠을 것이다.

  먼지 풀풀 나는 길을 타박타박 걷는 동안 우리 생각도 그 길만큼이나 먼지가 꼈다. 모든 생각이 멈추었고 사고 체계가 아예 무너진 듯했으며 이리저리 뒤섞인 단편적인 생각들만 일정한 리듬에 맞춰 수동적으로 이어질 뿐이었고, 우리도 모르게 어느새 발걸음과 맞추어 익숙한 곡조를 기계적

---

44 롤런드슨 부인(Mrs. Rowlandson): 롤런드슨 부인과 필립 왕 전쟁에 관해서는 56쪽의 주 17번을 참조하라.
45 퍼구스(Paugus), 스탠디시(Standish), 처치(Church), 로벨(Lovell): 필립 왕 전쟁에 참전했던 사람들의 이름.

으로 되풀이하고 있었다. 예를 들면 로빈 후드 발라드 곡조였는데, 여행길에서 부를 노래로 추천할 만하다.

"바람이 산 너머 불어올 때, 어린 존이 노래하네,
꿈은 순식간에 지나간다고.
오늘 밤에 바람소리 요란치 않으니
내일은 아마도 잠잠하겠네."[46]

그렇게 노랫가락은 언덕을 오르락내리락했는데, 발이 돌부리에 걸려 가사가 엉키면 우리는 새 노래를 골랐다.

"그가 화살을 제대로 쏘진 못했지만,
그래도 화살 하나를 그냥 날려버린 것은 아니었지.
화살이 보안관 부하를 맞추어서
트렌트 출신 윌리엄은 죽고 말았다네."

먼지로 뒤덮인 길을 가는 지친 여행자들에게 가장 큰 위안이 되는 것은 그의 두 발이 거쳐가는 길이 너무나도 완벽하게 인간의 삶을 상징하고 있다는 점이다. 산을 올라갈 때가 있으면 골짜기로 내려갈 때도 있는 법이다. 정상에서는 하늘과 지평선을 바라보고, 골짜기에서는 다시 정상을 올려다본다. 여행자는 여전히 그 오래된 교훈을 발로 다져나가는 중인데, 아

---

46 '로빈 후드와 기스본의 가이(Robin Hood and Guy of Gisborne)'라는 중세의 발라드에 나오는 구절. 아래 시구도 마찬가지이다.

무리 피곤하고 여행에 지쳤다고 해도 여전히 멋진 경험인 것이다.

내슈아를 떠나며 경로를 약간 바꿔서 해가 막 지기 시작했을 무렵에 하버드의 서쪽 스틸리버[47] 마을에 도착했다. 우리가 정오에 머물렀던 산맥 서쪽 사면에 북쪽으로 뻗어 있는 인접 마을인 이곳의 전망은 아름다웠고, 산의 장엄한 윤곽은 그 무엇과도 비교할 수 없을 정도였다. 이맘때 이곳은 너무나 한적하고 조용해서 산조차 조용히 경치를 즐기고 있는 것만 같았다. 울새의 저녁 노랫소리를 듣고 우리가 거쳐온 땅을 돌아보며 천천히 그곳을 지나면서 이 자연의 평정과 인간의 부산스러움과 조급함을 비교해보지 않을 수 없었다. 인간의 말과 행동은 언제나 위기가 다가왔다고 야단이지만, 자연은 항상 고요하고 겸손하다.

이제 평지의 부산한 삶으로 돌아왔으니 산의 장엄한 기운을 조금이라도 이 삶 속에 불어넣도록 노력해보자. 우리가 어떤 벽 안에 살고 있는지 기억할 것이며, 이 굴곡 없는 평지의 삶도 어딘가에 정점이 있다는 점을 이해하고, 산 정상에서 보이는 가장 깊은 계곡이 왜 푸른빛을 띠는지, 그리고 이 지구상의 그 어느 곳도 하늘이 올려다 보이지 않을 정도로 낮지 않은 것처럼 매시간 속에 높은 곳이 존재하며, 확 트인 지평선을 보려면 시간의 정점에 올라서기만 하면 된다는 점을 기억할 것이다.

그날 밤 하버드에서 하루를 묵고, 이튿날 아침 한 사람은 그로턴의 가까운 마을로 발걸음을 돌렸고, 다른 한 사람은 콩코드의 평화로운 초원으로 혼자만의 길을 떠났다. 가진 것 없는 여행자는 그저 목초 말리기에 좋은 날씨가 계속되기를 축원해주는 것 말고는 할 수 있는 게 없어서 말없이 다른 이의 친절을 받기만 했으나, 그를 식사에 초대해준 농부와 그의 아내

---

[47] 스틸리버(Stillriver): 미국 매사추세츠 주 우스터 카운티 하버드 시내의 서쪽 마을.

의 융숭하고 친절한 접대를 잊어서는 안 될 것이다. 그의 앞에 펼쳐진 풍부한 음식 못지않게 그들이 베풀어준 친절에 다시 새 힘을 얻어 활기차게 걸음을 옮겼고, 해가 하늘 높이 올라가기 전에 콩코드의 둑에 도착했다.

3
겨울 산책

바람이 블라인드 틈새로 부드럽게 중얼거리거나 깃털처럼 부드럽게 창문에 불어대더니만 이따금씩 밤새 낙엽들을 들어 올리며 여름 서풍처럼 살랑거렸다. 들쥐는 흙 속 안락한 굴에서 잠을 자고 올빼미는 늪 깊숙한 곳에 있는 속이 빈 나무에 앉아 있으며 토끼와 다람쥐, 여우는 모두 집에 들어가 있다. 집을 지키는 개는 난롯가에 조용히 누워 있고 소들은 외양간에 말없이 서 있다. 길안내 간판이나 목조 주택 문의 경첩이 삐걱거려 한밤중 일을 수행하고 있는 고독한 자연을 즐겁게 해줄 때를 제외하고는 대지도 마지막 잠이 아니라 첫 잠을 자는 것처럼 잠들어 있다. 이 소리가 "화성과 금성 사이"에 깨어 있는 유일한 소리인데, 사람들이 살기에는 너무 황량하지만 신들이 함께 어우러지는 먼 곳의 내적인 따뜻함, 신성한 즐거움과 교제를 알린다. 지구는 잠들었지만 대기는 다 살아 있어 이 세상을 북부의 어떤 케레스가 지배하는 것처럼 깃털 같은 눈송이를 내리며 온 들판에 은빛 알곡을 쏟아 붓는다.

우리는 잠을 자고 마침내 깨어 고요한 겨울 아침을 맞게 된다. 창문 틀에는 눈이 솜이나 솜털처럼 따뜻하게 쌓여 있고 넓어진 창틀과 성에가 낀 유리창은 희미하고 은밀한 빛을 받아들여 실내에 포근한 기운을 더한다. 아침의 고요는 무척 인상적이다. 들판 너머 확 트인 곳을 통해 바깥을 내다보려고 창 쪽으로 갈 때면 발아래에서 마루가 삐걱거린다. 쌓인 눈을 무겁게 지고 있는 지붕도 보인다. 처마와 담장에는 눈 종유석(鐘乳石)이 달려 있고 뜰에는 숨겨진 나무 고갱이를 덮으며 석순이 서 있다. 나무와 관목들은 하얀 팔을 하늘 곳곳으로 치켜들고 있고 담장과 벽이 있던 곳에는 어둑한 풍경 위로 마구 장난을 친 것처럼 환상적인 형태들이 펼쳐져 있는데, 자연이 사람들에게 예술의 본을 보여주려고 밤사이에 새로운 도안을 뿌려놓은 것 같다.

조용히 빗장을 열어 바람에 밀려 쌓인 눈을 떨어지게 한 후 밖으로 나가니 살을 에는 듯한 공기가 얼굴에 와 닿는다. 이미 별들은 얼마간 그 빛을 잃었고 흐릿하고 께느른한 안개가 수평선을 감싸고 있다. 동녘에서 번득이는 당당한 빛은 낮이 다가옴을 선포하는데 서녘 풍경은 음울한 지옥의 빛[1]을 휘감은 음부(陰府)처럼 여전히 흐릿하고 괴기스럽다. 수탉이 홰를 치는 소리, 개가 짖는 소리, 나무를 찍는 소리, 소가 음매 하는 소리, 이 모든 소리가 스튁스 강[2] 너머 플루톤의 헛간 앞마당에서 들려오는 듯하다. 그것들이 어떤 우울한 생각을 불러일으켜서가 아니라 박명에 일으키는 소

---

1 타르타로스의 빛(Tartarean light): 하계는 두 부분으로 이루어져 있는데 위쪽은 에레보스(그 Erebos, 영 Erebus), 아래쪽은 타르타로스(그 Tartaros, 영 Tartarus)이다. 타르타로스는 가장 극악한 죄인을 벌하는 곳으로 제우스가 전쟁에서 무찌른 티탄족을 여기에 가두었다. 밤보다 더 캄캄하고, 세 개의 벽과 불의 강 플레게톤(Phlegethon)이 에워싸고 있다. 시에서는 때로 하계 전체를 가리키기도 한다.
2 스튁스(Styx) 강: 그리스 신화에서 지상과 저승의 경계를 이루는 강. 하데스 주위를 일곱 번 감고 흐른다. 뱃사공 카론이 죽은 사람을 배에 태워 이 강 건너로 실어다 준다. '증오'란 뜻의 그리스어에서 유래하였다.

란이 이 땅에서 일어나는 일이라고 하기엔 너무 장엄하고 신비하기에 지옥의 소리처럼 들리는 것이다. 마당에 찍힌 여우나 수달의 최근 발자국은 밤이 매시간 여러 사건들로 가득하며 태초의 자연이 여전히 살아 움직이며 눈 위에 흔적을 남긴다는 것을 상기시킨다. 아침 일찍 일어난 농부가 긴 여름 내내 나무 그루터기와 나무 조각들 사이에서 꿈꾸며 지내던 나무 썰매를 꺼내 멀리 떨어진 장터를 향해 출발하며 내는 산뜻하고 날카로운 마찰 소리에 잠이 깨어, 문을 열고 인적 드문 시골길을 활기차게 밟으니 발 아래에서 고실하고 바삭바삭한 눈이 뽀드득 부서진다. 쌓인 눈과 창문에 묻은 눈가루를 뚫고 멀리 창백한 별처럼 외로운 빛을 발하는 농부의 이른 촛불이 눈에 들어온다. 아침 기도에 대단한 효력이 있는 듯 말이다. 그러고 나면 나무와 눈 사이로 보이는 굴뚝에서 연기가 하나둘 피어오른다.

새벽에 바람 거센 공기를 여기저기 탐험하고
낮과 천천히 안면을 쌓는데
연기는 어느 깊은 계곡에서 느릿느릿 소용돌이치다가
하늘로 올라가는 길에 둥근 화환을 만들며 빈둥거리고
뚜렷한 목적 없이 자신과
회롱하며 느릿느릿 지체하고 있다.
그 모습은 아직 정신이 잠에 빠져 있고 굼뜬 생각이
새날 밀려오는 일들 속으로 채 들어가지 못한,
난롯가에 있는 잠이 덜 깬 주인을 방불케 한다. 그러나 이제
연기는 멀리 흘러가고 그동안 나무꾼은
지체 없이 걸어가 이른 도끼질을 하려 한다.
어둑한 새벽 그는 자신의 정찰병이자 밀사인

연기를 밖으로 내보낸다.
지붕을 가장 먼저 떠난 순례자와 가장 늦게 떠난 순례자가
서리 내린 대기를 둘러보고 날이 어떤지를 알린다.
그가 아직도 난롯가에 쪼그리고 앉아
빗장을 풀 용기를 내지 못하는 동안
연기는 미풍을 타고 골짜기로 내려가
평원 위에 대담하게 화환을 펼치고
나무 우듬지를 감싸며 언덕 위에서 머뭇거리다가
일찍 일어난 새들의 날개를 따뜻하게 덥혀준다.
이제는 상쾌한 대기 저 높은 곳에서
마치 상층 하늘의 찬란한 구름인 양
지구의 구석에서 시작되는 새날의 광경을 보며
저 아래 문가의 주인을 보고 인사할 것이다.

얼어붙은 땅 저 너머로 농부가 문간에서 나무를 패는 소리와 집 지키는 개들이 짖는 소리, 수탉이 멀리서 낭랑하게 우는 소리가 들린다. 무거운 물질은 가장 순수하고 가벼운 액체에서 바닥으로 가라앉는데 그런 액체에서 파도가 가장 먼저 누그러지는 것처럼, 서리 끼고 희박한 공기가 소리 중에서 보다 정밀한 입자만을 짧고 감미로운 떨림으로 우리 귀에 전해준다. 여름에 그 소리들을 희미하고 거칠게 만들었던 장애물이 지금은 거의 없는지, 그 소리들은 저 멀리 떨어진 수평선에서 종소리처럼 분명하게 들린다. 대지가 잘 마른 나무처럼 낭랑하게 울리고 시골의 일상적인 소리조차 감미롭고, 나무 위에서 얼음이 짤랑거리는 소리도 맑고 경쾌하다. 모든 것이 바싹 마르고 얼어붙어 대기에 습기란 거의 남아 있을 수 없는데,

바로 이런 극단적인 희박함과 탄력이 즐거움의 원천이다. 팽팽하게 움츠린 하늘은 성당의 측랑(側廊)처럼 궁륭(穹隆) 역할을 하고 마름질 된 공기는 얼음 수정이 그 위로 떠다니는 양 반짝거린다. 그린란드에 거주했던 사람들은 "그 나라가 얼어붙으면 거기 바다는 마치 불붙은 토탄(土炭) 지대처럼 연기가 피어오르고, 서리연기³라 불리는 안개 혹은 연무가 솟아오르는데 살을 에는 듯한 그 연기는 얼굴과 손에 물집을 잡히게 하고 건강에 대단히 해롭다"라고 말한다. 그러나 얼어붙은 안개라기보다는 한여름의 아지랑이가 추위에 정제되고 순화된 결정체인 이 순수하고 쏘는 듯한 냉기가 폐에는 영약(靈藥)이다.

마침내 태양이 심벌즈가 흔들리며 부딪히는 소리를 희미하게 내며 멀리 숲을 꿰뚫고 빛살로 대기를 녹이며 떠오른다. 그런데 아침은 얼마나 잰걸음으로 움직이는지 햇볕이 벌써 멀리 떨어진 서편 산을 금빛으로 물들인다. 그러는 동안 우리는 감정과 사고의 온기에 달아올라 아직도 인디언 서머⁴를 즐기고 있는 내면의 열정에 고무되어 밀가루를 뿌려놓은 듯한 눈을 헤치고 성급히 발걸음을 옮긴다. 우리 삶이 보다 더 자연에 순응한다면 아마 자연의 더위나 추위에 맞서 우리를 보호할 필요가 없을 테고, 식물이나 네발짐승들이 항상 그런 것처럼 자연이 우리의 한결같은 유모이자 친구임을 깨닫게 될 것이다. 우리 몸이 자극적이고 열이 나게 하는 음식이 아니라 순수하고 담백한 것들을 먹는다면 잎이 없는 나뭇가지가 필요로 하는 목초지 정도만 있어도 추위를 견딜 수 있을 것이고, 겨울마저도 성장

---

3 서리연기(frost-smoke): 추운 지방에서 수증기 안개와 같은 방식으로 형성되는 드문 안개. 작은 물방울이 아니라 얼음 입자가 모여 안개의 형태를 하고 있다.
4 인디언 서머(Indian summer): 북미에서 늦가을에 갑자기 찾아오는 여름 같은 날씨.

하기에 알맞다고 여기는 나무들처럼 잘 자랄 것이다.

자연의 경이로운 순수함이 이 계절의 가장 즐거운 일이다. 썩은 그루터기와 이끼 낀 돌과 난간, 가을의 죽은 잎들이 모두 다 깨끗한 눈 냅킨으로 가려져 있다. 텅 빈 들판과 딸랑거리는 나무들 속에 어떤 매력이 아직도 살아남아 있는지 보라. 가장 춥고 황량한 곳에도 가장 따뜻한 사랑이 여전히 자리하고 있다. 차가워서 살을 에는 듯한 바람이 모든 독을 몰아내니 내부에 미덕을 지니고 있지 않는 것은 바람을 견딜 수 없다. 우리는 춥고 황량한 곳에서 마주치는 모든 것들은 산 정상처럼 일종의 불굴의 순수, 청교도적인 강인함을 지니고 있어서 존중한다. 주변의 다른 것들은 다 거처를 찾아 들어간 것 같으니, 밖에 나와 있는 것들은 우주 근본 체제의 일부분이자 하나님과 같은 용기를 지니고 있음이 틀림없다. 정화된 공기를 마시니 활기가 솟는다. 이 정화된 공기가 더 미세하고 순수하다는 것이 눈에 보이니, 미풍이 잎 없는 나무 사이를 탄식하며 불며 지나가듯 우리를 지나가며 겨울맞이 준비를 시키도록 기꺼이 여기에 오래 머물고 싶은 생각이 든다. 그렇게 함으로써 사철 내내 우리들을 지탱해줄 어떤 순수하고 변함없는 미덕을 빌려오고 싶다.

자연에는 결코 꺼지지 않으며 어떤 추위도 식힐 수 없는 지하의 불이 잠자고 있다. 1월이냐 7월이냐에 따라 좀 더 두꺼운 혹은 좀 더 얇은 껍질 아래 묻혀 있긴 해도, 그것이 결국 큰 눈을 녹인다. 그 불은 가장 추운 날에 어디론가 흘러가고 그러면 모든 나무 주변의 눈이 녹는다. 가을 늦게 싹을 틔우고 이제 눈을 빠르게 녹이고 있는 이 겨울 호밀밭은 그 불이 아주 얇게 가려진 곳이다. 그 불에 우리 몸이 따뜻해지는 것 같다. 겨울에는 온기가 모든 미덕을 대변하기에, 우리는 드러난 돌들이 태양 아래서 반짝이고 물이 졸졸 흐르는 개천과 숲 속에서의 따스한 봄날을 토끼와 울새처럼 간절하게 머릿속으로 떠올리며 거기에 기댄다. 늪과 연못에서 솟아오르는 증기는 우리들 자신의 솥에서 나오는 증기처럼 소중하고 친근하다. 도대체 어떤 불이 초원쥐가 벽 측면에서 기어 나오고 박새가 숲 속 골짜기에서 찍찍대는 겨울날의 햇살에 버금갈 수 있단 말인가? 온기는 여름처럼 땅에서 복사되는 게 아니라 태양으로부터 직접 내려온다. 어느 눈 덮인 계곡을 지나다가 등에 햇살이 느껴지면 우리는 특별한 친절을 받은 것처럼 고마워하고 그런 외진 곳까지 우리를 따라온 태양을 축복한다.

 이 지하의 불은 각 사람의 가슴에 제단을 갖고 있다. 그러니 가장 추운 날 가장 황량한 언덕에서도 여행자는 화로에 지핀 어떤 불보다 더 따뜻한 불을 자신의 외투 주름 안에 품고 있는 셈이다. 그 계절을 보완해주는 것은 다름 아닌 건강한 사람인데, 그의 마음속에는 겨울에도 여름이 존재한다. 남쪽 지방이 거기에 있다. 모든 새와 곤충들이 거기로 이동해갔고, 울새와 종달새가 그의 가슴 속 따뜻한 샘 주변에 모여 있다.

 마침내 숲의 가장자리에 이르러 소란스러운 마을을 벗어나면 시골 집 지붕 아래로 들어가듯 그 숲의 장막 속으로 들어가게 되고 벽과 천장이 온통 눈으로 둘러쳐진 문지방을 넘는다. 숲은 여전히 아름답고 따스하며 겨울인데도 여름처럼 쾌적하고 상쾌하다. 불빛이 체크무늬처럼 깜빡이는 소나무들을 조그만 벗어나도 미로가 되는데, 그 가운데 서 있으면 마을 사람들이 소나무의 이 순박한 노래를 과연 들어본 적이 있을까 하는 의심이 든다. 어떤 여행자도 여태껏 소나무들을 탐구해보지는 않은 것 같고, 과학이 매일 다른 곳에서 여러 신비를 밝혀내고 있긴 해도 소나무의 연대기에 관해 듣기를 좋아하지 않는 사람이 있겠는가? 평원에 자리한 소박한 우리 마을도 숲의 공헌으로 이루어진 것이다. 우리는 숲에서 우리를 보호해주는 널빤지와 따뜻하게 해주는 나무토막을 빌려온다. 영속하는 세월, 마르지 않은 풀, 시들지 않는 여름의 일부인 숲의 상록수들이 겨울에 얼마나 소중한가! 고도가 조금만 올라가도 이렇게 확연하게 지구의 표면은 다채로워진다. 자연이 만든 도시인 숲이 없다면 인간의 삶은 어떠할까? 산꼭대기에서 보면 숲은 고르게 손질한 잔디밭 같지만, 이 키 큰 풀들 속이 아니면 우리가 어디로 걸어 들어가겠는가?

1년 자란 관목으로 덮여 있는 이 숲 속의 공터에서 마른 잎들과 잔가지 위에 어떻게 은빛가루가 내렸는지를 보라. 멋진 모습으로 끝없이 쌓여 있어 그 다양성만으로도 색이 없는 것을 보상하고 있다. 나무줄기 주변마다 생쥐가 다닌 작은 흔적과 토끼의 삼각형 발자국을 주목해보라. 여름 하늘의 불순물이 정결한 겨울의 추위에 정화되고 축소되어, 하늘에서 키질되어 땅에 내려온 듯 순수하고 탄력 있는 하늘이 만물 위에 드리워 있다.

자연은 이 철에 자신의 여름 특성을 뒤죽박죽으로 만든다. 하늘은 대지에 더 가까워 보인다. 자연의 여러 요소들도 명확하고 덜 새치름하다. 물은 얼음으로, 비는 눈으로 바뀐다. 낮은 스칸디나비아의 밤[5]에 지나지 않는다. 겨울은 북극의 여름인 셈이다.

자연 속에 사는 생명체는 얼마나 더 활력이 넘치는가! 털 달린 동물들이 살을 에는 듯한 밤을 견디어내고 서리와 눈이 쌓인 숲이나 들판에서 해가 떠오르는 것을 지켜본다.

먹을 것 없는 야생지가
자신의 갈색 거주자들을 쏟아놓는다.[6]

---

5 스칸디나비아의 밤: 스칸디나비아 반도에서 여름에는 밤이 되어도 어두워지지 않고 밤 길이가 아주 짧은 것에 빗댄 표현이다. 겨울 낮이 아주 짧음을 의미한다.

회색큰다람쥐와 토끼는 추운 금요일 아침에도 멀리 떨어진 골짜기에서 부산하면서도 활발하게 움직인다. 여기가 바로 우리의 라플란드이자 래브라도[7]이고, 에스키모와 크니스테노,[8] 도그리브 인디언,[9] 노바잼벌레이트(Novazembalites)족, 스피츠베르겐족[10] 대신에 얼음을 자르는 사람들과 나무 패는 사람, 여우와 사향뒤쥐, 밍크가 있지 않은가?

우리는 북극 지방처럼 추운 날에도 후미진 곳에서 여전히 여름의 흔적을 발견하고 같이 살아가는 몇몇 생명체들과 공감을 나눌 수 있을 것이다. 서리로 꽁꽁 얼어붙은 초원 한가운데로 흐르는 개천 위에 엎드려서 말도래의 유충, 물여우의 물속 거처를 관찰할 수도 있다. 그것들의 몸통을 둘러싸고 있는 원통형의 자그마한 집은 깃털, 나뭇가지, 풀, 마른 잎, 조개껍데기와 자갈로 만들어져 있는데 개천 바닥에 흩어져 있는 잔해와 동일한 색깔과 모습을 하고서 자갈이 깔린 바닥 위로 떠다니기도 하고 작은 물살에 소용돌이 치다 가파른 절벽으로 급히 떨어지기도 하며, 물살을 따라 휙 지나가기도 하고 풀잎이나 뿌리 끝에 붙어 이리저리 흔들리기도 한다. 머지않아 그것들은 수중 거처를 떠나 식물의 가지를 타고 수면 위로 기어

---

6 제임스 톰슨(James Thomson, 1700~1748)의 『사계(The Seasons)』 중 「겨울(Winter)」을 노래하는 256~257행에 나오는 구절이다. 톰슨은 스코틀랜드의 시인이자 극작가인데 『사계』가 그의 대표작이다.
7 라플란드(Lappland)는 유럽 최북부 지역이며, 래브라도는 북아메리카 북동부의 허드슨 만과 대서양 사이의 반도이다.
8 크니스테노: 프랑스어 Christenaux(혹은 Knistenaux)에서 비롯한 말로 캐나다와 미국 북부에 살던 아메리카 원주민 크리(Cree)족을 지칭.
9 도그리브 인디언(Dog-ribbed Indian): 북미 대륙 허드슨 만의 포트 처칠(Fort Churchill)에서 매켄지 삼각주(Mackenzie Delta)에 이르는 지역 숲 속에 살던 인디언 부족. 남쪽으로 크리족과 이웃하고 있었다.
10 스피츠베르겐(Spitzbergen)족: 노르웨이의 섬으로 북극해의 스발바르(Svalbard) 반도에서 가장 큰 섬인 스피츠베르겐 제도에 사는 주민.

올라올 것이고, 그 후에는 완벽한 곤충이 되어 각다귀들처럼 수면 위를 날아다니거나 저녁에 우리가 켜놓은 촛불 속에서 제 짧은 생을 제물로 바칠 것이다. 저 아래 작은 계곡의 관목들은 무게를 이기지 못해 고개를 숙이고 있고 양딱총나무 붉은 열매는 흰 대지와 대비를 이룬다. 이미 여기를 다녀간 수많은 발자국 흔적이 있다. 해는 센 강이나 테베레 강[11]의 계곡과 마찬가지로 이런 골짜기 위에도 의기양양하게 떠오르는데, 여기는 사람들이 결코 보지 못했던, 순수하고 자존(自存)하는 용기가 살아 숨쉬는 곳인 것 같다. 패배도 두려움도 알지 못하는 용기 말이다. 여기에서는 원시시대의 순수와 순박함이, 또한 마을과 도시와는 아주 동떨어진 건강과 희망이 지배한다. 유일한 인간의 흔적을 뒤로한 채 바람이 나무에서 눈을 흔들어 떨어뜨리는 동안 깊은 숲 속에 홀로 가만히 서 있노라면 명상이 도시에서의 삶보다 더 풍요롭다는 것을 깨닫게 된다. 박새와 동고비가 정치가나 철학자들보다 더 영감을 불러일으키는 동료이므로, 이런 사람들에게로 돌아가는 것은 더 천박한 무리에게로 가는 셈이다. 경사지의 물이 계곡으로 흘러들고 구깃구깃 형형색색의 얼음과 수정이 있으며 가문비나무와 솔송나무가 양쪽에 높다랗게 늘어서 있고 개천에 골풀과 시든 야생귀리가 있는 이 외로운 골짜기에서 우리의 삶은 보다 평온하고 명상하기에 알맞다.

 낮이 진행되어 태양의 열기가 언덕 사면에 반사되면 개울이 자신을 옥죄는 사슬에서 풀려나서 흐르고 나무 위로 고드름이 녹으며 내는 희미하지만 감미로운 가락이 들려오고, 동고비와 목도리뇌조들이 눈에 띄며 우는 소리가 들린다. 정오께에 남풍이 눈을 녹여 맨땅이 드러나면 마른 풀

---

11 테베레(Tevere) 강: 이탈리아 중부를 흐르는 강. 아펜니노 산맥에서 발원하여 남쪽의 로마를 지나 중부로 흘러든다.

과 잎사귀들이 모습을 보이는데 강렬한 고기 냄새를 맡을 때처럼 그것들이 내는 향기를 맡으면 힘이 솟는다.

    나무꾼이 버리고 떠난 이 오두막으로 들어가서 어떻게 그가 긴 겨울밤과 폭풍우 치는 짧은 낮을 보냈는지를 살펴보자. 여기서 그는 남쪽 언덕 비탈에 살았는데 이곳은 문명화된 공공장소처럼 보인다. 여행자가 팔미라[12]나 헤카톰필로스[13] 유적에 서면 그와 같은 연상을 하게 된다. 잡초뿐만 아니라 꽃들도 사람의 발자국을 따라오기 때문에 울새와 꽃들이 이곳에 나타나기 시작했을 것이다. 이 솔송나무들이 그의 머리 위에서 속삭였고 이 히코리 통나무가 그의 연료였으며 이 리기다소나무 뿌리가 그의 불을 지폈을 것이다. 지금 그 사람은 먼 곳에 있지만 그의 우물이었던 저 우묵한 곳의 실개천은 지금도 예전과 다름없이 부지런히 엷은 증기를 내뿜고 있다. 이 솔송나무 가지들과 지면 위로 올린 단 위에 놓인 짚이 그의 침대였고, 그는 이 부서진 식기로 물을 마셨다. 피비[14]가 지난여름에 이 선반에 둥지를 튼 것을 보니 그 사람이 이 계절에는 여기에 있지 않았나 보다. 그가 냄비에 콩을 삶다가 방금 전에 밖으로 나간 것처럼 얼마간의 깜부기불이 남아 있는 것이 눈에 띄었다. 저녁에는 담배를 피웠는데 연기 꺼진 담배대통에 재가 묻어 있다. 어쩌다 동료라도 있으면 그와 더불어 바깥에 이미 빠르게 많이 내리고 있는 눈이 내일이면 어느 정도 두께로 쌓일지에 관

---

12 팔미라(Palmyra): 오늘날 타드무르(Tadmur) 지역 북시리아 사막의 오아시스에 있던 고대 도시.
13 헤카톰필로스(Hecatompylos): 이란 북동부의 호라산(Khorāsān)에 있던 고대 파르티아의 도시이며 이란 아르사케스 왕조의 수도. 헤카톰필로스는 그리스어로 '100개의 문'이란 뜻인데 흔히 4개 이상의 문을 가진 도시, 즉 성문이 많은 도시라는 뜻으로 쓰인다.
14 피비(Phoebe): 딱새 무리의 작은 새(미국산).

해 얘기를 나누거나 아니면 마지막으로 들린 소리가 부엉이 우는 소리인지, 나뭇가지들이 스치는 소리인지 그것도 아니면 단지 상상 속에서만 들린 소리인지를 놓고 논쟁을 벌였을 것이다. 그리고 늦은 겨울 저녁에는 밀짚에 몸을 눕히기 전 폭풍의 진행 상태를 알아보기 위해 널따란 굴뚝 아귀를 통해 하늘을 쳐다보았는데 카시오페이아자리의 밝게 빛나는 다섯 개 별이 자기 위에 환하게 빛나는 것을 보고서는 안심하며 잠이 들었을 것이다.

이 나무꾼의 역사를 알아볼 수 있는 흔적이 얼마나 많은지 보라! 이 나무토막을 보면 그의 도끼가 얼마나 날카로웠는지를, 그리고 도끼를 내리친 경사면을 보면 그가 어느 쪽에 서 있었는지, 그가 나무 주위를 돌지 않고 나무를 팼는지 혹은 손을 바꾸었는지의 여부를 짐작해볼 수 있다. 쪼개진 나뭇조각들이 휜 모습을 보면 그 토막이 어떻게 떨어져 나왔는지를 알 수 있다. 한 나무토막에는 나무꾼과 세계의 모든 역사가 새겨져 보관되어 있다. 그가 설탕이나 소금을 담았고, 숲 속 나무 위에 앉아 총 화약마개를 올려놓았을 수도 있었던 이 종이 쪼가리 하나에서 우리는 도시들의 소문과, 하이스트리트와 브로드웨이의 비어 있거나 혹은 이 오두막처럼 세를 줄 아주 큰 오두막들에 관한 이야기를 매우 흥미롭게 읽는다. 처마에서 물방울이 이 변변찮은 지붕 남쪽으로 떨어지는데, 박새는 소나무에서 휘익~휘익 혀 짧은 소리를 내며 울고, 문 주위 태양의 다정한 온기는 다소간 친절하고 인간적이다.

두 철 후에도 이 조악(粗惡)한 거처가 전경을 흉하게 하지는 않는다. 새들이 이미 거기에 자주 들락거리며 둥지를 틀고 있고 문에서는 네발 달린 짐승들의 발자국을 여럿 볼 수도 있다. 이렇게 오랫동안 자연은 인간들의 잠식과 훼손을 너그러이 눈감아주고 있다. 숲은 여전히 즐겁게 아무런 의심도 없이 숲을 쓰러뜨리는 도끼질 소리를 되울리고 있다. 그런 도끼질 소리가 드물고 흔치 않지만 그런 소리는 숲의 야성(野性)을 더해주는데, 자연의 모든 것들이 그 소리를 자연스러운 것으로 만들려고 애쓰고 있다.

이제 길은 높은 언덕 정상으로 점점 올라가기 시작하는데 가파른 남쪽 비탈면에서는 숲과 논 그리고 강이 있는 드넓은 지역과 멀리 눈 덮인 산을 조망할 수 있다. 저 멀리에 보이지 않는 어느 농가에서 숲을 뚫고 피어오르는 희미한 연기 기둥, 시골 농가 위에 세워진 기(旗)를 보라. 샘에서 나와 나무 위에 구름을 만드는 증기가 눈에 띄는 것으로 보아, 저 아래에는 좀 더 따뜻하고 온화한 곳이 있음이 틀림없다. 숲 속 높은 곳에서 이 하늘 높이 솟은 기둥을 발견한 여행자와 저 아래 거처하는 사람 사이에 얼마나 멋진 관계가 맺어진 것인가? 그 연기는 낙엽에서 수증기가 증발하는 것처럼 조용히 자연스럽게 위로 올라오고 고리 모양으로 자리를 잡으려고 저 아래 화덕 위의 주부처럼 분주하다. 연기는 한 인간에 관한 일종의 상형문자로서 냄비가 끓는 것보다 훨씬 더 친밀하고 중요한 것들을 떠올린다. 어떤 사람들은 그 멋진 기둥이 숲 위로 마치 기(旗)처럼 솟아오르는 곳에 삶의 뿌리를 내렸는데, 미국의 대평원에서건, 아시아의 대스텝 평원 지역에서건 예술이 자리를 잡고 제국이 세워진 것도 이러하며, 로마의 시작도 마찬가지이다.

우리는 다시 작은 산들이 움푹한 곳에 자리 잡은 삼림지대 호수 가장자리로 내려가는데, 이 호수는 그 작은 산들이 짜낸 과즙이자 해마다 그 호수에 몸을 담그는 잎들의 즙 같다. 눈에 보이는 입구나 출구는 없지만 그 호수는 파도의 추이에, 호안(湖岸)의 둥글게 닳은 자갈들 속에, 그리고 물가까지 자란 소나무에서 드러나듯 자신만의 고유한 역사를 지니고 있다. 그 호수가 가만히 자리하고 있었지만 결코 게으른 것은 아니고 오히려 아부 무사[15]처럼 "집에 가만히 앉아 있는 것이 천국의 방식이라면 밖으로 나가는 것은 세상의 방식이다"라고 가르친다. 그러나 그 호수는 증발하면서 다른 누구만큼이나 멀리 여행한다. 여름에 그 호수는 지구의 맑은 눈이며 자연의 가슴 속 거울이다. 숲의 죄악들이 그 호수 속으로 씻겨 들어갔다. 숲이 어떻게 그 주위에 원형극장을 만들어 모든 자연의 온화함이 넘치는 무대 역할을 하는지 보라. 모든 나무들은 여행자를 그 물가로 인도하고, 모든 길은 따라가다 보면 그곳이 나오며, 새들은 그리로 날아들고, 네발짐승들은 그리로 도망치고, 땅까지도 그쪽으로 경사져 있다. 이 호수는 자연의 살롱으로 여기에서 자연은 몸단장을 한다. 자연의 정연함과 침묵의 경제를 생각해보라. 어떻게 해가 아침마다 증기로 그 표면의 먼지를 다 쓸어내어 깨끗한 수면이 계속해서 솟구치는지를, 그리고 거기에 아무리 더러운 오물이 쌓여도 해마다 봄이 되면 그 투명하게 맑은 수면이 다시 모습을 드러내는지를 생각해보라. 여름에는 소리 죽인 음악이 그 수면을 스칠 듯이 지나가는 것 같다. 그러나 지금은 평평한 눈의 판(板)에 가려 바람이 불어 맨 얼음을 드러낸 곳을 제외하곤 그 모습이 우리 눈에 보이지 않고, 시든 나뭇잎들만 이쪽에서 저쪽으로 미끄러지는데 그것들은 그 짧은 항해 동안에도 갈지자로 움직이며 방향을 바꾸고 있다. 호안의 자갈에 뒤집힌 잎사귀는 너도밤나무 마른 잎인데 다시 어디론가 출발하려는 듯 계속 위아래로 흔들거리고 있다. 그 잎은 자신의 부모 가지에서 떨어진 것이기 때문에 능숙한 엔지니어라면 그 이동 경로를 추론해낼 수도 있을 것이다. 그 같은 계산을 하기 위한 모든 요소들이 여기에 있다. 그 잎의 현재 위치, 바

---

15 아부 무사(Abu Musa, 662 또는 672경 사망): 이슬람교의 창시자이자 예언자인 모하메트(마호메트)의 동료로서 초기 이슬람 역사에 아주 중요한 인물. 아부 무사 알 아샤리(Abu Musa al-Ashari)가 본명이다.

람의 방향, 연못의 높이, 그 외에도 훨씬 더 많은 것들이 드러나 있다. 잎 가장자리와 잎맥이 상처 난 채 나뭇가지가 둥그렇게 말려 있다.

    우리가 아주 큰 집의 실내에 있다고 상상해본다. 연못의 수면은 제재목 탁자나 사포질을 한 마루이고 그 가장자리에 숲이 마치 시골집 담처럼 불쑥 솟아 있다. 얼음 속으로 강꼬치고기를 잡으려고 쳐놓은 낚싯줄은 큰 요리를 준비하는 것 같고 하얀 바닥에 우두커니 서 있는 사람들은 숲 가구의 일부분처럼 보인다. 반 마일 떨어진 거리의 눈과 얼음 위에서 일어나는 이 사람들의 행동은 역사에서 알렉산더 대왕의 위업을 읽을 때처럼 우리를 감동시킨다. 그것들은 그 광경에 합당하지 않은 게 아니었으며, 왕국의 정복만큼이나 중대한 것이었다.

    다시 아치를 이룬 숲을 헤치고 나와 그 가장자리에 이르니 강 저 아래 만에서 얼음이 바다가 알고 있는 것과는 다른, 좀 더 섬세한 어떤 조수에 의해 움직이는 것처럼 쿵쿵대는 소리가 희미하게 들렸다. 그 소리는 먼 귀족 친척의 목소리처럼 내 가슴을 떨리게 하며, 익숙하지 않은 고향의 소리처럼 들렸다. 부드러운 여름 태양이 숲과 호수를 비추고 있었는데, 몇 로드를 가도 푸른 잎 하나 있을까 말까 했지만 자연은 여전히 평온하게 건강을 즐기고 있었다. 7월에 바람이 부드럽게 윙윙거리는 소리뿐만 아니라 1월에 나뭇가지들이 삐걱거리는 소리까지 포함하여 모든 소리에는 신비하게도 건강에 관한 확신이 차 있었다.

    겨울이 그의 환상적인 화환으로
    모든 가지의 테를 두르고
    밑에 떨어진 나뭇잎 위에
    이제 침묵의 봉인을 찍고,

겨울 처마의 모든 물줄기가
꼴꼴 소리 내며 흘러가고
겨울 회랑에서는 쥐가
들판의 건초를 갉아 먹고 있는 때

여름이 여전히 가까이
저 아래 숨어 있다는 생각이 든다.
저 작년의 들판에
그 들쥐가 편히 누워 있기 때문에.

박새가 이내
휘익~ 휘익 가냘프게 운다면
눈은 그 새가 스스로 걸친
여름 하늘인 셈이다.

아름다운 꽃이 흥에 겨운 나무들을 장식하고 있고
눈부신 과실이 늘어져 있다.
북풍은 살을 에는 서리에
맞서려고 여름 미풍을 살랑거린다,

겨울을 두려워할 필요가 없는
평온한 영원의 기쁜 소식을
온몸이 귀가 되어 서 있는
내게 가져다준다.

저 밖 고요한 호수에서
들뜬 얼음은 이내 갈라지고
즐거운 호수 요정들은 귀가 먹을 것 같은
고통 속에서도 즐겁게 뛰논다.

놀라운 소식을 들은 양
나는 신이 나 골짜기로 급히 내려간다
자연이 얼마나 멋진 축제를 벌이고 있던지
그것을 놓치는 일은 쉽지 않았다.

나는 이웃인 얼음과 뛰어놀며
즐거운 호수에 순식간에
새롭게 금이 갈 때마다 그것에
공감하며 몸을 흔들었다.

바닥에 조그만 발판을
그리고 화로에는 장작단을 지닌 것이
집 안의 멋진 소리를
숲 속 길을 따라 울려 퍼지게 한다.

밤이 되기 전에 우리는 스케이트를 타고 이 굽이쳐 흐르는 강을 따라 여행을 떠날 것인데 패리[16] 선장이나 프랭클린[17]이 북극 얼음 위에서 그랬던 것처럼 겨울 내내 오두막 화로 옆에 앉아 있던 사람에게는 새로운 경험이 가득할 것이다. 언덕 사이로 흐르다가 또 넓은 초원으로 확 펼쳐지기도 하고, 소나무와 솔송나무가 아치를 이루는 수많은 협곡과 물굽이를 내기도 하는 개천을 굽이굽이 따라가보려고 한다. 그 강은 도시의 후면으로 흐르기 때문에 더 야생적인 측면에서 모든 것을 새롭게 볼 수 있다. 들판과 정원이 신작로에서와는 달리 솔직하고 허세로부터 자유스러운 모습으로 그 강에 내려와 있다. 그 강은 육지의 경계이자 바깥이다. 우리의 눈은 그 확연한 대조를 크게 개의치 않는다. 농부가 쳐놓은 울타리의 마지막 가로장은 흔들거리는 버드나무 가지들인데, 여전히 생기를 간직하고 있다. 마침내 여기에서 모든 울타리가 끝나 더는 건널 길도 없다. 이제 가장 한적하고 평평한 길을 따라 산을 오르는 것이 아니라 고지대의 초원으로 상승하는 넓고 평탄한 길을 따라 시골 깊은 곳으로 올라갈 수 있을 것이다. 그 길은 강의 흐름이라는 순응의 법칙을 잘 보여준다. 그 길은 병든 자를 위한 길이요, 도토리 깍지가 제 짐을 싣고 안전하게 떠내려갈 수 있는 대로(大路)이다. 그 강물에 이따금씩 작은 폭포가 있는데 그 벼랑은 풍경을 산만하게 하지 않고, 안개와 물보라가 그 폭포들을 찬양하고 있어서 원근에서 여행자들을 불러들인다. 먼 내륙에서 그 물살은 넓고 가벼운 발걸음으로 혹은 완만한 경사면을 통해 강물을 바다로 인도해간다. 강물은 지면의 기복에 미리 그리고 계속 순응함으로써 가장 쉽게 흘러갈 수 있는 것이다.

자연의 어떤 영역도 항상 사람들에게 아주 닫혀 있는 것은 아니어서 이제 우리는 물고기들의 왕국에 접근한다. 우리 발이 측량할 수 없는 심연 위로 이내 미끄러진다. 여름에 우리가 드리운 낚싯줄이 거기에서 메기

---

16 윌리엄 에드워드 패리(Sir William Edward Parry, 1790~1855): 영국 해군 소장이자 북극 탐험가, 열렬한 복음주의자. 영국 해군의 도덕적 개혁을 강력히 주창했다.
17 존 프랭클린(Sir John Franklin, 1786~1847): 영국 해군 장교이자 북극 탐험가. 1845년 5월 장교와 선원 등을 이끌고 북서항로를 찾는 탐험에 나섰다가 실종되었다.

와 농어를 유혹했는데 우람한 강꼬치고기가 큰고랭이들로 만들어진 긴 복도에 숨어 있다. 왜가리가 헤엄치고 알락해오라기가 땅에 엎드려 있었으며 깊고 헤치고 들어갈 수 없던 늪지대는 수많은 철길이 거기로 뚫린 듯 우리의 잰 발걸음을 받아주었다. 단숨에 가장 초기 정착자인 사향뒤쥐의 오두막에 이르러 투명한 얼음 아래로 그 녀석이 마치 털 달린 물고기처럼 둑 안 자신의 굴로 재빨리 사라지는 것을 본다. 그리고 언 덩굴월귤과 왕포아풀이 섞여 있는 화단을 지나 최근에 "풀 베는 사람이 그의 낫을 갈았던" 들판 위로 재빠르게 미끄러진다. 우리는 스케이트를 타고 지빠귀와 딱새, 타이란새가 제 둥지를 물 위에 걸어놓고 호박벌이 늪에 있는 단풍나무에 집을 지은 곳 근처에 이르렀다. 즐거운 울새들이 얼마나 자주 해를 따라 이 자작나무와 엉겅퀴의 관모 둥지에서 사방으로 퍼져나갔는가? 늪의 바깥 가장자리에는 어떤 발도 뚫고 들어오지 못한 수상(水上) 군락지가 있다. 속이 빈 이 나무에서 아메리카원앙은 새끼를 낳고 식량을 구하려고 매일 저기 늪으로 미끄러져 갔다.

    겨울에 자연은 진기한 것들의 건조된 표본들이 자연적인 위계(位階)와 위치에 따라 가득 차 있는 진열장이다. 들판과 숲은 식물 표본집(*hortus siccus*)이다. 나뭇잎과 풀은 나사나 수지(樹脂)도 없이 공기에 의해 완전히 압착되어 있고 새집은 인공 가지가 아니라 새들이 둥지를 튼 바로 그곳에 매달려 있다. 발을 적시지 않고 주변을 돌며 그 울창한 늪에 여름이 행한 일을 살펴보면 오리나무와 버드나무 그리고 단풍나무가 꽤 크게 자란 것을 알게 된다. 따뜻한 태양과 비옥한 이슬과 소나기가 얼마나 많이 내렸는지를 증거하고 있다. 그 나무들이 가지가 무성한 여름에 얼마나 큰 걸음을 내디뎠는지를 보라. 활동을 중단한 이 눈(芽)들이 이내 나무를 계속 위로 자라게 해 하늘로 한 뼘 옮겨줄 것이다.

이따금씩 우리는 눈의 들판을 헤쳐나가는데 그 아래 깊은 곳에서 강은 몇 로드나 사라졌다가 오른쪽이나 왼쪽 우리가 전혀 기대하지 않았던 곳에서 다시 나타난다. 땅속에서 곰이나 마멋처럼 겨울잠을 자는 양 그 강은 희미하게 드르렁드르렁 코 고는 소리를 내며 제 길을 지키고 있었는데, 우리는 그것의 희미한 여름 흔적을 따라 강이 스스로를 눈과 얼음 속에 묻은 곳에 이르렀다. 처음에 우리는 강들이 한겨울이라서 물이 다 빠져나가 말라버리거나, 봄이 녹일 때까지 꽁꽁 얼어붙어 있을 거라고 생각했다. 그러나 단지 외부의 추위가 강들의 수면을 연결하고 있을 뿐 강물의 양은 전혀 줄지 않았다. 호수와 하천에 물을 대주는 수천 개 샘은 여전히 흐르고 있었다. 지표면에 자리한 몇몇 샘의 유출구만 닫혔을 뿐이고 샘물은 깊은 저수지의 수량을 부풀리고 있다. 자연의 우물은 서리 아래에 놓여 있다. 여름 하천이 눈 녹은 물로 채워지는 것도 아니고 풀 베는 사람이 그것으로만 갈증을 달래는 것도 아니다. 물이 얼음과 눈으로 바뀌어 입자가 덜 부드럽고 덜 둥글게 되어 낮은 곳으로 그렇게 빨리 흐르지 못해 자연의 업무가 지연되어서 봄에 눈이 녹으면 강물이 불어나는 것이다.

얼음 저 위 솔송나무 숲과 눈으로 꼭대기가 덮인 산들 사이에 강꼬치고기 어부가 낚싯줄을 한적한 후미에다 드리운 채 핀란드 사람처럼 방한용 외투 주머니에 팔을 집어넣고 서 있다. 그 어부 또한 지느러미 없는 물고기인지라 제 종족과 몇 인치 떨어져서 눈과 물고기에 관한 희미한 생각에 사로잡혀 말없이 서 있는데 호안의 소나무처럼 구름과 눈에 파묻힐 것 같다. 사람들은 이렇게 황량한 곳에서 그 풍경 속에 우두커니 서 있거나 아니면 도시의 활력과 쾌활함을 자연의 활기 없는 침착함에 바치고선 느릿느릿 찬찬히 움직인다. 어차나 사향뒤쥐가 그 풍경을 덜 황량하게 만들지 않는 것처럼 그도 그렇게 하지 않으며 자연의 한 부분으로 서 있는데,

초기 해양 탐험가들의 항해에 묘사되어 있는 것처럼 쇠 한 조각에 꼬여 수다를 떨기 전 모피를 몸에 두르고 있는 눗카 해협[18]이나 북서 해안의 원주민 같다. 그는 원래 인간이라는 종족에 속한 사람이지만 도시의 거주자들보다 자연 속에 더 깊이 심기고 더 많이 뿌리를 내린 사람이다. 그에게로 가서 고기를 좀 잡았냐고 물어보라. 그러면 그도 보이지 않는 것을 숭배하는 사람임을 알게 될 것이다. 그가 얼마나 진지하게 경의를 표하고 목소리의 음조를 바꾸어가며 호수의 강꼬치고기에 관해, 한 번도 본 적 없는 태고의 이상적인 강꼬치고기라는 종에 관해 얘기하는지 들어보라. 마치 낚싯줄에 의해 연결된 것처럼 그는 그 호안에 연결되어 있고, 그렇기 때문에 자기 집 정원에 콩넝쿨이 높이 올라와 있는데도 호수 얼음을 뚫고 물고기를 잡은 그 철을 잊지 못하는 것이다.

그러나 우리가 돌아다니고 있는 동안 구름이 다시 모여들더니 이제는 눈송이가 드문드문 흩날리기 시작한다. 그것들이 점점 더 빨리 떨어져 시야에서 먼 곳의 물체를 가린다. 모든 나무와 들판에 눈이 내리는데 어떤 갈라진 틈도 잊지 않고 강과 연못가 그리고 산과 계곡에 쌓인다. 네발 달린 짐승들은 다 은신처에 갇혔고 새들은 이 평온한 시간 횃대에 앉아 있다. 모든 경사지와 잿빛 벽과 담장들, 반들거리는 얼음, 그리고 아직 땅속에 묻히지 않은 시든 잎들이 날씨가 좋을 때처럼 소리를 많이 내는 것은 아니어서 소리 없이 점차 덮이고 사람과 짐승들의 발자국도 사라진다. 이렇게 별로 애를 쓰지 않으면서도 자연은 자신의 지배를 재천명하고 인간의 흔적을 지워버린다. 호메로스가 같은 일을 어떻게 그려내고 있는지 들어보라. "눈송이가 겨울날 펑펑 쏟아진다. 바람은 잦아들었는데 눈은 계속 내

---

18 눗카 해협(Nootka Sound): 캐나다 빅토리아 아일랜드의 서쪽 태평양 쪽에 있는 해협.

려 산꼭대기와 언덕 그리고 수련목[19]이 자라는 들판과 경작지, 파도 거품이는 해안과 내안 옆에 떨어지지만 파도에 의해 말없이 녹는다." 마치 느린 여름에 초목이 사원의 엔타블레이처[20]와 성의 작은 탑까지 기어 올라가 자연이 예술을 압도하도록 도와주는 것처럼 눈은 모든 것을 다 평평하게 하며 자연의 품속으로 그것들을 깊이 끌어안는다.

빗발이 굵어지는 폭풍우 뒤로 해가 지고 새들은 둥지를, 소들은 외양간을 찾는데 고약한 밤바람이 숲 속으로 살랑거리며 발걸음을 돌리라고 경고한다.

밭을 가는 수소가 눈에 덮인 채
머리를 수그리고 서서, 바로 지금
그가 한 모든 노동의 대가를 요구하고 있다.

연감에는 겨울이 바람과 진눈깨비에 맞서 코트를 끌어당기는 노인으로 그려져 있지만 우리는 오히려 그가 즐거운 나무꾼이자 여름처럼 쾌활하며 정열적인 젊은이라고 생각한다. 아직 밝혀지지 않은 폭풍의 위용이 나그네의 기운을 북돋운다. 폭풍은 우리와 시시덕거리지는 않으나 기

---

[19] 수련목(lotus-tree): 그리스 신화에 나오는 나무. 호메로스의 『오뒷세이아(Odysseia)』에서 이 나무는 로토파기(Lotophagi, 로투스를 먹는 사람) 섬 사람들의 유일한 양식인데 이를 먹으면 만족감을 가져다주었다고 한다. 그리스에서는 갈매나무과(一科, Rhamnaceae)의 지지푸스 로투스(Ziziphus lotus)를 로투스라 하는데, 유럽 남부가 원산지인 관목으로서 분말 성분이 들어 있는 커다란 열매는 빵과 발효음료를 만드는 데 쓰인다. 옛날에는 이 열매가 가난한 사람들의 먹거리 가운데 하나였으며, 이것으로 만든 술이 만족감과 망각을 유발한다고 여겨졌다.

[20] 엔타블레이처(entablature): 건축에서 기둥(columns) 위에 걸쳐 놓은 수평 부분. 위로부터 코니스(cornice), 프리즈(frieze), 아키트레이브(architrave)의 세 부분으로 나뉜다.

분 좋은 열정을 지니고 있다. 겨울에 우리는 보다 더 내적인 삶을 영위한다. 창문과 문이 반쯤은 가려졌지만 굴뚝에서는 바람에 밀려 쌓인 눈 아래 있으면서 연기가 기운차게 올라가는 집처럼 우리의 마음은 따뜻하고 즐겁다. 쌓인 눈은 우리를 가두지만 집이 제공하는 편안한 느낌을 더해주기 때문에 가장 추운 날에도 우리는 난로 위에 앉아 굴뚝 꼭대기를 통해 하늘 보는 것을 즐거워한다. 굴뚝 주변 따뜻한 구석에서 누릴 수 있는 조용하고 평온한 삶을 즐기거나 길거리에서 소들이 우는 소리나 긴 오후 내내 멀리 떨어진 곳간에서 도리깨 소리를 들으며 우리의 맥박을 재면서 말이다. 능숙한 의사는 분명히 이처럼 소박하고 자연스러운 소리가 우리에게 어떤 영향을 미치는가를 관찰함으로써 우리의 건강을 판정할 수 있을 것이다. 우리는 지금 따뜻한 화로와 벽난로 주위에서 동방의 여가가 아니라 북녘의 여가를 즐기며 햇빛 속에서 먼지 그림자를 관찰한다.

때로 우리의 운명은 잔인하기에는 너무나 소박하고 스스럼없이 진지하다. 어떻게 세 달 동안 인간의 운명이 모피 속에 싸여 있는지 생각해보라. 훌륭한 히브리 사람들의 요한계시록은 이 즐거운 눈(雪)을 전혀 인지하지 않고 있다. 온대와 한대에 사는 사람들을 위한 종교는 없는가? 뉴잉글랜드의 겨울밤에 신이 베푸는 자비를 기록한 경전을 우리는 알지 못한다. 그들을 찬양하는 노래는 불린 적이 없고, 그들의 분노만 비난받았다. 그러니 결국 최고의 경전도 형편없는 믿음만 기록하고 있는 셈이다. 그 경전의 성인들은 금욕적이고 제한된 삶을 산다. 용감하고 경건한 사람으로 하여금 메인이나 래브라도의 숲에서 겨울이 시작될 무렵부터 얼음이 녹을 때까지 살게 하여 과연 히브리 성경이 그의 조건과 경험에 관해 적절하게 얘기하고 있는지 살펴보게 하라.

이제 농부의 화로 주변에 긴 겨울 저녁이 시작되고 실내에 머물던 사람들의 생각이 멀리 바깥으로 나아간다. 사람은 천성적으로 그리고 필연적으로 모든 생명체들에게 관대하고 자비롭다. 지금은 기쁘게 추위를 이겨낼 때이고, 농부가 자신의 보상을 수확하고 겨울을 날 준비가 잘 되었는지를 생각해보며 반짝이는 유리창을 통해 평온하게 "북녘 곰자리의 성수[21]"를 바라보는 때이다. 이제 폭풍도 멈추어

    수없이 많은 세계가 모습을 드러내는
    천상의 완전히 둥근 원이
    아주 뚜렷하게 빛난다. 반짝이는 별들이
    늘어선 창공이 온 세상에 빛난다.

---

21 성수(星宿): 천구(天球)를 구분한 28수의 25번째 별자리.

4
숲 나무들의 천이(遷移)*

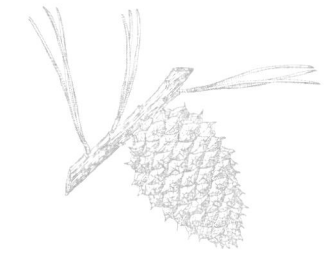

* 1860년 9월 콩코드의 미들섹스농업회 강연.

누구나 소 품평회에 올 권리가 있으며, 초월주의자조차도 올 수 있다. 그러나 나로서는 소보다는 사람들에게 더 관심이 있다. 이름은 알지 못하지만 오랫동안 친숙한 얼굴들을 다시 한 번 보고 싶은데, 내 눈에 그들은 미들섹스 지역을 대표하며 백인으로서는 최대한 그 땅에 토착한 사람들이다. 그 사람들은 자신의 일 외에는 주제넘게 나서려 하지 않으며, 겉옷이 너무 검지도 않고 신발이 너무 반짝거리지도 않으며 손을 가리기 위해 장갑을 끼지도 않는다. 축제에 매료되어 온 별난 사람들이 몇몇 있기는 하지만 모두가 환영받는다. 마음이 약하고 엉뚱하며, 대체로 몸도 약한 그 친구를 다시 한 번 더 만날 수 있을 거라 거의 확신하는데, 그는 비뚤어진 막대기를 지팡이로 쓰길 좋아한다. 아무 쓸모없고 진열장에나 어울릴 만하며 화석화된 뱀처럼 기괴한 막대기 말이다. 오히려 숫양의 뿔이 그만큼 편리하면서도 더 기묘하게 휘어진 것 같다. 그 정도는 하겠다고 언젠가 약속이라도 한 것처럼, 그는 어떤 마을 혹은 다른 마을 끝에서 자신이 그토록 좋아해 마지않는 시골의 한 조각을 가져와 콩코드 숲에 소개한다. 마찬가지로 내가 보기에 몇몇 사람들은 지도자를 그들이 굽어졌기 때문에 선출하는 것 같다. 그러나 나는 똑바른 막대기가 가장 좋은 지팡이가 되며, 올곧은 사람이 가장 좋은 지도자가 된다고 생각한다. 그렇지 않다면 왜 기이해서 남과 구별되는 사람을 골라 평범한 일을 시키겠는가? 오늘 여러분들에게 강연을 하도록 나를 초대한 사람들이 이런 실수를 저질렀다고 생각하지나 않을지 모르겠다.

측량사라는 자격으로 나는 종종 고용주였던 여러분들 몇몇과 농장을 빙빙 돌고 뒤에서 살펴보아 그 경계가 어디인지를 확인한 다음 저녁 식사 자리에서 자주 대화를 나누었다. 게다가 나는 측량기사이자 자연주의자라는 자유를 남용해 보통 그렇게 하는 것보다 훨씬 자주 여러분들의 대지를 가로질러 다니는 버릇이 있는데, 지금은 여러분도 대개 아시고 있는 듯하고 어쩌면 그래서 언짢을 수도 있을 성싶다. 내가 농장의 외딴 모퉁이에서 여러분들과 마주쳐서 짐짓 놀라는 표정을 지으며, 여러분들이 마을이나 카운티의 그 지역에서 나를 이전에 본 적이 없는 터라 내가 길을 잃은 것은 아닌지 모르겠다고 말했을 때도, 여러분들 대다수가 이 일을 모르고 있는 것 같아 참 다행스러웠다. 그리고 진실이 밝혀지고 나의 비밀을 누설하는 게 아니라면 내가 당신들을 이전에 거기에서 결코 본 적이 없기 때문에, 좀 더 적절히는 당신들이 길을 잃은 것은 아니냐고 내가 물어보았음 직한 때에도 마찬가지였다. 나는 땅 소유자에게 자신의 숲에서 나오는 최단 지름길을 여러 차례 보여주었다.

그런 터라 내가 오늘 여러분들께 말씀드릴 자격이 어느 정도는 있는 듯싶다. 오늘 우리들을 함께 불러낸 정황과 제목을 고려해볼 때, 내게 주어진 시간 동안 여러분들의 주의를 순전히 과학적인 주제로 인도해도 내가 사과할 필요는 없을 듯하다.

말씀드린 저녁 식사 자리에서 나는 여러분들이 그랬던 것처럼 소나무가 벌목되고 나면 어떻게 통상적으로 참나무 종류가 자라나고, 혹은 그 반대 상황이 일어나는지 말해줄 수 있느냐는 질문을 종종 받았다. 그 질문에 관해 나는 말할 수 있고, 그리고 그 일이 나에게는 신비로운 일이 아니라고 답했고 또 지금 답하려고 한다. 내가 알기로는 누구도 이 문제에 관해 명확하게 설명한 바가 없기 때문에 이런 점을 더욱 강조하려고 한다. 여러분들을 식림지로 다시 인도해보겠다.

이 근방에서 어떤 숲의 나무 한 그루나 숲 전체가 그런 종이 전혀 자라지 않은 곳에서 자연스럽게 솟아난 경우, 어떤 사람들한테는 여전히 기이하게 들릴지 모르지만, 그것이 씨앗에서 비롯했다고 나는 주저하지 않고 말한다. 식물이 퍼진다고 알려진 다양한 방법 —이식, 꺾꽂이, 그리고 기타— 중에서 이런 상황에서는 이 방법이 추정해볼 수 있는 유일한 방법이다. 그런 나무 중에서 어떤 것도 다른 방식으로 싹이 났다고 알려진 적이 없다. 어떤 사람이 그 일이 다른 방식으로, 혹은 무(無)에서 싹이 나왔다고 주장한다면 그것을 증명할 짐은 그가 져야 한다.

그러면 이제 그 씨앗이 어떻게 그것이 자란 곳에서 심긴 곳으로 옮겨 왔는가를 보여줄 일만 남아 있다. 이 일은 주로 바람과 물 그리고 동물들을 매개로 하여 이루어진다. 소나무와 단풍나무 같은 보다 가벼운 씨앗들은 바람과 물에 의해 옮겨지고 도토리와 견과(堅果)처럼 무거운 것들은 동물들에 의해 옮겨진다.

모든 소나무에는 외관상으로 곤충의 날개처럼 보이는 아주 얇은 막이 씨 위와 그 주위에 자라는데, 씨는 기부(基部) 안에서 발육하는 반면 이 막은 씨와는 독립적으로 자란다. 실제 씨는 성숙하지 못해도 이 막은 종종 완전히 발육한다. 자연은 운반될 씨보다는 그 씨를 운반할 수단을 제공하는 데에 더 신경을 쓴다고 말할 수 있다. 다른 말로 하면, 바람이 붙들 수 있도록 손잡이가 달려 있는 얇고 예쁜 주머니가 씨 주위에 만들어지고, 그 주머니는 바람에 몸을 맡기는데 이는 바람이 씨를 날라 종(種)들의 영역을 확장하려고 일부러 그렇게 하는 것이다. 그런데 바람은 특허국에서 씨들을 다른 종류의 행낭에 담아 우편으로 보낼 때만큼이나 효과적으로 이 일을 수행한다. 우주(宇宙) 정부의 부처 자리에 특허국이 있는데 그 관리인들은 워싱턴에 있는 사람들만큼이나 씨들이 흩어지는 것에 관심이 있으며, 그들이 하는 일은 훨씬 더 광범위하고 규칙적이다.

 그러니 소나무가 무(無)에서 싹이 났다고 가정할 필요는 없는 것이고, **자연에 의해** 소나무가 번식되는 방법에 관해서는 사람들이 별 주의를 기울이지 않았지만 소나무가 씨에서 나온다고 주장하는 데에서 내가 전혀 특별한 사람이 아니라는 것을 나는 알고 있다. 유럽에서는 아주 대규모로 소나무를 씨앗에서 키우고 있고 여기서도 키우기 시작했다.

 여러분들이 참나무를 잘랐을 때, 씨들이 바람에 날려 올 만큼 가까운 곳에 씨를 맺은 소나무들이 있거나 얼마 전까지 있지 않았다면 거기에서 즉시 소나무 싹이 나지는 않을 것이다. 그러나 당신이 소나무 숲 옆에 다른 작물을 자라지 못하게 하면 당신들의 소나무 숲은, 토양만 적절하다면, 분명 확장될 것이다.

 날개가 달리지 않은 무거운 씨나 열매에 관해서는, 그와 같은 종이 이전에 관찰되지 않은 곳에서 싹이 나는 경우, 거기에서 특이하게도 자연발생적으로 생겨났거나, 수 세기 동안 땅속에 휴지 상태로 있었거나, 혹은 화재로 인한 열 때문에 활동을 하게 된 씨앗이나 다른 원소에서 비롯했다는 생각이 아주 보편적이었다. 나는 이러한 주장을 믿지 않고, 그래서 내가 관찰한 바에 근거하여 그 같은 숲에 씨가 뿌려지고 자라나는 몇몇 방식들에 관해 얘기해보려고 한다.

이러한 씨들 하나하나가 제각기 다른 방식으로 날개나 다리가 달렸다는 게 드러날 것이다. 벗나무 열매가 여러 새들이 가장 좋아하는 먹이라고 익히 알려진 터라 온갖 종류의 벗나무들이 널리 퍼져 있는 것은 결코 놀라운 일이 아니다. 여러 종들이 새 벗나무(bird cherry)라고 불리는데, 새 벗나무들은 그렇게 불리지 않는 더 많은 여러 종을 전유한다. 체리를 먹는 것은 새와 비슷한 일을 하는 셈인데 우리가 이따금씩 새들이 하는 것처럼 씨를 퍼뜨리지 않는다면, 새들이 그 씨에 대해 최고의 권리를 지니고 있다는 생각이 든다. 새들이 그 씨를 옮길 수밖에 없게끔 체리 씨가 얼마나 정교하게 자리 잡고 있는지를 살펴보라—먹음 직한 과피(果皮) 한가운데에 놓여 있어 그 씨를 게걸스럽게 먹는 생물이 통상 입이나 부리 속으로 그것을 넣을 수밖에 없도록 말이다. 버찌를 한 번이라도 먹은 적이 있고 두 입에 나눠 먹지 않았다면 그 씨를 틀림없이 감지했을 것이다—그 달콤하고 맛있는 것 한가운데에 혀에 남는 크고 거친 잔여물 말이다. 자연은 자신의 목적을 성취하려고 할 때는 우리를 설득해 거의 모든 일을 하게 할 수 있기 때문에 우리는 입 안에 완두콩만 한 버찌 씨를 한꺼번에 10여 개까지도 넣는다. 몇몇 야성적인 사람이나 아이들은 급할 때 새들이 하는 것처럼 씨를 본능적으로 삼키기도 하는데, 이것이 씨를 제거하는 가장 빠른 방법이기 때문이다. 따라서 이 씨들은 식물로 된 날개를 부여받지는 못했지만 자연은 개똥지빠귀 종족들로 하여금 그 씨들을 부리로 물고 함께 날아가게 하였다. 그래서 그 씨들은 또 다른 의미에서 날개를 달게 된 셈인데 심지어 바람을 거슬러서도 운반되기 때문에 소나무 씨보다 더 효과적이다. 그 결과 벗나무는 여기뿐만 아니라 저기서도 자란다. 대단히 많은 다른 종들의 경우도 마찬가지이다.

이러한 말들을 꺼내게 만든 관찰에 대해 생각해보자. 앞서 얘기한 것처럼, 나는 이 주변에서 울창한 소나무 숲이 벌목되면 참나무와 다른 활엽수들이 즉시 그 자리를 차지할 것이라는 점을 어느 정도 설명할 수 있으리라 생각한다. 도토리와 나무 열매들이 인근에서 자라고 있다면 그것들이 그런 숲에 정기적으로 식재(植栽)된다는 걸 보여주기만 하면 된다. 참나무가 10마일 내에 자라고 있지 않고 사람이 도토리를 그곳으로 옮기지 않으면 소나무 숲이 벌목되어도 참나무 숲이 즉각 자라나지 않을 것이기 때문이다.

명백히 이전에 거기에는 소나무들만 있었다. 소나무들이 벌목되고 1년 혹은 2년이 지나면 참나무와 다른 활엽수가 거기에서 자라나고 소나무는 겨우 한 그루가 있을까 말까 하는데, 이 경우 사람들은 일반적으로 어떻게 그 씨가 썩지 않고 땅속에 그토록 오래 놓여 있었을까 의아해한다. 그러나 사실을 밝히자면 그 씨가 땅속에 그렇게 오래 놓여 있었던 게 아니고 매해 정기적으로 다양한 네발짐승과 새들이 식재한 것이다.

참나무와 소나무가 거의 균등하게 흩어져 있는 이곳 인근에서 가장 빽빽한 소나무 숲, 심지어 겉보기에는 완전한 리기다소나무 숲도 살펴보면 어린 참나무, 자작나무, 그리고 다른 활엽수가 눈에 많이 띌 것이다. 이 나무들은 다람쥐나 다른 동물들에 의해 숲으로 옮겨지거나 바람에 날려온 씨앗에서 발아한 것들인데 소나무에 가려서 말라죽고 만다. 상록수 숲이 촘촘할 수록 이런 씨들이 잘 식재되기 십상인데 그 씨를 심는 녀석들이 먹이를 가지고 가장 가까운 은신처로 가려고 하기 때문이다. 그들은 씨를 자작나무와 다른 숲으로도 가져간다. 해마다 이런 식재가 진행되고, 가장 오래된 묘목들이 해마다 죽어간다. 그러나 소나무가 다 잘리고 나면, 참나무들은 그들이 바라는 대로 막 발아된 데다 성장에도 우호적인 조건을 확보하게 되어 이내 나무로 성장하게 되는 것이다.

소나무가 다 벌목되어도 그 땅에 튼실한 씨앗이 있다면 소나무가 풍성하게 발아하겠지만, 울창한 소나무 숲 그늘은 그 안에 있는 참나무보다 같은 종 소나무가 발아하는 데에 더 불리하다.

사람들이 활엽수를 많이 자르고 나면 작은 소나무가 활엽수와 뒤섞여 비슷하게 발아하는 경우가 아주 흔한데 이는 다람쥐가 그 열매를 보다 듬성듬성한 숲이 아니라 소나무들에게로 운반해온 때문으로, 다람쥐들은 통상 그 일을 상당히 깔끔하게 해낸다. 게다가 숲이 오래된 경우 새싹들도 약하거나 전혀 살아남지 못한다. 그 땅이 이런 종류의 농작물이 자라기엔 어느 정도 지력이 소진되어버렸기 때문임은 말할 필요도 없다.

어떤 소나무 숲을 미국참나무가 주로 에워싸고 있다면 소나무가 벌채되고 난 후에는 미국참나무가 그 숲을 이을 것이라고 기대할 수 있다. 만일 그 숲이 난쟁이꿀밤나무 가두리에 둘러싸여 있다면 아마도 울창한 난쟁이꿀밤나무 관목이 자라날 것이다.

상세한 설명을 다 할 시간이 없지만 한마디로 말해, 바람이 소나무 씨를 활엽수 숲과 광활한 땅으로 운반하고 다람쥐와 다른 동물들이 참나무와 호두나무 씨를 소나무 숲으로 운반해서 작물들의 순환이 계속 유지되는 것이다.

이런 사실을 수년 전에 자신 있게 단언했었는데 울창한 소나무 숲을 가끔씩 조사해서 그 견해를 확신하게 되었다. 다람쥐가 열매를 땅에 묻는다는 것은 숲 관찰자들에겐 오랫동안 알려진 사실이지만 내가 알기로는 어느 누구도 숲의 정기적인 천이를 설명하지 않았다.

1857년 9월 24일, 아사벳 강을 카누를 타고 내려가다 붉은다람쥐 한 마리가 입에 뭔가 큼지막한 것을 물고서 풀밭 아래 둑을 따라 달리고 있는 걸 보았다. 녀석은 내게서 2로드쯤 떨어진 솔송나무 발치 근처에서 멈추어 앞발로 급히 구멍을 파더니만 그 속으로 전리품을 떨어뜨리고는 덮어서 완전히 감춘 다음 나무줄기 위로 다소간 물러났다. 내가 그 매장해놓은 게 무엇인지를 조사하러 강가로 접근하자 다람쥐는 조금 내려와서 자신의 보물에 대해 적잖은 염려를 드러내며 한두 번 그것을 도로 찾아가려 하다가 결국에는 물러나고 말았다. 거기를 파보니 서로 붙은 시퍼런 히코리 나무 열매 두 개가 눈에 들어왔는데 두꺼운 깍지를 단 채로 솔송나무 잎이 썩어 불그스름한 토양 약 1.5인치 아래에 ─그것을 심기에 딱 적당한 깊이에─ 묻혀 있었다. 한마디로 말하면, 이 다람쥐는 두 가지 목적 즉 자신을 위해 겨울 음식을 저장하는 일과 모든 창조물을 위해 히코리 나무를 식재하는 일을 수행하는 데 관여한 셈이다. 다람쥐가 죽거나 자기가 묻어놓은 것을 잊어버리면 히코리가 자라날 것이다. 가장 가까운 히코리는 20로드 떨어져 있었다. 이 열매들은 14일 후에도 여전히 거기에 있었는데 6주가 지난 11월 21일 다시 찾아가보니 사라지고 없었다.

이후 나는 소나무만 있다고 하는 혹은 외관상으로는 전적으로 소나무만 있는 몇몇 울창한 숲을 좀 더 주의 깊게 살펴보았는데 결과는 언제나 같았다. 예를 들면 바로 그날 이 도시 동쪽에 있는 약 15로드 제곱쯤 되는 작지만 아주 울창하고 멋들어진 스트로부스소나무 숲을 산책했다. 그 나무들은 지름이 10에서 20인치쯤 되어 콩코드에서는 큰 나무들이었고 숲은 내가 아는 어떤 숲보다 소나무로만 구성되어 있었다. 실제로 나는 그 숲이 다른 어떤 것을 포함하고 있을 가능성이 가장 적을 거라고 생각해서 그 숲을 골랐다. 숲은 남동쪽으로 다른 작은 숲과 붙어 있는 것을 제외하면 탁 트인 평원 혹은 목초지에 자리해 있었는데, 그 다른 숲에는 작은 참나무들이 몇 그루 있었다. 어느 쪽으로 보나 그 숲은 가장 가까이 있는 숲에서 적어도 30로드는 떨어져 있었다. 이 숲은 아주 평평하고 덤불이 없고 대부분

온통 붉게 덮인 황량한 땅이어서 숲 모서리에 서서 그 속을 들여다보았다면 숲에는 어리거나 오래된 활엽수가 하나도 없다고 말했을 것이다. 그러나 바닥 주위를 자세히 살펴보고 나서, 비록 내 눈이 그와 같은 조사에 익숙해진 후이긴 하지만, 얇은 이끼와 자그마한 월귤나무 관목과 교차하면서 3인치에서 12인치 정도의 작은 참나무들이 여기저기 그리고 또한 5피트마다 어느 정도 일정하게 있는 것을 발견했는데, 한 곳에서는 소나무 바닥 옆에 푸른 도토리도 떨어져 있었다.

이 사례에서 나의 이론이 그토록 완벽하게 증명되는 것을 보고 내 스스로도 놀랐음을 고백한다. 이러한 식재의 주요 행위자 중 하나인 붉은다람쥐는 내가 그들의 식재를 살펴보는 동안 내내 신기한 듯이 나를 살펴보았다. 작은 참나무 몇 그루는 그늘을 찾아 이 숲으로 온 소들에게 뜯어 먹혔다.

7년 혹은 8년 후 이 활엽수들은 소나무들이 서 있을 수 있는 이 지역이 그들의 성장에 비우호적임을 분명히 알게 될 것이다. 이에 대한 증거로 나는 25피트 길이의 병든 미국꽃단풍이 얼마 전 쓰러져서 아직도 푸른 잎으로 덮여 있는 것을 보았는데, 그 나무는 어느 위치에서 보더라도 숲에 있는 유일한 단풍나무였다.

소나무가 벌목되지 않는다면 이 참나무들은 거의 어쩔 수 없이 죽겠지만 몇 년간은 다른 어느 곳에서보다도 소나무들의 그늘에서 더 잘 성장하리라는 것은 충분히 가능한 이야기이다.

영국인들은 아주 광범위하고 철저한 실험을 통해 마침내 거의 정확하게 이런 식으로 참나무를 키우는 방법을 채택했는데, 그것은 여기에서 자연과 그 자연의 다람쥐들이 더 일찍부터 채택해온 방식이었다. 그들은 소나무가 참나무의 보호목으로서 가치가 있다는 점을 단지 재발견한 것뿐이다. 영국인들은 실험을 거쳐 어린 참나무의 보호목으로 어떤 종류의 나무를 쓰는 게 중요한지를 일찍이 그리고 다방면에서 발견해낸 것 같다. 나는 라우든[1]이 "참나무의 식재와 보호라는 주제에 관한 최종 결론"이라고 말한 것 — 알렉산더 밀른[2]이 마련한 영국 「국유림 정부 관리들이 채택하는 관행에 관한 초록」 — 을 인용한다.

처음에 몇몇 참나무는 저절로 식재되었고 다른 참나무들은 구주소나무들과 섞였다. 밀른 씨는 말한다. "그러나 참나무가 실제로 소나무 사이에 식재되거나 소나무들에 둘러싸여 있는 경우에 (비록 토양이 열악하다 해도) 참나무는 아주 잘 자란다는 것이 알려졌다." "지난 몇 년 동안 준수해 온 계획은 인클로저 땅에다 구주소나무(우리나라 리기다소나무와 아주 유사한 나무)만을 심고, 그 후에 소나무가 5~6피트 높이로 자라면 그때 4~5년 정도 자란 튼실하고 강한 참나무를 소나무 사이에 심는 것이었다 — 소나무가 너무 강하고 빽빽해서 참나무들을 뒤덮을 정도가 아니면 처음에는 어떤 소나무도 잘라버리지 않았다. 약 2년이 지나면 참나무에게 빛과 공기를 공급하기 위해 소나무 가지를 전지할 필요가 있고, 그리고 또 2~3년이 흐르면 소나무를 전체적으로 차차 제거하기 시작해 해마다 일정 개체를 솎아내어 20년 혹은 25년 후에는 구주소나무는 한 그루도 남아 있지 않게 해야 한다. 비록 첫 10년 혹은 12년 동안에는 그 농장이 소나무 외에 다른 아무것도 없는 것처럼 보여도 말이다. 이런 식의 식재 방법이 가진 이점은 참

---

[1] 존 클라우디우스 라우든(John Claudius Loudon, 1783~1843): 스코틀랜드의 식물학자이며 조경사. 당시 가장 영향력을 발휘한 원예학계의 저널리스트로 저서·잡지를 통해 정원, 공공공원, 주택건축의 빅토리아 양식을 소개하는 데 힘을 기울였다.
[2] 알렉산더 밀른(Alexander Milne, 1818~1850): 영국 관료. 여러 해 동안 산림청장으로 근무했다.

나무를 자주 질식시키고 상처를 내는 거친 풀들과 가시나무들을 소나무가 죽이면서 토양을 건조하고 좋아지게 한다는 것임이 밝혀졌다. 그리고 이렇게 식재된 참나무는 시들어버리는 일이 거의 없기에 수리할 필요가 없다."

영국의 식재가들은 꾸준한 실험을 통해 그 정도까지 알아냈고 그리고 내가 아는 한 그 방식에 관해 특허를 냈다. 그러나 그들은 그 방식이 이전에 발견되었고 자신들은 오래전에 자연이 특허를 내놓은 방법을 채택하고 있을 뿐이라는 사실은 발견하지 못한 듯하다. 자연은 우리가 알지 못하는 사이 소나무 사이에 꾸준히 참나무를 심고 있었고, 우리는 마침내 정부 관리 대신에 벌목꾼을 보내 소나무를 잘라 참나무 숲을 구하면서 그 숲이 마치 하늘에서 떨어진 양 신기해하는 것이다.

심지어 8월에도 히코리 나무 사이를 산책하면서 내 머리 위에서 붉은다람쥐가 잘라낸 푸른 히코리 나무 열매들이 이따금 떨어지는 소리를 듣는다. 가을에 이 도시 사방에 있는 참나무 숲 안이나 그 근처 땅에서 대여섯 개의 빈 깍정이가 달린 키가 3~4인치쯤 되는 건장한 참나무 가지들을 보는데 그 가지들은 다람쥐가 도토리를 옮기기 쉽게끔 도토리가 달린 가지 양쪽을 갉아서 떨어뜨린 것이다. 사람들이 밤나무를 치고 흔들면 어치는 날카롭게 울고 붉은다람쥐는 꾸짖는데 이는 그들도 거기에 같은 목적 때문에 와 있는 것이고, 같은 일에 종사하는 둘은 결코 사이가 좋을 수 없기 때문이다. 숲을 지나갈 때면 붉은다람쥐 혹은 회색다람쥐가 푸른 밤송이를 던지는 것을 자주 보았는데 가끔씩 녀석들이 나를 향해 던진 것이라는 생각이 들었다. 사실상 밤 철이 한창일 때는 그 녀석들이 그 일에 너무나 바빠 숲 속에 오래 서 있지 않아도 밤송이가 떨어지는 소리를 듣게 된다. 한 사냥꾼은 어제 ―10월 중순이었는데― 가장 가까운 숲에서 50로드 떨어져 있고 가장 가까운 밤나무에서는 더 멀리 떨어져 있는 우리 큰 강변 초

4. 숲 나무들의 천이   111

지에 푸른 밤송이가 떨어져 있는 걸 보고서 어떻게 그 밤송이가 거기에 떨어지게 된 건지 알 수 없다고 내게 말했다. 한겨울에 밤을 딸 때 나는 흰발생쥐(*Mus leucopus*)가 나뭇잎 바로 아래 지하 통로에 30~40여 개 밤을 죽 늘어놓은 것을 때때로 찾아내기도 한다.

특히 겨울에는 눈 때문에 이런 씨의 운반과 식재가 얼마나 수행되었는지가 분명해진다. 거의 모든 숲에서 여러분들은 붉은다람쥐나 회색다람쥐가 앞발로 수백 군데를, 때로는 2피트 깊이까지 그리고 거의 항상 열매나 솔방울을 향해 곧장 눈을 파헤쳐놓은 것을 보게 되는데, 마치 그 녀석들이 거기에서 시작해서 위로 구멍을 낸 것 같다―그런데 여러분과 나라면 하지 못했을 것이다. 눈이 녹기 전에 우리가 그런 것을 찾아내기는 아주 어려울 터이다. 의심할 바 없이 녀석들이 통상 가을에 그것들을 거기에 묻었을 것이 틀림없다. 사람들은 다람쥐들이 장소를 기억하는지 혹은 냄새로 그 장소들을 찾아내는지 궁금해 한다. 붉은다람쥐는 통상 상록수 덤불 아래, 흔히 낙엽수 한가운데 있는 작은 상록수 수풀 아래의 땅을 겨울 거처로 삼는다. 만일 숲 밖 멀리 떨어진 곳에 아직도 열매가 달려 있는 견과를 맺는 나무들이 있다면 녀석들의 길은 자주 그 나무들을 곧장 오갈 것이다. 그러므로 참나무가 씨앗을 퍼뜨리기 위해 숲 속 여기저기에 서 있어야 한다고 생각할 필요는 없는 일이고, 숲에서 20~30로드 이내에 몇 그루가 서 있는 것으로 충분하다.

열려서 씨가 떨어지기 전에 이 도시에서 저절로 땅에 떨어진 모든 스트로부스소나무 솔방울과, 어떤 이유에서든 땅에 떨어진 거의 모든 리기다소나무 솔방울은 다람쥐들이 자른 것들이라고 말해도 지나치지 않다는 생각이 드는데, 녀석들은 솔방울이 익기 훨씬 전 그래서 통상 스트로부스소나무 솔방울 수확물이 작을 때에 따기 시작해서 적당하게 여물기 전에 거의 모두를 따버린다. 나아가 그 녀석들이 솔방울들이 파랄 때 따는 것은 부분적으로는 솔방울이 벌어져서 씨앗을 잃는 것을 방지하기 위해서라는 생각이 든다. 다름 아닌 이 씨앗을 얻기 위해 다람쥐들이 눈 속을 파헤치는 것인데, 그때에는 이 스트로부스소나무의 솔방울만이 무언가를 지니고 있는 유일한 것이기 때문이다. 지름이 4피트를 넘지 않은 한 무더기에서 지난겨울 붉은다람쥐들이 자르고 약탈한 리기다소나무 솔방울 심(心)을 헤아려보니 239개나 되었다.

지표면에 그렇게 남겨졌거나 혹은 바로 그 아래 묻힌 열매는 발아하기에 가장 우호적인 환경에 놓이게 된 셈이다. 그저 지표면에 떨어졌을 뿐인 씨앗이 어떻게 식재되는지 때로 궁금했다. 그런데 12월 말에 그해 나온 밤이 썩으며 곰팡이가 핀 나뭇잎 아래 양토와 부분적으로 섞여 있는 것을 보았는데, 밤은 빨리 떨어지기 때문에 그 나뭇잎에는 밤들이 원하는 습기와 거름이 모두 들어 있었다. 풍작인 해에는 많은 열매가 듬성듬성 이렇게 1인치 깊이에 덮이고, 따라서 다람쥐들로부터도 물론 어느 정도 숨겨진다. 소출이 풍성했던 어느 겨울, 나는 갈퀴의 도움을 받아 늦게는 1월 10일에도 이 열매를 여러 쿼트[3] 주웠는데, 그날 가게에서 산 밤은 절반 이상이 곰팡이가 피었지만, 눈이 한두 번 내려 습하고 곰팡이가 핀 나뭇잎 아래에서 주은 밤은 곰팡이 핀 게 하나도 없었다. 자연은 밤들을 가장 잘 포장하는 방법을 알고 있다. 그 밤들은 여전히 토실토실하고 부드러웠다. 물론 밤은 그곳이 습해도 뜨거워지지 않는다. 봄에 밤들은 모두 싹이 났다.

라우든은 "이듬해 봄에 심기 위해 그 열매(유럽의 일반적인 호두나무)를 겨우내 보존하는 경우 수확을 하자마자 껍질째로 부식토 더미에 올려놓아

---

[3] 쿼트(quart): 액량, 건량의 단위. 1쿼트는 1갤런의 4분의 1 그리고 파인트의 2배이다.

야 한다. 그리고 겨울을 나는 동안 자주 그 더미를 뒤집어주어야 한다"라고 얘기한다.

여기에서 라우든은 다시 자연의 "경이로운 일"을 훔치고 있다. 훔쳐갈 보물과 그 보물을 훔칠 수 있는 손가락을 찾아낸 것도 바로 자연이니 어떻게 가련한 인간이 이와 달리할 수 있겠는가? 대부분의 나무 씨를 심는 데서 최고의 원예사는 스스로 모르고 있을지라도 자연을 따르는 그 이상의 일을 하지 않는다. 큰 나무든 작은 나무든 대개 땅속에 묻고 삽등으로 두들긴 후 나뭇잎이나 짚으로 덮어주면 가장 확실하게 싹이 나고 잘 자란다. 나무를 심는 사람들이 다다른 이 같은 결과는 우리에게 북극지방에서의 케인[4]과 그의 동료들의 경험을 떠올리게 하는데, 그들은 그런 기후에서 사는 법을 배우면서 자신들이 점차 원주민의 관습을 채택하고 있음을, 자신들이 에스키모인이 되어가고 있음을 분명하게 깨닫고 놀랐다. 마찬가지로 숲을 식재하는 실험을 할 때 우리 스스로가 결국 자연이 하는 것처럼 하고 있음을 알게 된다. 그러니 애초부터 자연과 상의하는 것이 낫지 않겠는가? 자연은 우리 모두 중에서 가장 광범위하고 경험이 많은 식재가이고, 이런 점에서는 애설 공작[5]도 예외가 아니다.

한마디로 하면 이런 주제에 특별히 신경을 쓰지 않았던 사람은 네발짐승과 새들이, 특히 가을에, 나무들의 씨앗을 모으고 그러면서 그 씨앗

---

[4] 엘리샤 켄트 케인(Elisha Kent Kane, 1820~1857): 미국의 물리학자이자 북극 탐험가. 1845년부터 실종 상태로 있던 존 프랭클린 경의 탐사단을 찾기 위해 1850년 북서 지역으로 탐험을 떠났으나 실패했다. 1853년 두 번째 원정을 이끌다가 얼음에 갇혔는데 이누이트족의 도움을 받아 2년 동안 생존했고 나중에 구조되었다.

[5] 애설 공작(Duke of Athol): 앤(Anne) 여왕(재위 1702~1714)이 1703년 스코틀랜드의 왕당파 귀족 존 머리(John Murray)에게 내린 작위. 소로가 이 강연을 할 당시에는 스코틀랜드에 6명의 애설 공작이 있었다.

들을 퍼뜨리고 심는 데 어느 정도까지 관여하는지에 대해 잘 알지 못한다. 그 철에 다람쥐는 거의 항상 이 일에 종사하고 있어서 입에 씨앗을 물고 있거나 막 열매를 가지러 가려고 하지 않는 녀석은 거의 만날 수 없다. 이 도시에 사는 어떤 다람쥐 사냥꾼은 특별히 좋은 열매를 맺는 호두나무를 알고 있었는데 어느 가을 호두를 따러 가보니 10여 마리 붉은다람쥐 가족이 선수를 친 것을 알게 되었다고 내게 말했다. 속이 빈 그 나무에서 호두를 꺼냈는데 껍질을 벗기고도 재어보니 1부셸[6]과 3펙[7]이 되었고, 그 호두들이 겨울 동안 그와 가족의 수요를 채워주었다. 이러한 예를 더 드는 것은 어렵지 않다. 열매를 너무 많이 물고 있어 줄무늬다람쥐의 볼주머니가 불룩 튀어나와 있는 모습을 얼마나 흔히 보게 되는지 모른다! 이 종의 학명 타미아스(*Tamias*)는 청지기라는 뜻인데 그 녀석들이 열매와 다른 씨들을 저장하는 습성에서 비롯한 이름이다. 열매가 떨어지고 나서 한 달 후에 견과가 나는 나무 아래로 가보면, 통상 온전한 견과와 더불어 발육이 제대로 안 된 열매와 껍질을 얼마나 많이 보게 되는지 모른다. 그 열매들은 이미 먹혔고 널리 두루 흩어져 있다. 그 터는 마을 수다쟁이들이 열매를 까면서 그 열매보다 맛이 없는 농담을 하는 채소가게 앞 플랫폼 같은 곳이다. 말하자면 여러분들이 와서보니 잔치가 끝나서 껍질만 차려져 있는 셈이다.

이따금씩, 가을 숲 속에서 여기저기 나무를 헤치며 나아가다가 누군가가 나뭇가지를 부러뜨리는 듯한 소리가 들려 위를 쳐다보면 어치 한 마

---

6 부셸(bushel): 곡물, 과실 등의 무게를 잴 때 쓰는 단위. 미국에서 1부셸은 약 35리터 또는 약 2말이다.
7 펙(peck): 곡물가루 등 건류(乾類)를 잴 때 쓰는 단위. 미국에서 1펙은 약 8.81리터이다.

리가 도토리를 쪼고 있거나 한 무리가 참나무 우듬지 위에 한꺼번에 몰려 도토리늘을 끊어내고 있는 모습을 보게 될 것이다. 그러고 나면 녀석들은 적당한 나뭇가지 위로 날아가 한 발로 도토리를 잡고 적이 오는지 보려고 자주 주변을 살피면서 부지런히 탕탕 쳐서 껍질을 제거하는데, 벌목꾼이 나무를 치는 소리와 비슷한 소리를 낸다. 이내 과육이 나타나면 삼키기 위해 머리를 쳐들고 조금씩 갉아대는데 그러는 동안 발톱으로 남은 부분을 꼭 붙든다. 그러나 그 새가 다 먹기 전에 도토리가 자주 땅에 떨어지기도 한다. 나는 윌리엄 바트럼이 조류학자인 윌슨[8]에게 한 다음 말을 승인할 수 있다. "어치는 숲의 나무와 그들이 먹고 사는 견과가 열리는 나무와 단단한 씨를 맺는 야채의 씨를 퍼뜨리기 때문에 자연의 경제에서 가장 유용한 일꾼이라 할 수 있다. 가을철에 어치들의 주된 일은 겨울을 대비해 비축할 식량을 구하는 것이다. 이렇게 반드시 필요한 의무를 수행하면서 어치는 들판과 생울타리, 담장 옆을 날아가면서 아주 많은 씨앗들을 떨어뜨리는데, 그 녀석들은 담장에 내려앉아 울타리 말뚝을 세우는 구멍 등에 씨앗을 내려놓는다. 비와 눈이 많이 온 겨울이나 봄이 지난 후에 들판과 초장에 얼마나 많은 어린 나무들이 솟아나는지 참 경이롭다. 몇 년이 지나고 나면 이 새들 혼자서도 개간지를 다 식재할 수 있다."

다람쥐들이 또한 자주 널따란 땅에 열매를 떨어뜨리는 것을 보았는데, 새로운 나무는 항상 모두 씨에서 비롯하기 때문에, 이런 사실이 참나무와 호두나무가 왜 들판에서 싹이 나는지를 설명한다. 그런 장소에 있

---

8 알렉산더 윌슨(Alexander Wilson, 1766~1813): 스코틀랜드계 미국 시인이며 조류학자, 박물학자, 삽화가. 미국 조류학의 아버지로 간주되며 『미국 조류학(*American Ornithology*)』(전 9권, 1808~1814)의 저자이다.

는 1~2년 된 작은 참나무들을 살피면 그 나무가 자라난 빈 도토리를 반드시 찾게 된다.

많은 사람들이 믿는 것처럼 참나무가 이전에 거기에서 자랐기 때문에 씨앗이 그 땅에 잠자고 있던 것이 전혀 아니며, 유럽으로 옮기기에 충분할 정도로 오랫동안 도토리의 생명력을 보존하기가 어렵다는 점도 잘 알려져 있다. 그래서 라우든은 『수목원』[9]에서 항해 시에는 화분에 싹을 틔우는 것을 가장 안전한 방법으로 추천한다. 그 권위 있는 책은 "어떤 종의 도토리도 1년 동안 보관된 후에 싹이 나는 경우는 거의 없고," 너도밤나무 열매는 "그 생명력을 단지 1년 동안 유지하고" 흑호도나무는 "열매가 익은 후에 6개월 이상 생명력을 유지하는 경우가 거의 없다"라고 말한다. 11월에는 땅 위에 있는 거의 모든 도토리들은 싹이 났거나 썩어버린 것을 자주 보게 된다. 서리, 가뭄, 습기, 그리고 벌레의 유무와 상관없이 대부분은 이내 죽고 만다. 그러나 한 식물저술가는 "수 세기 동안 잠자고 있던 도토리가 쟁기질로 밖에 나오자 이내 생장(生長)하기 시작했다"라고 기술하고 있다.

조지 B. 에머슨[10] 씨는 매사추세츠 주의 관목과 나무에 관한 유용한 보고서에서 소나무에 관해 이렇게 말한다. "씨앗의 생명력이 지닌 끈질김은 괄목할 만하다. 씨앗들은 땅속의 선선함과 땅 위 숲의 짙은 그늘의 보호를 받아 몇 년이나 변하지 않고 있을 수 있다. 그러나 숲이 제거되어 태양의 온기가 들어오면 씨앗들은 즉시 생장한다." 그러나 에머슨 씨가 자

---

9 라우든이 1838년 출간한 『영국의 수목원과 총림(叢林, *Arboretum et Fruticetum Britannicum*)』을 가리킨다.
10 조지 배럴 에머슨(George Barrell Emerson, 1797~1881): 미국의 교육자이며 여성 교육의 선구자.

신의 언급이 어떤 관찰에 근거하는지를 말하지 않은 터라 그 진실성을 의심하지 않을 수 없다. 게다가 종묘상들의 경험을 들으면 그 말이 더 의심스러워진다.

고대 이집트인과 함께 묻힌 씨앗에서 자라난 밀과 1,600년 혹은 1,700년 전에 죽었다고 추정되는 한 영국인의 위에서 나온 씨에서 자라난 월귤나무에 관한 이야기는 그 증거가 결정적이지 않기 때문에 일반적으로 받아들여지지 않는다.

카펜터 박사[11]를 포함한 몇몇 과학자들은 그 씨가 거기에 아주 오랫동안 놓여 있었다는 것을 증명하기 위해 메인 주 내륙 40마일에서 파낸 모래에서 마리티마 자두가 싹을 틔웠다는 주장을 내놓았고, 몇몇은 해안이 거기까지 쑥 들어갔었다고 추론했다. 그러나 이런 주장을 하려면 우선 마리티마 자두가 해변에서만 자란다는 점을 증명해야 한다. 해안에서 그 절반 정도 떨어져 있는[12] 이곳에도 그 나무들이 그리 드물지 않다. 그리고 나는 우리들이 있는 곳보다 몇 마일 북쪽, 내륙 25마일에 이 나무들이 울창하게 자라는 구역을 알고 있는데 거기에서 생산되는 과일이 매년 시장으로 나간다. 얼마나 더 깊은 내륙에서 그 나무들이 자라는지 나는 알지 못한다. 찰스 T. 잭슨 박사[13]는 메인 주 100마일 이상 내륙에서 "마리티마 자두(아마 같은 종류인 것 같은데)"를 발견했다고 말한다.

---

11 윌리엄 벤저민 카펜터(William Benjamin Carpenter, 1813~1885): 영국의 의사, 무척추동물학자, 생리학자. 『식물생리학과 식물분류학(Vegetable Physiology and Systematic Botany)』(1860)의 저자이다.
12 앞에 해안에서 40마일 떨어진 곳의 절반 정도이니 약 20마일(32킬로미터)쯤 떨어져 있다는 말이다.
13 찰스 토머스 잭슨(Charles Thomas Jackson, 1805~1880): 미국의 의사이자 과학자. 의학과 화학, 광물학과 지질학에 열성적이었다.

한층 더 악명 높은 이런 실례들에 대한 유사한 반박이 기록에 남아 있기도 한다.

그러나 나는 어떤 씨들은, 특히 작은 씨앗들은 우호적인 환경에서는 몇 세기 동안도 그들의 생명력을 간직할 수 있다는 사실을 받아들일 준비가 되어 있다. 이 도시에 있는 올드 헌트 하우스라 불리는 집의 굴뚝에는 1703년이라는 날짜가 적혀 있는데 집은 1859년 봄에 철거되었다. 이 건물은 매사추세츠 주 초대 주지사인 존 윈스럽 소유의 땅 위에 있었고 그 집의 일부분은 확실히 위의 연대보다 훨씬 더 오래된 것으로서 윈스럽 가문에 속했다. 여러 해 동안 나는 식물을 찾으려고 이 근처를 샅샅이 뒤졌고, 그래서 거기 식물들을 잘 알고 있다고 생각한다. 이따금씩 땅속 아주 깊은 곳에서 발굴되어 오랫동안 멸종되었던 식물이 다시 번식된다고 하는 씨앗들에 관해 생각하다가 지난가을 아주 오랫동안 빛이 차단된 이 집의 지하창고에서 어떤 새로운 혹은 희귀한 식물의 싹이 났을지도 모르겠다는 생각이 들었다. 9월 22일에 그곳을 조사하여 다른 무성한 잡초들 사이에서 내가 이전에 찾아내지 못했던 쐐기풀 한 종류(*Urtica urens*, 작은 쐐기풀), 자생적으로 자라는 것을 보지 못한 시라, 딱 한 곳에서 본 적이 있는 유라시아 아로마 떡갈나무(*Chenopodium Botrys*), 이 주위에서는 아주 드문 까마중(*Solanum nigrum*), 미국담배(common tobacco)를 발견했는데, 담배는 지난 세기에는 이곳에서 자주 재배되긴 했지만 최근 50년간 이 도시에서는 존재하지 않는다고 알려졌으며, 이 일이 있기 몇 달 전까지는 나조차도 시의 북쪽에 사는 어떤 사람이 본인이 쓰려고 몇 그루를 재배하고 있다는 말을 들어보지 못했었다. 이 식물들 중 몇몇 혹은 전부가 그 집 아래 혹은 주변에 오래 묻혀 있던 씨앗에서 싹이 났다는 것과 담배가 이전에 여기에서 재배되었다는 추가적 증거라고 확신한다. 그러나 그 지하창고가 올해에

메워졌으니 담배를 포함한 네 가지 식물이 이제 그 지역에서 다시 멸종한 셈이다.

동물이 나무의 씨 대부분을 먹어치우고 그래서 적어도 그 씨가 나무가 되는 것을 효과적으로 방해한다는 걸 내가 보여주었지만, 그러나 이 모든 경우에도 이미 얘기한 대로 소비자가 동시에 분배자이며 식재자가 될 수밖에 없는 것이고, 이것이 소비자가 자연에 납부하는 세금이다. 생각하건대 돼지가 코로 땅을 파서 도토리를 찾으면서 도토리를 심는다고 말한 사람은 다름 아닌 린네이다.

아무 씨도 없었던 곳에서 어떤 식물의 싹이 날 것이라고는 믿지 않지만 나는 씨앗에 대해 아주 큰 믿음이 있다―나에게는 씨앗의 근원도 마찬가지로 신비롭다. 여러분이 저기 어떤 씨앗을 가지고 있다는 것을 내게 확신시키면 나는 기적을 기대할 준비가 되어 있다. 나는 심지어 천년왕국이 가까웠고, 특허국이나 정부가 이런 것들의 씨앗을 나누어주고 사람들은 그 씨앗을 심기 시작하는 정의의 통치가 시작하려 한다는 것도 믿을 것이다.

1857년 봄 특허국이 *Poitrine jaune grosse*(노랑호박)이라는 이름표가 붙은 씨 여섯 개를 보내와 심었다. 두 개가 싹이 나서 하나는 123.5파운드 나가는 호박을 맺었고 다른 싹에는 호박이 네 개 열렸는데 모두 합치니 186.25파운드가 되었다. 내 정원 한 구석에 310파운드나 되는 큰 노랑호박들이 있다는 걸 누가 믿으려 했겠는가? 이런 씨들이 내가 굴로 보낸 흰족제비들과 그 굴을 파헤친 테리어 개 한 쌍을 잡기 위해 사용한 미끼였다. 신비스러운 호미질과 거름을 조금 준 것이 내가 사용한 깜짝 변화 주문의 전부였는데, 말처럼 효력이 있어 존재하지도 않았고 존재한다고 알려지지도 않은 곳에서 큰 노랑호박을 310파운드나 가져다주었다. 이 부적 같은 신비한 힘은 아마 처음에 미국에서 비롯했을 터인데 그 힘이 줄어

들지 않은 채로 미국으로 되돌아왔다. 내 큰 호박은 그해 가을 품평회에서 상을 받았는데, 내가 이해하는 바로는 호박을 산 상인은 그 씨를 하나에 10센트씩 받고 팔 요량이었다. (그 가격이면 싸지 않습니까?) 그러나 내게는 같은 품종 사냥개들이 더 있다. 내가 먼 도시로 보낸 한 사냥개는 그 본능에 충실하여 녀석의 조상들이 여기 그리고 프랑스에서 그렇게 한 것처럼 어떤 사냥개도 이전에 찾지 못한 곳에서 큰 노랑호박을 찾아 가리켜주었다.

내가 가진 다른 씨앗들은 내 정원의 그 구석에서 다른 것들을 찾아낼 테고, 같은 방식으로, 여러분들이 원하는 거의 모든 과일을 오랫동안 매년 찾아내 마침내는 그 작물들이 정원 전체를 채우고도 남을 것이다. 여러분들은 요즘에 미국의 여흥에 모자를 집어던지며 환호하는 것 이상 할 일이 거의 없다. 나에게는 끝없이 물질을 다른 물질로 바꿀 수 있는 연금술사가 있고 그래서 내 정원의 그 구역은 끝없는 보물 상자이다. 여러분이 여기에서 금을 캐지는 못하지만, 금조차도 대변밖에 못하는 정말 소중한 것을 캘 수 있다. 그리고 그것에는 어떤 블리츠 씨[14]도 없다. 그러나 농부의 아들들은 마술사가 모두 속임수라고 말해도 그의 목에서 리본을 꺼내는 것을 보려고 몇 시간이고 말똥말똥 쳐다볼 것이다. 분명히 인간은 빛보다 어둠을 사랑하나 보다.

---

14 블리츠(Signor Blitz, 본명은 Antonio van Zandit, 1810~1877): 유명한 영국계 미국 마술가, 복화술가, 요술가.

5

산책

나는 자연을 위해, 절대적인 자유와 야성을 위해 한마디 하고자 하는데 이는 예의 바르기만 한 문화나 자유와는 대조되는 것으로서, 인간을 사회의 구성원이라기보다는 자연의 거주자 혹은 구성원이요 일부로 간주하는 것이다. 문명의 옹호자들은 충분히 많기 때문에 나는 극단적인 주장을 펼치려고 하는데, 그 때문에 아주 강한 진술이 될지도 모르겠다. 문명은 목사, 학교 위원회, 그리고 여러분들 각자가 알아서 할 일이다.

내 인생의 여로에서 걷기 즉 산책의 기술을 이해하는 이를 한둘밖에 만나지 못했다—그들은 말하자면 빈둥거리는(*sauntering*) 데에 탁월한 재능이 있는 사람들인데 이 말은 멋지게도 "중세에 전국을 돌아다니며 성지로(*à la Sainte Terre*) 순례를 간다는 핑계로 사람들에게 구걸을 했던 한가한 사람들"을 뜻하는 말에서 파생되었는데, 아이들은 그들을 보면 "저기 성지 사람(*Sainte-Terrer*)이 간다", 즉 빈둥거리는 사람, 성지 순례자가 있다고 외쳤다. 산책을 하며 성지에 가는 척하지만 결코 가지 않는 사람은 실제로 게으름뱅이와 방랑자에 지나지 않고, 정말로 가는 사람이 내가 얘기하는 진정한 의미의 빈둥거리는 사람이다. 그러나 어떤 사람들은 그 말이 땅이나 집이 없다는 뜻의 *sans terre*에서 비롯했다고도 하는데 그렇다면 그 말은 진정한 의미에서 특정한 집은 없지만 어느 곳에서나 한결같이 집처럼 편안하다는 뜻일 것이다. 이것이 성공적인 빈둥거림의 비밀이기 때문이다. 집 안에 줄곧 가만히 앉아 있는 사람이 모든 사람들 중에서 가장 위대한 방랑자일 수도 있다. 그러나 진정한 의미에서 빈둥거리는 사람은 굽이쳐 흐르면서도 바다에 이르는 가장 빠른 길을 시종일관 모색하는 강물과 마찬가지로 부랑자가 아니다. 그러나 나는 전자를 더 선호하는데 전자가 어원으로서도 가장 그럴싸하다. 모든 산책은 우리 안에 있는 어떤 은자(隱者) 피에르[1]가 나아가 이교도의 손에서 성지(聖地)를 재정복하라고 설파하는 일종의 십자군 원정이기 때문이다.

사실 우리는 소심한 원정대원들이며, 요즈음에는 인내가 필요하며 결코 끝날 것 같지 않은 일은 해보려 들지 않는 걷는 사람에 불과하다. 우리의 탐험은 저녁이면 우리가 출발한 익숙한 벽난로 곁으로 되돌아오는 여행일 따름이다. 그 산책의 절반은 온 길을 되돌아가는 것이다. 아주 짧은 산책이라도 불멸의 모험심에 사로잡혀 어쩌면 돌아오지 못할 수도 있다는 마음으로 출발해야 한다―황폐한 왕국에 방부 처리된 우리의 심장을 유물로 보낼 준비를 갖추고서 말이다.[2] 부모와 형제자매, 부인과 아이 그리고 친구들을 떠나[3] 다시는 그들을 보지 못할 준비가 되어 있고, 빚을 갚고 유언장을 작성했으며, 모든 일을 정리해서 자유인이 되었다면 비로소 당신은

---

1 은자 피에르(Peter the Hermit, 1050?~1115): 프랑스의 금욕주의자. 수도원 설립자. 아미엥의 사제로서 제1차 십자군원정의 주요 인물이었다.
2 중세에 충성스러운 병사가 외국에서 죽으면 그의 심장을 꺼내 방부 처리한 뒤, 장례를 치르도록 고향으로 보내는 풍습이 있었다.

산책을 할 준비가 된 것이다.

내 자신의 경험을 얘기하자면, 나에게 때때로 동료가 있었기에 나와 그 동료는 우리를 새로운, 아니 오히려 오래된 기사단의 기사로, 고대 로마의 기병부대나 프랑스의 기사단, 독일의 리터단[4]이나 기병대가 아니라 내 생각에는 훨씬 더 오래되고 영예로운 계급인 산책자단(散策者團)의 기사로 상상하기를 즐겼다. 한때 기병대에 속했던 기사도적이며 영웅적인 기상은 이제 산책자 속에 들어 있거나 스며든 것 같다—기사가 아니라 산책자와 떠돌아다니는 사람에게로 말이다. 산책자는 교회와 국가 그리고 국민 이외의 제4계급인 셈이다.

주변에서 거의 우리만 이 고상한 기술을 실행하고 있다는 느낌이 들었다. 마을 사람들의 주장을 그대로 받아들이면 그들 대부분은 내가 하는 것처럼 가끔씩 산책을 하려고 하지만, 사실대로 말하면 그렇게 하지 못한다. 어떤 재화로도 이 일에 필요한 여가와 자유, 자립심을 살 수 없는데, 이런 것들이 이 일의 자본이다. 그 자본은 신의 은총에 의해서만 주어진다. 산책자가 되려면 하늘로부터 직접적인 섭리가 있어야만 한다. "산책자는 타고나는 것이지 만들어지지 않는다(*Ambulator nascitur, non fit*)"라는 말처럼 산책자 가문에 태어나야 할 것이다. 마을 사람들 몇몇이 10년 전에 행한 산책을 기억해내서 내게 얘기해주기도 했는데 그들은 너무 좋아서 숲 속에서 30분 동안 넋을 잃고 있었다고 했다. 그러나 그들이 이 선택받은 계층에 속하려고 어떤 허세를 부리든 나는 그들이 그 후 줄곧 큰길에만 갇

---

3 "또 내 이름을 위하여 집이나 형제나 자매나 부모나 자식이나 전토를 버린 자마다 여러 배를 받고 또 영생을 상속하리라"(마 19: 29)와 비교해보라.
4 리터단(Ritters): 리터(Ritter)는 독일어로 기사(knight)라는 뜻으로 독일어를 쓰는 나라에서 두 번째로 낮은 작위이다.

혀 있었다는 것을 아주 잘 알고 있다. 그들 또한 숲의 거주자이고 무법자이기도 했던 어떤 전생의 기억에 의해 일시적으로 고양되었음은 의심의 여지가 없다.

즐거운 아침에
푸른 숲에 이르렀을 때에
그는 즐겁게 노래하는 새들의
작은 노랫소리를 들었다.

로빈이 말했다. 내가 마지막으로
여기에 있었던 것은 오래전이었지.
나는 한동안 암갈색 사슴을
쏘고 싶었지.[5]

나는 적어도 하루에 네 시간을 —보통은 그 이상인데— 모든 세상일에서 완전히 벗어나 숲과 언덕, 들판 위를 거닐지 않으면 건강과 원기를 보존할 수 없다고 생각한다. 도대체 무슨 한 푼 가치도 없는 생각, 혹은 천금의 값어치가 나가는 생각이냐고 말해도 상관없다. 기술자들과 가게주인들, 그들 중 대다수가 —마치 다리가 서거나 걷기 위해서가 아니라 앉기 위해서 만들어지기라도 한 것처럼— 가게에서 오전뿐만 아니라 오후에도 내내 다리를 꼬고 앉아 있는 것을 보면 나는 때로 그들이 오래전에 모두 자살하지 않은 데 대해 어느 정도 칭찬을 들을 자격이 있다는 생각이 든다.

---

5 1550년경에 출간된 『로빈 후드의 무훈담(*Gest of Robyn Hode*)』이라는 발라드에 나오는 구절.

나는 얼마간 녹이 슬지 않고서는 단 하루도 방 안에 머무를 수 없는 사람이고, 그래서 저녁의 그림자가 햇빛과 이미 섞이기 시작해 하루를 벌충하기에는 너무 늦은 오후 네 시, 그 막바지 시간에도 산책을 하러 살며시 집을 빠져나오는 데 속죄해야 할 어떤 죄라도 저지르는 듯한 느낌이 들었다. 몇 주 혹은 몇 달, 나아가, 합하면 대략 몇 년 동안이나 자기들 스스로를 하루 종일 가게나 사무실에 가둘 수 있는 내 이웃들의 도덕적 무감각은 말할 것도 없고, 그 인내력이 나를 놀라게 한다는 것을 고백한다. 지금 오후 세 시에도 마치 새벽 세 시인 양 앉아 있는 것을 보면 그들은 도대체 어떤 물질로 만들어진 건지 모르겠다. 보나파르트[6]가 새벽 세 시의 용기[7]를 말할지 모르지만, 그것은 당신네들이 아침 내내 본 것처럼 스스로의 본성에 반하여 오후 이 시간에도 명랑하게 앉아 있어서, 공감이라는 강력한 유대감으로 결속되어 있는 한 주둔군을 굶겨서 기어코 밖으로 나오게 하는 사람들의 용기에 비하면 아무것도 아니다. 이때쯤, 말하자면 조간신문이 오기에는 너무 늦고 석간신문이 오기에는 너무 이른 오후 네다섯 시 사이

---

6 보나파르트: 나폴레옹 보나파르트(Napoléon Bonaparte, 1769~1821), 즉 나폴레옹 1세 황제를 지칭.

7 새벽 세 시의 용기(three-o'clock in the morning courage): 나폴레옹이 얘기했다는 '새벽 세 시의 용기'는 랠프 왈도 에머슨이 1838년 저널에 쓴 말인데, 세인트헬레나 섬에서 나폴레옹의 마지막 대화를 기록한 사람으로 유명한 프랑스의 역사가 에마뉘엘 드 라스 카스(Emmanuel de Las Cases) 백작의 『세인트 헬레나의 회상(Mémorial de Saint-Hélène)』에서 따온 것이다. "도덕적 용기에 관해 말하면 나는 새벽 두 시의 용기 같은 것을 거의 만나보지 못했다. 예기치 않은 경우에 필요한 혹은 가장 예상치 못했던 경우에도 판단하고 결정하는 데 완전한 자유를 누릴 수 있는 즉석 용기 말이다." 소로는 이 말을 여러 번 자신의 작품에서 언급했는데 시간을 잘못 기억해 『월든』에서도 "보나파르트는 새벽 세 시의 용기는 아주 드물다고 말했지만, 나는 그의 말에 동의할 수 없다. 두려움은 그렇게 일찍 깨지 않는 법이다. 하루를 잘 시작하지 않음으로써 본성을 저버릴 정도로 타락한 사람은 많지 않다"라고 쓰고 있다. 여하튼 '새벽 세 시의 용기'라는 말은 즉각적인 용기를 가리킨다.

에 대로를 가로질러 큰 폭발이 일어나서 낡고 촌스러운 개념과 변덕을 사방으로 날려 거풍시키지 않는지—그리하여 악이 스스로를 정화하지는 않는지 궁금하다.

남자들보다 집에 더 갇혀 있는 여자들이 어떻게 그것을 견뎌내는지 나는 알지 못한다. 그러나 나는 그들 대부분이 전혀 그것에 **맞서고 있지 않다**[8]고 생각할 만한 근거를 갖고 있다. 여름날 이른 오후에 정면이 온전히 도리아 혹은 고딕 양식 집들 주위에 아주 평온한 기운이 감돌았고 우리는 그 집들을 서둘러 지나가며 긴 옷자락으로 마을에 먼지를 일으키고 있었는데, 내 동료가 이 시간에는 거주자들이 모두 잠들었는지도 모르겠다고 속삭였다. 바로 그런 때에 나는 건축물의 아름다움과 위대함을 제대로 감상하게 되는데, 이 건물들은 결코 잠자리에 들지 않고 항상 꼿꼿하게 우뚝 서서 잠자는 사람들을 지켜보고 있다.

의심할 바 없이 기질이 그리고 다른 무엇보다도 나이가 그것과 깊은 연관이 있다. 사람은 늙어갈수록 가만히 앉아 실내에서 하는 일을 수행하는 능력이 커진다. 인생의 저녁이 다가올수록 저녁에 일하는 습관이 들어, 급기야는 해지기 직전에야 밖으로 나와 30분 만에 필요한 산책을 모두 해치운다.

그러나 내가 말하는 산책은 아픈 사람이 정해진 시간에 약을 복용하거나 혹은 아령이나 의자를 들어 올리는 것 같은, 소위 사람들이 말하는 운동을 하는 것과는 전혀 다르다. 그것은 그 자체로서 하루의 일과이자 모험이다. 운동을 하려거든 생명의 샘을 찾아가라. 그런 샘이 사람이 찾지

---

8 여기서 소로는 stand라는 말을 중의적으로 사용하고 있는데 앞 문장의 stand가 '견디다, 참다'라는 뜻이라면 여기서의 stand는 '맞서다, 버티다, 저항하다'라는 뜻에 더 가깝다.

않는 멀리 떨어진 초원에서 보글보글 솟고 있는데, 건강을 위해 아령을 들어 올리고 있는 사람을 생각해보라!

　나아가 당신은 낙타처럼 걸어야 하는데, 낙타는 걸어가면서 반추(反芻)하는 유일한 동물이라고 한다. 어떤 여행자가 워즈워스의 하녀에게 주인의 서재가 어디에 있느냐고 묻자 그녀는 "여기가 주인님의 서고입니다. 그러나 서재는 야외에 있습니다"라고 대답했다.

　해와 바람을 맞으며 야외에서 많이 지내면 분명 성격이 얼마간 거칠어질 것이다. 얼굴이나 손에 두꺼운 피부가 자라고, 마치 심한 육체노동이 손에서 섬세한 감각을 앗아가버리는 것처럼 두꺼운 표피가 우리 본성의 섬약(纖弱)한 형질 위에 자라날 것이다. 반대로 집 안에 머무르면 피부는 얇아지는 것은 말할 것도 없고 부드럽고 매끈해져서 어떤 자극들에는 더 예민해질 것이다. 태양이 조금 덜 비치고 바람이 조금 덜 불었더라면 아마 우리의 지적, 도덕적 성장에 미치는 중요한 영향들에 대해 더 민감하게 반응했을 것이고, 두꺼운 피부와 얇은 피부를 적절하게 조화시키는 일이 분명히 어려웠을 것이다. 그러나 그것은 이내 떨어져나가 버릴 비듬 같은 것인데, 밤과 낮, 겨울과 여름, 그리고 생각과 경험의 상호 비율 속에서 자연적인 치유 방법을 찾을 수 있으리라고 나는 생각한다. 우리의 생각 속에는 훨씬 더 많은 공기와 햇살이 있을 것이다. 굳은살 박인 노동자의 손바닥은 자존심과 영웅적 자질이라는 보다 섬세한 세포조직과 연관이 있어서 만지면 나태의 무기력한 손가락보다 가슴을 더 전율하게 한다. 경험의 굳은살이나 그을림 없이 대낮에 침대에 누워서 낮이 환하다고 생각하는 것은 한낱 감상에 불과하다.

　산책을 할 때 우리는 자연히 들과 숲으로 간다. 우리가 정원이나 나무 그늘이 진 산책길만 걷는다면 어떻게 될까? 심지어 몇몇 철학 유파들은[9] 자신들이 숲으로 가지 않기 때문에 숲을 자신들에게로 들여올 필요성이 있다고 생각했다. "그들은 작은 숲을 조성하고 플라타너스 산책로를 만들어"[10] 탁 트인 주랑(柱廊)현관에서 야외 산책을 했다. 물론 발걸음이 우리를 그리로 데려가지 않는다면 우리가 발걸음을 숲으로 옮겨도 아무 소용이 없다. 몸으로는 숲으로 1마일이나 들어갔지만 정신으로는 거기에 이르지 못한 경우에 나는 깜짝 놀란다. 오후 산책에서는 내가 아침에 하던 모든 일과 사회에 대한 의무를 기꺼이 잊어버리고 싶다. 그러나 때때로 마을 일을 떨쳐버리기가 힘든 경우도 있다. 어떤 일에 관한 생각이 머릿속을 계속 떠다니면 내가 내 몸이 있는 곳에 있지 않은 셈이니, 제정신이 아닌 것이다. 산책을 할 때면 제정신을 차리려고 애를 쓴다. 숲 속에서 숲 바깥의 어떤 것을 생각하고 있다면 숲에서 무슨 할 일이 있겠는가? 소위 좋은 일이라는 것에도 내가 복잡하게 얽혀 있음을 깨닫게 되면 ―이런 일이 가끔씩 일어나는데― 내 스스로를 의심쩍어 하고 진저리를 금할 수 없다.

  인근에는 좋은 산책로가 많다. 그래서 나는 몇 년 동안 거의 매일 그리고 때로는 합쳐서 여러 날 산책을 했지만, 아직도 다 가보지 못했다. 완전히 새로운 전망을 보는 것은 큰 행복인데 어느 오후라도 나는 아직 이런 전망을 누릴 수 있다. 두세 시간 산책을 하면 내가 볼 수 있으리라 기대한 가장 낯선 지역에도 이를 수 있을 것이다. 때로는 이전에는 보지 못했던

---

9 소로는, 플라톤이 제자들과 함께 소요하며 철학을 논했던 아카데미아를 염두에 두고 있는 듯하다.

10 그들은 작은 숲을 조성하고 플라타너스 산책로를 만들어(They planted groves and walks of Platanes): 잉글랜드 문인 존 이블린(John Evelyn, 1620~1706)이 쓴 『식물지 혹은 삼림수와 목재의 증식에 관한 논문(*Sylva: Or a Discourse of Forest-Trees and the Preparation of Timber*)』(1664)에서 따온 구절. 이 책은 1786년 증보 인쇄되어 나왔는데 소로가 이 증보판을 소장하고 있었던 것으로 추정된다.

농가 한 채가 다호메이[11] 왕의 영토만큼이나 훌륭하다. 10마일 반경 혹은 오후에 산책할 수 있는 한계 내에 있는 풍경이 지닌 가능성과 70년의 인간 수명 사이에는 사실 인지할 수 있는 모종의 유사점이 있다. 결코 우리가 그것들을 아주 잘 알게 되지는 못하리라는 점이다.

요즈음 소위 집을 짓고 숲과 큰 나무들을 다 잘라내는 것 같은, 거의 모든 인간의 진보는 풍경을 훼손하여 갈수록 단조롭고 하찮은 것으로 만들고 만다. 울타리를 태우는 것으로 일을 시작하고서도 숲을 보존하려 드는 사람이 있다니! 나는 반쯤 타버려 그 끝이 평원 한가운데서 사라져버린 울타리와, 어떤 구두쇠가 자신의 땅 경계를 살피는 측량기사와 함께 서 있는 것을 보았는데, 그는 주위에 천국이 임해서 천사들이 왔다 갔다 해도 그 천사들을 보지 못하고 천국 한가운데에서 옛 말뚝 구멍을 찾고 있었다. 다시 보니 구두쇠는 수렁 같은 스틱스 늪 한가운데서 마귀들에 둘러싸여 서 있었다. 물론 그가 땅의 경계와 말뚝을 박았던 자리에서 작은 돌 세 개를 찾아내긴 했으나, 더 가까이서 보니 어둠의 왕[12]이 바로 그의 측량기사였다.

우리 집 문에서 출발하여 어떤 집도 지나가지 않고 여우나 밍크가 길을 건너는 곳을 제외하고는 길도 건너지 않고 10마일, 15마일, 20마일, 그리고 그 이상이라도 쉽게 걸을 수 있다. 처음에는 강을 따라, 그리고 나면 개천을 따라, 그 후에는 초원과 숲가를 따라 걷는다. 인근에는 거주자가 없는 지역이 몇 제곱마일[13]에 이른다. 언덕들 위에서는 저 멀리 문명과 사람

---

11 다호메이(Dahomey): 아프리카 베냉(Benin) 공화국의 옛 이름. 다호메이 왕국은 17세기부터 18세기 중엽까지 서아프리카에서 크게 번성했다.
12 어둠의 왕(Prince of Darkness): 마왕인 사탄을 가리킴.
13 1제곱마일은 약 2.6제곱킬로미터이다.

들의 거처가 보인다. 농부들과 그들이 행한 일이 마멋과 그의 은신처보다 딱히 더 두드러지지 않는다. 인간과 그들의 일, 교회와 국가와 학교, 교역과 상업, 제조업과 농업, 그 모든 것들 중에서도 가장 염려스러운 정치, 이 모든 것들이 풍경 속에서 얼마나 작은 공간을 차지하고 있는지를 보니 기분이 좋아진다. 정치학은 좁은 분야인데 저기 더 좁은 도로가 거기로 이끈다. 나는 때로 여행자를 그리로 인도한다. 정치판에 들어가려거든 큰길을 좇아가라, ─ 저 시장 사람을 따라가고, 그에게 속아주어라, 그러면 곧장 그곳으로 너를 인도해줄 것이다. 정치 또한 자신만의 장소가 있기 때문에 모든 공간을 다 차지하지는 않는다고 말한다. 나는 콩밭을 지나가듯 거기를 지나 숲으로 들어가는데 그러면 정치는 잊게 된다. 30분만 걸어 들어가면 사람이 한 해 한 해를 힘들게 견디지 않아도 될 지표면 어딘가가 나오는데, 그곳은 인간이 내뿜는 담배연기에 불과한 정치라는 것이 없는 곳이다.

   마을은 길들이 향하는 장소, 마치 강의 호수처럼 일종의 길이 확장된 곳이다. 마을은 몸통이고 길은 그 팔과 다리이다. 세 갈래 혹은 네 갈래 길이 있는 곳,[14] 여행자들이 지나가는 곳 혹은 묵고 가는 곳이다. 그 말은 라틴어 *villa*에서 나왔는데 길을 말하는 *via*, 그리고 더 거슬러 올라가면 *ved*와 *vella*에서 유래한 것이다. 바로[15]는 이 말들이 '운반하다'라는 뜻의 *vebo*에서 비롯했다고 하는데, 이는 마을이 물건이 들어오고 나가는 장소이기 때문이다. 한 무리의 동물을 부려서 물건을 운반해 먹고사는 사람

---

14 세 갈래 혹은 네 갈래 길이 있는 곳(a trivial or quadrivial place): 여기서 trivial은 사소하다는 뜻이 아니라 이어 나오는 quadrivial을 보건대 세 갈래 길(tri+rivial) 을 의미한다.
15 마르쿠스 T. 바로(Marcus T. Varro, BC 116~BC 27): 로마 학자, 작가. 로마 최초의 공공도서관장이었으며, 역사, 지리, 법학, 문학, 의학, 건축 등의 다방면에 걸쳐 연구하였다. 『농업론(*De e Rustica*)』 등을 썼다.

들은 *vellaturam facere*라고 불렸다. 또한 여기에서 라틴어 *vilis*와 영어의 vile(나쁜, 값싼), 그리고 villain(악당)이란 말이 나온다. 이 말은 마을 사람들이 어떤 종류의 타락에 쉽게 빠져들 수 있는지를 암시한다. 그들 스스로 여행을 하지 않고서도 그들 옆을 지나가거나 그들 위로 지나쳐가는 여행에 지쳐버리는 것이다.

어떤 사람들은 전혀 산책을 하지 않고, 어떤 사람들은 대로를 산책하고, 몇몇은 부지(敷地)를 가로질러 가기도 한다. 길은 말과 장사하는 사람들을 위해 만들어졌다. 나는 길을 따라서는 상대적으로 여행을 많이 하지 않는데 길들이 이끄는 주점이나 식료잡화점, 혹은 말을 세놓는 집이나 철도역에 서둘러 갈 필요가 없기 때문이다. 나는 여행하기에 좋은 말이지 스스로 좋아서 마차를 끄는 말은 아니다. 풍경화가는 길을 표시하기 위해 사람의 형상을 사용한다. 그러나 그는 내 모습을 그런 용도로 쓰지는 않을 것이다. 나는 메뉴,[16] 모세, 호메로스, 초서 등과 같은 옛 선지자나 시인들처럼 자연 속으로 걸어 들어간다. 당신들이 그곳을 아메리카라고 부를지 모르지만 그것은 아메리카가 아니다. 아메리쿠스 베스푸시우스[17]도 콜럼버스도 그 외의 다른 사람들도 아메리카 대륙의 발견자가 아니다. 내가 본 소위 아메리카의 어떤 역사보다도 신화 속에 그 땅에 대한 제대로 된 설명이 들어 있다.

---

16 메뉴(Menu): 인도 신화에 나오는 인류의 조상. 마누(Manu)로 더 널리 알려졌는데, 힌두교 전통에 의하면 인류의 시조이자 이 땅을 처음 다스린 왕으로 인류를 대홍수에서 구했다. 마누 법전의 전설적 저자이다.

17 아메리쿠스 베스푸시우스(Americus Vespucius, 1454~1512): 신대륙을 발견한 이탈리아의 탐험가 아메리고 베스푸치(Americo Vespucci)의 라틴어 이름. 아메리카라는 이름은 그의 이름에서 빌려온 것이다.

그러나 걸으면 좋을 옛길이 몇 개 있는데, 어딘가로 이어졌던 길인 듯하나 이제는 거의 끊어져버렸다. 올드 말버러 길이 있는데, 이 길이 나를 인도하는 곳이 말버러가 아니라면 내 생각에 이 길은 이제 말버러로 가지 않는다. 여기서 내가 감히 이런 말을 하는 이유는 모든 마을에 이러한 길이 한둘은 있다고 생각하기 때문이다.

올드 말버러 길

한때 돈을 벌기 위해 파헤쳤으나
아무것도 찾지 못한 곳,
때로는 마셜 마일스가
홀로 행진하는 곳,
그리고 내가 공연히 두려워하는
일라이저 우드가 행진하는 곳,
엘리샤 두건을 제외하고서는
다른 어느 누구도 오지 않는데,
그는 자고새와 토끼처럼
야성적인 습관을 지닌 사람으로
덫을 놓는 것 말고는
어떤 것도 신경 쓰지 않았다.
계속 먹을 수 있고
삶이 가장 달콤한 곳에서도
내내 홀로 살았던
참으로 빈궁했던 사람.

봄이 여행을 하고픈 본능으로

내 피를 자극하면

나는 올드 말버러 길에서

자갈을 충분히 경험한다.

아무도 그 길을 닳게 하지 않기 때문에

아무도 그 길을 수리하지 않는다.

기독교인들의 말처럼

그 길은 생명의 길이다.

그러나 아일랜드 사람 퀸의

손님들을 제외하면

그 길로 들어오는 사람이

많지 않다.

저것은 무엇이란 말인가?

저기 있는 한 표식,

어디론가 갈 수 있다는

순수한 가능성 말고 무엇이란 말인가?

커다란 돌 이정표는 있지만

여행자는 없다.

꼭대기에 이름이 새겨져 있는

마을의 기념비들.

네가 어디에 있게 될지를

가서 보는 것도 괜찮으리.

어떤 왕이 그 같은

일을 했는지

나는 지금도 궁금하다.
어떻게 그리고 언제 세웠을까,
어떤 도시행정위원들에 의해,
구어가스 혹은 리
클라크 혹은 다비?
그것들은 영원히 뭔가가 되려는
위대한 시도들이다.
텅 빈 돌판들,
거기에서 어떤 여행자는 신음하며
한 문장 안에
알려진 모든 것을
새겨 넣었으리라,
그것을 다른 사람이
극심한 곤경 가운데 읽도록.
나는 그런 역할을 할 만한
한두 문장을 알고 있다,
대지에 두루
서 있을 만한 문학
그리하여 어떤 사람이
다음 12월까지도 기억해서
해빙 후 봄에
다시 읽을 수 있는 문학을.
당신이 상상의 날개를 펴고
집을 떠난다면

올드 말버러 길을 통해
세계를 돌아다닐 수 있으리라.

현재 이 인근에서 가장 좋은 땅은 사유지가 아니다. 그 풍경을 누군가가 소유한 것은 아니어서 산책자는 상대적인 자유를 누릴 수 있다. 그러나 그 땅이 소위 유원지로 분할되어 소수의 몇몇만이 제한적이고 배타적인 즐거움을 누리게 되는 날이 올 것이다. 그때는 담장이 늘어날 것이고 사람 잡는 덫과 다른 기계들이 고안되어 사람들을 공공도로에 묶어놓을 것이며, 신(神)의 땅 표면 위를 산책하는 일이 어떤 신사 양반의 땅을 무단 침입하는 걸로 간주될 것이다. 어떤 것을 독점적으로 즐기는 일은 그것이 주는 참 즐거움에서 종종 자기 자신을 제외시키고 만다. 그러니 그런 불행한 날이 오기 전에 기회를 선용하자.

어디로 산책할지 정하는 일이 때때로 그리 어려운 것은 무엇 때문인가? 나는 무의식적으로 따르면 우리를 바르게 인도해주는 미묘한 자력이 자연 속에 있다고 믿는다. 자연은 우리가 어느 길을 산책하느냐에 무관심하지 않다. 바른 길이 있지만 우리의 부주의와 멍청함 때문에 잘못된 길을 택하기가 아주 쉽다. 내면의 이상적 세계에서 여행하고 싶은 길을 완벽하게 상징해주는 그런 길을 가고 싶어 하지만, 이 현실 세계에서는 결코 그런 길을 선택하지 못한다. 그리고 우리 생각 속에 그런 길이 아직 분명하게 존재하지 않기 때문에 때때로 나아갈 방향을 확실히 정하기가 어렵다는 것을 깨닫게 된다.

산책을 하러 집 밖으로 나와 발길을 어디로 돌려야 할지 확신하지 못할 때 대신 결정을 내려달라고 본능에 의탁하면, 이상하고 변덕스럽게 들릴지 모르지만, 결국 어쩔 수 없이 남서쪽으로, 어떤 특정한 숲이나 초원 혹은 그 방향에 있는 인적 없는 목초지나 언덕으로 정해진다. 내 나침(羅針)은 자리를 잡는 데 느리고, 각도도 조금 편차가 있어 사실상 언제나 정남서쪽을 가리키는 것은 아니지만, 이런 편차에는 그럴 만한 이유가 충분이 있으며, 항상 서쪽과 남남서쪽 사이에서 멈춘다. 나에게 미래는 그쪽에 있고, 게다가 땅도 그쪽이 덜 고갈되고 더 비옥해 보인다. 내 산책의 경계를 나타내는 윤곽은 원이 아니라 포물선이나 비회귀 곡선이라고 생각되는 혜성들의 궤도 중 하나에 오히려 더 가까울 터인데, 이 경우 그것은 서쪽으로 열려 있으며 그 궤도에서 내 집이 태양의 위치를 차지하고 있다. 때때로 나는 결정을 내리지 못하고 15분 동안이나 빙빙 돌기만 하다가 마침내 1,000번째에 남서쪽이나 서쪽으로 가리라고 마음을 정한다. 피치 못할 사정이 아니면 동쪽으로는 가지 않고, 서쪽으로는 자유롭게 간다. 어떤 볼일도 나를 그쪽으로 데려가지 않는다. 저 동쪽 지평선 너머에서 아름다운 풍경이나 충분한 야성과 자유를 찾을 수 있을 거라는 생각은 잘 들지 않는다. 거기로 산책을 가리라 생각해도 설레지 않는다. 그러나 서쪽 지평선에서 보는 숲은 지는 해를 향해 거침없이 펼쳐져 있고 거기에는 나를 방해할 이렇다 할 마을이나 도시가 없을 것 같다. 이쪽에는 도시가 있고 저쪽에는 야생지가 있는데 원하는 곳에 살라고 하면 나는 점차 도시를 떠나 야생지로 더 깊이 들어갈 것이다. 이런 사실을 내가 이렇게 강조하는 이유는 이와 같은 어떤 것이 우리나라 사람들의 지배적인 경향이라고 믿기 때문이다. 유럽을 향해서가 아니라 오리건 주를 향해서 걸어야겠다. 그쪽으로 나라가 움직이고 있으며 인류도 동에서 서로 나아가고 있다고 말할 수 있을 것이다. 지난 몇 년 사이에 우리는 오스트레일리아의 식민이주에서 남동쪽으로의 이주 현상을 목도했다. 그러나 이 일은 우리들이 보기엔 퇴행적 움직임인 것 같고 오스트레일리아 1세대 사람들의 도덕적·신체적 특성을 고려해볼 때 아직 성공적인 실험이라고 입증되지도 않았다. 동(東)타타르인[18]들은 티베트 너머 서쪽에는 아무것도 없다고 생각했다. 그들은 "세상이 저기에서 끝나고 그 너머에는 끝없는 바다만이 있을 뿐이다"라고 말했다. 자신들이 사는 곳이 진짜 동쪽이라는 말이다.

우리는 인류의 족적을 되살피며 역사를 이해하고 예술과 문학작품을 공부하기 위해 동쪽으로 간다. 반면에 서쪽으로 가는 것은 진취적인 기상과 모험심에 사로잡혀 미래로 가는 것과 같다. 대서양은 레테[19] 강인데, 우리는 거기를 건너오며 구세계와 그 제도들을 망각해버릴 기회를 가졌다. 이번에 성공하지 못하면 인류가 스틱스 강 둑에 도착하기 전에 아마 한 번 더 기회가 있을 터인데, 그것은 바로 세 배나 넓은 태평양이라는 레테 강이다.

가장 사소한 산책을 할 때조차 개개인이 인류의 전체적인 움직임에 이렇게 동의해야 한다는 게 얼마나 중요한 것인지 혹은 어느 정도까지 특이성의 증거인지를 나는 잘 모르겠다. 그러나 조류나 네발짐승한테 있는 이주 본능과 유사한 어떤 것과 ― 다람쥐 종족에게 어떤 경우에는 영향을 미쳐서 그 녀석들을 일제히 신비롭게 움직이게 만드는데, 녀석들이 각자 자기 나뭇조각 위에 올라 쳐올린 꼬리로 돛을 삼아 넓은 강을 건너고, 좁은 개천에서는 동료의 시체로 다리를 놓는 것을 보았다고 말하는 사람들도 있다 ― 꼬리에 있는 벌레 때문에 생기며 봄에 가축에게 영향을 미치는

---

18 타타르인(Tartar): 볼가 강 중류와 그 지류인 카마 강을 따라 동으로 우랄 산맥에 이르는 지역에 사는 종족. 튀르크어를 쓰며 인구는 약 500만 명이다.
19 레테(Lethe) 강: 그리스 신화의 하데스에 흐르는 강 중의 하나. 레테는 그리스어로 '망각'이란 뜻이어서 흔히 '망각의 강'이라고 한다. 죽은 사람의 영혼은 세상에 태어나기 전에 이 강물을 마셔 전생의 기억을 잊어야 한다.

"광기," 이와 유사한 어떤 것이 매해 혹은 이따금씩 국가와 개인에게 영향을 끼친다는 것을 나는 알고 있다. 우리 마을 위로 꽥꽥대며 지나가는 모든 야생기러기 떼는 이곳의 부동산 가치를 어느 정도 불안정하게 만들기 때문에, 내가 만일 부동산업자라면 아마도 그 소란스러움을 고려해야 할 것 같다.

> 그러면 사람들은 순례를 가고 싶어 하고
> 성지 순례자들은 낯선 해안을 찾는다.[20]

일몰을 바라볼 때마다 해가 지는 곳만큼이나 멀고 아름다운 서부로 가고 싶은 욕망이 일어난다. 해는 매일 서쪽으로 이동하며 자기를 쫓아오라고 우리를 유혹한다. 그는 우리 국민이 따라가는 위대한 서부 개척자이다. 태양빛에 마지막 황금으로 물든 산 능선들이 단지 수증기로 만들어진 것에 지나지 않는다 해도 우리는 밤새 지평선에 있던 능선을 꿈꾼다. 아틀란티스[21] 섬과 헤스페리데스의 섬들과 정원[22] 같은 지상의 낙원들은 신비와 시(詩)에 싸여 있는 고대의 위대한 서부였던 것 같다. 일몰의 하늘을 바라볼 때 상상 속에서 헤스페리데스의 정원과 이 모든 우화들의 근원을 그려

---

20 제프리 초서(Geoffrey Chaucer)가 쓴 『캔터베리 이야기(*The Canterbury Tales*)』의 「전체 서곡」 12~13행. 여기서 성지순례자로 번역한 palmeres는 성지를 순례한 후 종려나무 잎을 표상(表象)으로 가져온 사람들을 일컫는다.
21 아틀란티스(Atlantis): 그리스 전설에 전하는 섬. 플라톤에 의하면 헤라클레스의 기둥(지브롤터의 바위) 서쪽에 있는 대륙으로 기원전 9000년경에 존재했다고 한다.
22 헤스페리데스의 정원(Gardens of Hesperides): 그리스 신화에서 축복받은 자의 섬, 혹은 아틀라스 산 근처 아주 먼 서쪽에 위치해 있었던 정원. 그 정원에는 황금사과가 자라고 있었다. 헤스페리데스는 그리스 신화에 나오는 맑은 음성을 가진 처녀들로, 헤라가 제우스와 결혼할 때 가이아에게서 선물로 받은 황금사과가 열리는 나무를 지켰다고 한다.

보지 않은 사람이 누가 있겠는가?

    콜럼버스는 서쪽으로 향하는 경향을 그 이전의 어느 누구보다도 강하게 느꼈다. 그는 그런 욕망에 복종했고 그래서 카스티야와 레온[23]을 위해 신세계를 발견했다. 당시에는 많은 사람들이 신선한 목초지의 냄새를 멀리서도 맡고 분별할 수 있었다.

    태양은 모든 언덕 위로 뻗어나갔고
    이제 서쪽 만(灣)으로 떨어졌다.
    마침내 그가 일어나 푸른 망토를 잡아당긴다.
    내일은 푸른 숲과 새로운 초원으로.[24]

    이 지구 어디에서 우리나라 대부분을 차지하고 있는 이런 광활한 지역을, 이처럼 비옥하고 풍요로우며 다양한 소출을 내는 동시에 유럽인들이 거주할 수 있는 땅을 찾을 수 있겠는가? 그 땅의 일부분만을 알고 있었던 미쇼[25]는 "큰 나무 종(種)이 유럽보다 북미에 훨씬 더 많다. 미국에는 키가 30피트 이상 자라는 나무가 140종 넘게 있지만 프랑스에는 그 정도 크기에 이르는 나무는 30종에 불과하다"라고 말한다. 후대의 식물학자들은 그의 관찰을 더 분명하게 확인시켜주었다. 훔볼트는 열대식물에 관한 자신의 젊은 시절 꿈을 이루기 위해 아메리카 대륙으로 왔는데 지구에서 가장 거대한 야생지인 아마존의 원시 숲에서 열대식물이 가장 완벽하게 보존

---

23 카스티야와 레온: 스페인의 옛 왕국들.
24 영국의 시인 존 밀튼(John Milton, 1608~1674)이 자신의 친구 에드워드 킹(Edward King, 1612~1637)의 죽음을 애도하며 쓴 「리시더스(Lycidas)」(1637)의 마지막 4행.
25 앙드레 미쇼(André Michaux, 1746~1802): 프랑스의 탐험가이자 식물학자.

되어 있는 것을 보았고 멋지게 묘사했다. 지리학자 기요[26]는 그 자신 유럽인이었는데 좀 더 멀리, 내가 기꺼이 받아들일 수 있는 한계 이상으로 나아갔고, 그래서 다음과 같은 그의 말은 수용하기 힘들다. "식물이 동물을 위해 만들어지고 식물세계가 동물세계를 위해 만들어진 것처럼 아메리카 대륙은 구세계를 위해 만들어졌다……. 구세계 사람이 길을 나섰다. 아시아의 고원을 떠나 유럽을 향해 차근차근 내려오고 있다. 그가 내딛는 발걸음 하나하나는 더 큰 발전에 힘입어 이전보다 탁월하며 새로운 문명을 특징으로 한다. 대서양에 이르러 그는 이 미지(未知)의 해안, 그가 알지 못하는 경계에서 발걸음을 멈추고 잠시 자기 발자국을 돌아본다." 기요는 유럽의 비옥한 땅을 다 고갈시키고 기운을 차린 후 "전 시대에 그랬던 것처럼 서쪽으로 모험적인 진전을 재개한다"라는 주장까지 하게 될 것이다.

이러한 서쪽을 향한 욕망과 대서양이라는 장벽이 만남으로써 현대의 상업과 사업이 일어났다. 미쇼의 아들[27]은 「1802년 앨러게니 서쪽으로의 여행(Travels West of the Alleghenies in 1802)」에서 새로 정착한 서부에서 사람들이 흔히 물어보는 것은 "'지구 어느 곳에서 오셨나요?'라는 질문이었다. 마치 이 광활하고 비옥한 지역이 당연히 지구에 사는 모든 거주민들의 만남의 장소이자 공동의 나라가 될 것처럼 말이다"라고 얘기한다.

이제는 폐어(廢語)가 된 라틴어를 빌려 "동방에서 빛이, 서방에서 열매가(*Ex Oriente lux; ex Occidente* FRUX)"라고 말할 수 있을 것이다.

---

26 아르놀트 H. 기요(Arnold H. Guyot, 1807~1884): 스위스 태생의 미국 지리학자. 『지구와 인간(*Earth and Man*)』을 썼다.
27 프랑수아 앙드레 미쇼(François André Michaux, 1770~1855): 프랑스의 식물학자이자 여행가. 앙드레 미쇼의 아들이자 『북아메리카 식물지(*The North American Sylva*)』의 저자이다.

영국의 탐험가이자 캐나다의 총독이었던 프랜시스 헤드[28]는 다음과 같이 말했다. "신세계의 북반구와 남반구 모두에서 자연은 자신의 작품들을 규모가 크게 그려냈을 뿐만 아니라 구세계를 그려내고 아름답게 하는 데보다 더 밝고 비싼 물감을 사용했다……. 아메리카의 창공은 무한히 높고, 하늘은 더 푸르고, 공기는 더 신선하고, 추위는 더 혹독하고, 달은 더 크게 보이고, 별은 더 빛나고, 천둥은 더 요란하고, 번개는 더 힘차며, 바람은 더 강하고, 비는 더 맹렬하고, 산은 더 높고, 강은 더 길고, 숲은 더 크고, 평야는 더 넓다." 이런 주장은 적어도 세계에서 이 지역과 이곳에서 나는 생산물에 대한 뷔퐁[29]의 설명을 균형 잡히게 한다.

린네는 오래전에 "아메리카 식물들의 국면에 무슨 기쁘고 멋진 것이 있는지 모르겠다(Nescio quae facies *laeta*, *glabra* plantis Americanis)"라고 말했다. 그러나 이 나라에는 소위 로마인들이 말하는 "아프리카의 야수(*Africanae bestiae*)"가 없으며 있다고 해도 극소수이고, 바로 이런 점에서도 사람들이 살기에 특히 적합하다는 생각이 든다. 싱가포르의 이스트 인디언 시(市) 중심부 3마일 내에서 해마다 몇몇 거주민이 호랑이에 물려간다는 말을 들었다. 그러나 여행자는 북미 거의 어디서나 야수의 위험 없이 밤에도 숲에 드러누울 수 있다.

이런 것들은 고무적인 증언이다. 유럽보다 여기에서 달이 더 커 보인다면 아마 해 또한 크게 보일 것이다. 아메리카의 창공이 무한히 높고 별

---

28 프랜시스 본 헤드(Sir Francis Bond Head, 1793~1875): 영국 군인. 1837년 반란(Rebellions of 1837, 1837년 당시 어퍼캐나다와 로어캐나다에서 일어난 반란) 당시에는 캐나다의 부총독이었다.
29 조르주-루이 르클레르 뷔퐁 백작(Georges-Louis Leclerc, Comte de Buffon, 1707~1788): 프랑스 박물학자이자 수학자, 우주론자.

들이 더 밝게 보인다면 나는 이러한 사실들이 이 땅의 주민들이 어느 날 비상하여 다다를 철학과 시 그리고 종교의 높이를 상징하는 것이라고 믿는다. 아마도 종국에는 아메리카 사람들에게 영적인 하늘도 그만큼 더 높게 보이고, 그들의 마음을 별로 장식해주는 암시도 그만큼 더 밝게 드러날 것이다. 산속의 공기에 영혼을 살찌우고 고양시키는 뭔가가 있는 것처럼, 풍토가 사람에게 정말로 그런 영향을 미친다고 나는 믿는다. 이러한 영향 아래에서 사람이 지적으로만 아니라 신체적으로도 보다 더 완벽하게 자라지 않겠는가? 그의 삶에 안개 낀 날이 얼마나 많았느냐 하는 것은 중요하지 않단 말인가? 나는 우리의 상상력이 더 풍부해지고, 우리 하늘처럼 우리의 사고가 더 명확하고 참신하며 이상적이 될 것이며, 우리 평원처럼 우리의 이해력도 보다 종합적이고 넓을 것이며, 우리의 천둥과 번개, 강과 산과 숲처럼 우리의 지성도 전체적으로 보다 광대할 것이며, 우리의 심장은 심지어 우리 내해(內海)의 넓이와 깊이, 웅대함에 상응하리라고 믿는다. 아마도 여행자가 보기에 바로 우리의 얼굴에서 그가 알지 못하는, 기쁘고 평온한 뭔가가 나타날 것이다. 그렇지 않다면 왜 세계는 계속 돌아가며 아메리카 대륙은 발견되었겠는가?

"제국의 별은 서쪽으로 나아간다."[30]

라고 내가 미국인들에게 말할 필요는 거의 없다. 천국의 아담이 이 나라 오지 사람보다 전반적으로 더 좋은 곳에 있었다고 내가 생각한다면 참된 애국자로서 부끄러운 일일 것이다.

매사추세츠 주에서 우리가 느끼는 공감은 뉴잉글랜드 지역에만 그치지 않는다. 우리는 남부와는 소원할지 모르지만 서부와는 공감을 나누고 있다. 스칸디나비아 사람들 중에 유산을 찾으려고 바다로 간 사람들이 있는 것처럼 거기는 보다 젊은 사람들의 고향이다. 히브리어를 공부하기에는 너무 늦었으니 요즘 속어를 이해하는 편이 차라리 더 중요하다.

몇 달 전에 나는 라인 강의 전경(全景)을 보러 갔다. 마치 중세를 꿈꾸는 듯했다. 상상 이상의 그 무엇에 빠져 역사적인 물길을 따라 내려갔는데 로마인들이 건설하고 후대의 영웅들이 보수한 다리 아래로, 이름 자체가 내 귀에는 음악이고 각각 전설의 주제인 도시와 성채를 지나가는데 내가 역사 속에서만 알고 있는 에렌브라이트슈타인,[31] 롤란드섹,[32] 코블렌츠[33]가 그곳에 있었다. 그것들이 주로 나의 흥미를 자극했던 유적들이었다. 강물과 포도나무로 덮인 언덕들과 계곡에서는 성지를 향해 떠나는 십자군들이 들었을 법한 숨죽인 음악소리가 나는 듯했다. 영웅시대로 옮겨져 기사

---

[30] 독일 태생 미국의 역사화가 에마누엘 고틀리프 로이체(Emanuel Gottlieb Leutze, 1816~1868)가 1861년 그린 벽화의 제목. 지금 이 벽화는 미국 의사당 건물의 하원 서쪽 계단 뒤편에 전시되어 있다. 이 벽화는 미국이 서부를 탐험하고 확장할 운명을 타고났다는 '명백한 사명(Manifest Destiny)'을 상징한다. 벽화는 영국계 아일랜드의 성공회 주교이자 철학자인 조지 버클리(George Berkeley, 1685~1753)의 *Verses on the Prospect of Planting Arts and Learning in America*에 나오는 다음 시구에서 영감을 받아 그린 것이다.

    Westward the course of empire takes its way;
    The first four Acts already past,
    A fifth shall close the Drama with the day;
    Time's noblest offspring is the last.

    제국의 별은 서쪽으로 나아간다.
    첫 4막은 벌써 지나갔고
    5막이 하루와 더불어 그 드라마를 끝낼 것이다.
    시간의 가장 고귀한 후손은 제일 마지막 오는 사람들이다.

[31] 에렌브라이트슈타인(Ehrenbreitstein, 독일어로는 Fortress Ehrenbreitstein): 독일의 16주(州)인 라인란트팔츠 주의 코블렌츠 시 맞은편을 흐르는 라인 강 동안(東岸)에 위치한 에렌브라이트슈타인 산 위의 성채.

도의 공기를 마신 양, 나는 마법의 주문에 걸려 강을 따라 떠내려갔다.

그 후 얼마 되지 않아 나는 미시피 강의 전경을 보러 갔는데 오늘의 관점에서 강을 거슬러 올라가면서 목재를 가득 싣고 있는 증기선을 바라보며, 새로 생기는 도시의 수를 헤아리고, 노부 시[34]의 새 유적을 살펴보고, 인디언들이 서쪽으로 강을 건너가는 것을 보고, 전에 내가 모젤[35]을 바라본 것처럼 이제 오하이오 주와 미주리 주를 바라보며 더뷰크[36]와 위노나[37]의 절벽에 관한 전설을 들었다—그러면서도 과거나 현재보다는 미래를 더 생각했다. 성채의 기초가 아직 놓이지 않았고, 강 위로 유명한 다리가 아직 세워지지는 않았지만 이 강이 또 다른 종류의 라인 강이라는 생각이 들었다. 그러면서 이 시대가 바로 영웅의 시대라는 느낌이 들었다. 우리가 알

---

32 롤란드섹(Rolandseck): 독일 서부 라인란트팔츠 주 레마겐 시의 한 구.

33 코블렌츠(Koblenz): 독일 서부 라인란트팔츠 주에 있는 도시. 라인 강과 그 지류인 모젤 강이 만나 합류하는 지점에 있다. 고대 로마인들은 이 지역을 합류라는 뜻의 '콘플루엔테스(Confluentes)'라고 불렀는데, 이것이 코블렌츠 지명의 기원이 되었다. 구(舊)시가지에는 각 시대별 건축물이 남아 있어 볼거리가 풍성하다. 중세시대 화폐주조장, 오스트리아 재상이었던 메테르니히의 생가, 장크트 카스토르스, 리브르파우엔키르헤 등의 중세 교회가 대표적인 건축물이다. 제2차 세계대전 중 많은 부분이 파괴되었으나 이후 복구되었다. 지리적으로 중요한 위치에 있어 무역과 산업·정치의 중심지가 되었으며, 현재도 라인란트팔츠 지방에서 3번째로 큰 도시다. 군사 요충지로 언덕 위에 세워진 에렌브라이트슈타인 성은 요새로 유명하다. 에렌브라이트슈타인 성이 있는 라인 강 건너편은 1937년 코블렌츠에 편입되었다.

34 노부(Nauvoo): 미국 일리노이 주 서부 행콕 카운티의 시. 아이오와 주 포트매디슨 남남서쪽으로 약 50킬로미터 떨어진 미시시피 강 유역에 있다. 이 땅은 초라한 건물 몇 채만이 있는 사실상 늪지였다. 커머스(Commerce)라고 불리다가 모르몬교의 지도자인 조지프 스미스(Joseph Smith)가 노부로 이름을 바꾸었다. 이후 도시는 모르몬교도 공동체로 성장했다.

35 모젤(Moselle) 강: 라인 강의 왼쪽 지류. 프랑스와 룩셈부르크, 독일을 통과하며, 코블렌트에서 라인 강에 합류한다.

36 더뷰크(Debuque): 미국 아이오와 주 더뷰크 카운티의 행정 중심지. 미시시피 강 가에 있으며, 강 건너편으로 위스콘신-일리노이 주 경계선이 이어져 있다.

37 위노나(Wenona): 미국 일리노이 주의 마셜 카운티와 라살 카운티에 걸쳐 있는 시.

아보지 못하지만 영웅은 통상 여러 사람들 중에서 가장 소박하고 비천한 사람이다.

 내가 말하는 서부는 야생지의 다른 이름이다. 그리고 내가 말하려는 바는 세상의 보존이 야생성(野生性) 속에 놓여 있다는 것이다. 모든 나무는 야생지를 찾아 수염뿌리를 뻗는다. 도시는 어떤 값을 치르고서라도 야생성을 들여온다. 사람들은 야생성을 위해 땅을 갈고 바다를 항해한다. 숲과 야생지에서 인류를 지탱해주는 강장제와 나무껍질이 나온다. 우리 조상들은 야만인들이었다. 로물루스와 레무스[38]가 늑대 젖을 먹었다는 이야기는 아무 의미 없는 우화가 아니다. 탁월한 위치에 오른 모든 국가의 시조(始祖)들은 비슷하게 야생의 원천에서 영양과 활력을 얻었다. 제국의 자식들이 늑대의 젖을 먹은 북부 숲의 자녀들에게 정복당하고 자리를 내주게 된 것도 그들이 늑대 젖을 먹지 않았기 때문이다.

 나는 숲과 초원을 믿고 또한 옥수수가 자라는 밤을 믿는다. 차에다 솔송나무나 미국측백나무를 우려낸 즙을 넣어야 한다. 힘을 내기 위해 먹고 마시는 것과 단순한 탐식과는 차이가 있다. 호텐토트인[39]들은 얼룩영양과 다른 영양들의 골수를 당연히 날것으로 게걸스럽게 먹는다. 몇몇 북부 인디언들은 북극 순록의 골수뿐만 아니라 뿔이 연할 때는 가지 진 뿔을 포

---

[38] 로물루스와 레무스(Romulus and Remus): 로마를 건국했다는 전설적인 쌍둥이. 전쟁의 신 마르스(Mars)와 레아 실비아(Rhea Silvia)의 자식이다. 마르스가 암늑대의 젖을 먹여 키웠는데 나중에 로물루스가 동생 레무스를 죽이고 로마를 창건했다.

[39] 호텐토트(Hottentot)인: 아프리카 인종의 하나. 아프리카 남부 칼라하리 사막 주변에 사는 황갈색 피부의 미개 종족으로 일찍이 남아프리카 서해안에 널리 분포되어 있었으나, 현재는 나미비아 일부와 보츠와나에 약간 남아 있다. 작은 키에 여자는 엉덩이가 매우 돌출한 것이 특징이며, 유목 생활을 하였으나 오늘날에는 대부분이 정착하였다.

함하여 여러 다른 부위도 날로 먹는다. 어쩌면 이런 면에서 그들은 파리의 요리사들을 앞선 것 같다. 그들은 통상 원기를 북돋우는 음식을 섭취하기 때문이다. 남자답게 만드는 데에는 이것이 아마 축사에서 기른 소의 고기나 도살장에서 잡은 돼지의 고기보다 나을 것이다. 어떤 문명도 그 눈길을 감당해낼 수 없는 야생성을 내게 달라—마치 우리가 얼룩영양의 골수를 날로 먹고 산 것처럼 말이다.

개똥지빠귀의 노랫소리가 들리는 경계까지는 얼마간의 거리가 있는데, 나는 거기로 이동하곤 한다. 어떤 이주자도 정착하지 않은 야생지인데 나는 이미 익숙해졌다.

아프리카에서 사냥을 한 커밍[40]은 아프리카 큰영양과 막 살해된 대부분의 다른 영양들의 가죽에서는 가장 달콤한 나무와 풀 향기가 난다고 말한다. 나는 모든 사람이 야생 영양처럼 자연의 한 부분이자 일부가 되어 그의 존재 자체가 그렇게 달콤하게 우리한테 자신의 존재를 알려주고, 그가 자연에서 가장 자주 찾는 곳을 떠올리게 했으면 좋겠다. 덫사냥꾼의 외투에서 심지어 사향뒤쥐의 냄새가 나더라도 야유하고 싶지는 않다. 내게는 그 냄새가 상인이나 학자의 옷에서 흔히 나는 냄새보다 더 달콤하다. 그들의 옷장으로 가서 옷을 만져도 그들이 자주 갔던 풀밭이나 꽃밭이 아니라 오히려 먼지투성이의 상인들의 거래소나 도서관이 떠오른다.

햇볕에 탄 피부는 존경받을 만한 것 이상의 어떤 것이고, 숲의 거주민에게는 올리브색이 흰색보다 더 어울리는 색깔일 것이다. "창백한 백인 같으니라고!" 아프리카인들이 백인을 불쌍히 여겼다는 것이 전혀 의아스럽지

---

[40] 조지 고든 커밍(Rouraleyn George Gordon Cumming, 1820~1866): 스코틀랜드 여행가. '사자 사냥꾼(lion hunter)'이라는 별명이 있다.

않다. 박물학자인 다윈은 "타히티 사람 곁에서 목욕을 하는 백인은 널따란 들판에서 왕성하게 자라는 멋진 짙은 녹색 식물과 비교해 정원사가 재주를 부려 표백해놓은 식물 같았다"라고 얘기한다.

벤 존슨은 외친다,

"아름다운 것은 선과 얼마나 가까운가!"

그래서 나는 말한다,

"야성적인 것은 선과 얼마나 가까운가!"

삶은 야성과 함께 공존한다. 가장 살아 있는 것이 가장 야성적이다. 야성의 존재는 아직 인간에게 길들지 않아서 인간의 원기를 회복시킨다. 끊임없이 앞으로 나아가도록 몰렸고 결코 일을 쉬지 않았으며 빨리 성장하면서 인생에 끝없는 요구를 한 사람은 삶의 원재료에 둘러싸인 채 자신이 언제나 새로운 땅이나 야생지에 있음을 알게 될 것이다. 그는 원시 삼림수(森林樹)들의 휘어진 줄기 위로 올라가고 있을 것이다.

내게 희망과 미래는 잔디밭이나 경작지, 마을과 도시에 있는 것이 아니라 물과 공기가 침투하지 않는 바닥이 들썩거리는 늪 속에 있다. 내가 전에 구입하려고 생각했던 농장에 대한 나의 기호를 분석해보니 빛이 스며들지 않고 깊이를 측정할 수 없는 몇 제곱로드의 습지―자연적인 하수도가 한쪽 구석에 있는―에 유달리 끌린다는 사실이 빈번히 드러났다. 이런 습지가 나를 황홀하게 하는 보석이었다. 나는 마을의 잘 가꾼 정원보다도 내 고향을 둘러싸고 있는 습지에서 더 많은 생활의 양식을 얻는다. 내 눈에는 지표면 위의 이 부드러운 지역을 덮고 있는 진퍼리꽃나무(*Cassandra calyculata*)의 촘촘한 화단보다 더 아름다운 화단은 없다. 식물학은 거기에서 자라고 있는 관목들의 ―키 큰 월귤나무, 원추꽃차례로 피는 진퍼리꽃나무, 램킬,[41] 진달래, 로도라[42]― 이름 이상을 알려주지 못하는데, 이것들은 모두 흔들거리는 물이끼 사이에 서 있다. 종종 다른 꽃밭과 정원 테두리, 옮겨 심은 가문비나무와 정리 상자, 심지어는 자갈을 깐 길도 다 없애버리고 이 흐릿한 붉은색 관목 숲 쪽으로 내 집의 정면을 향하도록 하면 좋겠다는 생각이 들고, 지하실을 파내며 밖으로 던진 모래를 가리기 위해 가져온 몇 수레의 흙이 아니라 내 창문 아래 이 비옥한 땅을 그대로 가져왔으면 좋을 성싶다. 자연과 예술에 대한 형편없는 체면치레로서 그저 진기한 것 몇몇을 모아놓고서 내가 앞뜰이라 부르는 그곳 뒤가 아니라 이 꽃밭 뒤에 내 집과 거실을 갖다놓으면 어떨까? 비록 그 집 안에 사는 사람뿐만 아니라 지나가는 사람을 위해서 한 일이긴 하지만, 목수와 석공이 떠난 후에 치우고 외양을 그럴 듯하게 꾸미는 것도 보통 일이 아니었다. 가장 운치 있는 앞뜰 담장조차도 내게는 그리 마음 내키는 연구 대상이 아니었고, 도토리 머리장식, 혹은 그 외의 어떤 화려한 장식에도 곧 흥미를 잃고 싫증이 났다. 네 문지방을 늪지 바로 귀퉁이까지 가져와라, 그러면 (건조창고로 쓰기에 적합한 장소는 아니지만) 그쪽으로는 사람들이 접근하지 못할 것이다. 앞뜰은 걸어 들어오기 위해 만든 것이 아니라 기껏해야 걸어서 통과하는 곳이니, 사람들은 뒷길로 들어올 수 있을 것이다.

나를 기이하다고 여길지 모르겠지만, 지금까지 인간 기술로 만든 가

---

41 램킬(lambkill): 작은 월계수처럼 생긴, 곧추서 자라는 목본성 식물. 진달래과(Ericaceae) 칼미아속(屬)의 일종이다. 이 식물에는 안드로메도톡신(andromedotoxin)이 들어 있어 가축들이 이것을 먹을 경우 침과 콧물을 흘리며 마비나 혼수상태에 빠지다가 죽기 때문에 램킬이란 이름이 붙었다.
42 로도라(rhodora): 진달래과에 속하는 낙엽관목.

장 아름다운 정원 근처에서 살지 아니면 "음울한 습지"에서 살지를 선택하라고 하면 나는 분명히 늪지를 선택할 것이다. 그러니 주민 여러분들이 기울인 모든 노고가 내게는 얼마나 쓸모없는 것이었던가!

내 영혼은 확실히 바깥의 황량함에 비례하여 고양된다. 내게 바다와 사막 혹은 야생지를 달라! 사막에서는 깨끗한 공기와 고독이 습기와 비옥함의 결여를 보상해준다. 여행가인 버턴[43]은 그 점에 관해 이렇게 말한다. "당신의 사기가 올라간다. 솔직해지고 다정해지며, 친절해지고 한 가지 일에 전념하게 된다……. 사막에서 술은 혐오감을 자극할 뿐이다. 단순히 동물적인 생활양식 속에 대단한 즐거움이 있다." 타타르의 스텝 지역을 오래 여행한 사람은 "문명화된 땅으로 다시 들어가자 문명의 동요, 흥분, 혼란이 우리를 짓누르고 숨 막히게 했다. 공기가 우리의 기대에 못 미쳐, 매 순간 질식해 죽을 것 같았다"라고 얘기한다. 원기를 회복하고 싶을 때면 나는 가장 어두운 숲과 가장 울창하고 끝이 없어, 도시인들에게 가장 음울한 습지를 찾는다. 나는 성스러운 장소, 지성소[44]에 들어가는 것처럼 습지에 들어간다. 자연의 힘과 정수가 거기에 있다. 야생 숲이 처녀지를 덮고 있는데 그 흙은 사람에게도 나무에게도 좋다. 농장에 거름 몇 짐이 필요하듯이 사람이 건강하려면 그의 시야에 풀밭 몇 에이커가 있어야 한다. 거기에 그가 먹고 살 단단한 음식[45]이 있다. 어떤 마을이 구원을 받는 것은 그 안에

---

43 엘리어스 버턴 홈스(Elias Burton Holmes, 1870~1958): 미국의 여행가이자 작가. 『버턴 홈스 여행담(*The Burton Holmes Travelogues*)』의 저자이다. 1901년에는 서울을 여행하면서 사진 자료와 짧은 인상기를 남기기도 했다.
44 지성소(*sanctum sanctorum*): 라틴어구인 *sanctum sanctorum*을 직역한 말. 본래 종교적 맥락에서 신전 같은 성스러운 건물 내의 가장 신성한 장소를 일컫는다.
45 단단한 음식(Strong meats): 바울은 젖을 먹는 약한 신앙과 단단한 음식을 먹는 성숙한 신앙을 비교하는데(히 5:12), 여기서 단단한 음식은 어려운 교리를 뜻한다.

사는 의인 때문이기도 하지만 그보다는 마을을 둘러싸고 있는 숲과 늪 때문이다. 한 원시 숲이 위에서 물결치고 다른 원시림이 그 아래에서 썩어가는 그런 마을은 옥수수와 감자뿐만 아니라 미래 세대를 위한 시인과 철학자를 키우기에도 적합한 곳이다. 그와 같은 토양에서 호메로스와 공자, 그리고 여러 위대한 사람들이 나오고, 그와 같은 야생지에서 메뚜기와 야생 꿀을 먹는 종교개혁가[46]가 나온다.

야생동물을 보존한다는 것은 일반적으로 그것들이 살 수 있고 의존할 숲을 조성하는 것을 의미한다. 이는 인간에게도 마찬가지이다. 백 년 전에는 사람들이 길거리에서 숲에서 벗겨온 나무껍질을 팔았다. 그 원시적이고 울퉁불퉁한 나무의 모습 자체에 인간 사고의 섬유조직을 단단하게 하고 견고케 하는 무두질의 원리가 들어 있었던 것 같다. 그러나 이미 내 고향 마을이 상당히 타락해버린 게 몸서리쳐지는데, 요즈음은 두께가 넉넉한 나무껍질을 한 짐 모을 수도 없고, 그런 만큼 더는 타르와 테레빈유를 생산할 수도 없다.

그리스, 로마, 영국 같은 문명국가들이 서 있던 땅은 이전에 썩었던 원시림 때문에 지탱되어왔다. 그 숲들은 토양이 다 소진되지 않는 한 살아남는다. 그러나 애석하도다, 인간의 문명이여! 식물이 자라는 토양이 소진되고 나면 어떤 나라에서도 기대할 것이라곤 거의 없고, 그렇기 때문에 조상들의 뼈로 거름을 만들 수밖에 없게 된다. 거기에서 시인은 그 자신의 잉여 지방으로 겨우 스스로를 유지하고 철학자는 무릎을 꿇게 되고 만다.

"처녀지를 일구는 것이" 미국인들의 임무이고 "여기에서 농업은 이미

---

46 세례자 요한과 같은 종교개혁가를 가리키는 말. "이 요한은 낙타털 옷을 입고 허리에 가죽 띠를 띠고 음식은 메뚜기와 석청이었더라"(마 3:4)를 참조하라.

다른 어느 곳에서도 유례없는 비중을 차지하고 있다"고들 한다. 내 생각에 농부는 초원을 회복시키고, 그렇게 함으로써 더 강해지고 어떤 점에서는 더 자연스러워졌기 때문에 인디언을 대체한 것 같다. 일전에 어떤 사람을 위해 습지를 관통해 직선거리가 132로드 되는 땅을 측량했는데 그 습지 입구에는 단테가 지옥의 입구 위에서 읽은 "여기에 들어오는 자는 모든 희망을 —즉, 다시 나오라는 희망— 버릴지어다"라는 말이 쓰여 있음 직했다. 거기에서 나는 철이 아직 겨울이었는데도 주인이 자기 소유지에서 목까지 빠져 살려고 허우적대는 모습을 실제로 본 적도 있다. 그는 또한 비슷한 습지를 하나 더 가지고 있었는데 완전히 수면 아래 잠겨 있어서 내가 전혀 측량할 수 없었다. 내가 멀리서 측량한 세 번째 습지에 관해서 그는 자신의 본능에 충실하여 습지가 보유하고 있는 진흙 때문에 어떤 일이 있어도 그 습지와는 떨어질 수 없다고 말했다. 그러면서 그는 다가올 40개월 동안 습지 전체를 둘러싸는 고랑을 만들고 가래의 마술로 그 습지를 매립하려고 했다. 나는 그를 단지 특정 계급의 전형으로 언급하는 것이다.

우리에게 가장 중요한 승리를 가져다주었고 아버지에게서 아들로 가보로 물려주어야 할 무기는 칼이나 창이 아니라 여러 초원의 피로 녹슬고 애써 쟁취한 들판의 먼지로 더러워진 풀 베는 기계, 잔디 깎는 기계, 보습, 늪 괭이들이다. 똑같은 바람이 인디언의 옥수수 밭을 초원으로 내몰아 길을 가리켜주었지만 그는 그 길을 따라갈 기술이 없었다. 그에게는 땅을 파자리 잡는 데에 조개껍데기보다 더 나은 연장이 없었다. 그러나 농부는 쟁기와 보습으로 무장하고 있었다.

문학에서 우리의 관심을 끄는 것은 야성뿐이다. 따분하다는 것은 길들었다는 것의 다른 이름에 불과하다. 『햄릿』과 『일리아스』 그리고 학교에서 배우지 않은 모든 경전과 신화에서 우리를 즐겁게 하는 것은 다름 아닌 문명화되지 않은 자유롭고 야성적인 생각이다. 야생 오리가 길든 오리보다 더 빠르고 아름다운 것처럼, 길들지 않은 생각도 그러하다—떨어지는 이슬 가운데서도 습지 위로 날아가는 청둥오리처럼 말이다. 참으로 좋은 책은 서부의 평원이나 동부의 밀림에서 찾은 야생화처럼 자연스럽고 예상을 뛰어넘어 설명할 수 없을 정도로 아름답고 완전한 어떤 것이다. 천재는 번갯불처럼 어둠을 밝히고 지식의 사원 자체를 부수어버릴 수도 있는 빛이지, 평범한 일상의 빛 앞에서 창백해져버리는 인류의 벽난로 바닥돌에 켜놓은 길고 가느다란 양초가 아니다.

음유시인들의 시대에서 호반시인들[47]에 이르기까지, 초서, 스펜서, 밀튼, 그리고 심지어 셰익스피어까지를 포함하여 영문학은 참신한, 그리고 이런 의미에서 야성적인 가락을 전혀 노래하지 못했다. 영문학은 본질적으로 그리스와 로마를 반영하는 길들고 교화된 문학이다. 푸른 숲이 영국의 야생지이고, 로빈 후드가 야성적인 인간이다. 자연에 대한 온화한 사랑은 많지만 자연 그 자체에 대한 얘기는 그리 많지 않다. 영국 연대기는 야생동물이 언제 멸종했는지는 알려주지만 영국에서 야성적인 사람이 언제 멸종했는지는 얘기하지 않는다.

훔볼트의 과학과 시는 전혀 별개의 것이다. 오늘날 시인은 과학이 이룩한 그 모든 발견과 인류의 축적된 지식에도 불구하고 호메로스보다 출중하지 않다.

자연을 그려내는 문학은 어디에 있는가? 바람과 강물을 구슬려 그의 일을 하도록, 그리하여 그를 대신해 말하게 할 수 있는 사람은 시인이

---

[47] 호반시인(Lake Poets): 19세기 초반의 영국 시인들인 윌리엄 워즈워스, 새뮤얼 테일러 코울리지, 로버트 사우디 같은 시인들을 가리키는 명칭.

될 수 있을 것이다. 농부가 봄에 서리가 밀어 올린 말뚝을 내리박는 것처럼 단어를 그 원시적 의미에 못을 쳐 고정할 수 있는 사람, 말을 쓰는 만큼 추론해내서 그 말들을 뿌리에 아직 흙이 묻은 채로 책장에 이식할 수 있는 사람이 시인이 될 것이다. 그의 말은 너무나 진실하고 신선하며 자연스러워 도서관에서 곰팡이 쓴 두 책장 사이에 반쯤 질식한 채로 있다가도 봄이 다가오면 꽃봉오리처럼 벌어질 것이고, 주변의 자연과 공감하여 충실한 독자를 위해 해마다 나름대로 꽃을 피우고 열매를 맺을 것이다.

나는 야성을 향한 이러한 열망을 적절하게 표현해내서 인용할 만한 시를 하나도 알지 못한다. 이런 관점으로 보면 최고의 시조차도 따분하다. 내가 잘 알고 있는 그 같은 자연에 대해 나를 만족시켜줄 만한 설명을 고대문학, 현대문학 그 어디에서 찾을 수 있을지 모르겠다. 당신들은 내가 아우구스투스 황제 시대[48]도 엘리자베스 여왕 시대[49]도, 그리고 요컨대 어떤 문화도 줄 수 없는 것을 요구한다고 생각할 것이다. 다른 어떤 것보다 신화가 그것에 훨씬 근접해 있다. 적어도 그리스 신화는 영문학보다 얼마나 더 풍요로운 자연에 근원을 두고 있는가? 신화는 구세계의 토양이 다 소진되기 전, 공상과 상상력이 마름병에 걸리기 전에 맺었던 수확물인데, 그 원래의 활력이 누그러지지 않은 곳이면 어디서나 여전히 결실을 맺고 있다.

---

48 아우구스투스 황제 시대(Augustan Age): 한 국가의 문학에서 '고전적인' 시기를 지칭하는 확대된 의미로 쓰이는 용어. 영국 문학사에서 18세기의 아우구스투스 시대는 신고전주의기 혹은 이성의 시기라 불린다. 평자에 따라 앨릭잰더 포우프, 조지프 애디슨, 리처드 스틸 경, 존 게이, 매슈 프라이어 등이 활동했던 앤 여왕 통치(1702~1714) 시대만을 말하기도 하고, 더 확대하여 위로 존 드라이든과 아래로 새뮤얼 존슨까지 포함하기도 한다.
49 엘리자베스 여왕 시대(Elizabethan Age): 엘리자베스 1세의 재위기(1558~1603). 영국 역사상 황금기로 간주되기도 한다. 이 시기에 소네트, 극적 무운시 등의 시문학이 꽃피었으며, 특히 희곡은 셰익스피어의 작품으로 황금시대를 맞았고, 역사 이야기, 성서 번역본, 소논문, 문학비평에서 최초의 영어 소설까지 여러 분야에서 훌륭한 산문이 쏟아져 나왔다.

다른 모든 문학들은 우리 집에 그늘을 드리우는 느릅나무들처럼 단지 지탱하고 있을 뿐이다. 그러나 신화는 인류만큼이나 오래된 헤브리디스 제도의 용혈수(龍血樹) 같아서, 인류가 살아남든 아니든, 오래 지속될 것이다. 다른 문학들의 부식이 신화가 번성할 수 있는 토양이 될 것이기 때문이다.

서구는 동양의 전설들에 자신의 전설을 더하려 하고 있다. 갠지스 강, 나일 강, 라인 강의 계곡은 이미 자기네들의 수확물을 생산했고, 이제 아마존 강, 플레이트 강,[50] 오리노코 강,[51] 세인트로렌스 강,[52] 미시시피 강의 계곡이 무엇을 생산할지를 지켜보아야 한다. 시대가 지나 미국의 자유가 과거의 허구가 되어버리면 ―마치 어느 정도는 그것이 현재의 허구인 것처럼― 세계의 시인들은 미국의 신화에 영감을 받을 것이다.

오늘날 영국인과 미국인들의 가장 보편적인 의식에 그런 꿈을 추천하지는 못하겠지만 야성적인 사람들의 가장 야성적인 꿈은 그럼에도 불구하고 진실한 것이다. 진실이라고 해서 모두 다 상식에 들어맞는 것은

---

50 플레이트 강(River Plate): 남아메리카의 우루과이와 아르헨티나의 경계를 흐르는 강. 라플라타 강(Río de la Plata)의 영어명이며, 스페인어로 '은의 강'이라는 뜻이다.
51 오리노코(Orinoco) 강: 남아메리카에서 가장 긴 강 중의 하나. 베네수엘라와 브라질의 국경을 따라 뻗어 있는 파리마 산맥 서쪽 비탈에서 발원한다. 커다란 활 모양을 그리면서 베네수엘라를 가로질러 약 2,736킬로미터를 흐른 다음 트리니다드 섬 근처에서 대서양으로 들어간다. 강 연안에는 베네수엘라의 주요 항구도시이자 경제 발전의 중심지인 시우다드볼리바르와 시우다드과야나가 있다.
52 세인트로렌스(Saint Lawrence) 강: 캐나다와 미국의 동쪽 경계를 흐르는 강. 모호크어로 '대수로'를 뜻한다. 미국 미네소타 주 세인트루이스 강의 수원에서 오대호를 지나 뉴펀들랜드와 캐나다 본토 사이의 캐벗 해협에 이르기까지 미국과 캐나다에 걸쳐 약 4,000킬로미터를 흐르는 거대한 수로 체계의 중요 부분이다. 캐나다에서 3번째로 긴 강인 세인트로렌스 강의 본류는 온타리오 호의 동쪽 출구에서 캐나다 본토 심장부를 지나 세인트로렌스 만에 있는 앤티코스티 섬의 하구에 이르기까지 약 1,287킬로미터 뻗어 있다. 온타리오 호에서 캐나다 콘월 시까지의 상류는 미국과 캐나다의 국경을 이룬다.

아니다. 자연에는 양배추뿐 아니라 야생 으아리를 위한 자리도 있다. 진리에 관한 어떤 표현은 회상하는 듯하고 —다른 것은 말 그대로 단지 사리에 맞을 뿐이고— 또 다른 표현은 예언적이다. 어떤 형태의 질병은 심지어 건강한 모습을 예언해주는 것일 수도 있다. 지리학자들은 문장(紋章)에 등장하는 뱀, 그리핀,[53] 비상하는 용, 그리고 여러 화려한 장식들은 인간이 창조되기 전에 멸종한 화석에서만 볼 수 있는 종(種)들의 형상에서 원형을 가져왔다는 것을 발견했고, 그래서 "유기적 존재들의 이전 상태에 관한 희미하고 어렴풋한 지식을 보여준다"라고 주장한다. 힌두 사람들은 지구가 코끼리 위에, 코끼리는 민물거북 위에, 민물거북은 뱀 위에 놓여 있다고 생각했다. 그리 중요하지 않은 우연의 일치일 수도 있지만 얼마 전 아시아에서 코끼리를 지탱할 만큼 큰 거북 화석이 발견되었다는 것을 여기서 언급하는 것도 괜찮을 듯하다. 고백건대 나는 시간과 발달의 순서를 초월하는 이런 엉뚱한 공상을 유달리 좋아한다. 그런 공상들은 지성의 가장 숭고한 재창조물이다. 자고새는 완두콩을 좋아하지만, 자기와 함께 냄비 속으로 들어가는 완두콩을 좋아하지는 않는다.

한마디로 말하면, 모든 좋은 것은 야성적이고 자유롭다. 악기를 통해서 나든 사람의 목소리를 통해서 나든 음악의 선율—예를 들면, 여름밤 군대 나팔 소리를 생각해보라—에는 진심으로 말하건대, 그 야생성으로 인해 보금자리에 있는 야생동물들이 내는 울음소리를 연상시키는 뭔가가 있다. 내가 이해하는 바에 의하면 그 선율이 엄청난 야성을 지니고 있기 때문이다. 길들어버린 사람들이 아니라 야성적인 사람들을 내 친구와 이웃

---

53 그리핀(griffin): 독수리의 머리와 날개에 사자의 몸통을 가진 신화 속의 동물. 고대 서아시아와 지중해 지방의 장식미술에서 많이 볼 수 있다.

으로 달라. 미개인의 야성도 선량한 사람들과 연인들이 우연히 경험하는 엄청난 야성의 희미한 상징에 지나지 않는다.

나는 가축들이 제 타고난 권리를 재주장하는 것을 ─그들이 원래의 야성적인 습관과 활력을 전적으로 잃은 것은 아니라는 증거는 무엇이든 ─ 보기 좋아하는데, 이웃의 소가 봄에 일찍 목장을 탈출해서 녹은 눈 때문에 불어나 폭이 25 혹은 30로드가 되는 잿빛 차가운 강물을 대담하게 헤엄치는 것 같은 경우가 그러하다. 버펄로는 미시시피 강을 건넌다. 이런 위업은 이미 존귀해진 내 눈 앞의 소들에게 어떤 위엄을 부여한다. 끝없이 오래 지구의 내부에 묻혀 있는 씨앗처럼 본능의 씨앗이 말과 소의 두꺼운 가죽 아래에 보존되어 있는 것이다.

소들이 장난치고 노는 모습은 항상 뜻밖이다. 어느 날 나는 10여 마리의 수소와 암소가 거친 놀이에 빠져 거대한 쥐나 심지어 새끼 고양이들처럼 이리저리 까불거리며 뛰어다니는 것을 본 적이 있다. 머리를 흔들고, 꼬리를 쳐올리고, 언덕을 오르락내리락 뛰어다녔는데, 소들의 움직임과 뿔을 보니 그들이 사슴 족속과 연관이 있다는 생각이 들었다. 그러나 애석하게도 갑작스레 "워" 하는 큰 소리가 들리면 그들의 활기는 순식간에 꺾여 버릴 것이고, 그들은 사슴고기에서 쇠고기로 격하되고, 옆구리와 신경은 기차처럼 딱딱하게 굳어버릴 것이다. 악마가 아니라면 누가 인류에게 "워"라고 소리치겠는가? 실제 소의 삶은, 대다수 인간의 삶처럼 일종의 기관차적인 삶에 불과하다. 소들은 한 번에 한 쪽으로만 움직이는데, 사람은 자신이 만든 기계 때문에 그런 말이나 소의 중간쯤에서 타협하고 있다.[54] 따라서 채찍이 닿은 부분은 어디든지 마비되고 만다. 쇠고기의 **옆구리**를 얘기하면서 나긋나긋한 고양이 족속의 **옆구리**를 생각할 사람이 어디 있겠는가?

말과 수송아지는 인간의 노예가 되기 전에 길들어야 하지만, 인간은 사회의 순종적인 구성원이 되기 전에 난봉을 좀 부릴 수 있어 다행이다. 물론 모든 인간이 똑같이 문명에 적합한 것은 아니다. 대다수는 물려받은 성품으로 인해 개와 양처럼 온순한데, 그렇다고 해서 이것이 다른 사람들의 본성이 길들어서 그들 같은 수준으로 되어야 한다는 말은 아니다. 인간은 대개 비슷하지만, 다양하도록 여러 모양으로 만들어졌다. 저급한 능력으로도 일을 해낼 수 있다면 어떤 사람도 다른 사람과 거의 비슷하게, 혹은 그만큼 잘 해낼 수 있을 것이다. 그러나 탁월한 능력이 필요한 경우에는 개개인의 우수함이 높이 평가되어야 한다. 모든 사람이 바람이 들어오지 못하도록 구멍을 막을 수는 있지만, 다른 누구도 이 사례의 저자가 한 것과 같은 힘든 일을 할 수는 없다. 공자는 "호랑이와 표범의 가죽은 무두질을 마치고 나면 무두질된 개와 양의 가죽과 같아진다"[55]라고 말한다. 그러나 양을 포악하게 만드는 것이 진정한 문화가 할 일이 아닌 것처럼 호랑이를 길들이는 것도 참된 문화가 할 일이 아니다. 아울러 그들의 가죽을 무두질해 신발을 만드는 것도 최선의 활용 방법이 아니다.

---

54 영어 원문은 meeting the horse and the ox half-way이다. to meet someone half-way는 '타협하다, 협상한다'는 뜻이다. 여기서 소로는 기차로 상징되는 문명의 이기들로 인해 인간도 위의 소처럼 자율과 야생성을 상실하고 반쯤은 이렇게 길든 소나 말 같은 신세가 되고 말았다고 한탄하고 있다.

55 소로는 여기서 『논어』를 인용하고 있는데 원문은 아래와 같다.

    棘子成曰 君子 質而已矣 何而文爲 子貢曰 惜乎 夫子之說 君子也 駟不及舌 文猶質也 質猶文也 虎豹之鞹 猶犬羊之鞹也(극자성이 말하기를, "군자는 바탕을 가질 따름이니 어찌 문채를 하겠습니까?"라고 하니 자공이 그 말을 듣고 말하기를 "아깝구나, 그대의 말이 군자다운 것이니 사마도 혀에 미치지 못할 것이다. 문채도 바탕과 같고, 바탕도 문채와 같으니 범과 표범의 다룬 가죽이 개와 양의 다룬 가죽과 같은 것이다). (「안연」 편 제8장, 『논어』)

    실제로 이 말을 한 사람은 공자의 제자인 자공인데 구전(口傳)과 문서로 보존된 공자의 가르침을 기록한 『논어』에 실린 글이라, 소로가 공자를 "이 사례의 저자(the author of this illustration)"라고 표현한 듯하다.

특정한 주제에 관해 글을 쓴 작가나 군인 장교들의 이름처럼 외국어로 된 사람들의 이름을 살펴보고 나서 나는 이름에는 아무것도 없다는 것을 다시 한 번 생각하게 되었다. 예를 들면 멘쉬코프라는 이름은 내 귀에는 구레나룻 이상의 인간적인 어떤 것이 전혀 없고, 그래서 그 이름이 쥐 이름이라 해도 무방하다. 폴란드인과 러시아인들의 이름이 우리에게 이러한 것처럼 그들에게 우리 이름도 마찬가지이다. 그들은 '아이리 위어리 위처리 반, 티틀-톨-탄'과 같은 아이들의 횡설수설을 좇아 이름을 지은 것 같다. 대지 위에 일군의 야생동물들이 떼를 지어 모여 있고 목동이 그 자신의 방언으로 어떤 야만스러운 소리를 이름이라고 붙여주는 모습이 마음속에 떠오른다. 사람들의 이름도 물론 개 이름인 보스나 트레이처럼 흔하고 무의미하다.

알려진 바처럼 사람들이 총칭으로 불린다면 철학에 이점이 있을 거라는 생각이 든다. 개인을 알려면 속명과 인종 혹은 변종만 알면 될 것이기 때문이다. 로마 군대의 모든 사병(私兵)들이 자신의 이름을 가지고 있었으리라고는 믿기 힘든데, 이는 그들이 자신만의 고유한 성품을 지니고 있었다고 생각할 수 없기 때문이다.

오늘날에는 별명이 우리의 진정한 이름이다. 그가 지닌 특이한 활력으로 인해 친구들이 "버스터"[56]라고 부르는 한 소년을 나는 알고 있는데 당연히 별명이 원래 이름을 대치했다. 몇몇 여행자들은 인디언은 처음에 이름이 없다가 이름을 획득하게 되기에 이름이 그의 명성이라고 말한다. 그리고 몇몇 부족들 사이에서는 어떤 사람이 새로운 위업을 이룰 때마다 새 이름을 얻는다고 한다. 명성도 이름도 획득하지 못한 사람이 그저 편의를

---

56 버스터(Buster): '파괴하는 자'라는 의미. 애칭으로 '이봐, 아가'라는 뜻도 있다.

위해 이름을 달고 다니니 한심하다.

나는 단순히 이름만으로 사람을 차별하지 않을 것이며 그들 모두를 전체 속에서 살펴볼 것이다. 이름이 친숙하다고 해서 어떤 사람이 덜 낯선 것은 아니다. 이름은 숲 속에서 취득한 자신의 야생적인 명칭을 은밀히 지니고 있는 야만인에게 주어질 수 있을 것이다. 우리 안에도 야성적인 미개인이 살고 있으므로, 미개인의 이름이 어딘가에 우리 이름으로 기록되어 있을 수도 있다. 윌리엄이나 에드윈 같은 친숙한 호칭을 지닌 내 이웃이 이름을 겉옷과 함께 벗어버리는 것을 본다. 자거나 화가 나거나, 욕망이나 영감에 사로잡힐 때면 그 이름이 그에게 달라붙지 않는다. 그럴 때면 그의 친족 중 어떤 사람이 발음하기 어려운 말 혹은 누구에게는 음악 같은 말로 그의 원래 야성적인 이름을 부르는 소리가 들리는 것 같다.

이렇게 광대하고, 야만적이며 울부짖는 우리의 어머니인 자연이 마치 표범처럼 자식에 대한 애정을 가득 품고서 여기 우리 주변에 아주 멋지게 놓여 있다. 그러나 우리는 너무 일찍 그녀의 젖을 떼고 사회로, 전적으로 인간과 인간의 상호작용인 문화 속으로 들어오게 되었다. 계속적인 동종 번식을 통해 기껏해야 영국의 귀족을 만들어내며 이내 한계에 다다를 운명을 지닌 문명 속으로 말이다.

사회 속에서, 그리고 인간이 만든 가장 정교한 조직 안에서는 특정한 조숙함을 감지하기가 용이하다. 자라나고 있는 아이일 적에도 우리는 이미 작은 어른이다. 두엄과 개선된 도구와 재배 방법에만 의존하는 문화가 아니라 들판에서 거름을 많이 가져와 토양을 비옥하게 하는 문화를 내게 가져다 달라.

눈병 난 불쌍한 학생들에 관한 얘기를 들었는데 아주 늦게까지 앉아 있지 말고 맘 편히 푹 자게 하면 그들은 지적으로만이 아니라 신체적으로도 더 빨리 성장할 것이다.

심지어 유익한 빛마저도 과도할 수 있다. 프랑스 사람 니엡스[57]는 태양광선력(太陽光線力)이 화학적 효과를 낳는다는 "화학선 작용"을 발견했다. 화강암과 석조 구조물, 그리고 철 동상들도 "모두 햇빛이 비치는 동안에는 파괴적인 영향을 받고, 따라서 그에 못지않게 놀라운 자연의 대비책이 없었더라면 우주를 움직이는 가장 섬세한 힘이 조금 닿기만 해도 이내 소멸되었을 것이다." 그러나 그는 "낮 동안 이런 변화를 겪은 물체들은 이 같은 자극이 그들에게 더는 영향을 미치지 못하는 밤 동안에 스스로를 원상태로 회복시킬 능력을 지니고 있다"라고 말한다. 그러므로 "밤과 잠이 유기체들의 세계에 필요한 것처럼 어둠의 시간이 무기물들에도 필요하다"라는 것이 추론될 수 있다. 달도 매일 밤마다 빛을 발하는 것이 아니고 어둠에 자리를 내어주기도 한다.

내가 땅의 구석구석이 다 경작되기를 원하지 않는 것처럼 모든 사람이나 어떤 사람의 모든 부분이 다 개발되게 하지는 않을 것이다. 일부분은 경작지가 될 수 있지만 더 많은 부분은 초원과 숲으로 남아 당장 필요한 것들을 채워줄 뿐 아니라, 그런 초원과 숲이 키우는 식물들이 해마다 썩어 먼 미래를 위한 양토를 준비할 수 있어야 한다.

카드모스[58]가 고안한 문자말고 어린아이들이 배워야 할 또 다른 문자가 있다. 스페인 사람들에게는 이 야성적이고 어스레한 지식을 가리키는

---

57 조제프 니세포르 니엡스(Joseph Nicéphore Niepce, 1765~1833): 처음으로 사진제판술을 개발한 프랑스의 발명가이자 화학자.
58 카드모스(그 Kadmos, 영 Cadmus): 그리스 신화 속 포이니키아의 왕자로서 테바이 시의 건설자이며 최초의 통치자. 그리스에 알파벳을 전했다고 한다.

황갈색 문법(Gramatica parda)이라는 좋은 말이 있는데, 이는 타고난 지혜로서 내가 앞서 언급한 동일한 표범에서 나온 것이다.

우리는 "유용한 지식 보급회"[59]에 관해서 들은 적이 있다. 지식은 힘 또는 그와 유사한 어떤 것이라고들 말한다. 그러나 내 생각에는 "유용한 무지 보급회"도 똑같이 필요한데, 이는 우리가 아름다운 지식이라 부를 만한 것으로서 보다 높은 차원에서 쓸모 있는 지식을 말한다. 우리가 뽐내는 지식의 대부분은 기껏해야 뭔가를 안다는 교만으로서 우리가 실제로 무지하다는 데서 나오는 이점을 빼앗아버리는 것 아닌가? 우리가 지식이라고 부르는 것은 종종 긍정적인 무지이고, 무지는 부정적인 지식이다. 수년에 걸쳐 오랫동안 애를 쓰고 신문을 읽음으로써 —과학 도서관이라는 것도 신문을 쌓아 놓은 데가 아닌가— 사람들은 수없이 많은 사실들을 축적하고 그것들을 기억에 저장하지만, 인생의 어느 봄날 사고(思考)의 대초원으로 산책을 나갈 때면 말처럼 마구간에 모든 마구를 버려두고 풀밭으로 나아간다. 나는 유용한 지식 보급회 사람들에게 가끔씩 "풀밭으로 나가라, 건초는 오랫동안 충분히 먹었다. 봄이 그 모든 푸른 작물을 데리고 왔다"라고 말하고 싶다. 오월이 끝나기 전에 소들도 시골의 초장으로 나왔다. 비록 내가 일 년 내내 소를 외양간에 두고 건초를 먹였다는 이상한 농부 얘기를 듣기는 했지만 말이다. 유용한 지식 보급회는 그 협회의 소들을 빈번히 그렇게 다룬다.

---

[59] 유용한 지식 보급회(Society for the Diffusion of Useful Knowledge): 1826년 영국 런던과 1829년 미국 보스턴에서 설립된 조직. 독학을 위해 유용한 작품들을 출판하기 위해 만들어졌다.

인간의 무지는 때로 유용할 뿐더러 아름답기도 하다—소위 지식이라는 것은 추악할 뿐 아니라 쓸모없는 것 이상으로 나쁜 것이다. 어떤 주제에 관해 아무것도 모르고 또 그가 아무것도 모른다는 것을 아는 사람—이런 경우는 아주 드물지만—과 그것에 관해 실제 어느 정도 알지만 모든 것을 다 안다고 생각하는 사람 중에 누가 더 상대하기 쉬운가?

　　지식에 관한 나의 욕망은 간헐적이지만 내 발이 알지 못하는 대기 속에서 머리를 감고 싶다는 욕망은 항구적이고 영원하다. 우리가 이를 수 있는 최고 지점은 지식이 아니라 지혜와 결합된 공감이다. 나는 이런 고차원적인 지식이 우리가 이전에 지식이라고 불렀던 모든 것이 불충분하다는 갑작스러운 인식, 즉 세상에는 우리가 철학에서 꿈꾸었던 그 이상의 어떤 게 있다는 갑작스러운 깨달음이 가져오는 신선하고 놀라운 충격 그 이상의 명확한 어떤 것이 아님을 안다. 그 깨달음은 햇볕이 안개를 밝게 비추는 것과 같다. 우리가 태양 표면을 평온하게 무사히 바라볼 수 없는 것처럼 인간은 이 이상 더 높은 차원에서 "인식할" 수는 없다. 칼데아 신탁[60](ὥστινον ον κεινον νοησες)은 "어떤 특정한 것을 인식하는 것처럼, 그것을 인식하지는 못할 것이다"라고 말한다.

　　복종할 법을 찾는 우리의 습관에는 비굴한 면이 있다. 편리할 때에 편의를 위해 법을 공부할 수는 있겠지만 법을 모르는 것이 성공적인 삶이다. 결박되고 나서야 우리가 알지 못했던 곳에서 우리를 구속하는 법에 관하여 알게 된다는 것은 확실히 불행한 일이다. 안개의 자녀여, 자유롭게 살아

---

60 칼데아 신탁(The Chaldæan Oracles): 바빌로니아 남부지방의 고대 왕국인 칼데아에서 비롯한 신탁. 지금은 부분적으로만 남아 있으며, 그 안에 포함된 교리는 자라투스트라(조로아스터교의 개조[開祖], 기원전 7~6세기경 포교)에 기인한다.

라―그런데 지식에 관한 한 우리 모두가 안개의 자녀들이다. 삶의 자유를 누리는 사람은 법을 만든 사람과의 관계 덕분에 모든 법 위에 있다. 『비슈누 푸라나』⁶¹는 "삶의 자유는 적극적 의무이지만, 우리를 예속시키기 위한 것이 아니다. 그것은 우리의 자유를 위한 지식이다. 다른 모든 의무는 우리를 지치게 할 뿐이고, 다른 모든 지식은 예술가의 교묘함일 뿐이다"라고 말한다.

우리 역사에 사건이나 위기가 얼마나 적고, 우리가 마음에 훈련을 받은 것이 얼마나 미비하며 경험한 것이 얼마나 적은지 놀랍다. 성장 자체가 이 단조로운 평형을 깨뜨린다 해도 나는 무성하게 성장하고 있다는 확신을 빨리 얻고 싶다. 비록 그런 성장이 길고, 어둡고, 후텁지근한 밤과 우울의 계절 내내 애를 써서 얻어지는 것이라 해도 말이다. 우리의 모든 삶이 이렇게 하찮은 희극이나 익살 광대극이 아니라 신성한 비극이면 좋을 것이다. 단테, 버니언, 그리고 여러 사람들은 우리보다 더 마음의 훈련을 받은 것 같다. 그들은 우리 지역의 학교나 대학이 심사숙고하지 않는 그런 문화의 영향을 받았다. 많은 사람들이 모하메트라는 이름만 들어도 비명을 지르겠지만, 그런 모하메트조차 헌신하고, 심지어 목숨까지 바칠 일을 보통 사람들보다 훨씬 더 많이 가지고 있었다.

아주 가끔, 철로를 걷다가 어떤 생각이 떠오르면 객차가 지나가도 그 소리를 듣지 못하는 경우가 있다. 그러나 어떤 굽힐 수 없는 법칙에 의해 우리의 인생은 이내 지나가지만 기차는 돌아온다.

---

61 『비슈누 푸라나(*Vishnu Purana*)』: 산스크리트로 쓰인 인도의 경전.

보이지 않게 떠돌며 폭풍 치는
로이라 주변으로 엉겅퀴를 구부리는 산들바람이여,
바람 부는 계곡의 여행자여,
왜 너는 내 귀를 그처럼 일찍 떠났느냐?

거의 모든 사람들이 자신들을 사회로 끌어당기는 매력을 느끼지만, 자연에 강하게 끌리는 사람은 아주 소수이다. 내가 보기에 사람들은 자연에 대한 반응 면에서 그들이 가진 기술에도 불구하고 대개 동물보다 못한 듯싶다. 동물들의 경우에서 보듯, 그것은 아름다운 관계가 아닐 때가 많다. 우리들 사이에서 풍경의 아름다움에 대한 이해는 참으로 부족하다. 그리스 사람들은 세상을 코스모스(Κόσμος), 즉 미(美) 혹은 질서라 불렀다는 말을 들었는데 우리는 왜 그들이 그렇게 했는지는 명확하게 이해하지 못하고 고작 그것을 흥미로운 철학적 사실로만 여긴다.

나로서는 자연과의 관계에서 일종의 경계의 삶을 사는 것 같은데, 그 세계의 경계에 머물며 가끔 잠깐씩 침투해 들어갈 뿐이고, 그래서 내가 퇴각해 돌아오는 나라에 대한 나의 애국심과 충성심은 늪지 산적들의 그것과 유사하다. 나는 자연적이라 부르는 삶을 위해서라면 상상할 수 없는 늪과 진창 속까지라도 도깨비불을 쫓아갈 요량이었지만, 어떤 달이나 반딧불이도 내게 거기에 이르는 둑길을 보여주지 않았다. 자연은 너무나 광대하고 보편적 존재이기 때문에 우리는 결코 그의 지형 중 하나도 다 보지 못했다. 내 고향 주위로 뻗어 있는 친숙한 들판을 산책하는 사람은 이따금 그 들판 주인의 땅문서에 묘사된 것과는 다른 곳에 있음을 깨닫게 된다. 실제 콩코드의 경계 안에 있는 어느 먼 들판에 와 있는 것 같은데 그곳은 콩코드의 사법권도 미치지 못하고 콩코드란 말이 불러일으키는 생각도 더는 떠오르지 않는 곳이다. 내 스스로 측량한 농장들과 내가 설정한 경계들이 안개 사이로 보이듯 희미하고 조용하게 나타난다. 그러나 어떤 화학작용으로도 그것들을 고정시킬 수는 없다. 그것들이 유리 표면에서 사라지고 나면 화가가 그린 그림이 아래에서 희미하게 모습을 드러낸다. 우리가 일상적으로 알고 있는 세계는 아무런 흔적도 남기지 않으며 그런 세계를 위한 기념일도 없을 것이다.

나는 며칠 전 오후에 스폴딩 씨 농장을 산책했다. 지는 해가 웅장한 소나무 숲의 반대편을 환히 비추고 있었다. 그 황금빛 햇살이 어떤 귀족의 넓은 방으로 들어가듯 숲의 회랑 속으로 흩어져 들어가고 있었다. 아주 감명을 받았는데, 마치 어떤 오래되고 아주 존경받을 만한 빛나는 가족이 콩코드라 불리는 땅 중에서 내가 알지 못하는 지역에 정착하였는데 ―태양이 그들의 하인이며― 그들은 마을로 내려가 사람들과 교제하지 않아서 찾아오는 사람도 없는 것 같았다. 숲 너머 스폴딩 씨의 덩굴월귤 밭에서 그 가족들의 공원과 놀이터를 보았다. 소나무들이 자라서 박공처럼 그것들을 장식하고 있었다. 나무들이 그들의 집보다 더 높이 자라 집이 명확하게 보이지는 않았다. 내가 숨을 죽이며 기뻐 떠드는 소리를 들었는지 어떤지 잘 모르겠다. 그들은 햇볕을 쬐려 누워 있는 것 같았다. 그들은 아들과 딸을 두었으며 유복했다. 때로는 반사된 하늘을 통해서 연못의 진흙 바닥이 보이는 것으로 보아, 그들의 큰 방을 가로지르는 농부의 마차길이 그들을 전혀 밀쳐내지 않는다. 그들은 스폴딩이란 이름을 들어본 적이 없고 그 농부가 자신들의 이웃이라는 사실도 알지 못한다. 그러나 나는 그가 짐마차를 끌고 그 집을 지나가며 부는 휘파람 소리를 들었다. 어떤 것도 그들이 누리는 삶의 평온함에 필적할 수 없었다. 그저 이끼가 그들의 문장(紋章)이었다. 소나무와 참나무에 그것이 그려져 있는 것을 보았다. 그들의 다락은 나무 꼭대기에 있었다. 그들은 정치와는 상관이 없었다. 거기에는 일하는 소리도 들리지 않았다. 그들이 피륙을 짜거나 실을 잣지는[62] 않은 것 같다. 그러나 바람이 가라앉고 소리가 잠잠해지면 생각할 수 있는 가장 감미로운 음악소리를 들을 수 있었는데, 그 소리는 오월에 멀리 위치한 벌집에서 나는 소리 같았는데 어쩌면 그들이 생각하는 소리였는지도 모르겠다. 그들은 허튼 생각을 하지 않았고 밖에 있는 사람은 아무도 그들이 하는 일을 볼 수 없었는데, 이는 그들의 일이 매듭이나 이상(異狀)생성물처럼 가두어진 것이 아니었기 때문이다.

그러나 그들을 기억하기가 쉽지 않다는 것을 알겠다. 내가 그들을 회상해내려고 몰두하며 애를 써서 얘기하는 지금도 그들이 내 머릿속에서 돌이킬 수 없이 희미해져간다. 내가 가진 최고의 생각을 회상해내기 위해 참으로 오랫동안 진지하게 노력을 기울이고 나서야 다시 그들이 나와 공존하고 있다는 사실을 인식하게 되었다. 이들과 같은 가족이 없었더라면 생각건대 나는 콩코드를 떠나야 했을 것이다.

우리는 뉴잉글랜드에 해마다 찾아오는 비둘기가 점점 줄어들고 있다고 얘기하는 데 익숙해져 있다. 우리의 숲들이 그들에게 마스트[63]를 제공해주지 않는다. 그래서 성장하고 있는 사람들에게 찾아오는 생각이 매해 점점 줄어드는 것 같은데, 이는 우리 마음속에 있는 작은 숲이 황폐해졌고 ―야망이라는 불필요한 불을 지피기 위해 팔리거나 제재소로 보내졌다―

---

62 "또 너희가 어찌 의복을 위하여 염려하느냐 들의 백합화가 어떻게 자라는가 생각하여 보라 수고도 아니하고 길쌈도 아니하느니라"(마 6:28)를 참조.
63 마스트(mast): 야생동물이나 가축들의 먹이가 되는 나무와 관목의 열매. 너도밤나무나 떡갈나무의 열매는 야생동물들의 먹이이다.

그 새들이 내려앉을 잔가지조차 거의 남아 있지 않기 때문이다. 그 새들은 우리 곁에서 둥지를 틀거나 알을 까지 않는다. 보다 더 온화한 계절에는 봄 혹은 가을 이동 중에 몇몇 생각의 새 떼들이 드리운 희미한 그림자가 마음의 풍경을 스쳐 지나갈 수도 있지만, 위를 쳐다봐도 그 생각의 실체를 찾아낼 수는 없다. 우리의 날개 달린 생각들은 가금(家禽)으로 바뀌고 말았다. 그것들은 더 이상 비상하지 않고, 기껏해야 상하이나 코친차이나[64]의 장대함에 이를 뿐이다. 그 위~대~한 생각들, 그 위~대~한 사람들은 어디에 있는가?

우리는 지구를 끌어안지만 좀처럼 지구를 오르지는 않는다. 내 생각에는 우리가 스스로를 좀 더 들어 올려야 한다. 그래야 하다못해 나무에라도 오를 수 있을 것이다. 언젠가 나무에 올라간 것이 수지가 맞았다. 언덕 위에 있는 큰 스트로부스소나무였다. 비록 송진을 뒤집어썼지만, 수평선에서 전에 본 적이 없는 새로운 산들을 —그리하여 그만큼 지구와 창공을 더 많이— 보았으므로 넉넉하게 보상을 받았다. 한평생 나무의 발치 주위를 걸어 다니면서도 그것들을 보지 못했을 것이 분명하다. 그러나 무엇보다도 내 주위 —그때는 유월 말경이었는데— 가장 높은 가지 끝에서 원추형의 아주 작고 예쁜 붉은 꽃, 하늘을 쳐다보고 있는 스트로부스소나무의 비옥한 꽃들을 보았다. 나는 가장 높은 가지를 곧장 마을로 가져와 거

---

64 상하이(上海)는 중국의 항구도시이다. 코친차이나(Cochinchina)는 프랑스 식민지시대의 베트남 남부를 유럽인들이 부르던 이름으로 베트남식으로는 식민지시대 이전부터 지금까지 남키(남부 행정구)라고 불린다. 소로가 생존했던 1858년 프랑스의 사이공 점령에 뒤이어 1862년에 이 지역 전체가 프랑스에 할양되었고, 1887년에는 프랑스령 인도차이나 연합에 가입했다.

리를 지나가던 낯선 배심원들과 ―그 주간에 재판이 열리고 있었다― 농부, 목재상, 벌목꾼, 사냥꾼들에게 보여주었는데, 아무도 그런 것을 여태껏 본 적이 없다며 마치 별이라도 떨어진 것인 양 신기해했다. 어떤 고대의 건축물이 기둥 꼭대기 작업을 더 낮고 더 잘 보이는 부분만큼 완벽하게 마무리했는지 말해보라! 자연은 처음부터 숲의 자그마한 꽃들을 사람들의 머리 위에 놓아두어 사람들이 보지 못하게 했고, 하늘을 향해서만 피도록 했다. 우리는 들판에서 발아래 핀 꽃들만 본다. 소나무는 수 세기 동안 매해 여름 숲에서 가장 높은 가지에다, 그리고 자연의 백인 아이들 머리 위에서처럼 자연의 홍인(紅人)[65] 아이들 위에도 그 고운 꽃을 피웠다. 그러나 이 땅의 농부나 사냥꾼 중 그 꽃을 본 이는 거의 없다.

무엇보다도 우리는 현재를 떠나서는 살 수 없다. 과거를 기억하느라고 현재 삶의 어떤 순간도 허비하지 않는 사람은 다른 모든 인간들보다 복받은 사람이다. 우리 철학이 지평선 내의 모든 헛간 앞마당에서 수탉이 우는 소리를 듣지 못한다면 시대에 뒤떨어진 것이다. 그 소리는 우리가 하는 일과 사고의 습관이 녹슬고 낡아가고 있다는 것을 상기시킨다. 수탉의 철학이 우리의 철학보다 더 현대적임이 드러난다. 그 소리에는 그것이 새로운 성서―이 순간의 복음임을 일깨우는 뭔가가 있다. 결코 뒤처진 적이 없으며 일찍 일어나 일찍 움직이며, 시간의 맨 앞자리에 적절한 때에 있어야 할 곳에 있다. 닭의 울음소리는 자연의 건강과 온전함의 표현이며 온 세상

---

65 홍인(紅人): red children을 번역한 말로서 인디언을 가리킴. 잉글랜드 태생의 미국 작가·박물학자 어니스트 톰슨 시턴(Earnest Thompson Seaton, 1860~1946)의 *The Gospel of the Red Man*(1936)도 '인디언의 복음'으로 번역되었다.

을 향한 외침으로서 이 시간의 마지막 순간을 축하하려고 꽃망울을 터뜨린 봄과 뮤즈들의 새로운 영천(靈泉) 같은 건강함이다. 그가 사는 곳에서는 어떤 탈주 노예 처벌법도 통과되지 않는다. 그 울음소리를 마지막 들은 이래 자신의 주인을 여러 번 배반하지 않은 사람이 누가 있겠는가?

이 새의 울음소리가 지닌 장점은 모든 구슬픔에서 자유롭다는 데에 있다. 그 가수는 손쉽게 우리를 감동케 해서 눈물을 흘리게 하거나 웃게 할 수 있는데, 우리 속에 순수한 아침의 기쁨을 불러일으킬 수 있는 이는 어디에 있는가? 아주 서글프게 의기소침하여 일요일 나무가 깔린 보도의 끔찍한 침묵을 깨뜨리거나, 혹은 상가(喪家)에서 밤샘을 할 때, 멀리 혹은 가까이서 수탉이 우는 소리가 들리면 "여하튼 우리들 중 하나는 잘 있구나"라는 생각이 들고 갑자기 기운이 솟고 정신을 차리게 된다.

지난 11월 어느 날 일몰이 아주 인상적이었다. 우리는 작은 개천의 수원(水原)인 어떤 풀밭을 걷고 있었는데 춥고 으스레한 날을 보내고 마침내 해가 지기 직전에 지평선의 어떤 명확한 단층에 이르렀다. 지평선 반대편에는 가장 부드럽고 밝은 아침 햇살이 마른 풀과 나무 줄기 위에, 그리고 산허리에 있는 난쟁이꿀밤나무 잎 위에 떨어졌는데 우리 그림자가 풀밭 위 동쪽으로 길게 뻗어 우리가 그 햇살 속의 유일한 티끌인 것 같았다. 그것은 우리가 한 순간 전에는 상상조차 할 수 없었던 빛이었고 공기 또한 너무나 따뜻하고 고요해서 그 들판을 천국으로 만드는 데 부족한 것이라곤 없었다. 이 일이 다시는 일어나지 않을 어떤 일회성 현상이 아니라 무수히 많은 저녁에 영원히 계속해서 일어나 그곳을 걷는 마지막 아이를 기쁘게 하고 다시 용기를 내게 하리라는 것을 생각하니 더더욱 찬란해 보였다.

도시에 아낌없이 퍼부었던 그 모든 영광과 광채를 안고 어쩌면 이전에 졌던 것과는 다른 모습으로 집 한 채 보이지 않는 외딴 들판 위로 해가 진다. 거기에는 날개를 태양빛으로 도금한 외로운 개구리매나 굴에서 밖을 내다보는 사향뒤쥐가 있을 뿐이고, 늪지 한가운데는 검은 빛 작은 시내가 있어 썩어가는 그루터기를 휘감으며 막 굽이쳐 흐르기 시작했다. 마른 풀과 나뭇잎들을 황금빛으로 물들이며 너무나도 부드럽고 평온하게 빛나는 정말 순수하고 밝은 빛 속으로 걸어가면서, 잔물결이나 소리 하나 없는 그 같은 황금빛 큰물에 목욕을 한 적이 없다는 생각이 들었다. 모든 숲과 언덕의 서쪽 면은 엘뤼시온[66]의 경계처럼 빛났고 등 뒤에 있는 태양은 저녁에 우리를 집으로 몰고 가는 온유한 목자 같았다.

그렇게 우리는 성지(聖地)를 향해 걸어간다. 언젠가는 태양이 이전보다도 더 밝게 빛나며 우리의 정신과 마음속을 비춰 가을에 제방의 경사면 위로 내리는 따뜻하고 평온한 황금빛 같은 위대한 각성의 빛으로 우리의 모든 삶을 환하게 밝혀줄 것이다.

---

[66] 엘뤼시온(그 Elysion, 영 Elysium): 낙원을 뜻하는 말로 지복(至福)의 나라. 올바른 삶을 산 영혼만이 들어갈 수 있으며 이들은 영원한 봄과 해가 비치는 곳에서 즐겁게 지낸다.

6

가을의 빛깔

미국에 오는 유럽인들은 우리나라 가을 나뭇잎의 아름다움에 놀란다. 영국 시에는 그와 같은 현상을 묘사한 것이 없는데, 거기에는 곱게 물드는 나무가 거의 없기 때문이다. 이 주제에 관해 얘기한 최상의 것이 톰슨의 「가을」 다음 행들에 들어 있다.

> 그러나 보라, 색이 바래가는 다채로운 숲을,
> 색조 위에 색조가 깊어가 세상이 온통
> 갈색으로 물드는 것을, 거무스름하고 암갈색,
> 그리고 희미하게 색이 바랜 녹색에서 숯처럼 검은색에 이르기까지
> 모든 색깔로, 무리 지어 있는 나뭇잎들을.[1]

그리고 이렇게 말하는 구절도 있다.

---

1 제임스 톰슨의 『사계(The Seasons)』 중 「가을(Autumn)」 950~954행에 나오는 구절.

노란 숲 위로 가을이 빛을 발하고 있다.[2]

그러나 가을 숲에 일어나는 변화가 아직 우리 자신의 문학에는 깊은 인상을 남기지 못했다. 시월이 우리 시를 거의 물들이지 못한 것이다.

도시에 평생 살아서 이 계절에 시골로 와볼 기회가 한 번도 없었던 아주 많은 사람들은 한 해의 꽃을, 아니 그보다는 한 해의 잘 익은 과일인 단풍을 결코 본 적이 없다. 그런 도시 사람과 말을 같이 타고 간 적이 있었는데, 최고로 아름다운 단풍을 보기에는 약 보름쯤 늦었지만, 단풍을 보고 깜짝 놀라며 더 아름다운 단풍이 있었다는 것을 믿으려 들지 않았던 게 기억난다. 그는 이 같은 현상에 관해 이전에 한 번도 들어본 적이 없었다. 읍내에 사는 많은 사람들이 그런 단풍을 보지 못했을 뿐더러 해가 지나면 대다수는 거의 기억조차 못한다.

사람들 대부분이 익은 사과와 썩은 사과를 혼동하는 것처럼, 단풍 든 나뭇잎을 말라 죽은 나뭇잎과 혼동하는 것 같다. 나는 어떤 잎이 열매의 성숙에 상응하여 선명하게 단풍이 들면 그 잎이 후기의 완전한 성숙에 이르렀다는 증거라고 생각한다. 일반적으로 가장 오래되고 낮은 곳에 있는 잎이 가장 먼저 단풍이 든다. 그러나 대체로 날개가 멋지고 빛깔이 화려한 곤충이 얼마 못 사는 것처럼 잎도 성숙하면 떨어지고 만다.

일반적으로 모든 과일은 익어 떨어지기 직전에는 보다 더 독립적이고 개별적인 삶을 시작하기 때문에 어디에서건 그리 많은 영양을 받을 필요가 없고, 줄기를 통해 흙에서 양분을 얻기보다는 태양과 공기를 통해 더 많은 양분을 얻으므로 밝은색을 띠게 된다. 잎도 마찬가지이다. 생리학자들은

---

2 「가을」 1051행.

그것은 "산소의 흡수가 증가했기 때문"이라고 말한다. 이는 그 일에 대한 과학적 설명으로서 그런 사실을 재확인할 뿐이다. 나는 처녀의 장밋빛 뺨에 더 관심이 있지 그녀가 어떤 특별한 음식을 먹고 살았는지는 알고 싶지 않다. 지구의 얇은 막인 바로 그 숲과 초목이 밝은색으로 변하게 되는 것인데, 이는 지구가 성숙했다는 한 증거이다. 마치 지구 자체가 그 줄기에 달린 열매로서 태양을 향해 항상 뺨을 향하고 있는 것처럼 말이다.

꽃은 물든 잎에 지나지 않고 열매는 익은 잎에 다름 아니다. 생리학자들은 대부분 과일의 먹을 수 있는 부분은 "잎의 유조직(柔組織)이나 과육 조직"인데 이런 것들로 과일이 만들어진다고 말한다.

식욕이 숙성과 숙성의 현상, 색깔, 달콤함, 그리고 완전함에 관한 생각을 통상 우리가 먹는 과일에 한정시켜버리기 때문에 우리는 먹지 않고 사용하는 일이 거의 없는 엄청난 수확물이 매년 자연에 의해 숙성된다는 것을 잊기 쉽다. 우리는 매년 열리는 가축공진회(共進會)나 원예박람회에서 멋진 과일들을 잘 전시한다고 생각하지만, 그러나 그것들은 자신의 아름다움을 제대로 평가받지 못하고 다소 비참한 결말에 이르고 만다. 우리 읍내 안 그리고 읍내 주변에는 해마다 어마어마하게 큰 규모의 과일 쇼가 펼쳐지는데, 그 과일들은 오로지 우리의 미적 취향을 충족시켜주는 것들이다.[3]

10월은 물든 나뭇잎들의 시절이다. 나뭇잎들이 화려하게 타오르는 색채가 온 세상에 반짝거린다. 과일과 나뭇잎 그리고 한 날도 지기 직전에 화려한 색을 띠는 것처럼, 한 해도 저물 때가 가까우면 화려한 색을 띤다.

---

[3] 앞 문장은 실제 과일을 가리키고 이 과일을 사람들이 멋지게 전시하지만 결국 먹어버려 비참한 결말에 이른다는 말이고, 이 문장의 과일은 단풍을 가리킨다.

10월이 한 해의 해질녘 노을이라면 11월은 더 늦은 황혼녘이다.

나는 이전에 단풍이 드는 나무와 관목 그리고 초본이 녹색에서 갈색으로 변하며 가장 화려하고 특징적인 색을 띠었을 때 그것들의 표본을 구해와서 공책에다 윤곽을 그리고 물감으로 정확하게 모사한 후 그 공책을 『10월 혹은 가을 단풍』이라고 명명하는 일이 의미 있을 거라고 생각한 적이 있었다. 가장 먼저 붉게 물드는 인동덩굴로 시작해서 근생(根生) 나뭇잎들의 진홍색, 단풍나무와 히코리 그리고 옻나무와 일반적으로 덜 알려진, 아름답게 반점이 박힌 여럿 나뭇잎들을 거쳐 가장 늦은 참나무와 사시나무에 이르는 책 말이다. 그런 책은 얼마나 멋진 기념품이 될 것인가! 마음이 내킬 때 책장을 넘기기만 하면 언제나 가을 숲을 산책할 수 있을 것이다. 나뭇잎 그 자체를 색이 바래지 않게 보관할 수 있다면 훨씬 더 나을 것이다. 그런 책을 만드는 데에 별 진전이 없었고 그래서 나는 그 대신에 이 모든 화려한 단풍들을 그것들이 물드는 순서대로 묘사하려고 노력했다. 다음 글들은 내 공책에서 일부 발췌한 것들이다.

퍼플그라스

8월 20일이 되어 숲과 늪지에서 화사하게 물든 사르사 잎과 양치류, 시들어 검게 변한 앉은부채와 크리스마스로즈, 강가에서 피커럴 위드가 이미 검게 변한 것을 보면 사방에 가을이 왔음을 깨닫게 된다.

퍼플그라스(purple grass, *Eragrostis pectinacea*)는 지금 절정의 아름다움을 뽐내고 있다. 내가 처음 이 풀을 각별하게 주목했을 때를 아직도 기억한다. 우리의 강[4] 가 근처 한 언덕에 서서 나는 땅이 경사져 내려가 목초지가 되는 숲 모서리 아래 30~40로드 떨어진 곳에서 대여섯 로드 정도의 긴 자주색 띠를 발견했다. 그 풀은 빈틈없이 짙게 묻은 딸기자국처럼 진한 자줏빛이어서 한 무더기의 사슴잔디(rhexia)처럼 아주 화사하지는 않지만 색이 화려하고 흥미로웠다. 그리로 가서 살펴보자마자 그것이 일종의 풀로서 꽃이 피었다는 것을 알게 되었는데, 키는 1피트를 넘지 않으며 푸른 잎은 거의 없고 자주색 꽃이 원추꽃차례로 멋지게 펴져 있어서 내 주위로 얇은 자줏빛 안개가 어른거리고 있는 듯했다. 가까이서 보니 흐릿한 자주색으로 그다지 인상적이지는 않았다. 찾아내기도 힘들뿐 아니라, 한 포기를 뽑아보면 아주 가늘고 색깔이 변변치 않아 놀라게 된다. 그러나 햇빛이 좋을 때 멀리서 보면 꽃처럼 멋지고 밝은 자줏빛으로 대지를 아름답게 장식하고 있다. 그처럼 하찮은 요인들이 모여 이렇게 두드러진 효과를 창출해낸다. 일반적으로 풀은 색이 우중충하고 소박하기 때문에 더 놀랐고 매력을 느꼈다.

퍼플그라스는 아름다운 자줏빛 홍조를 띠고 있어 이제 지기 시작하는 사슴잔디를 상기시키며 그 자리를 대신 차지하고 있는데, 이것이 8월의 가장 흥미로운 현상 중 하나이다. 가장 멋진 퍼플그라스 무리는 좁고 긴 황무지나 목초지 끝 바로 위 건조한 언덕 기슭 가장자리에서 자라는데, 거기는 욕심 많은 풀꾼도 낫을 휘두르려 하지 않는 곳이다. 이 풀이 너무나 가늘고 별 볼일 없어서 눈에 띄지 않기 때문이다. 혹은 이 꽃이 너무 아름다워서 꽃이 있다는 것을 모를 수도 있다. 똑같은 눈으로 이 풀과 큰조아재비(timothy)를 볼 수 없기 때문이다. 풀꾼은 이 풀 옆에서 자라는 보다 더 영양가 있는 풀들과 목초지의 건초는 세심하게 거두어들이지만 이 멋

---

4 콩코드 강.

진 자줏빛 안개는 산책자가 추수하게끔 ―그의 상상거리를 위한 여물로 ― 남겨둔다. 언덕 더 높은 곳에서는 블랙베리, 세인트존스워트 그리고 방치된 채 시들어 억세져버린 준그래스(June-grass)도 자랄 것이다. 퍼플그라스가 해마다 잘리는 무성한 풀들 가운데서 자라는 것이 아니라 그와 같은 장소에서 자라는 것이 얼마나 다행인가! 자연은 그렇게 실용과 미를 분명하게 구분한다. 나는 그 풀이 매해 자신을 드러내어 땅을 어김없이 홍조로 물들이는 그런 장소를 여럿 알고 있다. 퍼플그라스는 완만한 비탈에서 길게 무리 지어 자라거나 군데군데 직경 1피트 정도 되는 둥근 다발을 이루어 자라다가 매서운 첫 서리가 내리면 죽고 만다.

대다수의 식물은 꽃부리와 꽃받침이 가장 화려한 색을 띠고 있으며 가장 매력적인 부분이다. 많은 식물에서 과피(果皮) 혹은 과일이 그렇고, 다른 식물들에서는 미국꽃단풍(red maple)처럼 잎이 그러하며, 또 어떤 식물들에서는 주된 꽃 혹은 꽃이 피는 부분인 줄기 자체가 그러하다.

특히 미국자리공(poke)이나 가르겟[5]은 마지막 경우에 해당된다. 우리 절벽 아래에서 자라는 몇몇은 이즈음 그리고 9월 초에 그 자줏빛 줄기로 나를 아주 황홀하게 한다. 내게는 그것들이 대부분의 꽃들만큼이나 흥미로우며 가을 열매에서 가장 중요한 것 중 하나이다. 그 색이 줄기와 가지, 꽃자루, 작은 꽃자루, 잎꼭지, 그리고 심지어 노란빛이 도는 자줏빛 엽맥(葉脈)이 있는 잎에까지 지나칠 정도로 넘쳐서 모든 부분이 다 꽃(혹은 열매)이라고도 할 수 있을 지경이다. 녹색에서 짙은 자줏빛에 이르기까지 다양한 색깔을 띤 6~7인치쯤 되는 원통형 총상꽃차례 열매는 우아하게 사방으로 늘어져서 새들에게 식사를 제공하고 있다. 게다가 새가 그 열매를 쪼

---

[5] 가르겟(garget): 자리공과에 속하는 식물. pokeroot 혹은 pokeweed로도 불린다.

아 먹은 꽃받침 조각들까지도 화사한 진홍색 일색이었는데, 모든 생명들에게 —모두가 완숙으로 불타고 있는— 균등하게 불꽃 같은 진홍색 빛을 되비치고 있었다. 랙(lac) 염료에서 진홍색 염료를 뜻하는 레이크(lake), 라카(lacca)라는 말이 이렇게 나왔다. 또한 꽃봉오리, 꽃, 푸른 열매와 짙은 자줏빛 혹은 숙성한 열매, 그리고 이 꽃 같은 꽃받침들이 동시에 한 풀에 달려 있다.

우리는 온대의 식물들에서 나타나는 붉은색은 무엇이든지 보기를 좋아한다. 붉은색은 색 중의 색이다. 이 풀은 우리의 피에 호소한다. 이 풀은 자기 위에 있는 태양에게 자신이 가장 멋지게 보이게 해달라고 요청하므로 한 해 중 바로 이 철에 보아야 한다. 8월 23일이 되면 따뜻한 산허리에서 그 줄기가 익는다. 바로 그날 나는 어느 절벽 옆에 있는 6~7피트 높이의 아름다운 풀숲을 산책했는데, 거기에서는 그 풀들이 일찍 원숙해진다. 아직도 선명한 푸른 잎과는 대조되는 꽃을 달고서, 그 풀들은 아주 화사하게 짙은 자주색이었다. 이것이면 여름은 충분하다는 양 그 같은 풀을 키워내고 완성시킨 것이야말로 자연의 귀한 승리처럼 보였다. 그 풀은 얼마나 완벽한 성숙에 이르는가! 그 풀은 요절로 끝나버리지 않는 성공적인 삶의 표상인데, 이런 삶은 자연에 광채를 더해준다. 우리가 뿌리와 가지가 쇠퇴해가는 도중에도 빛나는 미국자리공처럼 완전하게 성숙할 수 있다면 얼마나 좋을까! 고백건대 그 풀들을 바라보면 가슴이 설렌다. 다듬어서 몸을 기댈 지팡이로 쓰려고 하나를 잘랐다. 나는 그 열매를 손가락 사이에 넣고 짜서 그 즙에 내 손이 물드는 것을 보기 좋아한다. 런던의 부두에서 파이프[6]통을 헤아리는 대신 눈으로 하나씩 음미하면서, 석양 노을을 간직하고 분산

---

6 파이프(pipe): 포도주를 담는 큰 통. 용량 단위로서 1파이프는 126갤런에 해당한다.

시키는 자줏빛 포도주가 담겨 있고 똑바로 선 채 가지가 뻗은 이 큰 술통 사이로 걸어가는 것은 얼마나 큰 특권인가! 자연의 술이 포도주에만 국한된 것은 아니다. 마치 우리 고유 식물들은 즙이 없고 노래해줄 시인도 없는 것처럼, 우리나라 시인들은 늘상 자신이 본 적도 없는 외국 식물의 산물인 포도주를 노래해왔다. 실제 어떤 사람들은 이 풀을 미국 포도라고 불렀고 그 즙은 미국 원산이지만 몇몇 외국에서는 포도주의 색깔을 향상시키는 데에 사용되기도 했다. 그러니 삼류시인들이 미국자리공의 미덕을 자신도 모르면서 찬양하고 있었던 셈이다. 서녘 하늘을 새롭게 칠하기에 충분하며 원하면 술잔치를 벌일 수 있는 과실이 여기에 있다. 피로 물든 그 풀의 줄기로는 그와 같은 춤에 사용할 수 있는 얼마나 멋진 피리를 만들 수 있겠는가! 그 풀은 참으로 왕 같은 풀이다. 미국자리공 줄기 사이에서 명상하며 한 해의 저녁을 보낼 수도 있을 것 같다. 어쩌면 이 풀숲 사이에서 마침내 철학과 시의 새로운 유파가 생겨날 수도 있을 것이다. 이 풀은 9월 내내 지속된다.

내가 좋아하는 풀의 한 속(屬)인, 쇠풀속(*andropogon*) 즉 쇠풀(beard-grass)은 미국자리공과 같은 시기나 8월 말경에 그 절정에 이른다. 칠면조발 쇠풀(*Andropogon furcatus*)은 갈라진 쇠풀 혹은 자줏빛 손가락 풀이라고 불리고, 작은 쇠풀(*Andropogon scoparius*)은 자줏빛 우드그라스(purple wood-grass), 그리고 *Andropogon nutans*(지금은 *Sorghum nutans*라고 불리는데)는 인디언그라스(Indian-grass)라고 불린다. 첫 번째는 아주 키가 크고 줄기가 늘씬한 풀인데, 3~7피트까지 자라고 네다섯 개의 자주색 손가락 같은 수상꽃차례가 꼭대기에서 하늘을 향해 만세를 부르고 있다. 두 번째 풀도 아주 늘씬한데 1피트 반경에 2피트 높이로 다발을 이루어 자라고 줄기는 종종 조금 구부러져 있는데 수상꽃차례에서 꽃이 지면 희끄무레한 보풀 같은 모습을 띤다. 이 시기에 이 두 풀은 건조하고 모래가 많은 들판과 언덕에서 가장 흔히 볼 수 있는 것들이다. 두 풀의 아름다운 꽃은 말할 것도 없고 줄기도 자줏빛을 반사하여 한 해가 무르익었음을 선포하는 데 한몫한다. 농부들한테 무시당해 불모의 버려진 땅을 차지하고 있어서 어쩌면 그것들을 더 동정하는지도 모르겠다. 그것들은 잘 익은 포도처럼 색조가 두드러지고, 그래서 봄이 생각할 수 없었던 원숙함을 드러낸다. 오직 8월의 태양만이 이 줄기와 잎들을 그렇게 윤이 나게 할 수 있었을 것이다. 이미 고지대의 건초 만드는 일을 끝마쳤으니 농부는 이 가느다란 야생풀이 듬성듬성 핀 이곳까지 낫을 들고 오려 하지는 않을 것이다. 사람들이 종종 그 풀들 사이사이에 텅 빈 모래가 있는 공간을 보게 되는 것이 이 때문이다. 그러나 나는 고무되어 모래 들판 위에 무리지어 자란 자줏빛 우드그라스와 관목 참나무(shurb oak) 가장자리를 따라 걸으면서 이런 소박한 동기생들을 보는 것이 즐겁다. 나는 상상 속에서 낫을 한 번 넓게 휘둘러 그 풀들을 "베고" 말이 끄는 써레를 써서 이랑으로 모아들인다. 예민한 귀를 가진 시인은 내가 낫을 가는 소리를 들을 수도 있을 것이다. 이 두 풀은 내가 처음으로 구별하는 법을 배운 풀인데, 전에는 내가 얼마나 많은 친구들에 둘러싸여 있는지를 미처 알지 못했다. 그것들이 단지 서 있는 풀로만 보였다. 그것들의 자주색 줄기도 미국자리공 줄기처럼 나를 흥분시킨다.

    8월이 끝나기 전에 대학졸업식과 우리를 소외시키는 사회로부터 어떤 피난처가 있는지 생각해보라! "그레이트 필즈(Great Fields)"의 경계에 있는 자줏빛 우드그라스 덤불 속에 슬그머니 숨을 수도 있다. 이런 오후에는 어디로 걸어가든 자줏빛 손가락 같은 그 풀들 또한 안내판처럼 서 있어 최근에 내 생각이 여행했던 것보다 더 시적인 길로 나를 인도한다.

    어떤 사람이 자기 키만큼 큰 풀을 바삐 지나가며 밟고, 그 풀을 몇 톤이나 잘라서 외양간에 뿌려주고 몇 년 동안이나 소에게 먹이고서도 그 풀이 존재한다는 것을 알지 못했다고 할 수도 있다. 하지만 그가 그 풀을 한 번이라도 우호적으로 주목해 보았더라면 그 풀의 아름다움에 압도되었을 것이다. 가장 미천한 풀이나 우리가 잡초라고 부르는 것도 그 하나하나가 우리의 어떤 생각이나 기분을 표현하기 위해 거기 서 있는 것이다. 그러나 그것들은 얼마나 오랫동안 헛수고만 하고 있는가! 나는 여러 해 동안 8월이면 "그레이트 필즈"를 걸어 다녔지만 거기에서 만난 이 자줏빛 친구들을 한 번도 분명하게 알아보지 못했다. 그 풀들을 스쳐 지나가고 심지어는 밟기까지 했다. 그런데 이제 마침내 그것들이 일어서서 내게 은혜를 베푼 것이다. 아름다움과 진정한 부는 항상 이렇게 쉽게 얻을 수 있기에 멸시를 당한다. 천국은 사람들이 기피하는 장소라고 정의될 수도 있을 것이다. 농부가 자신에게는 아무런 가치도 없다고 한 이 풀이 당신이 그 가치를 알아주는 데서 얼마간의 보상을 찾는다는 것을 누가 의심할 수 있겠는가? 내가 이전에 그 풀들을 결코 본 적이 없다고 말할지 모른다. 그러나 내가 와서 그 풀들을 정면으로 마주보자 거기에서 지난 수년간의 자주색 빛이 내게로 내려 왔다. 그래서 지금은 어디를 가든지 다른 것은 거의 보이지 않는다. 쇠풀의 통치와 지배가 임한 것이다.

모래들조차 만물을 성숙케 하는 8월 태양의 영향을 고백하는데, 내가 보기에는, 모래들은 자신들 위에서 흔들리는 길고 가느다란 풀과 더불어 자줏빛을 반사하는 것 같다. 자줏빛으로 물든 모래를 생각해보라! 식물과 대지의 구멍 속으로 흡수된 이 모든 태양빛이 그 같은 결과를 낳은 것이다. 지금 모든 수액과 혈액이 포도주 빛이다. 마침내 자줏빛 바다뿐만 아니라 자줏빛 육지도 얻게 된 것이다.

황폐한 곳 여기저기에서 자라는 밤나무 쇠풀(Chestnut beard-grass),

인디언그라스 혹은 우드그라스는 퍼플그라스보다 더 귀하지만(키는 2피트에서 4~5피트에 이르는데) 그 동일속식물(同一屬植物)보다도 훨씬 더 멋지고 선명한 색채를 띠고 있어 당연히 인디언들의 시선을 사로잡았을 것이다. 인디언그라스는 길고 좁으며 한쪽으로 치우쳐 있고 약간 고개 숙인 원추꽃차례에 밝은 자주색과 노란색 꽃이 피는데, 갈대 같은 잎들 위로 솟은 깃발 같다. 이 화려한 군기(軍旗)가 이제는 먼 언덕까지 진군해왔는데 많은 군사처럼 무리를 지어 있는 것이 아니라 인디언들처럼 비산(飛散)되어 있거나 혹은 일렬(一列)로 늘어서 있다. 인디언그라스는 자신의 이름을 따온 종족의 대표로서 멋지고 화사하게 서 있지만 대체로 인디언들처럼 눈에 띄지 않는다. 내가 처음 이 풀을 지나가다가 눈여겨본 이후 이 풀의 인상은 마치 시선(視線)처럼 한 주간 동안 나를 사로잡았다. 그 풀은 자신이 좋아하는 사냥터를 마지막으로 바라보는 인디언 추장처럼 서 있다.

미국꽃단풍

미국꽃단풍(red maple)은 9월 25일이 되면 대개 물들기 시작한다. 몇몇 큰 나무들은 눈에 띄게 한 주 동안 색이 변하고 있고, 홀로 서 있는 몇몇 나무들은 이제 색이 아주 선명하다. 초원을 가로질러 반 마일 떨어져 작은 단풍나무 한 그루가 푸른 숲 가장자리를 배경으로 하여 서 있는 것이 눈에 들어오는데, 여름철 나무에 달린 어느 꽃보다도 훨씬 더 밝은 빨간색을 띠고 있으며 더 두드러진다. 어떤 나무는 다른 나무보다 일찍 열매를 맺는 것처럼 나는 이 나무가 항상 제 동료들보다 일찍 색이 바뀌는 것을 몇 년 동안 지켜보았다. 어쩌면 그 나무가 계절을 알려주는 역할을 수행하는지도 모른다. 그 나무가 잘리면 마음이 아플 것이다. 나는 우리 읍내 다른 곳에 서 있는 그 비슷한 나무 두 세 그루를 알고 있는데 그것들을 일찍 단풍이 드는 나무 혹은 9월의 나무라고 보급하고, 사람들이 정말로 좋아한다면 그 나무들의 씨를 무씨와 마찬가지로 시장에 광고할 수도 있을 것이다.

현재 이 불타오르는 숲이 주로 목초지 가장자리를 따라 늘어서 있거나 저 멀리 언덕 여기저기에 서 있는 것이 보인다. 때때로 당신은 주변의 다른 나무들은 아직도 완벽하게 파란데 늪에 있는 여러 작은 단풍나무들은 선홍색이 완연하고 그래서 그만큼 더 화사하게 보인다는 것을 알게 될 것이다. 이 철에 그렇게 일찍 들판을 한쪽으로 가로질러 지나가노라면, 마치 이 나무들이 도착한다는 소식을 듣지 못한 인디언들이나 다른 숲에 사는 사람들의 화사한 야영지인 양 당신을 깜짝 놀라게 할 것이다.

아직도 여전히 새파란 다른 단풍나무들이나, 상록수를 배경으로 아주 밝은 선홍색을 발하며 홀로 서 있는 단풍나무 몇 그루는 전체 숲이 점점 물드는 것보다 더 인상적이다. 한 나무 전체가 숙성한 과즙이 꽉 찬 하나의 거대한 주홍색 열매 같고 가장 낮은 가지부터 가장 높은 꼭대기 가지까지 다 불타오르고 있을 때, 특히 태양을 마주해서 그것을 보면 얼마나 아름다운가! 그 풍경 속에서 어떤 물체가 더 두드러지겠는가? 몇 마일 밖에서도 다 보이고 믿기지 않을 정도로 아름답다. 이 같은 현상이 딱 한 번만 일어난다면 그것은 전승에 의해 후손에게 전해지고 마침내는 신화 속으로 편입될 것이다.

다른 동료들보다도 앞서서 이렇게 물드는 단풍나무는 현저히 눈에 띄는데 때로는 한 주 혹은 두 주간 그런 상태를 유지한다. 주위의 푸른 제복을 입은 삼림거주자 연대(聯隊)를 위해 주홍색 군기를 높이 들고 있는 그

나무의 모습을 보면 가슴이 설레고, 그래서 자세히 보기 위해 가던 길에서 반 마일을 벗어나기도 한다. 미국꽃단풍 한 그루가 이렇게 풀밭이 많은 계곡에서 최고의 아름다움을 뽐내고 있고, 그 모든 주변 숲의 모습도 그로 인해 동시에 더 활기를 띤다.

작은 미국꽃단풍 한 그루가 어느 궁벽한 골짜기 정상 먼 곳, 어떤 길에서도 1마일이나 떨어져 있는 곳에서 우연히 사람들 눈에 띄지 않고 자랐다. 그 나무는 성실하게 겨울과 여름 내내 단풍나무의 의무를 이행했고 나무의 경제학을 하나도 무시하지 않았으며, 수개월 동안 바깥으로 나다니지도 않고 지속적으로 성장해서는 단풍나무에게 속한 미덕을 좇아 키를 더하여 봄에는 하늘에 더 가까워졌다. 그 나무는 충실하게 수액을 절약했고 떠돌아다니는 새들에게 안식처를 제공했으며 오래전에 씨앗을 성숙시켜 바람에 의탁했고, 처신을 잘한 어린 단풍나무 천 그루가 어디선가 정착해 살아있음을 알고서 아마 만족해할 것이다. 그 나무는 단풍의 왕국에 들어갈 자격이 충분하다. 나뭇잎들은 그 나무에게 "우리는 언제 빨갛게 되는 거야?"라고 작은 목소리로 계속 물어보곤 했다. 그리고 이제 사람들이 바닷가나 산 혹은 호수로 서둘러 떠나는 여행의 계절인 9월에, 이 겸손한 단풍나무는 1인치도 움직이지 않고서도 그 명성대로 여행을 떠난다—그 언덕 사면으로 주홍색 깃발을 퍼뜨리는데 이는 그 나무가 다른 모든 나무들보다 먼저 여름의 과업을 끝내고서 이제 경쟁에서 물러난다는 뜻이다. 가장 활발하게 일을 하는 동안에는 아무리 살펴보아도 찾아낼 수 없던 그 나무가 이제 한 해의 막바지에 이르러 그 완숙의 빛깔로 그리고 자신의 홍조로 마침내 멀리 떨어져 있는 무관심한 여행자에게 자신의 모습을 드러내어, 그 사람의 생각을 먼지 나는 길에서 벗어나 자신이 살고 있는 멋진 고독 속으로 이끈다. 그 나무는 단풍나무—꽃단풍(*Acer rubrum*)—의 모든 아름다움과 미덕을 지녀 눈에 띄게 번쩍거린다. 이때 우리는 그 나무의 이름, 혹은 "붉다(rubric)"라는 말을 분명하게 이해하게 된다. 그 나무의 죄가 아니라 미덕이 주홍처럼 붉다.[7]

미국꽃단풍이 우리나라 나무들 가운데 가장 강렬한 진홍색이지만 가장 칭송되는 것은 사탕단풍(sugar maple)으로 미쇼도 자신이 쓴 『식물지』[8]에서 미국꽃단풍의 단풍에 관해서는 언급하지 않는다. 10월 2일쯤 되면 다른 여러 나무들은 아직도 녹색이지만 이 단풍나무는 크든 작든 가장 화려하게 물든다. 새싹이 많이 나는 곳에서 그 나무는 서로서로 경쟁하는 것처럼 보이지만 무리 중에 어떤 한 나무가 특히 순전한 진홍색을 띠게 되면, 보다 강렬한 색깔로 멀리서도 우리의 시선을 끌고 승자의 위치를 차지하게 된다. 변화의 절정에 있는 어떤 큰 미국꽃단풍 늪은 유형(有形)의 모든 것들 중에서 눈에 띄게 가장 화려한데, 내가 거주하는 이곳에는 이 나무가 아주 많다. 그 나무는 형태와 색깔이 아주 다양하다. 거의 대다수는 그저 노랗고, 더 많은 나무는 주홍색이고, 또 다른 나무들은 주홍색으로 색이 짙어져가는 진홍색인데 일상적인 것보다 더 붉다. 4분의 1마일 떨어져 있는 저 소나무로 덮인 언덕 발치에 소나무와 섞여 있는 단풍나무 늪을 보라. 그러면 잎의 결점은 보지 않고서 화려한 색깔의 효과를 제대로 즐기며 그 나무들이 녹색과 섞여 대조되면서 온갖 색깔의 노란색, 주홍색, 그리고 진홍색으로 불타오르는 것을 볼 수 있을 것이다. 몇몇 단풍나무는 아직 파

---

7 "오라 우리가 서로 변론하자 너희 죄가 주홍 같을지라도 눈과 같이 희어질 것이요 진홍같이 붉을지라도 양털같이 되리라"(이사야서 1:18)를 원용한 구절이다.
8 『식물지』: 프랑수아 앙드레 미쇼가 쓴 『북아메리카 식물지(The American Sylva)』(파리, 1818~1819). 미국 식물학의 근간이다. 1810~1813년에 간행한 Histoire des arbres forestiers de l'Amerique Septentrionale의 수정 번역본이다.

랗고 그저 노랗거나 아니면 마치 개암나무의 가시 돋친 껍질 모서리처럼 박편의 가장자리만 진홍색으로 물들었다. 몇몇은 아주 선홍색인데 사방을 향해 규칙적으로 그리고 미세하게 잎맥처럼 양방향으로 번쩍이고 있다. 형태가 좀 더 불규칙한 다른 나무들은 내가 고개를 살짝 돌리자 그것이 지닌 토성(土性)을 얼마간 비워내고 나무줄기를 숨기며 노랗고, 주홍색 구름처럼 박편 위에 박편으로, 화환 위에 화환으로 혹은 바람에 의해 층이 져서 대기에 몰아치는 눈보라처럼 육중하게 놓여 있었다. 그것은 이 철에 늪의 아름다움을 크게 더해서 거기에 다른 나무가 섞여 있지 않아도 한 색깔만 모여 있는 덩어리가 아니라 다른 빛깔과 색깔을 지닌 다른 나무들처럼 보이는데, 각 나무의 초승달 모양의 우듬지는 명확하며 서로 겹쳐 있다. 어떤 화가도 감히 4분의 1마일 떨어져 있는 그 나무들을 이처럼 선명하게 그려내려고 시도하지는 않을 것이다.

    나지막하게 솟아오른 언덕을 향해 오늘 쾌청한 오후 풀밭을 가로질러 가며 태양을 향해 50로드 정도 떨어져 있는 언덕의 빛나는 적갈색 모서리 위로 단풍나무 늪의 꼭대기를 바라보는데, 그것은 가장 강렬하게 화사한 주홍색, 오렌지색, 노란색의 띠 모양으로서 길이는 20로드 깊이는 10피트쯤 되어 보였고 어떤 꽃이나 과일 혹은 여태까지 그려진 어떤 색채에도 못지않았다. 내가 나아가자 그 그림의 탄탄한 전경(前景) 혹은 아래 테두리 역할을 하는 언덕의 모서리가 차차 낮아져 그 화려한 숲의 깊이가 점점 더 드러나며, 둘러싸인 언덕 전체가 그와 같은 색으로 가득 차 있음을 암시했다. 십일조를 징수하는 사람이나 읍내의 어른들이 무슨 화(禍)가 있을까 두려워 그 나무들이 아름다운 색과 충일한 생명력으로 무엇을 말하는지를 보기 위해 나와 있지 않은 것이 참 의아했다. 나는 그 단풍나무들이 주홍색으로 불타오르는 이 철에 청교도들이 무엇을 했는지 잘 모른다. 그때 숲에서 예배를 드리지 않았다는 것은 확실하다. 예배 처소를 짓고 그 주위에 마구간을 만들어 담을 쌓은 것은 어쩌면 이 나무들 때문이었을 것이다.

느릅나무

　10월 첫날인 지금쯤 혹은 조금 늦게 느릅나무(elm)도 가을 아름다움의 절정에 이른다—9월의 솥에서 달구어진 갈색이 도는 큰 노란 잎들이 신작로 위로 매달려 있다. 잎이 완전히 성숙한 것이다. 그 나무 아래 사는 사람들의 삶에도 이에 상응하는 어떤 성숙이 있는지 궁금하다. 느릅나무들이 늘어 서 있는 거리를 내려다보자 그 나무의 형태와 색깔이 노랗게 익어가는 곡식단을 연상시켜, 추수할 때가 바로 그 마을에 이르렀고 마침내 마을 사람들의 생각에서 어떤 성숙함과 멋을 찾을 수 있으리라 생각된다. 행인의 머리 위로 떨어질 채비를 갖추고서 밝게 살랑대는 수많은 노란 잎들 아래에서는 미숙하거나 조잡한 생각 또는 행동이 어찌 힘을 쓸 수 있겠는가? 커다란 느릅나무 대여섯 그루가 집 위로 드리워져 있는 곳에 서 있으면 마치 잘 익은 호박껍질 안에 서 있는 듯한 느낌이 드는데, 비록 섬유질과 씨가 다소 많을지 모르지만 내가 마치 그 과육(果肉)처럼 달콤하게 익은 것처럼 느껴진다. 미국 느릅나무가 일찍 황금빛으로 물드는 것과 비교하면 언제 일을 마쳐야 할지 몰라 철 지난 오이처럼 영국 느릅나무가 늦게까지 새파란 것은 어찌 된 일인가? 거리는 풍성한 수확 축제 광경이다. 그 나무가 가을에 가져다주는 가치 때문이라도 나무의 묘목을 간격을 두고 심을 가치가 있다. 우리 머리 위와 1마일 이내의 집들 위로 드리워져 모든 마을을 조밀하게 하나로 만드는 거대한 노란 천개(天蓋)나 파라솔—만가닥버섯⁹이자 동시에 사람들의 보육원―을 생각해보라. 그 나무들은 얼마나 살포시 눈에 띄지 않게 자신들의 짐을 내려놓고 태양빛이 필요할 때 빛을 들어오게 하는지, 그 잎들이 지붕과 거리에 떨어질 때에도 어떤 소리조차 들리지 않는다. 그렇게 마을을 덮은 파라솔이 접히고 치워진다! 나는 한 장사꾼이 마차를 몰고 마을로 들어와 **그**의 곡물을 가지고서 큰 곡물창고나 헛간 속으로 들어가듯이 느릅나무 우듬지 천개 아래로 사라지는 것을 본다. 이제 건조되고 익어 외피에서 분리될 준비가 된 생각들의 껍질을 벗겨내고자 그리로 가고 싶은 마음이 든다. 그러나 애석하게도 생각은 거의 없고 주로 껍질뿐일 거라는, 옥수수가루 죽 만드는 데나 쓸 만한 마른 돼지옥수수뿐일 거라는 예감이 든다. 사람이 심은 대로 거두게 될 터이니 말이다.¹⁰

낙엽들

잎은 대개 10월 6일이 되면 떨어지기 시작해 서리나 비가 오고 나서는 소나기처럼 줄지어 떨어진다. 그러나 **가을(낙엽)**¹¹의 절정인 본격적인 나뭇잎 추수는 통상 10월 16일쯤에 일어난다. 그즈음이면 여느 날 아침 보던 것보다 더 심하게 서리가 내리고 펌프 아래 얼음이 어는데 그때 아침 바람이 일면 낙엽들이 이전보다도 더 수북이 떨어져 내린다. 잎들은 땅 위에

---

9 만가닥버섯(ulmarium): ulmarium은 like an elm, 즉 '느릅나무' 같다는 뜻이다.
10 "스스로 속이지 말라 하나님은 만홀히 여김을 받지 아니하시나니 사람이 무엇으로 심든지 그대로 거두리라 자기의 육체를 위하여 심는 자는 육체로부터 썩어진 것을 거두고 성령을 위하여 심는 자는 성령으로부터 영생을 거두리라"(갈라디아서 6:7~8)를 참조하라.

잔잔한 바람이 불거나 심지어 바람 없이도 그 위에 서 있는 나무의 형태와 크기만 하게 두꺼운 바닥이나 카펫을 만들어낸다. 자그마한 히코리 같은 몇몇 나무들은 병사들이 신호에 따라 무기를 땅에 내려놓는 것처럼 잎을 동시에 떨어뜨린다. 그리고 여전히 밝은 노란색 히코리 잎은 떨어진 땅에서 마르긴 했어도 번쩍거리며 빛을 반사한다. 가을 지팡이에 처음 제대로 맞고 나면 나뭇잎들은 비 오는 듯한 소리를 내며 사방으로 떨어진다.

밤사이에 정말 많은 나뭇잎들이 떨어졌구나 하고 주목하게 되는 것은 날이 축축하고 비가 많이 온 뒤인데, 그렇다고 이런 날씨가 사탕단풍 잎을 떨어뜨릴 만큼의 자극은 아니다. 거리는 전리품들로 두껍게 뒤덮이고, 떨어진 느릅나무 잎이 우리 발아래에 짙은 갈색 포장도로를 만들어낸다. 특별히 따뜻한 인디언 서머가 하루 혹은 며칠 계속되고 나서 한동안 서리나 비가 없었던 만큼 나뭇잎들을 떨어지게 하는 것은 다른 무엇보다도 유별난 더위 때문이라는 생각이 든다. 강렬한 더위가 복숭아와 다른 과실들을 부드럽게 해 익게 만들고 그런 후에 떨어지게 하는 것처럼, 그 잎들을 갑자기 익혀 시들게 만든다.

늦은 미국꽃단풍 잎은 여전히 화사하게 땅을 뒤덮고 있는데 야생사과처럼 노란 땅에 심홍색으로 점을 찍어놓은 것 같다—비록 그 잎들이 이런 화사한 색깔을, 특히 비가 오면 하루나 이틀밖에 유지하지 못하지만 말이다. 나는 둑길을 가며 여기저기 제 화사한 옷을 잃어버려 뿌옇고 횅한 나무들을 지나간다. 미국꽃단풍 잎들이 땅 한편에 이전과 거의 마찬가지로 화사하게 놓여 있는데 조금 전 나무 위에 달려 있던 때와 진배없이 멋

---

11 가을(낙엽): 소로는 여기서 Fall을 이탤릭체로 쓰고 있는데 이는 이 말을 '가을'과 '잎이 떨어진다'는 중의적인 의미로 쓰고 있기 때문이다.

진 모습을 띠고 있다. 그것들은 마치 영원히 채색된 그림자처럼 땅 위에 납작하게 놓여 있는데, 오히려 잎들이 그들이 매달려 있었던 가지를 찾아보라 권한다고 말하고 싶다. 여왕도 이 멋진 나무들이 화사한 망토를 흙에다 펼쳐놓은 곳을 걸어가면 흡족해할 것이다. 마차가 그 위를 그늘이나 그림자인 양 지나가는 것이 보이는데, 마부들은 그 나무들의 그늘을 이전에 거의 개의치 않았던 것처럼 잎들도 거의 주목하지 않는다.

허클베리와 다른 관목들에 있는 새집은 이미 마른 잎들이 가득 차 있다. 숲 속에 잎들이 너무 많이 떨어져서 열매를 주우려는 다람쥐가 소리를 내지 않고서는 뛰어다닐 수 없다. 그저 이렇게 깨끗하고 바싹바싹한 것을 갖고 노는 즐거움 때문에 소년들은 거리에서 단풍나무 잎들을 긁어모으고 있다. 어떤 사람들은 길을 아주 깨끗이 쓸고 나서 다음 바람이 새로운 전리품을 흩뿌리는 것을 서서 지켜본다. 늪 바닥은 두껍게 덮여 석송(石松, *Lycopodium lucidulum*)이 그 잎들 사이에서 갑자기 더 푸르게 보인다. 우거진 숲에서는 낙엽이 3~4로드나 되는 웅덩이를 반쯤 덮어버린다. 일전에 나는 널리 알려진 어떤 샘을 겨우 찾아냈는데 그 샘이 새로 떨어진 낙엽으로 완전히 가려져 있어서 말라버렸나 하는 생각까지도 했다. 잎들을 옆으로 쓸어내자 샘이 드러났는데, 그 일은 마치 새 샘을 찾기 위해 아론의 지팡이로 땅을 치는 것[12] 같았다. 늪 주변의 젖은 땅은 나뭇잎들 때

---

12 모세의 샘, 혹은 므리바 샘을 빗댄 표현이다. "여호와께서 모세에게 말씀하여 이르시되 지팡이를 가지고 네 형 아론과 함께 회중을 모으고 그들의 목전에서 너희는 반석에게 명령하여 물을 내라 하라 네가 그 반석이 물을 내게 하여 회중과 그들의 짐승에게 마시게 할지니라 모세가 그 명령대로 여호와 앞에서 지팡이를 잡으니라 모세와 아론이 회중을 그 반석 앞에 모으고 모세가 그들에게 이르되 반역한 너희여 들으라 우리가 너희를 위하여 이 반석에서 물을 내랴 하고 모세가 그의 손을 들어 그의 지팡이로 반석을 두 번 치니 물이 많이 솟아나오므로 회중과 그들의 짐승이 마시니라."(민 20: 7~11)

문에 마른 것처럼 보인다. 어떤 늪에서 측량을 하던 중에 난간에서 나뭇잎이 덮인 기슭으로 발을 디디려고 하다가 1피트도 더 되는 물속으로 빠진 적이 있었다.

나뭇잎이 아주 많이 떨어지고 난 이튿날인 16일에 강에 가보니 내 돛단배가 바닥에서 좌석까지 모두 황금버들(golden willow) 잎으로 덮여 있었는데, 배는 그 나무 아래 정박해 있었다. 그래서 발아래에서 바스락거리는 나뭇잎 짐을 실은 채 돛을 올렸다. 오늘 배에서 낙엽을 치워도 내일이면 다시 가득 찰 것이다. 나는 낙엽들을 쓸어내야 할 쓰레기로 보지 않고 내 배 바닥에 깔기에 적당한 짚이나 매트로 받아들인다. 배를 타고 숲이 우거진 아사벳 강 어귀에 이르자 마치 바다로 진군하려는 듯 나뭇잎 대함대(大艦隊)가 수면에 떠 있어 배가 나아갈 틈이 없었다. 그러나 그 위쪽 좀 더 먼 기슭 옆 물푸레나무, 세팔란투스(button-bush), 그리고 단풍나무 아래와 그 나무들 사이에 위치한 낙엽은 물거품보다 더 두꺼워서 1로드 넓게 물을 거의 가리고 있었는데, 아직도 젖지 않아서 가볍고 섬유도 풀어지지 않았다. 낙엽은 아침 바람을 만나 멈추어서 바위가 많은 굽이에서는 강 전체를 가로지르는 넓고 짙은 초승달 모습이 되기도 한다. 뱃머리를 그리로 향해 배가 일으키는 파도가 낙엽들을 때릴 때 이 마른 나뭇잎들이 서로 부딪히며 얼마나 멋지게 살랑거리는 소리를 내는지 귀 기울여보라. 낙엽들이 물결치는 것을 보고서야 그 아래 물이 있다는 것을 종종 알게 된다. 기슭의 조각등숲거북의 일거수일투족도 다 낙엽들이 살랑거리는 소리 때문에 드러난다. 뿐만 아니라 강 중간수로에서도 바람이 일면 낙엽들이 살랑거리며 날려 다니는 소리가 들린다. 물이 깊고 조수가 강둑을 파고드는 리닝 헴록[13]에서 그런 것처럼 낙엽들은 저 위에서 강이 만들어낸 큰 조수에 실려 천천히 선회하고 있다.

수면이 아주 고요하여 그림자들이 가득 비치는 날 오후에 강의 본류를 부드럽게 노를 저어 내려가 아사벳 강에 이르러 어느 조용한 구석에 도착하니 거기에는 예기치 않게 수없이 많은 낙엽이 마치 동료 순례자들처럼 나를 둘러싸고 있었는데, 그것들은 나와 같은 목표를 가지고 있거나 혹은 나처럼 목표가 없는 것 같았다. 이 잔잔한 강 내포(內浦) 가운데로 노 저어 가고 있는 흩어진 나뭇잎 배들의 거대한 함대를 보라, 태양의 솜씨에 한결같이 옆구리가 위로 휘어져 있고 모든 잎맥은 독일가문비나무 곡재(曲材)여서 갖가지 형태로 만든 가죽배들, 그중에서도 특히 가론의 배 같았다. 그리고 또 몇몇은 고대의 웅장한 배처럼 이물과 고물이 높은데 조류가 느려 거의 움직임이 없었다. 거대한 함대, 큰 시장으로 들어가면서 사람들과 배들이 뒤섞이는 중국의 복잡한 도시, 우리 모두가 점점 가깝게 다가가는 뉴욕이나 광둥(廣東) 같았다. 얼마나 부드럽게 각자가 물 위에 떨어져 있는지 모른다! 비록 물위로 발진(發進)할 때 가슴이 두근거렸을 수는 있어도 그 잎들에게 어떤 폭력도 가해지지 않았다. 채색 오리들, 특히 그중에서도 멋진 아메리카원앙(wood duck)이 채색나뭇잎들─ 훨씬 더 우아한 모형을 지닌 범선들인데─ 사이로 자주 날아와 떠다닌다.
　　얼마나 건강한 약용식물 음료를 지금 늪에서 마실 수 있는가! 썩어가는 나뭇잎들한테서 얼마나 강력한 약효가 있는 진한 향취가 나는지 모른다! 새로 마른 약용식물과 잎들 위로 그리고 이런 것들이 그처럼 깨끗하고 빳빳하게 떨어져 있는 연못과 개천을 채우며 내리는 비는 그것들을 곧

---

13 리닝 헴록(Leaning Hemlocks): 아사벳 강 강둑의 가파른 사면을 덮고 있는 솔송나무(hemlock)들. 어떤 것들은 거의 수평으로 서 있어 해마다 한 사람은 떨어져 떠내려갔다고 한다.

6. 가을의 빛깔　197

차(茶)로 바꿀 것인데—진한 정도가 제각각이며 파랗고, 검고, 갈색의, 그리고 노란 차를 만들어내 너끈히 온 자연을 수군거리게 할 것이다. 우리가 그 차들을 마시든 마시지 않든 간에, 그것들의 힘이 추출되기 전에 이 잎들은 위대한 자연의 솥에서 건조되어 아주 다양하고 순수하며 섬세한 색채를 띠고 있어 동양 차들의 명성에 견줄 만하다.

온갖 종류의 참나무, 단풍나무, 밤나무 그리고 자작나무가 어떻게 저리 섞여 있는가! 그러나 자연은 이 나무들로 인해 난장판이 되지 않는다. 자연은 완벽한 농사꾼이어서 그 모든 것들을 다 저장한다. 해마다 얼마나 엄청난 수확물이 땅 위에 떨어지는지 생각해보라! 어떤 곡물이나 씨앗 그 어떤 것보다 바로 이 낙엽들이 한 해의 으뜸 수확물이다. 이제 나무들은 자신들이 땅에서 취한 것을 이자를 쳐서 갚고 있다. 그들은 할인을 해주고 있다. 흙의 깊이에다 나뭇잎의 두께를 더하려고 한다. 나는 유황(sulphur)과 그 운반비용을 얘기하는 이 사람 혹은 저 사람과 흥정을 해야 하는 반면에, 자연은 이렇게 멋진 방법으로 그녀의 거름을 얻는다. 낙엽이 썩기 때문에 우리 모두가 더 비옥해진다. 나는 단지 영국 풀[14]이나 곡물뿐만 아니라 이 수확물에 더 관심이 있다. 그것이 미래의 옥수수 밭과 숲을 위해 경작한 적이 없는 옥토를 만들고, 그 위에서 지구가 살찐다. 낙엽이 우리 농가를 기름지게 한다.

멋진 다양성으로 치면 어떤 수확물도 이들 낙엽과 비교할 수 없다. 여기에는 곡물들의 평범한 노란색만이 아니라 우리가 알고 있는 모든 색깔이 거의 다 있고, 화사한 파란색도 예외가 아니다. 일찍 얼굴을 붉히는 단

---

[14] 영국 풀(English grass): 영국 원산으로 미국이나 오스트레일리아로 수입된 여러 종류의 건초나 사료로 쓰이는 풀의 총칭.

풍나무, 자신의 죄를 선홍색으로 불태우는 옻나무(poison sumac), 멀베리 물푸레나무(mulberry ash), 포플러 나무의 진한 황연(黃鉛)색, 그리고 마치 양의 등처럼 언덕을 물들이고 있는 화려하게 붉은 허클베리가 있다. 서리가 닿으면 동터 오는 날의 가장 미세한 숨결 혹은 지축의 가벼운 진동에도 어떻게 그 낙엽들이 소나기처럼 떠내려오는지 보라! 땅은 그 잎들로 온통 다채롭게 물들어 있다. 그러나 그것들은 토양 속에서 여전히 살아 토양의 두께와 비옥함을 더하고, 그 토양에서 자라난 숲 속에 살아 있다. 앞으로 수년 동안 나무 속 수액을 타고 오르며 오묘한 화학작용에 의해 더 높이 올라가려 그리고 소생하려 허리를 구부린다. 따라서 이렇게 떨어진 묘목의 첫 열매가 결국 변형되어 수년 후 그 나무가 숲의 제왕이 되었을 때 그 나무의 왕관을 장식하게 될지도 모를 일이다.

갓 떨어져서 빳빳하고 바스락거리는 나뭇잎들이 덮인 바닥 위를 걷는 일은 즐겁다. 그 잎들은 얼마나 아름답게 자신들의 무덤으로 가는가! 얼마나 부드럽게 자신들을 눕혀 흙으로 돌아가는가? 수천 가지 색을 띠고 있어, 살아 있는 우리들을 위한 잠자리를 만들기에도 적합하다. 잎들은 자신들의 마지막 안식처로 가볍고 경쾌하게 무리 지어 간다. 어떤 상복도 입지 않고서, 자리를 고르고 지점을 선택하여 땅위로 즐겁고 재빠르게 떨어지는데, 철제 담장을 요구하거나 그 일에 관해 온 숲에다 소곤거리지도 않는다. 어떤 나뭇잎들은 그 아래서 사람들의 시체가 썩어가는 지점을 선택해 중간쯤에서 시체들과 만나기도 한다. 무덤에 조용히 안식하기 전에 나뭇잎들은 얼마나 많이 팔락팔락하는가! 그렇게 높이 솟구쳤던 것들이 높은 곳에서 펄럭일 뿐만 아니라 얼마나 만족해하며 다시 흙으로 돌아오며, 낮은 곳으로 떨어져 나직이 누워 나무 발치 아래에서 썩어가며 제 동족의 새로운 세대에게 영양을 공급하려고 몸을 맡기는가! 낙엽들은 우리에게 죽는 법을 가르친다. 불멸에 대해 큰소리치는 믿음을 지닌 사람들이 낙엽들만큼 완숙하게 그리고 우아하게 누울 날이 오기나 할는지 모르겠다. 그들이 머리카락과 손톱을 버리듯 인디언 서머같이 고요하게 자신들의 육체도 벗어버릴 수 있을지 말이다.

　나뭇잎이 떨어지면 온 땅은 걷기에 즐거운 공동묘지이다. 나는 낙엽들의 무덤을 돌아다니며 그것들에 관해 생각하기를 좋아한다. 여기에는 어떤 거짓말도 허황한 비문도 없다. 당신이 오번 산에 부지(敷地)[15]를 소유하고 있지 않더라도 무슨 상관인가? 고대로부터 신성시되어온 이 거대한 공동묘지 안 어딘가에 당신의 부지가 분명히 정해져 있을 것이다. 한 자리를 확보하기 위해 경매에 참석할 필요도 없다. 여기에는 자리가 충분하다. 당신의 유골 위에서 좁쌀풀이 피어나고 허클베리 새(huclkeberry-bird)가 노래할 것이다. 나무꾼과 사냥꾼들이 당신의 무덤 관리인이 될 것이며 어린아이들이 마음껏 당신의 영토를 밟을 것이다. 나뭇잎들의 무덤을 산책하자. 이곳이 당신들의 진정한 푸른 숲 공동묘지이다.

사탕단풍나무

　그러나 한 해의 영화가 끝났다고 생각하지 말라. 나뭇잎 하나가 자라났다고 여름이 온 것이 아닌 것처럼 잎 하나가 떨어진다고 해서 가을이 온 것도 아니다. 읍내 거리에 있는 가장 작은 사탕단풍(sugar maple)들은 거

---

[15] 오번(Auburn) 산 공원묘지는 1831년 매사추세츠 워터타운(Watertown)에 조성된 미국의 최초의 묘원(garden cemetery)이다.

기에 있는 다른 어떤 나무들보다 이르게는 10월 5일에도 아주 멋진 모습을 보인다. 중심가를 올려다보니 그 나무들은 집 앞에 서 있는 채색 화면처럼 보인다. 그러나 아직 많은 잎들이 푸르다. 일반적으로 미국꽃단풍(red maple)과 몇몇 은단풍(white maple)의 잎이 거의 다 떨어진 10월 17일, 이맘때가 되면 큰 사탕단풍나무들도 노랗고 빨갛게 타오르며 절정의 미를 뽐내고 예상치 않았던 화사하고 우아한 색채를 드러낸다. 흔히 반쪽은 진한 다홍색 그리고 다른 반쪽은 푸른색을 띠어 대조가 두드러진다. 마침내 그 나무들은 진홍색 혹은 햇볕에 노출된 곳에서는 더 짙은 다홍색을 곁들인 촘촘하고 짙은 노란 덩어리가 된다. 지금 거리에는 사탕단풍 나무들이 가장 화사하다.

읍내 공유지에 있는 큰 사탕단풍들이 특히 아름답다. 지금은 황금색보다 더 우아하고 따뜻한 노란색이 주조인데, 측면에는 진홍색이 곁들어 있다. 그러나 서녘 햇살이 그 나무들을 거쳐 전달되는 일몰 직전 공유지의 동편에 서서 그 나무들의 노란색을 인접한 느릅나무의 창백한 레몬색 노랑과 비교해보니, 화사한 진홍색 부분은 주목하지 않는다 해도 진홍색에 근접한 것이었다. 전체적으로 그 나무들은 노랑과 진홍의 거대하고 균형 잡힌 타원형 덩어리이다. 그 계절, 인디언 서머의 모든 눈부신 햇살의 열기가 그 나뭇잎들 속으로 흡수된 것 같다. 나무줄기 옆 가장 아래 깊은 곳에 있는 잎들은 늘 그렇듯 집 안에서만 자란 젊은이들의 혈색처럼 가장 은은한 노란색과 녹색을 띠고 있다. 오늘 공유지에서 경매가 있는데, 이 눈부신 색의 향연 속에서는 경매의 붉은 깃발을 분별해내기가 쉽지 않다.

이 도시의 설립자들이 우듬지가 잘린 곧은 장대 같은 것을 멀리서 이 나라로 들여오고 그것을 사탕단풍이라고 불렀을 때, 그들도 이렇게 멋지게 성공하리라고는 거의 생각하지 못했다. 그리고 내가 기억하는 한 사탕단풍들을 심고서 이웃 상인의 점원이 장난삼아 콩을 그 나무들 주변에 심었다. 그때에는 우스갯소리로 콩막대기로 불렸던 것이 오늘날에는 우리 가로(街路)에서 가장 눈에 띄는 아름다운 것이 되었다. 비록 도시 행정위원 한 사람이 그 나무들을 심다가 감기에 걸려 죽게 되었지만, 그 나무들이 화려한 단풍으로 인색하지 않게 여러 가을 동안 어린아이들의 열려 있는 눈을 채워주었다는 것만으로도 들어간 비용보다 훨씬 더 가치가 있다. 사탕단풍나무들이 가을에 그처럼 멋진 경관을 제공해주는 한, 우리는 그 나무들에게 봄에 단풍당(丹楓糖)을 내놓으라고 요구하지 않을 것이다. 집 안에서 부(富)는 소수만이 누리는 유산일 수 있지만 공유지에서는 부가 균등하게 분배된다. 모든 아이들이 이 황금빛 추수를 균등하게 즐길 수 있다.

"수목 협회"가 이런 점을 고려했을 거라고는 생각되지 않지만 나무들을 심을 때는 나무들의 10월 광휘를 염두에 두어야 한다. 당신들은 아이들이 단풍나무 아래에서 양육되는 것이 그들에게 얼마간 이득이 될 거라고 생각하지 않는가? 수백 개의 눈들이 이 색을 계속해서 들이마시고 있고, 심지어는 무단 결석생도 밖으로 나오는 순간 이 단풍나무 선생님한테 붙들려 교육을 받게 된다. 요즘에는 개구쟁이이든 열심히 공부하는 사람이든 학교에서 색채를 공부하는 법은 없지만 말이다. 약제사의 가게와 도시 창문들의 화려한 색깔을 이들 단풍나무가 대신한다. 우리 도로에도 더는 붉은 단풍이 없고 몇몇 히코리만 있는 것이 참 안타깝다. 우리의 그림물감 상자는 아주 불완전하게 채워져 있다. 항상 하듯이 우리가 젊은이들에게 그와 같은 그림물감 상자를 제공하는 대신에 혹은 그 옆에 이런 자연의 그림물감을 제공할 수도 있을 것이다. 그들이 다른 어느 곳에서 더 유용하게 색채를 공부할 수 있겠는가? 어떤 디자인 학교가 이것과 견줄 수 있겠는가? 다양한 화가, 의복과 종이 제조업자, 벽지 제조업자, 그리고 수없이 많은 다른 사람들의 얼마나 많은 눈이 이 가을 단풍에 의해 교육을 받을지를 생각해보라. 문방구 상인의 봉투가 아주 다양한 색채를 띠고 있을 수 있겠지만 그러나 한 나무에 달린 나뭇잎들의 색깔만큼 다양하지는 못하다. 특정한 색깔의 상이한 색조나 음영을 원하면 나무나 숲의 내부 혹은 외부를 더 오래 살펴보기만 하면 된다. 이 나뭇잎들은 염색하는 집에서 하듯 한 가지 물감으로 여러 번 염색한 게 아니라 강도가 수없이 다양한 햇빛에 의해 염색되고 거기에서 그대로 말려진 것들이다.

우리가 그렇게 많은 색채들의 이름을 나폴리 노랑,[16] 프러시안블루,[17] 생(生)시에나토,[18] 구운 엄버,[19] 자황[20]처럼 세상에 잘 알려지지 않은 외국 지방에서 따와야만 하는가? (이때쯤이면 티리언 퍼플[21]은 틀림없이 색이 바랬을 것이다.) 혹은 초콜릿, 레몬, 커피, 시나몬,[22] 클라레[23]와 같은 비교적 하찮은

---

16 나폴리 노랑(Naples Yellow): 안티모니산납(II)이라는 화합물이며 붉은빛을 띤 노란색에서 밝은 노란색까지의 범위에 걸쳐져 있는 안료. 가장 오래된 합성 안료 중의 하나이다. 네이플스 옐로.
17 프러시안블루(Prussian blue): 진한 파랑. 현대 안료의 시초라고 불리며 헥사시아노철(II)산 철(III)칼륨이 주성분인 청색 안료이다. 1700년경 베를린에서 발견하여 베를린블루 혹은 프러시안블루라는 명칭이 생겼다. 그 후 프랑스의 밀로리(Milori)에 의해 제법이 개량되어 밀로리블루라고도 한다.
18 생(生)시에나토(raw sienna): 황색안료. 유화물감을 만드는 데 가장 유명한 갈철석토(褐鐵石土)의 일종으로, 황갈색은 그 안에 함유된 산화 제2철에서 나온다. 자연물감으로서 인간이 사용한 가장 오래된 색으로 동굴벽화에서 많이 발견된다.
19 구운 엄버(burnt Umber): 고동색, 밤색. 엄버를 구워 색이 진해지게 만든 것이다. 엄버는 갈색 천연 안료인데 이 이름은 그늘을 뜻하는 라틴어 Umbra에서 나왔다.
20 자황(雌黃, gamboge): 동남아시아 일대 및 인도 지방에서 자라는 고추나물과(科) 식물의 줄기에서 채취하는 천연수지. 니스, 수용성(水溶性) 그림물감(황색) 등을 만드는 데 사용된다. 이 나무의 생산지인 캄보디아(Cambodia)에서 비롯한 말이다.
21 티리언 퍼플(Tyrian purple): 고대의 자줏빛 혹은 진홍색의 유용한 염료. 로열 퍼플(royal purple)이라고도 불린다.
22 시나몬(cinnamon): 향신료의 하나. 육계피(肉桂皮)로 황갈색, 적갈색을 가리킨다.

교역물품에서 (우리의 히코리 나무를 레몬과 비교해야 하는가, 아니면 레몬을 히코리 나무에 비교해야 하는가?) 아니면 거의 모든 사람들이 본 적이 없는 광물이나 산화물에서 따와야 하는가? 이웃에게 우리가 본 어떤 것을 묘사할 때 우리 주변의 자연물이 아니라, 그들이나 우리도 한 번 본 적이 없는 지구 저편에서 가져온 어떤 흙덩어리를 ─그들이 약재상 가게에서 찾을 수 있을지는 모르지만─ 그렇게 자주 언급해야 하는가? 우리 발아래에는 땅이 없고, 우리 머리 위에는 하늘이 없단 말인가? 아니면 하늘이 다 군청색이란 말인가? 사파이어, 자수정, 에메랄드, 루비, 호박, 그런 것들에 관해 우리가 아는 것이 무엇인가? 우리들 대부분은 이것들의 이름을 남용하고 있지 않은가? 이런 귀한 이름들은 장식장 지키는 사람, 미술품 애호가, 시녀, 인도 태수(太守), 귀부인, 힌두스탄[24]의 시종 혹은 다른 사람들에게 맡겨라. 미국과 그 나라의 가을 숲이 발견된 후 색채에 이름을 붙이는 데에 왜 우리나라의 나뭇잎이 이 보석들과 겨루면 안 되는지 이유를 모르겠다. 나는 세월이 지나면 꽃과 더불어 우리나라 나무와 관목 몇몇의 이름이 일상적인 색채 명칭에 들어가리라고 정말로 믿는다.

 그러나 색을 구분하고 이름을 구별하는 것보다 이 단풍 든 잎들이 자극하는 기쁨과 환희가 훨씬 더 중요하다. 벌써 길거리에 널린 이 화사한 잎들은 더 이상의 다양함 없이도 연례 축제나 공휴일, 혹은 그 같은 축제 주간에 전혀 뒤지지 않는다. 이런 날들은 위원회나 연방보안관의 도움 없이도 모든 사람들이 즐길 수 있는 축제일로서 도박꾼이나 술장사들을 불러들이지도 않고 치안을 유지하기 위해 특별 경찰을 필요로 하지도 않아

---

23 클라레(claret): 프랑스 보르도산 적포도주의 명칭. 짙은 자홍색을 가리킨다.
24 힌두스탄(Hindustan): 15~16세기에 번영한 북인도의 왕국.

안전하게 허가해줄 수 있는 구경거리이다. 거리에 단풍나무가 없는 뉴잉글랜드 마을의 10월은 정말로 초라할 것이다. 이 10월 축제는 어떤 폭약도 종소리도 울릴 필요가 없지만 모든 나무가 다 수천 개의 화사한 깃발이 나부끼는 살아 있는 자유의 기둥이다.

우리가 매년 가축품평회와 추계 훈련, 콘월리스[25] 축제, 9월 박람회 따위를 개최해야 한다는 것은 당연하다. 자연은 스스로 10월에 거리뿐만 아니라 모든 움푹 꺼진 곳과 산허리에서 그녀의 연례 축제를 개최한다. 최근에 붉은 단풍나무는 가장 눈부신 채색옷을 입고 있는데 그런 단풍나무 늪이 온통 불타고 있는 것을 살펴보면 그 아래에 수천 명의 집시들 ─그들은 열광적인 쾌락을 즐길 수 있는 종족인데─ 혹은 심지어 전설적인 파우누스,[26] 사튀로스,[27] 나무의 요정들이 다시 땅으로 돌아왔다는 생각이 들지 않았는가? 아니면 우리가 상상했던 것들이 단지 지친 나무꾼들과 그들의 땅을 측량하러온 땅주인들의 무리였던가? 혹은 그보다 훨씬 먼저 우리가 결이 고운 9월 공기를 가로지르며 노를 저어갈 때 그 강물의 반짝이는 수면 아래에 적어도 프로펠러가 흔들리는 것 같은 뭔가 새로운 일이 일어나고 있어 시간에 맞추기 위해 서둘러야 하지는 않았는가? 강 양편에서 노랗게 물들어가는 버드나무와 북미산 세팔란투스의 열(列)은 노점상들─그

---

25 찰스 콘월리스(Charles Cornwallis, 1738~1805): 영국의 군인, 정치가. 런던 출생. 1776년 영국 본국군(本國軍) 사령관으로서 미국 독립전쟁 진압을 위해 파견되어 남부 진압에는 성공하였으나(1780~1781), 1781년 버지니아의 요크타운 전투에서 식민지 프랑스 연합군에 항복하였다.
26 파우누스(Faunus): 로마 신화에 나오는 반인반양(半人半羊)의 숲, 들, 목축의 신. 그리스 신화의 사튀로스에 해당한다.
27 사튀로스(그 Satyros, 영 Satyr): 그리스 신화에 나오는, 주신(酒神) 디오뉘소스를 섬기는 반인반수(半人半獸)의 숲의 신. 술과 여자를 몹시 좋아하는데 로마 신화의 파우누스에 해당한다.

아래서 어쩌면 강 하류의 작용으로 생긴 똑같이 노란 계란음료(egg-pop)가 부글부글 거품을 내고 있는—의 열(列)처럼 보이지 않았는가? 이 모든 것들이 사람의 영혼이 자연의 영혼처럼 드높게 고양되어야 한다는 것을, 그래서 깃발을 내걸고 상응하는 기쁨과 환희를 표현하기 위해 일상을 멈추어야 한다는 것을 말하지 않았는가?

군인들의 연례 훈련이나 소집, 현장(懸章)과 군기를 나부끼는 축제도 해마다 반복되는 우리 10월 광휘의 100분의 1도 읍내로 들여오지 못한다. 나무를 심고 거기에 서 있게만 하면 우리가 느릅나무의 개선문 아래를 걷는 동안 자연이 그 나무의 채색옷을 —자연의 모든 백성들의 깃발을, 비록 식물학자는 그 깃발들의 몇몇 신호를 읽어내지 못하겠지만— 찾아낼 것이다. 인근 주(州)와 같든 다르든 자연이 날을 정하도록 내버려두고 성직자들이 자연의 성명서를 이해할 수 있다면 낭독하게 하라. 자연의 인동녕쿨 깃발이 얼마나 멋진 피륙인지 보라! 당신은 공공심이 강한 어떤 상인이 전시회의 이 부분을 기부했다고 생각하는가? 현재 몇몇 집의 측면을 온통 덮고 있는 이 덩굴식물보다 더 아름다운 널빤지나 페인트는 없다. 나는 결코 시들지 않는 담쟁이도 그것과 비교할 수 없다고 생각한다. 런던에 이 나무가 널리 도입된 것이 전혀 놀라운 일이 아니다. 그러니 내 말은 아주 많은 단풍나무와 히코리 그리고 진홍참나무를 심자는 것이다. 활활 타올라라! 포탑에서 굽이치는 더러운 깃발들이 한 마을이 전시할 수 있는 색채 전부이어야 하겠는가? 계절을 알려줄 이런 나무들 없이는 마을이 완성되었다고 할 수 없다. 그것들은 읍내 시계만큼이나 중요하다. 그런 나무들이 없는 마을은 잘 운영되지 못하고 있다는 게 드러날 것이다. 나사가 풀리고 중요한 부품이 빠져 있는 셈이다. 봄에는 버드나무, 여름에는 느릅나무, 가을에는 단풍나무와 호두나무 그리고 미국니사나무, 겨울에는 상록수를, 그리고 계절에 상관없이 참나무가 있도록 하자. 원하든 원하지 않든 모든 장꾼들이 마차를 타고 지나가는 길거리에 있는 화랑과 집 안에 있는 화랑을 어떻게 비교할 수 있겠는가? 물론 이 나라에는 큰길에 있는 느릅나무 아래 해가 질 때의 서녘 풍경만큼 우리들에게 값어치가 나가는 화랑이 없다. 느릅나무들은 날마다 그들 뒤에서 그려지는 그림의 틀이다. 우리에게 있는 것 중에서 가장 크고 길이가 3마일에 이르는 한 느릅나무 길은 비록 C——[28]가 그 길 끝에 있기는 해도 멋진 어떤 곳으로 사람들을 인도할 것 같다.

    마을에는 우울과 미신을 낙아줄 이처럼 밝고 기운을 돋우는 경치라는 순수한 자극제들이 있어야 한다. 나무로 활력을 얻으며 10월의 모든 광휘로 불타는 한 마을과 그저 허접스러운 쓰레기와 나무도 없는 황무지, 혹은 자살하는 데에 쓸 나무 한두 그루 밖에 없는 두 마을을 내게 보여다오. 그러면 나는 극도로 굶주리고 맹신적인 광신자와 가장 절망에 빠진 술주정뱅이가 후자의 마을에서 발견되리라고 확신한다. 모든 빨래통과 우유통 그리고 비석들이 다 드러날 것이다. 거주자들은 마치 바위들 사이 사막의 아랍인들처럼 갑작스럽게 곳간과 집 뒤로 사라질 터인데 그들 손에는 창이 들려 있는 것을 보게 될 것이다. 그들은 가장 어리석고 비참한 교리—세상은 순식간에 멸망할 것이고 혹은 이미 멸망했다거나 혹은 그들은 스스로 잘못된 길에 들어섰다는—를 받아들일 준비가 된 사람들이다. 어쩌면 그들은 서로의 마른 관절을 금 가게 하고서는 이를 영적인 교제라고 부를 것이다.

---

28 콩코드(Concord) 시의 약자로 보이는데, 콩코드에 대한 소로의 태도를 가늠할 수 있는 대목이다. 이 느릅나무 길이 사람들을 아주 멋진 어느 곳으로 데려갈 것처럼 보이는데 고작 데려가는 곳이 콩코드라는 의미이다.

그러나 단풍나무에 관해서만 얘기해보자. 만일 우리가 단풍나무를 심는 데 들인 노력의 절반을 ─어리석게도 달리아 줄기에다 말을 묶지 않았더라면─ 그 나무들을 보호하는 데 썼다면 어땠을까?

마을의 창시자들이 교회 앞에다 이 온전하게 살아 있는 명물, 수리할 필요도 다시 칠을 할 필요도 없으며 계속 크고 자라면서 수선되는 명물을 설치해놓은 뜻이 무엇이었겠는가? 그들은 확실히

"지독하게 정직히 행했다.
그들은 스스로 신에게서 자유로울 수 없었다.
그들이 아는 것보다 더 잘 **심어서**
의식 있는 **나무들**이 멋지게 자랐다."²⁹

참으로 이 단풍나무들은 여기에 영원히 정착해서 반세기, 한 세기, 그리고 한 세기 반 동안 계속하여 열정과 영향력을 더해가면서 여러 세대 사람들에게 봉사하며 설교를 행한, 비싸지 않은 설교자이다. 그러니 그것들이 쇠약해감에 따라 적당한 동료를 구해주는 것이 우리가 그 나무들에게 할 수 있는 최소한의 일일 터이다.

---

29 미국의 사상가이자 시인인 랠프 왈도 에머슨(Ralph Waldo Emerson, 1803~1882)의 「The Problem」이란 시에서 따온 구절로 소로가 본문의 흐름에 맞게 조금 변형했다.

> The hand that rounded Peter's dome,
> And groined the aisles of Christian Rome,
> Wrought in a sad sincerity;
> Himself from God he could not free;
> He builded better than he knew;
> The conscious stone to beauty grew.

진홍참나무

잎 모양이 아름다워 눈에 띄는 종에 속한 것들 중에서 진홍참나무(scarlet oak) 잎은 그 모습이 화려하고 야생적인 아름다움을 지니고 있어 다른 모든 참나무 잎들보다 빼어나다는 생각이 든다. 이는 내가 알고 있는 열두 종과 내가 본 많은 다른 종의 그림을 토대로 판단한 것이다.

이 나무 아래 서서 얼마나 멋지게 그 잎들이 하늘을 배경 삼아 재단되어 있는지 살펴보라—주맥(主脈)에서 뻗어 나온 날카로운 부분이 거의 없다. 그 잎들은 이중, 삼중 혹은 사중의 십자가처럼 보인다. 그 잎들은 덜 깊게 부채꼴 장식을 한 참나무 잎들보다 훨씬 더 영묘하다. 잎으로 된 영토(terra firma)라고 할 만한 것이 거의 없어 빛을 받으면 녹아버릴 것 같으며 시야를 거의 가리지도 않는다. 아주 어린 나무의 잎은 다 자란 다른 종 참나무 잎처럼 외관이 더 전연(全緣)하고 단순하며 뭉뚝하지만, 이 잎들은 오래된 나무에 높이 달려서 잎이 무성한 문제를 해결했다. 점점 더 높이 들리고 더욱더 승화되어 해마다 토성(土性)을 벗고 빛과 더욱 친밀해져서 마침내 지상의 물질은 최대한 적게 지니고 천상의 영향은 최대한 펼치고 붙들게 된 것이다. 거기에서 그 잎들은 빛과 팔짱을 끼고 —그 천상의 넓은 방에 적합한 파트너로서 멋진 곳에서 경쾌한 걸음걸이로 걸으며— 춤을 춘다. 날씬하고 윤기 있는 표면을 지닌 그 잎들은 빛과 너무나도 친밀하게 섞여 있어 그 춤 속에서 어떤 것이 잎이고 어떤 것이 빛인지를 거의 분간할 수 없다. 서풍이 일지 않으면 그 잎들은 기껏해야 숲의 창문으로 열려 있는 화려한 트레이서리[30]에 지나지 않는다.

---

30 트레이서리(tracery): 고딕식 창의 장식 격자(格子).

한 달이 지나 그 잎들이 숲 바닥에 두껍게 흩어져 내 발밑에 겹겹이 쌓이자 그 아름다움에 다시 한 번 놀랐다. 그 잎들은 위에서는 갈색이었지만 아래에서는 자줏빛이었다. 좁은 열편(裂片)과 거의 줄기에까지 이르는 강하고 깊은 가리비 형태를 지니고 있어 그 재료를 손쉽게 얻을 수 있는 것이어야 하지 그렇지 않으면 너무나 많은 부분이 절단되어야 하기 때문에 만들려면 엄청난 비용이 들어야 할 것 같다. 혹은 그렇지 않다면, 그 잎들은 형판(型板)으로 잎을 찍어내고 남은 재료처럼 보인다. 실제로 그것들이 겹쳐져 놓여 있는 것을 보니 고물 양철 더미 같다.

그렇지 않으면 잎 하나를 집으로 가져와 한가할 때에 난롯가에서 그것을 자세히 연구해보라. 그것은 옥스퍼드 글자체나 바스크 문자나 설형(楔形)문자에서도 찾을 수 없고 로제타석에서도 찾을 수 없는 활자체인데, 이곳에서 조각용 돌에 들어붙게 되면 언젠가는 틀림없이 조각하는 데에서 복제될 것이다. 우아한 커브와 각(角)이 결합되어 있어 얼마나 야생적이고 멋진 외형인가! 똑같이 즐겁게 내 눈은 잎과 잎이 아닌 것, 넓고 느슨하며 열린 결각[31]과 길고 날카로우며 털처럼 뾰족한 열편에 머문다. 그 잎의 돌출점들을 다 연결하면 밋밋한 타원형으로 그 모든 것이 다 포괄될 것이다. 그러나 그 잎에는 관찰자의 눈과 생각을 에워싸는 대여섯 개의 깊게 파인 가리비 문양이 있어서 밋밋한 타원형보다 얼마나 더 멋진지 모른다! 내가 그림 선생이라면 더 확실하고 우아하게 그리는 법을 배우도록 학생들에게 이 잎들을 모사(模寫)하게끔 했을 것이다.

그 잎을 물이라고 간주하면 연못과 같은데 넓고 굽어진 대여섯 개 갑(岬)들이 양쪽에 절반씩 그 줄기에까지 거의 이르는 한편 각각의 수원(水源)

---

31 결각(缺刻): 무 따위의 잎과 같이 잎의 가장자리가 깊이 패어 들어감 또는 그런 형상.

으로 여러 가느다란 개천이 흘러드는 좁은 강어귀들처럼 그 물기 많은 만(灣)들이 깊은 내륙에까지 뻗쳐 있는 형상이다. 그래서 거의 잎의 다도해라고 할 만하다.

그러나 그것은 더 자주 육지라고 일컬어졌는데 디오니시우스와 플리니우스가 모레아[32]의 모습을 버즘나무(Oriental plane tree) 잎에 비유한 것처럼 이 진홍참나무 잎은 내게는 그 광활한 해안이 둥근 만과 부드러운 해변, 그리고 뾰족한 바위투성이의 갑이 교차하고 있어 사람이 거주하기에 적합하여 종국에는 반드시 문명의 중심이 될 바다 가운데 있는 아름답고 야생적인 섬을 연상시킨다. 선원의 눈으로 보면 그것은 아주 들쭉날쭉한 해안이다. 실제로 이 해안은 바람 센 파도가 몰아치는 공기의 바다가 아닌가? 이 잎을 보면 우리는 ―바이킹이나 버커니아,[33] 혹은 해적은 아니라고 해도― 모두 선원이 된다. 평온함에 대한 우리의 사랑과 모험심 둘 다 충족된다. 한번 힐끗 보기만 하고서도 저 뾰족한 갑을 돌아가는 데 성공한다면 저 광대한 만에서 깊고 잔잔하며 안전한 포구를 찾을 수 있으리라고 생각한다. 둥그스레한 갑을 지니고 있어 등대를 설치할 필요가 없는 떡갈나무 잎과는 얼마나 다른가! 떡갈나무 잎이 해독될 수 있는 긴 문명의 역사를 지닌 영국이라면 이 진홍참나무 잎은 아직 사람들이 정착하지 않은 새로이 발견된 셀레베스 섬[34]이다. 거기로 가서 영주가 되는 것은 어떤가?

10월 26일이 되면 다른 참나무들은 통상 시들지만 큰 진홍참나무들

---

32 모레아(Morea): 고대의 명칭인 펠로폰네소스 대신, 중세에 코린토스 지협(地峽) 이남의 그리스에 붙여진 지명.
33 버커니아(buccaneer): 특히 17~18세기 서인도 제도의 스페인령 연안을 휩쓴 해적들.
34 셀레베스(Celebes) 섬: 인도네시아 4개의 대(大)순다열도(Sunda Islands) 중 하나. 이제는 인도네시아 말로는 술라웨시(Sulawesi)라고 불린다.

은 절정을 뽐낸다. 그것들은 지난 한 주간 불을 지피고 있었는데 이제 불꽃이 확 타오른 것이다. 우리나라 토종 낙엽수 중에서 이제는 오직 이 나무만이 (내가 대여섯 그루밖에 알지 못하는 층층나무가 예외인데, 이 나무는 큰 관목일 따름이다) 눈부시게 아름답다. 사시나무 두 그루와 사탕단풍나무가 현재는 그 아름다움에 가장 비견할 만하지만 그것들은 잎의 대다수를 잃어버렸다. 상록수 중에서는 리기다소나무만이 여전히 색이 어느 정도 선명하다.

진홍참나무의 넓게 퍼져 있지만 때늦고 갑작스러운 아름다움을 제대로 보려면 이런 현상에 대해 전념은 안 하더라도 특별히 주의를 기울여야 한다. 내가 여기서 말하는 나무는 지금쯤은 시들어버린, 일상적으로 눈에 띄는 작은 나무나 관목이 아니라 큰 나무들이다. 가장 화사하고 기억에 남을 만한 단풍은 아직 타오르지도 않았는데 대다수 나무들은 음산하고 황량한 11월이 이미 왔다고 생각하고서는 들어가 문을 닫아버린다.

트인 목초지에 서 있는 약 40피트쯤 되는 정말 멋있고 활력이 넘치는 이 나무는 10월 12일까지만 해도 아주 번드르르한 녹색이었는데 사람들과 태양 사이에 있는 모든 잎이 마치 진홍색 염료에 담근 것처럼 26일이 되자 화사한 심홍색으로 완전히 변했다. 그 나무는 전체적으로 모습과 색깔이 아주 심장을 닮았다. 이것이 기다릴 가치가 없는 일인가? 10일 전만 해도 이 차가운 녹색의 나무가 이 같은 색을 띠리라고 기대한 사람은 거의 없었다. 다른 나무들의 잎이 그 나무 주위에 떨어져 있지만 그 진홍참나무의 잎들은 아직도 꼭 붙어 있다. 그 나무는 "나는 마지막에 빨개지는 나무지만 너희들 누구보다도 진하게 물들지. 붉은 코트를 입고 후위를 맡지. 참나무 중에서 우리 진홍참나무만 아직 싸움을 포기하지 않았단다"라고 말하는 것 같다.

11월이 아주 깊은 지금도 수액은 마치 봄철 단풍나무에서처럼 이 나무들 속을 빠르게 자주 운행하고 있다. 다른 참나무들은 대부분 시들었지만 이 나무들이 화사한 색깔을 띠는 것은 분명히 이런 현상과 관련이 있다. 그것들은 생명력으로 충일하다. 내가 칼로 구멍을 뚫자 나온, 맛이 진한 참나무 수액은 도토리 같은 맛이 나는데 기분 좋게 떠름하다.

폭이 4분의 1마일 되는 숲의 계곡 너머를 바라보니 진홍참나무들이 붉은 가지를 소나무들의 가지와 다정하게 뒤섞으며 소나무들 속에 아주 멋지게 둘러싸여 있다. 거기에서 진홍참나무들은 최고의 아름다움을 드러내고 있다. 소나무 가지들은 진홍참나무들의 붉은 잎에 붙은 초록 꽃받침이라 할 수 있다. 혹은 숲 속 길을 따라 걷다 보면 햇빛이 비스듬히 들어와 양쪽 벽이 소나무의 투명한 초록과 섞여 있는 참나무의 붉은 텐트를 밝혀서 참으로 멋진 장면을 만들어낸다. 대조되는 상록수가 없다면 가을 단풍은 실제 그 효과를 상당 부분 발휘하지 못할 것이다.

진홍참나무는 늦은 10월의 청명한 하늘과 밝음이 필요하다. 이것들이 색깔을 나오게 한다. 해가 구름 속으로 들어가면 색깔은 상대적으로 불분명해진다. 내가 읍내의 남서쪽 절벽에 앉아 있는 동안 해는 이제 기울어 가는데 동남쪽의 링컨 숲은 더 평평한 빛을 받아 환하다. 숲 전체에 고루 흩어져 있는 진홍참나무들 속에서 내가 그 나무들 속에 있을 거라고 믿었던 것보다 훨씬 더 선명한 빨간색이 모습을 드러내고 있다. 게다가 지평선에 이르기까지 그쪽 방향에서 볼 수 있는 모든 진홍참나무들에 이제 붉은 빛이 완연하다. 몇몇 큰 나무들은 그 옆의 마을 숲 위로 마치 수없이 많은 고운 꽃잎을 지닌 거대한 장미처럼 붉은 등을 높이 들어 올리고 있다. 지평선 바로 끝 동쪽의 파인 힐(Pine Hill)에 있는 스트로부스소나무로 구성된 작은 숲에 있으며, 그 숲 끝에서 소나무들과 교차하며 빨간 코트를 입고서 어깨를 마주하고 있는 보다 가느다란 진홍참나무들은 푸른색 사냥꾼들 사이에서 빨간 옷을 입은 군인처럼 보인다. 이때는 링컨 숲도 그러하다. 해가 지기까지 나는 숲의 군대에 붉은 코트 군인이 그렇게 많다는 것을 믿을 수 없었다. 진홍참나무의 색깔은 강렬히 불타는 듯한 빨강인데 내 생각에는 그것들을 향해 걸음을 뗄 때마다 그 힘이 얼마간 줄어들 것 같았다. 그 잎들 사이에 깃든 음영은 이렇게 먼 거리에서 보면 스스로를 드러내지 않아 한결같이 빨갛기 때문이다. 그 나무들이 되비친 색깔의 초점이 먼 이쪽 편 대기에 어려 있다. 그와 같은 나무 하나하나가 말하자면 해가 기울어지면서 그 빨간색이 심화되어 불타오르는 빨강의 핵심이 되는 것이다. 그 빨강은 부분적으로는 빌려온 불인데, 해가 당신들의 눈으로 들어오는 도중 해에게서 그 힘을 모은 것이다. 처음에는 집합장소 혹은 불쏘시개로 쓸 상대적으로 탁한 붉은 잎 몇 개밖에 없지만, 강렬한 진홍색 혹은 빨간색 안개나 불이 되는데, 그것들은 바로 그 대기에서 스스로의 연료를 찾아낸다. 빨강은 그렇게 활력이 넘친다. 이 계절, 이 시각에는 울타리조차 장밋빛을 반사한다. 실제 존재하는 것보다 더 붉은 나무를 보게 되는 것이다.

　　진홍참나무를 헤아려보고 싶다면 지금 해봐라. 맑은 날 태양이 떠오르고 한 시간이 지난 후에 숲 속 언덕에 이렇게 올라서보아라, 그러면 서녘에 있는 것을 제외하고 당신의 시야에 모든 나무가 드러날 것이다. 그렇지 않다면 당신이 므두셀라[35]만큼 산다고 해도 그것들의 10분의 1도 보지 못할 것이다. 그러나 심지어는 어두침침한 날에도 그것들이 내가 이제까지 본 것처럼 화사하다는 생각이 들 때가 있다. 서쪽을 바라보면 태양이 눈부셔 그것들의 색깔이 사라져버린다. 그러나 다른 모든 방향에서는 숲 전체가 늦은 장미가 불타오르며 녹색과 섞여 있는 꽃밭이다. 소위 "정원사"라는 사

---

[35] 므두셀라(Methuselah): 구약성서에 969세까지 산 것으로 기록된 구약 시대의 족장(창 5:27).

람은 손에 삽과 물주전자를 들고 여기저기를 거닐다가 바닥의 시든 나뭇잎 가운데서 몇몇 작은 애스터[36] 밖에 보지 못하게 될지도 모르지만 말이다.

이 나무들이 나의 과꽃이요 나의 정원에 늦게 핀 꽃이다. 나 같은 정원사에게는 돈이 한 푼도 들지 않는다. 온 숲에 떨어지는 낙엽이 내 식물의 뿌리를 보호해주고 있다. 눈에 보이는 것이라도 자세히 보라, 그러면 당신 뜰에 흙을 북돋우지 않아도 넉넉한 정원을 가지게 될 것이다. 우리가 시야를 조금 높인다면 온 숲을 정원으로 볼 수 있을 것이다. 진홍참나무 꽃,[37] 그 숲의 꽃은 (적어도 단풍나무가 진 이후에는) 다른 모든 영화로움을 넘어선다. 왜 그런지는 모르지만 그것들이 단풍나무들보다 내 관심을 더 끄는데, 그것들은 숲 전체에 아주 넓고 균일하게 흩어져 있다. 그것들은 아주 단단하며 전체적으로 매우 고귀한 나무이다. 11월 초순의 경관에 따뜻함을 나누어주어 겨울이 우리에게 다가오는 것을 저지하는 11월의 핵심적인 꽃이다. 나무 전체를 물들이는 가장 마지막 화사한 단풍이 색깔 중에서 이렇게 깊고 진하며 강렬한 진홍색이고 빨강색이라는 것은 놀라운 일이다. 한 해의 가장 잘 익은 과일로서 이듬해 봄이 되어서야 먹기에 알맞게 익는다는 추운 오를레앙 섬[38]에서 나는 단단하고 윤기 나는 붉은 사과의 뺨과 같다. 내가 언덕에 오르자 수천 그루의 이 멋진 참나무 장미가 멀리 지평선까지 사방에 펼쳐져 있다. 나는 4~5마일 떨어져서 그것들을 찬미한다. 이것이 지난 2주 동안 나를 실망시키지 않은 풍경이다. 이 늦게 핀 숲의 꽃은 봄과 여름이 할 수 있었던 모든 것을 능가한다. 그 색깔은 상대적

---

36 애스터(aster): 국화과(科)의 개미취, 쑥부쟁이 등을 지칭.
37 꽃: 여기서 꽃으로 번역한 blossom은 한 나무 전체의 꽃을 말한다.
38 오를레앙 섬(Île d'Orléans, Isle of Orelans): 캐나다 퀘벡 주 부근 세인트로렌스 강에 있는 섬. 아이스와인으로 유명하다.

으로 진귀하고 멋진 얼룩에 불과해서 (시원찮은 풀이나 덤불 사이를 걸어 다니는 근시안적인 사람들을 위해 창조된) 멀리 보는 사람에게는 아무런 감명도 주지 못한다. 지금 진홍참나무는 꽃을 피운 확장된 숲 혹은 산허리가 되었는데, 우리가 그 속으로 혹은 그 주변으로 매일 걸어 다닌다. 비교하자면, 우리가 정원을 가꾸는 일은 소규모에 지나지 않는다―말하자면 정원사는 그의 돌봄이 전혀 필요하지 않으면서도 그를 무색하게 하는 거대한 애스터와 장미들을 무시하고서 죽은 잡초들 가운데 자라는 애스터 몇 송이만을 계속 돌보고 있는 셈이다. 그것은 노을이 지는 하늘을 배경으로 들어올린 받침 접시에 담긴 조그만 붉은 물감 바탕 같다. "타락한" 정원 구석을 살금살금 걸어 다니지 말고 시야를 더 높고 넓게 하여 거대한 정원을 산책해보는 것은 어떠한가, 또 그저 모아놓은 허브 몇 송이의 아름다움이 아니라 숲의 아름다움을 생각해보는 것은 어떠한가?

이제 좀 더 모험적으로 산책을 해서 언덕을 올라가보라. 10월 말 경에 우리 읍내 외곽에 있는 아무 언덕이나 올라서, 혹은 당신 소유의 언덕을 올라 숲을 내려다보면 내가 묘사하려 애쓰고 있는 광경을 보게 될 것이다. 당신이 볼 준비가 되어 있고 **찾아본다면** 그 모든 것을, 아니 그 이상의 것을 분명히 보게 될 것이다. 그렇지 않다면 당신이 언덕 꼭대기에 서 있든 분지에 서 있든, 이런 현상이 보편적이든 규칙적이든 상관없이 당신은 70 평생 동안 이 계절에는 모든 나무가 시들어 갈색이라고 생각하게 될 것이다. 사물들이 우리 시야에 보이지 않는 것은 그것들이 우리의 시선이 가는 경로에서 벗어나 있기보다는 우리의 정신과 눈을 그쪽으로 가져가지 않기 때문이다. 다른 어떤 젤리(jelly)에도 보는 능력이 없는 것처럼, 우리 눈 그 자체에도 보는 능력이 없기 때문이다.[39] 우리는 얼마나 멀리 넓게, 혹은 얼마나 가까이 좁게 보아야 하는지를 깨닫지 못한다. 자연현상의 아주 많은 부분을 이런 이유로 인해 사는 동안 보지 못하게 되는 것이다. 정원사는 단지 자신의 정원만 본다. 정치경제학과 마찬가지로 여기서도 공급은 수요에 응한다. 자연은 돼지 앞에다 진주를 던지지 않는다.[40] 풍경은 우리가 소중히 여길 준비가 되어 있는 만큼—한 티끌의 더도 아니라—의 아름다움만을 우리에게 내보인다. 어떤 사람이 한 특정한 언덕 꼭대기에서 보게 될 실제 사물들은 다른 사람이 보게 될 사물과는 바라보는 사람이 다른 것만큼 상이할 것이다. 어떤 의미에서는 당신이 앞으로 나아갈 때 진홍참나무가 이미 당신 눈 속에 있어야 한다. 그것에 관한 생각에 사로잡혀 그것을 머릿속에 집어넣을 때에만 우리는 비로소 어떤 것을 볼 수 있다—그렇게 되면 우리는 다른 것은 거의 볼 수 없다. 식물학적 산책을 하면서 보니 처음에는 어떤 식물에 대한 생각이나 이미지가 내 생각을 사로잡고 —허드슨 만이 여기서 가깝지 않은 것처럼 비록 그 식물이 이 지역에서는 아주 낯선 것이라 해도— 그러면 몇 주 혹은 몇 달 동안 그것에 관해 무의식적으로 생각하고 기대하게 되는데, 그러다가 마침내 그것을 꼭 발견하게 되었다. 이것이 내가 이름을 댈 수 있는 진귀한 식물 20여 종을 발견하게 된 경위이다. 사람은 자신이 관심을 가진 것만 본다. 풀 연구에 빠져 있는 사람은 가장 멋진 평원의 참나무들을 구별하지 못한다. 그는 말하자면 걸어 다니다가 자신도 모르게 참나무들을 밟아 뭉개버리거나 기껏해야 그 나무들의 그림자만 본다. 동일한 지역에서 비록 그것들이 골풀(*Juncaceae*)과(科)와 벼(*Gramineae*)과(科) 식물처럼 아주 밀접히 연관이 있다고 해도, 다

---

39 소로는 여기서 사람의 안구가 젤리 같은 성분으로 되어 있다고 생각해서 이런 말을 하고 있다.
40 거룩한 것을 "개에게 주지 말며 너희 진주를 돼지 앞에 던지지 말라 저희가 그것을 발로 밟고 돌이켜 너희를 찢어 상할까 염려하라"(마 7:6)에서 나온 표현이다.

른 식물들을 보기 위해서는 눈이 다른 의도를 가지고 있어야 한다는 것을 알게 되었다. 전자를 찾고 있는 동안 나는 후자들 한가운데서도 그것들을 보지 못했다. 그렇다면 지식의 다른 분과에 주목하려면 우리의 눈과 정신이 얼마나 다른 의도를 가지고 있어야 하겠는가! 시인과 자연주의자들은 얼마나 다르게 사물을 바라보는가!

뉴잉글랜드 도시 행정위원을 뽑아 우리 언덕 가장 높은 곳에 올라가게 한 후 그에게 보라고 말하라―그의 시력을 최대한 높이고 그에게 가장 잘 맞는 안경을 쓰게 하고 (물론, 만일 그가 원한다면 망원경도 쓰게 하라)― 그러고 나서 다 보고하게 하라. 그가 무엇을 **찾아**내고 무엇을 보려고 **선택**하겠는가? 물론 그는 제 브로켄의 요괴[41]를 볼 것이다. 적어도 몇몇 비국교도(非國敎徒)의 예배당을 볼 것이고, 그리고 어떤 사람이 아주 멋진 식림지를 가지고 있으므로 그에게 더 많은 세금이 부과되어야 한다는 것을 알게 될 것이다. 이제 율리우스 카이사르,[42] 에마누엘 스베덴보리,[43] 그리고 피지 제도 사람을 데려다가 거기에 올려놓아라. 혹은 그들 모두를 같이 올려놓고 나중에 노트를 서로 비교해보라. 그들이 같은 광경을 즐겼다고 나타날까? 그들이 본 것은 로마가 천국 혹은 지옥과 다른 것처럼, 그리고 천국 혹은 지옥이 피지 제도와 다른 것만큼이나 상이할 것이다. 잘은 모르지만

---

41 브로켄의 요괴(Brocken spectre): 태양을 등지고 산꼭대기에 섰을 때 구름에 크게 비치는 자기의 그림자.
42 가이우스 율리우스 카이사르(Caius Julius Caesar, BC 100~BC 44): 로마의 장군, 정치가, 웅변가. 크라수스, 폼페이우스와 더불어 제1차 삼두정치를 수립하였으며, 갈리아·브리타니에 원정하여 토벌하였다.
43 에마누엘 스베덴보리(Emanuel Swedenborg, 1688~1772): 스웨덴의 자연과학자, 철학자, 신비주의자, 신학자. 심령적 체험을 겪은 후 과학적 방법의 한계를 깨닫고, 시령자(視靈者), 신비적 신학자로서 활약하였다. 대표적 저서로 『천국의 놀라운 세계와 지옥에 대하여(De Coelo et ejus Mirabilibus, et de inferno)』(1758)가 있다.

이 사람들만큼이나 이상한 사람이 항상 바로 가까이에 있다.

그러니까, 도요새와 맷도요 같은 하찮은 사냥감을 쏘아 잡기 위해서도 명사수가 있어야 한다. 아주 구체적인 목표물을 정하고 자신이 무엇을 겨냥하고 있는지 알아야 한다. 도요새들이 거기에 날아다니고 있다는 말을 듣고 공중을 향해 멋대로 총을 쏜다면 새를 잡을 확률은 거의 없을 것이다. 아름다움을 겨냥해서 쏘는 사람도 마찬가지이다. 아름다움이 자주 출몰하는 철과 장소 그리고 날개의 색깔을 이미 알고 있지 않다면 하늘이 무너질 때까지 기다린다고 해도 하나도 잡지 못할 것이다—그가 그것을 꿈꾸어서 **예상**할 수 있게 되지 않으면 말이다. 그래서 그는 심지어 옥수수밭에서도 발걸음을 뗄 때마다 새를 푸드덕 날아오르게 하고 양쪽 총신으로 두 마리를 쏘아 잡고 나는 새도 맞힌다. 사냥꾼은 자신을 단련하고 옷을 갖추어 입고 끈기 있게 예의주시하며 특정한 사냥감을 잡으려고 총알을 장전하고 화약을 잰다. 사냥감을 위해 기도하고 제물을 바쳐 그것을 얻는다. 오랫동안 적절한 준비를 하고 눈과 손을 훈련시키고, 자나 깨나 그것을 꿈꾼 후에야 총과 보트와 노를 들고서 마을 사람 대다수가 본 적도 꿈꾼 적도 없는 메도 헨(meadow hen)을 잡으러 나서서, 맞바람과 싸우며 몇 마일 노를 저어가고 무릎까지 차오르는 물을 걸어서 건너고 저녁도 먹지 못한 채 하루 종일 밖에 나와 있어야 **비로소** 그 새를 잡는다. 그가 출발했을 때 이미 그것들을 반쯤은 사냥가방에 잡아넣은 셈이니 단지 아래로 밀어 넣기만 하면 된다. 진정한 사냥꾼은 자신이 잡는 사냥감은 거의 어떤 것이든지 창문에서 쏘아 당신에게 잡아다 줄 수 있다. 그렇지 않다면 창문과 눈은 뭐 하러 있는가? 사냥감이 그의 총신으로 다가와 마침내 내려앉는다. 그러나 세상 다른 사람들은 **깃털**이 거기에 있어도 결코 그것을 보지 못한다. 기러기들은 정확하게 그의 천정(天頂) 아래로 날아가는데 거기에 이르면 끼루룩끼루룩 울음소리를 내고, 그러면 그는 자신의 굴뚝에 불을 때서[44] 스스로 필요한 것을 공급한다. 사향뒤쥐 20마리에게는 그가 놓은 덫 하나하나가 텅 비기 전에 그 덫들을 취사선택할 우선권이 있다. 그 사냥꾼이 오래 살고 사냥에 대한 열정이 높아지면 하늘과 땅이 그를 사냥감보다 더 먼저 저버릴 것이다. 그러나 그가 죽으면 그는 보다 더 광대하고 어쩌면 더 행복한 사냥터로 갈 것이다. 마찬가지로 어부도 고기에 관한 꿈을 꾸고 꿈속에서 코르크로 만든 낚시찌가 까닥까닥하는 것을 보게 되어 마침내는 싱크대 배수구에서도 그 녀석들을 거의 잡을 수 있을 것이다. 내가 아는 한 소녀는 허클베리를 따러 가서 다른 누구도 그것이 있다는 것조차 모른 곳에서 서양까치밥나무 열매를 한 쿼트나 땄는데, 이는 그녀가 살던 곳에서 그것들을 따는 데 익숙했기 때문이다. 천문학자는 별을 관찰하기 위해 어디로 가야 할지를 알고 있어 누군가가 그 별을 망원경으로 보기 전에 이미 그의 마음속에서 선명하게 본다. 암탉은 서 있는 발치 바로 아래에서 땅을 헤집어 먹을 것을 찾아낸다. 그러나 매는 이런 식으로 먹을 것을 구하지 않는다.

내가 얘기한 이 화사한 나뭇잎들도 예외 없이 보편적 법칙을 따르고 있다. 모든 잎 그리고 풀과 이끼조차 떨어지기 전에 가장 화사한 색을 띤다고 내가 믿기 때문이다. 만일 당신이 가장 미천한 풀이라도 그것들의 변화를 성실하게 관찰한다면 모든 풀이 언젠가는 그만의 고유한 가을 색을 띠게 된다는 것을 발견할 것이다. 그 화사한 색깔을 다 기록하려고 하면 거의 당신 주변의 식물 목록만큼이나 길어질 것이다.

---

[44] 총을 격발한다는 말의 비유적 표현이다.

7

야생사과

야생 사과나무의 역사

사과나무의 역사와 인간의 역사는 놀라울 정도로 긴밀히 연관되어 있다. 지질학자들은 지구에 인류가 출현하기 바로 얼마 전에 사과나무가 포함되어 있는 장미목(目)과 볏과식물, 그리고 꿀풀과(科)의 박하가 나타났다고 말한다.

최근에 스위스의 호수들 바닥에서 알려지지 않은 원시인들의 흔적이 발견되었다. 사과가 그들의 식량 일부를 차지했던 것 같은데 그들은 로마 건국 이전 사람들로서 너무 오래전이어서 철기 용품도 없었다. 그런데 그들의 저장고에서 검고 쪼그라든 돌능금 하나가 온전하게 발견된 것이다.

타키투스[1]는 고대 게르만족에 관해 얘기하면서 그들이 여러 가지로, 그중에서도 특히 야생사과(*agrestia poma*)로 허기를 채웠다고 말한다.

---

[1] 푸블리우스 코르넬리우스 타키투스(Publius Cornelius Tacitus, 56?~120?): 고대 로마의 가장 유명한 역사가. 주요 저서로 『동시대사(*Historiae*)』, 『연대기(*Annales*)』 등이 있다.

니부어²는 "집, 들판, 쟁기, 경작, 포도주, 기름, 우유, 양, 사과, 농사와 평온한 삶의 양식에 관한 말들은 라틴어와 그리스어에서 일치하지만, 전쟁이나 추격과 관련된 사물에 대한 라틴어 단어는 그리스어와는 전혀 다르다"라는 점에 주목한다. 이렇게 보면 사과나무도 올리브나무 못지않게 평화의 상징이라고 간주할 수 있겠다.

사과는 일찍이 도처에 퍼져 있었고 너무나 중요해서 그 이름은 근원을 거슬러 올라가면 여러 나라 말에서 과일 전체를 의미한다. 메론(Mηλον)은 그리스말로 사과를 의미하지만, 또한 다른 나무의 과실, 양과 가축, 그리고 마지막으로 일반적인 부(富)를 뜻하기도 한다.

사과나무는 히브리인, 희랍인, 로마인, 스칸디나비아인들의 칭송을 받았다. 최초의 인류 부부가 이 나무의 열매로 유혹을 받았다고 생각하는 사람들도 있다.³ 여신들이 이 사과를 차지하려고 겨뤘다는 우화들이 있으며,⁴ 이 나무를 지키려고 용을 데려다 놓았고, 그것을 따기 위해 영웅

---

2 카르스텐 니부어(Carsten Niebuhr 또는 Karsten Niebuhr, 1733~1815): 독일의 수학자, 지도제작자이자 여행가. 아랍 지역을 향한 제1차 과학탐험대 중 유일한 생환자(生還者)이다. 아라비아 연구 자료를 많이 남겼다.
3 창세기 3장에 나오는 인류의 타락을 말하는 것으로 뱀이 하와(이브)에게 건네준 실과(實果) 즉 선악과가 사과라는 설이 있다.
4 여기서 사과는 불화(不和)의 사과(Apple of Discord)를 말한다. 에리스(Eris, 불화의 여신)는 제우스와 헤라의 딸이고 아레스와는 쌍둥이다. 신 중에 오로지 에리스만이 펠레우스와 테티스(아킬레우스의 부모)의 결혼식에 초대받지 못했다. 화가 치민 에리스는 결혼식에 가서 하객들 사이로 '가장 아름다운 여자에게'라고 적힌 황금 사과를 내던졌다. 세 여신 헤라, 아테나, 아프로디테가 각자 사과가 자기 것이라고 주장했는데, 어떠한 신도 이 말다툼에 끼어들고 싶어 하지 않기 때문에, 제우스는 헤르메스를 프뤼기아에 있는 이데 산(크레테 섬에도 있음. 그 Ide, 영 Ida)으로 보냈다. 그곳엔 프리아모스와 헤카베의 아들 파리스가 살고 있었다. 헤르메스는 파리스한테 심판이 되어달라고 설득했다. 여신들은 각자 자기에게 유리한 결정을 내려준다면 파리스에게 상을 주겠다고 제의했다. 헤라는 권력을, 아테나는 지혜와 전쟁의 승리를, 아프로디테는 세계에서 가장 아름다운 헬레네(스파르타 왕 메넬라오스의 아내)

들이 동원되기도 했다.

사과나무는 구약성서에 적어도 세 군데에서 언급되고, 그 열매는 두세 번 더 나온다. 솔로몬은 "남자들 중에 나의 사랑하는 자는 수풀 가운데 사과나무 같구나"[5]라고 노래한다. 또한 "너희는 건포도로 내 힘을 돕고 사과로 나를 시원케 하라"[6]라는 구절도 있다. 인간의 가장 고귀한 형상 중 가장 귀한 부분은 이 과실을 본떠서 "눈의 사과"[7]라는 이름이 붙었다.

호메로스와 헤로도토스도 사과나무를 언급하고 있다. 율리시스는 알퀴노오스[8]의 아름다운 정원에서 "배와 석류, 그리고 훌륭한 과실을 맺은 사과나무"를 보았다. 그리고 호메로스에 따르면 탄탈로스[9]가 딸 수 없었던 과일 중에 사과가 들어 있었는데 바람이 항상 불어 가지를 그에게서 밀어지도록 했다. 테오프라스토스[10]는 생물학자로서 사과나무를 잘 알고 기술했다.

를 주겠다고 약속했다. 파리스는 아프로디테의 편을 들어 스파르타로 갔고 헬레네와 함께 트로이아로 떠나버렸다. 이 일은 트로이아 전쟁의 원인이 되었다.
5 구약성서 아가서 2장 3절.
6 구약성서 아가서 2장 5절.
7 눈의 사과(apple of the eye): 눈동자를 가리키는 영어 표현이다. 소로는 시각을 인간이 가진 감각 중 가장 귀한 것으로 간주한다.
8 알퀴노오스(그 Alkinoös, 영 Alcinous): 호메로스의 『오딧세이아』에서 스케리아(Scheria)에 있는 파이아키아(Phaiakas)의 왕으로 나우시카(Nausikaa)의 아버지.
9 탄탈로스(그 Tantalos, 영 Tantalus): 제우스와 오케아니데스(바다의 요정들) 중의 한 명 사이에서 태어난 아들. 펠롭스와 니오베의 아버지이며 뤼디아의 왕이 되었다. 제우스의 애견을 훔치고 신들의 음식과 술인 암브로시아와 넥타르를 인간에게 주었다. 또 아들을 죽여 음식을 만들어 신들한테 대접했기 때문에 하데스(지하세계)에서 엄한 벌을 받았다. 이 때문에 탄탈로스는 물속에서 턱까지 물이 채워진 채 서 있게 되었는데 그의 머리 바로 위에 과일 가지가 달려 있었다. 탄탈로스가 열매를 먹거나 물을 마시려고 하면 언제나 열매가 손에 닿지 않거나 물이 물러나거나 했다. 'tantalize(감질나게 괴롭히다)'란 영어 단어는 그의 이름에서 파생했다.

산문 에다[11]에 의하면 "이둔[12]은 신들이 노년이 다가왔다고 느낄 때면 맛보기만 해도 다시 젊어지는 사과를 상자에 보관하고 있었다. 이런 방식으로 그들은 라그나뢰크,[13] 혹은 신들의 멸망 때까지 회춘하여 젊음을 유지했다"라고 한다.

나는 라우든에게서 "고대 웨일스 음유시인들은 노래를 잘하면 상으로 사과나무 가지를 기념품으로 받았고 스코틀랜드 고지대에서 사과나무는 러몬트 가문의 휘장(徽章)이었다"[14]라는 얘기를 들었다.

사과나무(*Pyrus malus*)는 주로 북부 온대지역에서 자란다. 라우든은

---

10 테오프라스토스(Theophrastos): 고대 그리스의 철학자(BC 372?~BC 287?). 그리스 소요학파 철학자, 아리스토텔레스의 제자. 식물학의 시조로 꼽히며, 아리스토텔레스 형이상학의 문제점을 연구하였다. 저서에 『식물 탐구(*Peri Phytōn Historia*)』, 『식물의 성장(*Peri Phytōn Aitiōn*)』 등이 있다.

11 에다(Edda): 북유럽 신화의 근간이 되는 시와 노래 및 서사시들을 엮은 책. 북유럽 신화에서 가장 중요하고 방대한 자료이다. 『고(古)에다(*The Elder Edda*)』와 『신(新)에다(*The Young Edda*)』 혹은 『스노리 에다(*Snorri's Edda*)』의 두 가지로 구분된다. 『고에다』는 운문 에다(Poetic Edda), 『신에다』는 산문 에다(Prose Edda)로 불리기도 한다. 『고에다』는 13세기경에 쓰인 것으로 추정되는 중세 아이슬란드의 필사본인 『코덱스 레기우스(*Codex Regius*)』로 전해오고 있으며 그 내용의 일부는 전하지 않는다. 『신에다』는 아이슬란드의 역사가 스노리 스툴루손(Snorri Sturlson, 1179~1241)이 1220년경에 집필한 책이다.

12 이둔(Idunn): 북유럽 신화에 나오는 브라기(Bragi)의 아내. 그녀가 가진 사과는 신들에게 영원한 젊음을 준다.

13 라그나뢰크(Ragnarök): 북유럽 신화에서 신들과 인간세계의 종말, 특히 신들의 멸망을 나타내는 말. 일반적으로 '신들의 황혼'이라 번역된다. 사신(邪神) 로키(Loki)의 간계로 오딘(Odin)의 아들이자 광명의 신인 발데르(Balder)가 죽자, 이를 시작으로 거인들과 신들의 전쟁이 시작된다. 세계는 멸망하지만 마침내 바닷속에서 새로운 육지가 다시 떠올라 살아남은 두 남녀와 저승에서 돌아온 발데르에 의해 새로운 세계가 시작된다. 이 같은 종말관, 신천지의 탄생은 그리스도교와 동방세계의 종말관의 영향이 큰 것으로 보인다.

14 러몬트 가문(Clan Lamont)은 스코틀랜드 고지 지방의 가문이다. 11세기에 스코틀랜드의 킨타이어(Kintyre)로 아일랜드를 떠난 앤로선 오닐(Anrothan O'Neil)의 후손으로, 4~5세기의 전설적인 아일랜드 왕 닐(Niall Noigíallach)의 자손 '위닐'이라 자신들을 명명한다. 가문의 상징(배지)으로 야생능금나무를 쓴다.

"사과나무는 한대지역을 제외하고서 유럽 전역과 서아시아, 중국, 일본에까지 자생한다"라고 얘기한다. 우리 북미지역에도 자생하는 두세 종의 사과나무가 있다. 재배 사과나무는 초창기 정착민들에 의해 이 나라에 유입되었는데 여기에서도 다른 어느 곳만큼이나, 혹은 더 잘 자라는 것으로 추정된다. 요즘 재배되는 몇몇 종은 로마인들이 영국으로 처음 유입해온 것 같다.

플리니우스[15]는 테오프라스토스의 구별법을 받아들여 "나무들 중에는 전적으로 야생적(sylvestres)[16]인 것도 있고, 좀 더 개량한(urbaniores) 것도 있다"라고 말한다. 테오프라스토스는 사과를 후자에 포함시키는데 사실, 사과는 이런 의미에서 보면 나무들 중 가장 개량된 종이다. 사과나무는 비둘기처럼 무해하며, 장미처럼 아름답고, 양 떼나 소 떼처럼 소중하다. 다른 어떤 것보다도 더 오랫동안 재배되었으므로 더 인간화된 셈이다. 그리하여 종국에는 개처럼 그 원래 야생의 모습을 추적할 수 없게 될지 누가 알겠는가? 사과나무는 개와 말 그리고 소처럼 사람들과 함께 이동한다. 처음에는 아마 그리스에서 이탈리아로, 그러고 나서는 영국으로, 다시 미국으로 말이다. 우리나라의 서부 이주자는 주머니에 사과 씨를 넣고서, 혹은 짐에다 어린 묘목 몇 그루를 매단 채 해가 지는 쪽으로 여전히 행진하고 있다. 그래서 작년에 키운 재배 사과나무 전부보다 올해는 적어도 100만 그루의 사과나무가 더 먼 서부지역에 뿌리내리게 된 것이다. 그래서 마치 안식일처럼 꽃축제 주간이 어떻게 대평원에서 해마다 퍼지고 있는지를 생각해보

---

15 대(大)플리니우스(라 Gaius Plinius Secundus, 영 Pliny the Elder, 23~79): 고대 로마의 정치가, 군인, 학자. 저서 『박물지』는 티투스(Titus, 재위 79~81) 황제에게 바친 대백과전서로 당시·예술·과학·문명에 관한 정보의 보고다.
16 라틴어의 산림 "나무, 숲"에서 유래한 고대 로마어. '숲에서부터(of the forest)'라는 의미다. 두 명의 로마 교황의 이름이었다.

라. 사람들이 이주하면 새와 네발 달린 짐승, 곤충, 야채, 잔디뿐만 아니라 과수원도 함께 이동하는 것이다.

그 잎과 부드러운 가지는 소, 말, 양, 염소와 같은 여러 가축들에게 적합한 먹을거리이고 그 열매는 돼지뿐만 아니라 소도 아주 좋아한다. 따라서 이러한 짐승들과 그 나무 사이에는 애초부터 자연스러운 유대가 존재했던 것 같다. "프랑스 숲의 능금열매가 멧돼지들의 주된 먹을거리였다"라고 한다.

인디언뿐만 아니라 그 지역에 자생하는 많은 곤충들과 새, 짐승들도 사과나무가 이들 연안에 상륙하는 것을 반겼다. 천막털벌레는 모습을 갖춘 첫 가지에다 알을 낳았으며, 그 이후에는 자신의 애정을 벚나무와 사과나무에 나누어주었다. 자벌레 또한 느릅나무를 얼마간 버리고 이 나무에서 깃들어 먹고 살았다. 그 나무가 빨리 자라자 푸른 울새, 개똥지빠귀, 황여새,[17] 왕산적딱새와 다른 많은 새들이 서둘러 와서 둥지를 짓고 그 가지에서 노래했다. 그리하여 과수원새들이 되었고 이전보다도 더 번성했다. 그때가 그들 종족의 역사에서 한 획기적인 시점이었다. 솜털딱다구리는 그 나무껍질 밑에서 너무 맛있는 조각을 발견해 나무를 거의 빙 둘러 원형으로 구멍을 내고서야 떠났는데, 내가 아는 한, 그 새는 이전에 결코 이런 일을 행한 적이 없었다. 목도리뇌조가 사과나무의 새순이 얼마나 단지를 알아내는 데는 그리 오래 걸리지 않았고, 겨울 저녁에는 매일 새순을 따 먹기 위해 숲에서 날아왔고 지금도 날아오고 있어 농부의 애간장을 태운다. 토끼 또한 그 가지와 껍질의 맛을 아는 데 둔하지 않았다. 그리고 그 열매가 익으면 다람쥐는 반쯤은 굴리고 반쯤은 운반해 굴로 가져갔다. 그뿐 아

---

17 황여새(Cherrybird): 북미산으로 여새와 같은 새이다. 벚나무를 좋아해 이런 이름이 붙었다.

니라 사향뒤쥐조차 저녁이면 시내에서 둑 위로 올라와 그 과실을 게걸스럽게 먹어치워, 급기야 그 풀밭에 길을 냈다. 그리고 사과가 얼었다가 녹으면 까마귀와 어치가 가끔씩 그 맛을 즐기곤 했다. 올빼미가 속이 빈 첫 사과나무 위로 기어 올라가 그곳이 자기에게 딱 맞는 곳임을 알고서는 기뻐 부엉부엉 목청껏 울었고, 그 나무 위에 정착해 줄곧 거기에 남아 있었다.

내 주제가 야생사과이므로 재배사과가 한 해 동안 철따라 성장하는 과정을 간략하게 살펴보고 나서 내 전문 영역으로 넘어가려고 한다.

사과꽃은 아주 풍성하게 피고 달콤하기 때문에 어떤 나무의 꽃보다도 보기 좋고 향기도 좋은 멋진 꽃이다. 산책하는 사람은 꽃이 3분의 2쯤 피어, 보통 때보다 더 아름다운 꽃을 보면 돌아서서 머무르고 싶은 유혹을 자주 느끼게 된다. 이런 점에서 이 꽃은 색도 없고 향기도 없는 배꽃에 비해 얼마나 탁월한가!

7월 중순이 되면 푸른 사과는 아주 커서 코들링[18] 요리와 가을을 떠올리게 한다. 말하자면, 풀밭에는 사산되어 떨어진 작은 사과들이 늘상 널려 있다. 자연은 이렇게 우리를 위해 사과를 솎아내고 있는 것이다. 로마 작가인 팔라디우스[19]는 "사과가 제때가 되기 전에 떨어지는 경향이 있으면 갈라진 뿌리에다 돌을 끼워놓으면 괜찮아질 것이다"라고 말했다. 그와 같은 생각이 여전히 남아 있는데, 나무가 갈라진 틈에 돌이 끼여 있고 나무가 그 위로 자란 것을 목격하는 것이 바로 이 때문이다. 영국 서퍽[20]에는 다음과 같은 속담이 있다.

---

18 코들링(Coddling): 달걀 등을 약한 불로 삶는 요리법. 이때 음식은 덜 익혀져 식중독을 일으키는 병원균인 살모넬라균의 위험이 있기도 한다.
19 루틸리우스 타우루스 아이밀리아누스 팔라디우스(Rutilius Taurus Aemilianus Palladius): 4세기 때 로마의 작가. 주로 농업에 관한 글을 남긴 인물이다.

"미카엘 축일[21] 혹은 그보다 조금 일찍
사과의 절반은 썩는다."

이른 사과는 8월 1일경에 익기 시작하지만 내 생각에는 그들 중에 어떤 것도 냄새만 좋지 먹기에는 적당치 않다. 그 사과는 가게에서 사람들이 파는 어떤 향수보다도 향기가 좋아서 손수건에 뿌릴 만한 가치가 있다. 어떤 과실의 향기는 그 꽃과 더불어 잊을 수 없다. 내가 길에서 주은 울퉁불퉁한 사과는 그 향기가 포모나[22]의 모든 부를 연상시킨다. 그것들이 과수원과 사과술 공장에 모여 황금색과 붉은색 더미를 이루며 쌓이게 될 날들로 나를 미리 데려가며 말이다.

한두 주 후 특히 저녁에, 과수원이나 정원을 지나가면 사과 향기에 사로잡힌 작은 지역을 지나가는 셈이어서 공짜로 그리고 누구의 것도 훔치지 않고서도 그것들을 즐기게 된다.

자연의 모든 산물에는 변하기 쉬우며 천상적인 어떤 특성이 어려 있는데, 그 특성들은 최상의 가치를 대변하는 것으로서 속화되거나 사고팔 수 없는 것들이다. 과일의 맛을 완전하게 즐긴 인간은 여태 한 명도 없으며 오

---

20 서퍽(Suffolk): 영국 잉글랜드 동부의 주. 옛 이스트앵글리아 왕국의 일부이다. 동쪽은 북해에 면하고 있다. 기원전 수 세기경 브리튼인이 침입하여 소왕국을 형성했으나, 로마에 멸망되었다. 그 후 잉글랜드 7왕국시대에 동(東)앵글인이 건설한 이스트앵글리아 왕국의 남반부에 해당하며 지리적 조건상 외부의 침략을 자주 받아왔다. 18세기에는 낙농이 발달했으나, 프랑스혁명 후 곡물 가격의 폭등으로 곡물 재배로 주요 업종을 전환하였다.
21 미카엘 축일(Michaelmas): 그리스도교에서 말하는 대(大)천사장 미카엘을 기념하는 축일. 매년 9월 29일 행해진다.
22 포모나(Pomona): 로마 신화에 나오는 님프로서, 계절의 신 베르툼누스(Vertumnus)의 아내. 정원을 가꾸는 일과 과일 재배를 담당하였다. 베르툼누스가 노파로 변신해 포모나에게 구애한 연애사가 유명하다.

직 인간들 중에 신과 같은 사람들만이 신찬(神饌) 같은 그 과일의 특성을 맛보기 시작했다. 지상에서 나는 모든 과일의 탁월한 맛이 신주(神酒)와 신찬인데, 우리의 거친 감각이 이를 인지하지는 못한다. 우리가 신들의 천국을 차지하고 있는데도 그것을 모르는 것처럼 말이다. 아주 야비한 사람이 일찍 여문 아름답고 향기로운 사과 한 짐을 시장에 가져가는 것을 볼 때면, 그 사람과 말이 한편에 그리고 사과가 다른 편에서 싸우고 있는 것처럼 보이는데, 내 마음에는 항상 사과가 이기는 것 같다. 플리니우스는 모든 것 중에서 사과가 가장 무거워 소들은 사과 짐을 보기만 해도 땀을 흘린다고 말한다. 마부가 그것들이 속하지 않은 곳, 다시 말하자면, 가장 아름다운 곳이 아닌 다른 어떤 곳으로 사과를 운송하려고 하는 순간 그의 짐을 잃기 시작한다. 때때로 마부가 밖으로 나와 사과들을 만져보고 모두 다 잘 있다고 생각하지만 나는 오직 과육과 껍질 그리고 고갱이만이 시장으로 가고 사과의 천상적이며 섬세한 특성들은 개울이 되어 그의 마차에서 하늘로 올라가고 있는 것을 본다. 그것들은 사과가 아니라 사과즙을 짜고 난 찌끼에 불과한 것이다. 그럼에도 불구하고 이것들이 여전히 이둔의 사과이고 그 맛이 신들을 영원히 젊게 유지해주는 것 아닌가? 그래서 자신들은 주름이 쭈글쭈글하고 백발이 되게 내버려두고 로키[23] 혹은 티아시(Thjassi)가 그것들을 요튼헤임[24]에게 가져다주리라고 생각하는가? 그렇지 않을 것이다. 라그나뢰크, 혹은 신들의 멸망이 아직 일어나지 않았으니 말이다.

---

23 로키(Loki): 북유럽 신화에 나오는 불의 신이자 파괴와 재난의 신. 여러 신을 비웃고 헐뜯어 사기와 해독을 끼친 이유로 신들에게 쫓겨 연어로 변신하였다가 나중에 붙들려 뱀의 독즙을 받았다고 한다.
24 요튼헤임(Jötunheim, Jötunnheim): 북유럽 신화에 나오는 거인족 요튼이 사는 나라.

주로 8월 말이나 9월에 또 한 차례 사과는 솎아지면서 온 땅이 낙과로 뒤덮이는데, 이런 일은 특히 비 온 뒤 바람이 세게 불 때 일어난다. 어떤 과수원에서는 전체 수확량의 4분의 3은 족히 땅에 떨어져, 아직 파랗고 단단한 사과가 나무 아래 둥글게 누워 있는 것이 눈에 띈다. 만일 거기가 언덕이라면 언덕 아래로 멀리 굴러와 있는 것을 볼 수도 있다. 그러나 이 바람은 어느 누구에게도 득이 되지 않는 나쁜 바람이다. 시골 전역에 걸쳐 사람들은 낙과를 줍느라 바쁘지만 그것들은 때 이른 사과 파이를 만드는 데나 쓰이는 싸구려가 되고 말 것이다.

10월에 잎이 떨어지면 나무 위에 달린 사과가 더 뚜렷이 보인다. 어떤 해엔가 이웃 읍내에서 내가 기억하기로는 여태껏 본 것보다 과일이 더 많이 가득 달린 나무를 몇 그루 보았는데, 노랗고 작은 사과가 길 위에 늘어져 있었다. 사과들의 무게로 가지들이 마치 매자나무 덤불처럼 우아하게 늘어져 있어 전체 나무가 새롭게 보였다. 가장 꼭대기에 있는 가지조차 똑바로 서 있는 것이 아니라 사방으로 뻗어 고개를 숙이고 있었고, 아래 가지들을 지탱하는 기둥이 너무 많아 마치 벵골보리수 그림처럼 보였다. 고대 영어 문헌에 나오는 말처럼 "사과를 많이 맺을수록 그 나무는 사람들에게 고개를 더 숙인다."

확실히 사과는 가장 고귀한 과실이다. 가장 아름다운 사람 혹은 가장 빠른 사람들이 그것을 차지하도록 하라. 사과가 "유통되는" 가격은 그래야만 한다.

10월 5일과 20일 사이에는 배럴 통이 사과나무 아래 놓여 있는 것이 눈에 띈다. 나는 명령을 수행하기 위해 가장 좋은 사과를 담은 배럴 통을 고르고 있는 사람과 이야기를 나눌지도 모른다. 그는 얼룩이 있는 사과를 몇 번이나 돌려가며 보더니 마침내 그것을 그냥 내버려둔다. 내 마음을 지나쳐간 생각이 무엇이었는지를 말한다면, 그가 만진 모든 것이 다 얼룩이 졌다고 말해야 할 것이다. 그가 만져서 과분(果粉)이 다 없어져버렸고 붙잡기 어려운 영묘한 특질이 떠나버렸기 때문이다. 싸늘한 저녁이 오자 농부들은 서두르고, 마침내 여기저기 나무에 걸쳐 놓은 사다리만 눈에 띈다.

우리가 이런 선물을 더 큰 감사와 기쁨으로 받아들이고 고작 퇴비 한 짐을 새로 가져다 놓는 것으로는 충분하다고 생각하지 않는 게 좋겠다. 적어도 영국의 몇몇 풍습은 시사적이다. 주로 브랜드[25]의 『대중의 옛 풍습(Popular Antiquities)』에 묘사되어 있는 것들이다. "크리스마스 전야에 데번셔에서는 농부들과 일꾼들이 사과주를 담은 큰 사발에 토스트를 얹은 다음 그것을 과수원으로 가져가 이듬해에 과실을 많이 맺게 하려고 여러 의식을 치르며 사과나무에게 경의를 표한" 것 같다. 이 의례에서 사람들은 "사과주를 나무뿌리에 조금 뿌리고 토스트 조각을 가지 위에 올려놓고" 그 다음 "과수원에서 가장 과실을 많이 맺는 나무 중 하나를 둘러싸고 다음과 같이 건배를 여러 차례 반복했다.

> 오래된 사과나무, 자네에게 건배를
> 그대가 새싹을 틔우고, 꽃을 피우며
> 사과를 많이 맺도록!
> 모자에 가득, 모자에 가득
> 부셸 통에, 부셸 통에 가득, 자루에 가득
> 그리고 내 주머니에도 가득하길! 만세!"

---

25 존 브랜드(John Brand, 1744~1806): 영국 골동품 애호가. 영국 고대 유물들에 대한 책을 펴냈다.

소위 "사과에 고함치기"[26]라는 것이 제야에 영국의 여러 촌락에서 행해졌다. 한 무리의 소년들이 여러 과수원을 방문하여 사과나무를 둘러싸고 다음 구절을 반복했다.

뿌리야 굳게 서라! 우듬지야, 열매를 잘 맺어라!
신께서 풍성하고 신나게 과실을 보내주시기를!
잔가지마다 큰 사과들
큰 가지마다 넘치는 사과를!

"그러고 나서 합창으로 고함을 치고 소년들 중 한 명이 소뿔피리로 반주를 한다. 이 의식을 하는 동안 그들은 막대기로 나무를 톡톡 친다." 이를 "사과에 건배하기"[27]라고 하는데 혹자는 "포모나 여신에게 바치던 이교도의 제사 흔적"이라고 생각한다.

헤릭[28]은 다음과 같이 노래한다.

"나무들에게 축배를, 열매를 맺도록,
풍성한 자두와 풍성한 배를 맺도록

---

26 사과에 고함치기(apple-howling): 악한 영혼을 쫓고 선한 영혼으로 하여금 좋은 사과를 얻고자 하는 고래의 관습.
27 여기에 쓰인 wassailing은 축배의 인사이다. 축배에 쓰이는 음료는 구운 사과와 설탕이 가미된 에일 맥주와 와인이다.
28 로버트 헤릭(Robert Herrick, 1591~1674): 17세기 영국의 시인. 왕당파 서정시인으로 작품은 『헤스페리데스(Hesperides, or the Works both Human and Divine of Robert Herrick Esq.)』(1648)에 수록되어 있다. 벤 존슨(Ben Jonson, 1572~1637)의 시풍을 계승하여 격조를 갖춘 목가적 서정시를 발표하였다.

그것들에게 어떻게 축배를 드리냐에 따라
과실을 적게도 많이도 맺으리니.

우리나라 시인들에게는 포도주보다 사과술을 노래할 권리가 아직은 더 있는 것 같다. 그러나 그들의 의무는 영국 시인 필립스[29]보다 더 잘 노래해야 한다는 것이다. 그렇지 않으면 그들의 시신(詩神)에게 아무런 명예가 되지 않을 것이다.

야생사과

더 개량된 (플리니우스가 부르는 대로 하자면 개화된) 사과나무에 관해서는 이제 충분히 얘기했다. 일 년 중 어느 철이든 접붙이지 않은 사과나무 과수원을 지나는 것을 나는 더 좋아한다. 너무나 불규칙하게 나무가 심어져 있어 때로 두 나무가 가깝게 서 있기도 하고 열(列)이 너무나 꾸불꾸불해서 주인이 잠든 사이에 자랐거나 몽유병 상태에서 배열했다는 생각이 들 정도이다. 접붙인 과실나무들의 열은 이 야생 사과나무들처럼 결코 그 사이로 돌아다니고 싶은 생각이 들지 않는다. 그러나 애석하게도 엄청난 파괴가 일어났기 때문에 나는 지금 최근의 경험이 아니라 기억에 근거하여

---

29 존 필립스(John Philips, 1676~1709): 18세기 영국의 시인. 모두가 각 행이 약강격(弱强格) 10음절로 이루어진 서사시적 2행 연구(체)(heroic couplet)를 사용할 때 무운시(blank verse)를 즐겨 썼다. 그의 『멋진 실링화(Splendid Shilling)』(1701, 1705)는 존 밀튼의 『잃어버린 낙원(Paradise Lost)』을 패러디한 시이고, Cyder는 베르길리우스의 『농경시(Georgica)』를 본떠서 사과 재배와 사과즙 짜기를 묘사한 실용주의 시이다.

얘기하고 있다.

　내 이웃에 있는 이스터브룩스 컨트리[30]라 불리는 바위가 많은 지역처럼 어떤 토양은 사과를 재배하기에 아주 적합해서 일 년에 한 번씩 땅만 갈아주고 전혀 돌보지 않아도 아주 잘 돌본 다른 지역보다도 사과가 더 빨리 자란다. 땅 주인들은 과일을 재배하기에 이 땅이 아주 훌륭하다는 것은 인정한다. 그러나 바위가 너무 많아 인내심 있게 쟁기질을 할 수가 없고 거리가 떨어져 있어 개간되지 않았다고 말한다. 거기에는 과수(果樹)들이 제멋대로 자라난 넓은 지역이 있다. 아니 얼마 전까지 있었다. 그 과수들은 소나무, 자작나무, 단풍나무, 참나무 한가운데서 자생적으로 자라나 과실을 잘 맺는다. 나는 때때로 빨갛고 노란 사과로 빛나며 숲의 가을 단풍과 조화를 이룬 사과나무의 둥근 우듬지가 이 나무들 사이에서 올라오는 것을 보며 경탄에 빠진다.

　11월 첫날 어떤 절벽 옆을 올라가다가 바위와 숲 속 공터 사이에 싹을 틔운 활기찬 어린 사과나무를 보았다. 새나 소에 의해 거기에 심겼을 터인데, 재배사과는 수확이 다 끝난 지금도 서리 냉해를 입지 않고 사과가 많이 달려 있었다. 그것은 울창하게 자란 자생 나무였는데 여전히 푸른 잎이 무성해 울퉁불퉁하다는 느낌이 들었다. 과실은 단단하고 파란색이어서 겨울에 제맛이 날 것처럼 보였다. 잔가지에 매달려 있는 것도 있었으나 절반 이상은 나무 밑 젖은 잎들에 묻혀 있거나 바위 사이 언덕 아래 멀리까지 굴러와 있었다. 땅 주인은 이런 사실에 관해 아무것도 몰랐다. 언제 처

---

30 이스터브룩스 컨트리(Easterbrooks Country): 소로의 고향 마을 콩코드 서쪽 1,200에이커가 넘는 삼림지대. 이 지대의 본질적인 야생의 모습에 소로가 깊은 감명을 받았다 전해진다. 본 이름은 이스타브룩 우즈(Eastabrook Woods)이다.

음 꽃이 피었는지 언제 첫 열매를 맺었는지 박새나 알까, 아무도 주목하지 않았다. 그 나무를 축하해 그 그늘 아래에서 춤추는 일도 없었는데, 지금은 과실을 딸 사람도 없으니 짐작건대 다람쥐들이나 갉아 먹을 것이다. 이렇게 과실을 맺었을 뿐 아니라 모든 잔가지가 1피트나 공중으로 자라났으니 그 나무는 이중의 의무를 수행한 셈이다. 게다가 이 사과는 얼마나 멋진 과일인가! 다른 여러 베리들보다 크고, 집으로 가져오면 다음 봄까지도 상하지 않고 맛있을 것이다. 이런 사과를 얻을 수 있는데, 이둔의 사과 따위에 신경 쓸 일이 있겠는가

이렇게 튼튼해서 늦게까지 열매가 달려 있는 관목을 지나갈 때면 나는 비록 그것을 먹을 수는 없지만 자연의 풍요로움에 감사한다. 사람이 심은 것도 아니고 이전에 과수원이 있던 흔적도 없는데 여기 이 우툴두툴하며 나무가 우거진 비탈에 소나무나 참나무처럼 자생적으로 사과나무가 자란 것이다. 우리가 귀히 여기고 소비하는 과일 대부분은 전적으로 우리의 보살핌에 의존한다. 옥수수와 곡물, 감자, 복숭아, 참외 등은 재배에 전적으로 의존하지만 사과나무는 인간의 자립과 기도(企圖)를 모방한다. 내가 앞서 말한 것처럼 사과나무는 단지 옮겨진 것이 아니라, 어느 정도는 사람처럼 이 신세계로 이주해 와 여기저기 자생 나무들 사이에서 번성하고 있다. 소나 개 말이 때로 야생이 되어 자활하는 것처럼 말이다.

가장 열악한 장소에서 자라는 시고 떫은 사과조차 이러한 생각이 들게 하니 사과는 참으로 고귀한 과일이다.

능금

그럼에도 불구하고 **우리나라의 야생사과**는 어찌 보면 단지 나 정도만큼만 야생인데 여기에 원생(原生)하는 부류에 속하지 않고 재배종에서 숲으로 흘러들어 온 것이다. 훨씬 더 야생적인 것은 내가 얘기한 대로 우리나라 다른 곳에서 자라는 토종이며 원생하는 능금(*Malus coronaria*)인데, "그것의 본성은 아직 재배로 인해 바뀌지 않았다." 능금은 뉴욕 서부와 미네소타, 그리고 그 남쪽 지역에서 발견된다. 미쇼는 능금나무의 일반적인 키는 "15~18피트인데 때로는 25~30피트가 되는 나무들도 눈에 띄며," 큰 것은 "보통 사과나무와 꼭 닮았다"라고 말한다. "꽃은 장밋빛이 섞인 흰빛이며 산방꽃차례로 모여 있다." 능금나무는 달콤한 향기가 두드러진다. 그에 의하면 능금 열매는 지름이 1.5인치 정도이며 아주 시다. 그러나 사탕절임을 하기에 좋고 사과주를 만들기에도 적합하다. 그는 "재배해서 맛있는 새 변종을 생산하지는 못할지 모르겠지만 적어도 꽃의 아름다움과 달콤한 향기로 인해 칭송을 받을 것이다"라고 결론을 내린다.

나는 1861년 5월이 되어서야 비로소 능금을 보게 되었다. 미쇼를 통해 능금에 관한 얘기는 들었지만 내가 아는 한 그 이후의 식물학자들은 능금을 어떤 특별한 가치가 있는 나무로 취급하지 않았다. 따라서 능금은 내게는 반쯤은 신화적인 나무였다. 그 나무가 완벽하게 자란다는 펜실베이니아의 한 지역인 "글레이즈(Glades)"로 순례를 떠날 생각도 해보았다. 그것을 구하려고 종묘원에 사람을 보낼까도 생각해 봤지만 그들이 능금나무를 가지고 있을지, 유럽 변종과 구별할 수 있을지 의심이 들었다. 마침내 미네소타에 갈 기회가 생겼는데 미시간 주에 들어서서 마차에서 보니 멋진 장밋빛 꽃이 눈에 띄기 시작했다. 처음에는 그것이 산사나무의 변종일 거라고 생각했는데 내가 오랫동안 찾던 능금이라는 생각이 갑자기 들었다. 그 나무는 이맘때쯤, 그러니까 오월 중순경에 마차를 타고 다니다 보면 많이 보이는 꽃이 피는 관목이나 나무였다. 그러나 마차가 그 앞에 서지 않았기 때문에 나는 탄탈로스의 운명을 실감하며 그 나무를 만져보지 못하고 미시시피 강 한복판으로 나아갔다. 세인트 앤서니 폭포[31]에 도착해서 능금나무를 보기에는 너무 북쪽으로 왔다는 말을 듣고 속이 상했다. 그럼에도 불구하고 폭포에서 서쪽으로 8마일쯤에서 능금나무를 찾는 데 성공해 만지고 냄새를 맡아보고, 나의 식물표본집에 넣으려고 남아 있던 산방꽃차례 꽃도 확보했다. 여기가 그 꽃의 북방한계선 근처임에 분명했다.

야생 사과나무는 어떻게 자라는가

비록 능금나무가 인디언처럼 토착종이긴 하지만, 그것이 사과나무들 중에서 오지 사람이라고 할 수 있는 야생 사과나무보다 더 튼튼한지는 모르겠는데, 야생 사과나무는 개량종의 후손이지만 토양이 적합하면 멀리 떨어진 들판과 숲에도 뿌리를 내린다. 나는 야생 사과나무보다 더 맞서기 힘들며, 적을 완강하게 대적하는 나무를 알지 못한다. 내가 하려고 하는 이야기는 바로 이런 야생 사과나무에 관한 것으로서 흔히 다음과 같이 시작된다.

---

31 세인트 앤서니(Saint Anthony) 폭포: 미국 미네소타 주 미니애폴리스 미시시피 강 상류에 있는 폭포. 미시시피 강의 상징적인 존재이기도 하며 헤네핀(Hennepin) 다리 부근 아래쪽에 위치해 있다. 1869년 폭포의 일부가 무너진 후 인공미가 가미되었다. 폭포 옆에는 미시시피 강의 수위를 조절하는 댐이 있는데, 댐의 전망대에서 내려다보는 미시시피 강과 세인트 앤서니 폭포가 절경을 이룬다고 한다.

5월 초순경, 우리는 이스터브룩스 지역의 바위 많은 곳이나 혹은 서드베리에 있는 노브스콧 힐 꼭대기처럼 소들이 있던 목초지에서 막 싹이 터 자라난 작은 야생 사과나무의 덤불을 보게 된다. 이들 중 한두 그루가 가뭄이나 다른 재난을 견디고 살아남을 것이다. 처음에는 그들의 출생지 자체가 그들을 잠식하는 잡초나 다른 위험들을 막아준다.

두 해가 지나면 그것은
바위 높이만큼 자라
눈앞에 펼쳐진 세상을 황홀히 바라보며
돌아다니는 소 떼를 두려워하지 않는다

하지만 이렇게 어린 나이에
고난은 시작된다.
방목하는 황소 한 마리가 와서
그것을 한 뼘이나 뜯어 먹어버렸다.

이때 황소는 잡초 가운데 있던 야생 사과나무를 알아차리지 못했을지도 모른다. 그러나 이듬해, 야생 사과나무가 조금 더 단단해지자 황소는 이 나무가 자기처럼 구대륙에서 건너온 이주자임을, 그리하여 자신이 그 잎사귀와 가지의 맛을 너무나도 잘 알고 있음을 알게 된다. 그래서 처음에 황소가 야생 사과나무에게 머뭇거리며 환영의 인사말을 건네며 놀라움을 표현한다면, "당신이 이곳에 온 것과 같은 이유로 나도 이곳에 왔소"라는 야생 사과나무의 대답을 들을지도 모른다. 그래도 그 소는 그럴 만한 권리가 자신에게 어느 정도 있다고 생각하고선 다시 풀을 뜯기 시작할 것이다.

해마다 야생 사과나무는 이렇게 뜯어 먹히지만, 절망에 빠지지는 않는다. 가지 하나가 잘릴 때마다 짧은 가지 두 개를 내밀면서 야생 사과나무는 움푹 들어간 곳이나 바위 사이의 땅 위로 나지막하게 퍼져 나간다. 점점 더 견고하고 관목처럼 되어 아직은 나무라고 할 수는 없지만 종내는 거의 바위만큼이나 단단해 뚫고 들어갈 수 없는, 작은 피라미드 형태의 뻣뻣한 가지 덤불이 된다. 몇몇 이런 야생 사과나무 덤불은 가시가 있을 뿐 아니라 그 가지가 하도 뻣뻣하고 그 사이가 촘촘하여 내가 여태까지 본 것 중 가장 촘촘하고 뚫고 들어갈 수 없는 관목이었다. 그것들은 사람이 그 위에 서기도 하고 또 때때로 밟고 지나가기도 하는 관목전나무나 흑가문비나무와 비슷한데 산꼭대기에서 자라는 이 나무들은 다른 무엇보다도 혹독한 추위와 맞서 싸워야 한다. 그와 같은 적에게서 자신을 방어하기 위해 마침내 자기 몸에 가시가 돋도록 한 것은 놀라운 일이 아니다. 그러나 이런 가시투성이에도 악의(惡意)는 없고 약간의 말산(酸)[32]만 들어 있는 게 고작이다.

야생 사과나무들은 바위투성이의 들판에서 가장 잘 자라는데, 내가 앞서 말한 바위가 많은 목초지들은 작은 풀덤불로 뒤덮여 있어 뻣뻣한 잿빛 이끼나 지의(地衣)를 연상케 한다. 그래서 수많은 작은 야생 사과나무들이 바위 사이사이에서 아직도 씨를 매단 채 뻗어 올라오는 것을 보게 되는 것이다.

마치 원예용 가위로 산울타리를 잘라주듯, 소들이 연중 내내 야생 사

---

32 말산(酸): 사과산, 옥시숙신산이라고도 한다. 사과, 포도, 자두, 살구 등의 과일에 들어 있으며 향기가 풍부하다. 말산은 영어로 malic acid, 악의는 malice인 데서 소로가 여기서도 말장난을 하고 있음을 알 수 있다.

과나무를 여기저기 규칙적으로 뜯어 먹기 때문에 야생 사과나무는 정원사가 솜씨 좋게 다듬은 것처럼 1~4피트 정도 키에 다소간 뾰족하며 완벽한 원뿔이나 피라미드 형태를 띤다. 해가 기울 무렵에 그것들은 노브스콧 언덕이나 그 지맥 위 목초지에 아름답고 짙은 그림자를 드리운다. 야생 사과나무는 또한 그 안에 잠자려고 들며 둥지를 트는 많은 작은 새들이 매로부터 자신들을 보호할 수 있는 좋은 은신처이다. 밤에는 한 무리의 새 전체가 그 안에 앉아 있기도 한다. 지름이 6피트쯤 되는 한 그루의 야생 사과나무에 개똥지빠귀 둥지가 세 개나 있는 것을 본 적도 있다.

물론 이 나무들 대다수는 처음 뿌리내린 시점부터 따지면 제법 나이가 든 나무라고 할 수 있다. 하지만 그들 앞에 놓인 성장 단계와 그들이 누릴 긴 수명을 고려하면 여전히 어린 나무이다. 키가 1피트 정도에 폭 역시 1피트 정도 되는 사과나무 몇 그루의 나이테를 세어보니 12년가량 되었다는 것을 알게 되었는데 상당히 건강하고 잘 자라고 있었다. 그 나무들은 너무 키가 작아 행인들의 눈에 거의 띄지 않지만 종묘장에서 가져온 그들의 동년배들은 이미 상당한 결실을 맺고 있었다. 그러나 이 경우에도 마찬가지로 빨리 자란 것은 힘이, 말하자면 나무의 활력이 없다. 이때가 야생 사과나무의 피라미드적인 단계이다.

소들이 이렇게 20년 혹은 그 이상 야생 사과나무를 계속 뜯어 먹기 때문에 그것은 위로 자라지 못하고 옆으로 퍼질 수밖에 없다. 마침내 그 나무들이 아주 넓게 퍼져 그들만의 울타리를 형성하게 되는데, 이때에 적이 접근할 수 없는 안쪽에서 어린 새싹이 기쁨에 젖어 위로 뻗어 오른다. 이 새싹은 자신이 부여받은 높은 소명을 잊지 않고 의기양양하게 자신만의 고유한 열매를 맺는다.

야생 사과나무가 자신의 적인 소들로부터 승리를 거두는 전략이 바로 이것이다. 당신이 만약 한 특정 관목의 성장과정을 지켜보았다면 이제 그 나무는 더는 피라미드형이나 원뿔형이 아님을 알게 될 것이다. 그 나무의 정점에서 한두 개의 어린 가지가 뻗어 올라 과수원의 나무보다도 어쩌면 더 튼튼하게 자라난다. 그것은 이 나무가 자신의 억제되었던 활력 전부를 이 곧추선 가지의 성장에 바치기 때문이다. 머지않아 이 어린 가지는 작은 나무가 되는데 다른 나무의 꼭대기에 올려놓은, 뒤집어놓은 피라미드 모양이어서 전체가 커다란 모래시계 형태를 띤다. 넓은 아랫부분은 그의 목적을 이뤘으므로 마침내 그 모습을 감춘다. 그리고 이 너그러운 나무는 이제는 무해한 소들이 자신의 그늘 밑으로 들어와 쉬고, 그 녀석들의 등쌀에도 불구하고 자라난 줄기에 소들이 몸을 비벼 붉게 만드는 것을 내버려두며 심지어 사과를 좀 더 먹고 씨를 퍼뜨리게도 한다.

이리하여 소들은 그들 자신의 그늘과 음식을 마련하고, 나무는 자신의 모래시계가 거꾸로 뒤집어져, 이를테면 두 번째 삶을 살게 되는 것이다.

요즘 어떤 이들에게는 어린 사과나무 가지를 코 높이에서 쳐줄지 아니면 눈높이에서 쳐줄지가 중요한 문제이다. 황소는 자신이 닿을 수 있는 가장 높은 곳까지 가지를 다듬는데, 나는 그 정도가 적당한 높이라고 생각한다.

작은 새들만이 매로부터 은신처이자 피난처로 소중히 여기는 것을 제외하고서는 멸시를 받는 이 관목은 방목하는 소들과 그 외의 다른 역경에도 불구하고 마침내 개화(開花) 주간을 맞고 때가 되면 작지만 알찬 열매를 맺는다.

나는 한 사과나무의 성장과정을 쭉 지켜보았는데 10월 말이 되어 잎이 다 떨어질 즈음 나처럼 자신의 운명을 잊어버렸다고 생각했던 그 나무의 중심 가지가 초록, 노랑 혹은 장미 빛깔의 첫 작은 열매를 맺고 있는 모습을 종종 보게 된다. 이 가지를 둘러싸고 있는 가시 많고 덤불 같은 울타리 때문에 소들은 그 열매에 접근할 수 없지만 나는 그 새롭고 분류되지 않은 변종을 맛보기 위해 서둘러 그곳으로 간다. 우리 모두는 반 몽[33]이나 나이트[34]가 고안해낸 수많은 변종들에 대해서 들은 바 있다. 이것이 '반 암소'님 계(系)[35]인데, 그녀는 이 두 사람이 발명해낸 것보다 더 다양하고 인상적인 사과 변종을 발명했다.

야생 사과나무는 달콤한 열매를 맺기 위해 얼마나 많은 고난을 견뎌냈을까? 과수원에서 자라난 사과나무의 열매보다 크기가 좀 작긴 하지만 맛에서는 그보다 낫지는 않아도 비슷하기는 할 것이다. 야생 사과나무가 맞서 싸워야 했던 그 고난 때문에 어쩌면 더 달콤하고 더 맛 좋은 열매를 맺게 되었는지도 모른다. 마을에서 멀리 떨어져 사람들이 아직 이 나무를 본 적이 없고, 바위투성이인 언덕에 소 혹은 새들에 의해 심긴 이 야생사과가 사과 품종 중 가장 뛰어난 것이 될지 누가 알겠는가? 그리고 외국 세력가들이 이 열매에 관한 얘기를 들어서 왕립협회가 이 나무를 번식시키려 애쓰게 될지? 비록 그의 마을 경계 너머에서는 아무도 그 나무가 자라는 땅 주인의 아주 괴팍한 성질에 대해서 듣지 못했어도 말이다. 포터(Porter)나 볼드윈(Baldwin) 같은 사과는 이렇게 하여 생겨났다.

---

33 장 바티스트 반 몽(Jean-Baptiste van Mons, 1765~1842): 벨기에 식물학자이자 화학자. 벨기에 루뱅(Louvain)대학의 화학과와 농경학과 교수로 재직했다.
34 토머스 앤드루 나이트(Thomas Andrew Knight, 1759~1838): 영국의 식물학자·원예학자. 식물의 뿌리에 관하여 향지성(向地性)을 발견하고, 이어서 향수성(向水性)을 확인했으며 향일성(向日性) 또한 확정했다. 주요 저서로 『사과와 배의 재배 논고(A Treatise on the Culture of the Apple and Pear)』(1797) 등이 있다.
35 소로는 여기서 Van Mons의 이름을 본떠 이 같은 일을 한 소를 Van Cow라고 부르고 있고, 이렇게 하여 그녀(암소)가 개발한 변종을 Van Cow system이라고 말장난을 하고 있다.

모든 야생 사과나무 관목들은 모든 야생의 어린아이들이 그러하듯 우리의 기대를 부풀게 한다. 그 나무는 어쩌면 왕자가 변장한 모습일 수도 있다. 인간에게 주는 얼마나 적절한 교훈인가! 가장 높은 표준으로 간주되는 인간은 은근히 그들이 천상의 과일이라고 하며 그런 열매 맺기를 갈망하지만 운명에 뜯어 먹히고 만다. 그래서 오직 가장 끈질기고 강인한 천재들만이 스스로를 방어하고 이겨내 마침내 어린 자손 하나를 하늘을 향해 내뻗고, 그의 완벽한 열매를 감사할 줄 모르는 땅 위에 떨어뜨린다. 시인, 철학자, 정치가들은 이렇게 시골 목초지에서 싹터 독창성이 없는 수많은 무리들보다 더 오래 생명을 유지한다.

지식의 추구도 언제나 그와 같다. 절대 잠들지 않는 머리가 100개 달린 용들이 그 천상의 과일, 헤스페리데스의 황금사과[36]들을 항상 지키고 있다. 그렇기에 그 열매를 따는 것은 헤라클레스의 난업(難業)[37] 같은 일이다.

---

36 헤스페리데스의 황금사과(Apples of the Hesperides): 그리스 신화의 여신 헤스페리데스가 세계의 서쪽 끝에서 지키는 오케아노스의 강 가까이에 있는 황금사과. 황금사과 나무는 헤라가 제우스와 결혼했을 때 대지(大地)의 여신 가이아로부터 선물로 받은 것이다. 100개의 머리를 가진 용(龍) 라돈(Ladon)이 그녀들을 도와 이 나무를 지키고 있었으나, 영웅 헤라클레스에게 퇴치당하고 말았다.

37 헤라클레스의 난업: 그리스 신화에서 가장 힘이 세고 가장 유명한 영웅 헤라클레스가 자신이 범한 죄를 씻고 불사(不死)의 몸이 되기 위해 에우뤼스테우스에게서 신탁으로 받은 12가지 난업. 12 난업은 ① 튀폰과 에키드나의 자손으로 불사신의 괴물이자 무적이라고 여겨지던 네메아의 사자를 죽인 일(그는 사자 목을 졸라 죽이고 사자 발톱으로 가죽을 벗기고 그 가죽을 입고 다녔다). ② 튀폰과 에키드나의 자손인 레르네의 휘드라(대가리가 많이 달린 물뱀)를 조카 이올라오스의 도움을 받아 죽인 일. ③ 아르카디아의 케뤼네이아의 성스러운 붉은 사슴을 1년 동안 추격했다가 잡았지만, 아르테미스의 요구로 그 후 사슴을 풀어준 일. ④ 에뤼만토스의 멧돼지를 눈(雪)의 들판으로 쫓아내어 지치게 한 뒤 멧돼지 위에 망을 덮쳐서 산채로 잡은 일. ⑤ 아우게이아스의 마굿간을 청소한 일. ⑥ 스튐팔로스의 괴조(怪鳥)를 퇴치한 일. 그 괴조는 황새나 학처럼 다리가 길고, 발톱이 청동이고, 사람을 잡아먹었다. 스튐팔로스는 펠롭스가 죽인 아르카디아의 왕 이름으로 그의 이름을 따서 호수 이름을 붙

이것이 바로 야생 사과나무가 번식해나가는 방법 중 하나로서 가장 주목할 만한 것이다. 그러나 그것은 보통 숲 속과 늪 또는 길가 등, 토양이 적합한 곳에서 여기저기 뚝뚝 떨어져 싹트며 상대적으로 빨리 자란다. 나무가 무성한 숲에서 자라난 야생 사과나무는 키가 아주 크고 가느다랗다. 나는 자주 이런 나무에서 더할 나위 없이 부드럽고 순한 사과를 따 먹는다. "그리고 땅바닥에는 자생한 사과나무 열매가 흩어져 있다"라고 한 팔라디우스의 말이 생각난다.

이 야생 사과나무들이 쓸 만한 나무열매를 맺지 못한다 하더라도 다른 사과나무들의 가장 뛰어난 품질을 후세에 전달할 수 있는 가장 좋은 대목(臺木)이라는 생각을 예전부터 하고 있었다. 하지만 내가 찾고 있는 것은 그런 나무의 줄기가 아니라 야생 사과나무 열매 그 자체이다. 완화되지 않은 강렬한 맛을 그대로 지니고 있는 야생 사과나무 열매 말이다. 나의 지상 목표는

베르가모트[38]를 심는 것이
아니기 때문이다.

였다. ⑦ 크레테 섬의 황소를 잡은 일. ⑧ 트라케왕 디오메데스의 사람 잡아먹는 암말을 잡은 일. ⑨ 아마존족 여왕 힙폴뤼테의 허리띠를 입수한 일. ⑩ 먼 서쪽에 살던 게뤼온의 황소들을 잡은 일. ⑪ 헤스페리데스가 지키고 있는 황금사과를 따온 일. ⑫ 최대의 난업인, 하계로부터 번견(番犬) 케르베로스를 붙잡은 일. 헤라클레스는 포획에 성공한 뒤 그 개를 다시 하데스에게 되돌려주었다.

38 베르가모트(bergamot): 꿀풀과에 속하는 북아메리카산 다년생 식물. 수백 년 전부터 이탈리아에서 재배했으며, 향료(香料)와 정유를 채취하기 위하여 유럽에서 기르며 관상용으로도 심는다. 신맛이 강하여 먹을 수 없으며 과피가 얇다.

과실과 그 맛

야생사과의 적기는 10월 말과 11월 초이다. 늦게 익기 때문에 그때가 되어야 맛이 나고, 사과도 여전히 아름답다. 나는 이 사과를 아주 좋아하는데 농부들은 활력이 넘치고 영감을 불어넣는 뮤즈의 야생 맛을 지닌 이 과실을 수확할 만한 가치가 없다고 생각한다. 농부는 자신의 배럴 통에 더 나은 사과가 있다고 생각하지만, 그가 산책자의 욕망과 상상력을 가지고 있지 않는 한 이는 잘못 생각한 것인데, 그 농부는 둘 중 어느 것도 가질 수 없다.

이렇게 제멋대로 자라고 11월 초까지 방치된 것을 보니 내 생각에 주인은 수확할 의도가 없는 것 같다. 그 사과는 자신들만큼이나 야성적인 어린아이들—나는 그런 활동적인 소년들을 몇 명 알고 있다—과, 어떤 것도 그냥 지나치지 않아서 온 세상이 지나가고 난 후에도 이삭을 줍는 야생의 눈을 가진 들판의 여인들, 그리고 더욱이 우리와 같은 산책자들의 몫이다. 마주치기만 하면 그것들은 우리 것이다. 이런 권리는 오랫동안 유지되어왔는데 사람들이 삶의 지혜를 배운 몇몇 고대국가에서는 일종의 제도로 확립되었다. "사과 줍기"라고도 불릴 수 있는 "움켜잡기"라는 관습이 헤리퍼드셔[39]에서 이전에 실행되었거나 지금도 실행되고 있다. 전반적인 추수를 끝낸 후에 소년들을 위해 모든 사과나무에 얼마간의 "움켜잡이"라고 불리는 사과를 남겨놓으면 소년들이 등산용 장대와 주머니를 가지고 올라가 따 담았다"라는 얘기를 들었다.

---

39 헤리퍼드셔(Herefordshire): 잉글랜드 서부의 옛 주. 1974년 헤리퍼드우스터(Hereford and Worcester) 주에 편입되었다. 과수원과 헤리퍼드 가축으로 유명한 농업 지역이다.

내가 말하는 사과들은, 내가 여기에서 딴 것들로서 지구상의 이 지역에 자생하는 것들이다. 그 사과들은 내가 소년이었을 때부터 줄곧 죽어가고 있지만 아직 죽지 않은 오래된 나무들이 맺은 열매이다. 이 나무들은 이제는 그 나무 밑을 살펴볼 만한 믿음이 없는 주인에게서 버림 받아 딱따구리와 다람쥐만이 자주 들락거린다. 조금 멀리서 그 우듬지의 모습을 보면 거기서 이끼밖에 떨어질 게 없어 보여도, 그 바닥에 톡 쏘는 강한 맛을 지닌 과실이 흩어져 있는 것을 발견하게 되어 우리의 믿음이 보상받는다. 그들 중의 얼마는 다람쥐 굴에 모여 있는데 그들이 물고 운반할 때 생긴 이빨 자국이 있고, 또 몇몇에는 그 안에 들어와 소리 없이 파먹고 있는 귀뚜라미 한두 마리가 들어 있고, 또 다른 몇몇에는, 특히 습한 날에는 민달팽이가 있다. 나무 꼭대기에 꽂아놓은 잔가지나 돌들은 과거에 사람들이 얻으려고 애를 썼던 그 과일이 얼마나 맛있었는가를 확인시켜준다.

내 입맛에는 야생사과의 맛이 접붙인 것들보다 더 인상적인데 『미국의 과실과 과실나무(*Fruits and Fruit-Trees of America*)』에서 이 사과에 대한 설명을 보지 못했다. 10월과 11월, 그리고 12월과 1월 그리고 심지어는 2월과 3월이 어느 정도 야생사과를 완화했을 때 그것들은 더 독특하고 야생적인 미국의 맛을 낸다. 항상 적확한 말을 선택하는 내 이웃의 나이 든 농부는 "그것들이 화살같이 예리한 톡 쏘는 맛을 지니고 있다"라고 말한다.

접붙일 사과는 일반적으로 톡 쏘는 강한 맛보다는 부드러운 맛과 크기 그리고 과실을 맺는 능력에 따라, 즉 아름다움보다는 수확량이 상당하고 온전한가에 따라 선정된 것 같다. 실제로 나는 과실재배학에 종사하는 사람들의 추천 목록을 믿지 않는다. 그들이 말하는 "선호 품종," "비교 불가 품종"과 "더할 나위 없는 품종"을 수확해보니 맛이 시원찮고 별 볼일 없었다. 비교적 먹는 즐거움이 덜하고, 진정한 **풍미**나 **톡 쏘는 맛**이 없었다.

이 야생사과들 중 몇몇이 자극적인 역한 맛이 나고 시큼하여 정말 신 과즙 같다고 해도, 그것들 또한 우리 인류에 한결같이 무해하고 친절한 사과류에 속하는 것 아닌가? 나는 여전히 그것들을 사과주 공장에 보내는 것을 꺼린다. 아직 제대로 익지 않았기 때문인지도 모르니까.

이 작고 붉은 색깔의 사과가 가장 맛 좋은 사과주가 된다고 사람들이 생각하는 것은 당연하다. 라우든은 「헤리퍼드셔 기사(Herefordshire Report)」를 인용해 다음과 같이 말한다. "크기가 작은 사과들은 크기가 더 큰 사과들과 품질이 같다면 언제나 더 큰 사과들보다 선호되어야 한다. 조그마한 사과가 가장 묽고 싱거운 즙을 내는 과육 대비 껍질과 속의 비율이 가장 클 것이기 때문이다." 또한 그는 또 말했다. "이를 증명하기 위해 약 1800년경, 헤리퍼드의 시먼즈(Symonds) 박사는 사과의 껍질과 속으로만 사과주 한 통[40]을 담고 또 다른 큰 한 통에는 과육만 담아 보았다. 그 결과 사과의 껍질과 속으로만 담은 사과주는 상당히 강도가 높고 맛이 있었으나 과육으로만 담은 사과주는 달고 풍미가 없었다."

이블린[41]은 그 당시 사과주를 담그는데 "레드-스트래이크(Red-strake)" 종이 가장 인기 있었다고 말한다. 그리고 그는 뉴버그(Newburg) 박사의 말을 인용해 "내가 듣기로 저지(Jersey)에서는 일반적으로 사과 껍질이 붉으면 붉을수록 사과주 담그는 데 더 좋다고 생각한다. 그래서 껍질 색깔이 연한 사과는 통에서 가능하면 빼낸다"라고 말했다. 이런 생각은 지금도 사람들 사이에 널리 퍼져 있다.

---

40 한 통(hogshead): 약 63~140갤런들이 큰 통.
41 존 이블린(John Evelyn, 1620~1706): 잉글랜드의 문인. 예술과 임학, 종교에 관해 30권가량의 책을 썼다. 1818년 발간된 『일기(Diary)』는 17세기 사회, 문화, 종교, 정치를 이해하는 데 아주 중요한 자료이다.

11월에는 모든 사과가 맛이 좋다. 농부가 맛이 없어 장에 내다 팔 수 없을 것이라 생각해 남겨둔 것들이 숲을 산책하는 이들에게는 가장 맛이 좋은 사과다. 하지만 놀랍게도 들이나 숲에서 따 먹었을 때는 그렇게 톡 쏘는 강한 맛과 독특한 풍미가 있던 야생사과를 집으로 가져오면 대개 거칠고 맛이 없다. 산책자조차 집에서는 산책자의 사과를 먹을 수 없다. 집 안에서 우리의 미각은 산사나무 열매나 도토리를 거부하듯 야생사과를 거부하고 좀 더 길이 든 맛을 찾는다. 그것은 이런 야생사과를 먹을 때 양념 역할을 하는 11월 공기가 집 안에는 없기 때문이다. 티튀로스[42]가 그림자가 길어지는 것을 보고 멜리보에우스[43]에게 그의 집으로 가서 밤을 함께 보내자고 할 때 순한 사과와 부드러운 밤(*mitia poma, castaneœ molles*)을 주겠다고 약속하는 것도 이 때문이다. 나는 정말 맛이 좋고 향기로운 야생사과를 자주 딴다. 모든 과수원 주인들이 왜 접붙이기 위해서 이 야생 사과나무의 어린 가지를 가지러 오지 않는지 궁금해 하며 항상 주머니 가득 야생사과들을 따서 집으로 가져온다. 하지만 따온 야생사과들 중 하나를 내 방 책상 서랍에서 꺼내 먹어보면 뜻밖에도 맛이 떫다는 것을 알게 된다. 다람쥐의 이빨을 시큰거리게 하며 어치로 하여금 비명을 지르게 할 만큼 신 것이다.

　이 사과들은 바람, 서리 그리고 비를 맞고 자라면서 기후나 계절의 특성들을 모두 흡수했기 때문에 아주 잘 양념이 되어 있어 그 정기(精氣)가 우리를 찌르고 쏘며 온몸 가득 퍼진다. 따라서 이 사과는 양념과 곁들여, 즉

42　티튀로스(Tityrus): 베르길리우스의 『목가시(*Eclogue*)』에 나오는 목동. 때로 베르길리우스 자신을 대표하기도 한다.
43　멜리보에우스(Meliboeus): 베르길리우스의 『목가시(*Eclogue*)』 1에 나오는 목동들.

야외에서 먹어야 한다.

이 10월 과일의 야성적이고 알싸한 맛을 제대로 즐기기 위해서는 10월이나 11월의 예리한 공기를 들이마셔야 한다. 바깥 공기와 산책자가 하는 운동이 그의 입맛을 바꾸어서, 앉아 있기를 좋아하는 이들은 거칠고 맛이 없다고 할 만한 과일을 갈구하게 된다. 야생사과는 반드시 들판에서 맛보아야 한다. 운동을 해 온몸이 후끈 달아오르고, 얼어붙을 것 같은 매서운 날씨가 손가락을 일게 하고, 바람이 발가벗은 나뭇가지들을 흔들거나 몇 개 남지 않은 잎사귀들을 바스락거리며 어치가 시끄럽게 울며 주위를 맴돌 때 말이다. 집에서는 시기만 한 야생사과의 맛이 상쾌한 산책 뒤에는 마냥 달기만 하다. 이 야생사과들 중 몇 개에는 "반드시 바람을 맞으며 먹을 것"이라는 꼬리표를 달아야 할지도 모르겠다.

물론 어떤 맛도 버려서는 안 된다. 야생사과는 그 모든 맛을 감당할 수 있는 미각을 가진 사람들을 위한 과일이다. 어떤 사과는 두 개의 아주 다른 맛을 가지고 있어서 반쪽은 집 안에서, 다른 반쪽은 들판에서 먹어야 할지도 모른다. 1782년, 노스버러에 사는 피터 휘트니(Peter Whitney)라는 사람은 《보스턴 학술원 회보》에 기고한 글에서 그 마을에 있는 어떤 사과나무는 "서로 정반대의 성질을 가진 열매를 맺는데, 흔히 한쪽은 시고 다른 쪽은 단맛이 난다"라고 얘기한다. 어떤 사과는 전체가 신맛이 나기도 하며, 또 다른 사과는 전체가 달기도 하다. 이런 다양한 사과들이 그 사과나무 여기저기에 열리는 것이다.

내가 사는 동네에 있는 내셔턱 언덕에 야생 사과나무 한 그루가 있는데 그 열매는 달콤하면서도 쓰고 톡 쏘는 특유한 맛이 난다. 그런데 이 맛은 사과를 4분의 3쯤 베어 먹고 나야 느낄 수 있다. 그 맛은 혀에 맴돈다. 먹을 때는 꼭 호박노린재[44] 같은 냄새가 난다. 따라서 이 사과를 먹고 그 맛을 음미한다는 것은 어떤 승리를 쟁취하는 것 같다.

프로방스 지역에는 "휘파람 자두"라 불리는 자두나무 종(種)이 있다고 하는데 그 열매가 너무 시어서 그것을 먹고 나면 휘파람을 불 수 없기 때문에 그렇게 불린다고 한다. 그러나 사람들이 그 열매를 여름에 집 안에서만 먹었던 것 같다. 만약 그 열매를 야외에서, 매섭게 추운 날씨에 먹으면 한 옥타브 더 높게 그리고 더 맑게 휘파람을 불 수 있을지 누가 알겠는가?

대자연의 시고 쓴 맛은 오직 들판에서만 그 참다운 맛을 음미할 수 있다. 겨울 한낮에 햇살이 비치는 숲 속 빈터에 앉아 만족스럽게 밥을 먹으며, 교실에 있는 학생을 덜덜 떨게 할 강추위 속에서도 햇볕을 쬐며 여름을 꿈꾸는 나무꾼처럼 말이다. 바깥에서 일하는 사람들이 추운 게 아니라 정말 추운 사람은 집 안에 앉아 덜덜 떨고 있는 사람들이다. 온도에 적용되는 법칙이 맛에도 똑같이 적용된다. 추위와 더위, 신맛과 단맛이 다 마찬가지이다. 병든 혀를 가진 사람들은 이런 자연의 독특한 풍미, 시고 쓴 것들을 거부한다. 그것들만이 진정한 양념인데도 말이다.

당신의 감각 상태에 스스로의 양념이 있게 하라. 이 야생사과의 맛을 진정으로 음미하는 데는 건강하고 활기찬 감각이 필요하다. 혀와 입천장 돌기가 단단하고 똑바로 서 있어야 하며 쉽게 납작해지거나 무기력해지면 안 된다.

야생사과와 연관된 내 경험을 통해 나는 원시인이 좋아하는 많은 종류의 음식들을 왜 문명인이 거부하는지에 대한 이유를 찾을 수 있었다. 원시인들은 들에서 살아가는 사람의 입맛을 지니고 있다. 야생 과일의 진정한 맛을 즐기기 위해서는 원시적인 혹은 야성적인 입맛을 가져야 하는 것이다.

---

44 호박노린재(squash bug): 호박의 덩굴을 해치는 악취 나는 벌.

그러니 진정한 생명의 사과, 세상 사과의 맛을 알기 위해서는 얼마나 건강하고 야성적인 식욕이 있어야 하는가!

모든 사과를 내가 원하는 것이 아니다.
모든 입맛을 다 만족시키는 사과를 원하지도 않는다.
그 맛이 오래간다는 "되장(Deuxan)" 사과도
붉게 홍조를 띈 청사과도 원하지 않는다.
아내의 이름을 처음으로 저주하게 한 사과도 아니고
그 아름다움으로 황금의 분쟁을 일으킨 사과도 아니다.
아니, 아니. 생명의 나무에 열린 사과를 원할 뿐이다.

들판에서 적합한 생각이 있는가 하면 집 안에서 적합한 생각도 있는 법이다. 나는 나의 생각이 야생사과와 같아 산책하는 사람들의 것이기를, 그리하여 집 안에서 맛보면 비위에 맞지 않는 것이길 바란다.

야생사과의 아름다움

거의 모든 야생사과들은 잘생겼다. 보기 흉할 만큼 지나치게 옹이투성이거나 울퉁불퉁하고 색이 바랜 사과는 없다. 가장 옹이 진 것조차도 시각적으로 그 결점을 보충할 수 있는 어떤 가치를 가지고 있다. 어느 날 저녁 사과의 돌출해 나온 부분이나 오목하게 들어간 부분에 붉은 저녁놀이 흩뿌려져 있는 모습을 볼 수 있을 것이다. 여름이 사과의 둥근 몸체 어딘가에 줄무늬나 점무늬를 그려 넣지 않고 지나치는 경우는 드물다. 사과는 그가 지켜본 아침과 저녁을 기리는 붉은 얼룩을 간직한다. 까맣고 색이 바랜 큰 반점들은 그 사과 위로 지나간 구름과 흐릿하고 눅눅한 날들을 기념하는 것들이다. 그리고 넓게 펼쳐진 푸른 면은 자연의 일반적인 얼굴을 반영하는데 들판처럼 푸르다. 노란 바탕은 보다 순한 맛을 암시하며 추수 때 땅의 모습처럼 황금색인가 하면 언덕의 색깔처럼 적갈색이기도 하다.

말로 표현할 수 없을 정도로 아름다운 이 사과들은 불화의 사과가 아니라 화합의 사과[45]이다. 그러나 아주 희귀한 사과는 아니어서 가장 서민적인 사람들도 맛볼 수 있다. 서리에 채색된 이 사과들 중 어떤 것은 한결같이 맑고 밝은 노란색이나 빨간색 또는 진홍색인데 마치 사과의 원구가 규칙적으로 회전하면서 온몸에 햇빛을 골고루 받아들인 것 같다. 어렴풋한 분홍빛의 홍조를 띠는 것도 있고 얼룩소처럼 짙은 붉은 줄무늬를 하고 있거나 혹은 수백 개 선홍색 선이 사과 꼭지가 옴폭 들어간 곳에서부터 배꼽까지 담황색 지면 위의 자오선처럼 규칙적으로 쳐져 있는 것도 있다. 어떤 사과는 마치 섬세한 이끼 같은 적갈색의 얼룩이 군데군데 덮여 있고, 진홍빛의 큰 얼룩이나 눈 모양의 점이 찍혀 있는데, 빗물에 젖으면 비와 합쳐져 이글이글 불타는 것 같다. 울퉁불퉁 흉하게 생기고, 꼭지에 가까운 곳은 하얀 바탕색에 미세한 진홍색 반점들이 골고루 뿌려져 있는 것들도 있다. 그 모습은 마치 하느님이 가을철 단풍잎에 색깔을 입히다가, 붓에 묻은 물감을 실수로 흩뿌린 것만 같다. 그리고 또 다른 어떤 사과는 그 속마저 빨간색이고 아름다운 홍조가 가득한데 너무나도 아름다워 차마 맛도 볼 수

---

45 불화의 사과가 아니라 화합의 사과(apples not of Discord, but of Concord): 여기서 소로는 말장난(pun)을 사용해 Concord(콩코드) 지역에서 나온 사과와 동시에 discord(불화)와 대비되는 concord(화합) 둘 다를 의미하고 있다.

없는, 요정을 위한 음식이다. 그것은 헤스페리데스의 사과이자 저녁 하늘의 사과다. 하지만 해변의 조개들이나 조약돌들처럼 이 사과도 집으로 가져와 시들고 색이 바랬을 때가 아니라, 가을날 숲 속 작은 골짜기의 시들어가는 잎사귀들 사이에서 보석처럼 반짝일 때나 이슬에 젖은 풀잎 속에 누워 있을 때 보아야 한다.

사과에 이름 붙이기

사과주 공장에 한 무더기로 들어가는 수백 가지 사과 변종들에게 적합한 이름을 찾아주는 것은 재미있는 여흥이 될 것이다. 어떤 것도 사람 이름을 따서는 안 되며 모두 일상어를 써야 한다면 사람이 가지고 있는 재능에 무거운 짐이 되지 않겠는가? 야생사과의 명명식(命名式)에 누가 대부(代父) 역할을 맡을 것인가? 라틴어와 희랍어를 쓴다면 그 말들은 동이 날 것이고 일상어를 시들하게 만들 것이다. 일출과 일몰, 무지개와 가을 숲과 야생화, 딱따구리, 붉은양진이, 다람쥐, 어치와 나비, 11월의 여행자와 개구쟁이 소년을 불러들여 도움을 청해야 할 것이다.

1836년 런던원예학회 정원에는 1,400종이 넘는 독특한 사과 종이 있었다. 그러나 우리나라에서 재배할 수 있는 능금의 변종은 말할 것도 없고 그들의 목록에는 들어 있지 않은 여러 종들이 있다.

이러한 것 몇 개를 예로 들어보자. 영어를 쓰지 않는 나라에 사는 사람들을 위해 몇몇은 할 수 없이 라틴어 이름을 부여했다. 그것들이 세계적 명성을 얻을 것 같기 때문이다.

무엇보다도 숲 사과(*Malus sylvatica*), 아메리카 어치 사과, 숲 골짜기에서 자라는 사과(sylvestrivallis)가 있다. 또한 초지의 우묵한 곳에서 자라는 사과(compestrivallis), 오래된 지하 저장소 구덩이에서 자라는 사과(Malus cellaris), 목초지 사과, 목도리뇌조 사과도 있다. 또한 아무리 늦었어도 어떤 소년도 몇 개를 두드려 따지 않고서는 그냥 지나가지 못하는 개구쟁이의 사과(cessatoris)가 있다. 길을 잃고 나서야 그것이 어디 있는지를 알 수 있는 산책자의 사과도 있다. 하늘의 미인(decus aëris), 12월에 먹는 사과, 얼었다 녹은 상태에서만 맛있는 얼었다 녹은 사과(gelato-soluta)도 있다. 콩코드 사과가 있는데 아마 머스케타퀴덴시스(Musketaquidensis)와 같은 종일 것이다. 아사벳 사과, 얼룩 사과, 뉴잉글랜드 포도주 사과, 붉은 다람쥐 사과도 있다. 녹색 사과(Malus viridis)가 있는데 여러 이명(異名)이 있다. 제대로 익지 않은 상태에서 먹으면 콜레라와 이질을 일으키며 어린 소년들이 특히 좋아하는 사과이다. 아틀란타스가 멈춰서 집어 들었던 사과, 산울타리 사과(Malus sepium), 민달팽이 사과(limacea), 그리고 철도 사과도 있는데 이 사과는 객차에서 누가 던진 고갱이에서 자라났을 것이다. 우리가 젊었을 때 맛보았던 사과와 다른 어떤 목록에서도 찾아볼 수 없는 특별한 사과도 있다. '부랑자의 위로(pedestrium solatium)'도 있고 잃어버린 낫을 달고 있는 사과도 있다. 이든의 사과도 있고 로키가 숲 속에서 찾아낸 사과도 있다. 그리고 내 목록에는 사과가 아주 더 많이 있지만 너무 많아 언급조차 할 수 없다. 그런데 그것들 모두가 다 훌륭한 사과이다. 보대우스[46]가 베르길리우스를 원용해 재배종 사과를 찬미한 것처럼 나도 보대우스를 빌려 말한다.

---

46 보대우스(Johannes Bodaeus van Stapel): 암스테르담에서 태어난 의사이자 식물학자.

내게 백 개의 혀와 백 개의 입이 있고 강철 같은 목소리가 있다고 해도
이 모든 야생사과들의 형태를 묘사하고
그 이름을 다 요약할 수는 없을 것이다.

마지막 사과줍기

11월 중순이 되면 야생사과는 어느 정도 그 화려함을 잃고 거의 땅에 떨어지고 만다. 대다수는 땅에서 썩어가지만 온전한 녀석들은 이전보다 더 맛있다. 오래된 나무 사이를 걷다 보면 박새의 노랫소리가 더 선명하고 가을 민들레는 반쯤 오므라들어 눈물을 자아낸다. 그러나 그럼에도 불구하고 만일 당신이 사과를 줍는 데 능숙한 사람이라면 집 밖에 사과가 사라진 지 꽤 되었다고 할 때조차 호주머니 가득 사과를, 심지어는 접붙인 사과를 주울 수도 있다. 나는 늪 가장자리에서 자라고 있는 야생과 진배없는 블루 피어매인 나무[47] 한 그루를 알고 있다. 한 번 쓱 보고서는 과실이 거기에 남아 있으리라고는 생각하지 못할 것이므로 체계적으로 찾아보아야 한다. 바깥에 드러나 있는 사과는 이제 썩어 아주 짙은 갈색이고, 어쩌면 몇 개가 젖은 나뭇잎 사이로 아직 여기저기 과분(果粉)이 묻은 뺨을 보이고 있을지도 모른다. 그럼에도 경험자의 눈으로 나는 잎이 다 떨어진 물푸레나무와 월귤나무 관목 숲과 시든 사초(莎草, sedge) 사이와 나뭇잎이 가득한 바위틈을 살펴본다. 그리고 사과나무 잎과 물푸레나무 잎과 더불어 땅을 두

---

47 블루 피어메인 나무(Blue Pearmain tree): 오래된 사과나무인데 미국에서 유래한 듯하지만, 기원이 알려져 있지는 않다.

툼하게 뒤덮고 있는, 떨어져 시들어가는 이끼 아래를 조사해본다. 사과가 오래전에 오목한 곳에 떨어져 그 나무 자체의 잎에 덮여 ―얼마나 제대로 된 멋진 포장인가― 숨겨져 있다는 것을 알고 있기 때문이다. 나무의 반경 내 이런 은신처에서 사과를 꺼내는데, 젖어 반질거리며 토끼가 갉아 먹고 귀뚜라미가 속을 비운 것도 있다. 마치 커즌[48]이 수도원의 곰팡내 나는 저장창고에서 꺼낸 고문서처럼 나뭇잎 한두 장이 딱 붙어 있기도 하지만 여전히 과분이 많이 묻어 있다. 배럴 통에 들어 있는 것보다 더 낫지는 않더라도 적어도 그만큼 잘 익고 보관되어 그것들보다 더 아삭아삭하며 신선하다. 이렇게 해도 아무것도 찾을 수 없으면, 나는 수평으로 뻗은 가지들에서 무성하게 솟은 흡지(吸枝)들의 기부(基部)를 살펴보아야 한다는 것을 깨달아 알고 있다. 가끔 사과가 거기나 물푸레나무 덤불 한가운데 들어 있는데, 나뭇잎으로 덮여 있어 냄새로 그것들을 찾아내는 소한테서도 보호된 것이다. 정말 배가 고프면 블루 피어매인 사과도 싫지 않기 때문에 양쪽 호주머니를 가득 채운다. 그러고서는 서리 내리는 저녁에 4~5마일가량 떨어진 집으로 되돌아오면서 균형을 잡기 위해 이쪽에서 하나, 그리고 다른 쪽에서 하나를 꺼내 먹는다.

나는 탑셀[49]이 의존하는 게스너[50]에게서 ―그의 권위는 알베르투스[51]

---

48 조지 너새니얼 커즌(George Nathaniel Cuzon, 1859~1925): 영국 빅토리아기의 저명한 여행가이자 여행작가, 정치가. 인도의 총독과 영국의 외무장관을 지냈다. 동방정교회의 수도원에서 가장 중요한 초기 성서의 원본 몇 부를 '구입'한 것으로 잘 알려져 있다.
49 에드워드 탑셀(Edward Topsell, 1572~1625): 영국인 목사이며 동물우화집으로 가장 잘 알려진 작가.
50 콘라트 폰 게스너(Conrad von Gesner, 1516~1565): 스위스의 박물학자, 의사, 서지학자. 거의 모든 학문 분야에 대해 박식했다고 알려진다. 저서 중에 식물사전인 『식물의 역사(Historia plantarum)』(1541)가 있다.

에게 빚지고 있는 것 같은데— 고슴도치가 다음과 같이 사과를 모아 자기 집으로 가져간다는 것을 배웠다. 그의 말에 의하면 "사과, 벌레, 포도가 고슴도치의 양식이다. 땅에 떨어진 사과나 포도를 보면 고슴도치는 그것 위에 자신의 몸을 둥글게 말아 모든 가시를 과실에 박은 다음, 하나 이상은 절대 입에 물지 않고서 그것을 자기 굴로 가져간다. 만일 도중에 하나가 떨어지면 남은 모든 것을 다 흔들어 떨어지게 한 후 다시 그것들이 제 등에 얹힐 때까지 그 위로 뒹군다. 이렇게 마차 같은 소리를 내며 그는 전진한다. 보금자리에 새끼들이 있는 경우, 새끼들은 그가 지고 온 짐을 끌어내려서 마음껏 먹고 남은 것은 나중에 먹기 위해 저장한다."

얼었다 녹은 사과

11월 말경이 되면 아직도 멀쩡한 사과 몇몇은 더 잘 익어서 먹기에 더 좋을 수도 있지만, 사과 열매는 일반적으로 잎과 마찬가지로 아름다움을 잃고 시들기 시작한다. 손이 얼 정도로 춥기 때문에 신중한 농부들은 배럴통에 담은 사과를 집 안으로 들이고 그들이 약속한 사과와 사과주를 사람들에게 가져다준다. 그것들을 지하 저장실에 넣을 때이기 때문이다. 땅바닥에 떨어진 것들 중 몇 개가 일찍 내린 눈 위로 붉은 뺨을 내보이고 있을지도 모르는데, 이따금씩 어떤 것들은 겨울 내내 눈 속에서도 그 색깔과

---

51 알베르투스(Albertus Magnus, 1193/1206~1280): 도미쿠스 수도회의 주교이자 철학자. 1941년 로마 교황 칙령에 의해 자연과학에 종사하는 모든 이들의 '수호성인'으로 선포되었다. 아리스토텔레스와 연금술을 장려했는데, 둘 다에 대해 약간의 회의적인 태도를 취했다.

온전한 형태를 유지하기도 한다. 그러나 일반적으로는 겨울이 시작되면 야생사과는 딱딱하게 얼고 썩지는 않지만 이내 구운 사과 색을 띠게 된다.

일반적으로 야생사과는 12월이 되기 전에 첫 해빙을 경험한다. 한 달 전만 해도 시고 떫고 개화된 미각에는 맛이 없었던 사과들이었는데, 적어도 모양이 온전한 채로 언 것들은 따뜻한 태양이 와서 자신들을 녹이면 ―그것들은 태양빛에 아주 민감한데― 풍부하고 단 사과주가 가득 차게 된다. 나는 포도주보다 사과주를 더 잘 알고 있는데 이 사과주는 내가 알고 있는, 병에 담긴 어떤 사과주보다 뛰어나다. 이 상태에선 모든 사과가 다 좋은데, 사람의 턱이 사과주 압착기인 셈이다. 과육이 더 많이 있는 사과는 달고 맛있는 음식인데 내 생각에는 서인도에서 수입하는 파인애플보다 더 가치가 있다. 심지어 나도 반쯤 개화되었기 때문에 최근에 농부가 기꺼이 나무 위에 남겨놓은 것들을 맛보고서 후회했었다. 그러나 이제 이 사과들이 마치 어린 참나무의 잎처럼 꼭 매달려 있는 특성이 있음을 알게 되어 좋다. 이것이 끓이지 않고서도 사과주를 달게 보관하는 방법이기 때문이다. 서리가 내려 처음으로 사과들이 돌처럼 단단하게 언 후에 비나 따뜻한 겨울날이 그것들을 녹이면 그 사과들이 매달려 있던 공기를 매개물로 하여 천국에서 어떤 풍미를 빌려온 것 같다. 집에 도착해보면 주머니에서 딸랑거리던 사과들이 녹아 얼음이 사과주가 된 것을 보게 될지도 모른다. 그러나 서너 번 그렇게 얼었다 녹으면 맛이 그렇게 좋지는 않다.

혹한의 북부 지방의 한기에 익은 이 과실과 비교하면 열사의 남쪽 지방에서 수입한 반쯤 익은 과실은 어떤가? 이런 과실이 바로 떫은 사과인데 나는 이것을 가지고 동료를 속이고 그가 먹고 싶은 생각이 들게끔 유혹하려고 우호적인 얼굴을 했던 것이다. 이제 우리 둘 다 탐욕스럽게 그것들을 주머니에 담고, 그 잔을 마시며 넘치는 과즙에 옷깃이 닿지 않도록 몸을 구부리고, 그 술을 마시면서 더 사교적이 된다. 너무 높이 달려 있고 가지가 엉켜 있어 보호해주기 때문에 우리가 가진 막대기로 딸 수 없는 사과가 있었던가?

내가 알기로 야생사과는 말린 사과나 사과주처럼 시장에서 파는 사과와는 달리 결코 시장에 가져갈 수 없는 과실이며, 또 매해 겨울 완전한 형태로 그런 사과가 생산되는 것도 아니다.

야생사과의 시대는 곧 지나갈 것이다. 아마도 이 과실이 뉴잉글랜드 지역에서 사라져버릴 것이다. 아직은 넓게 뻗은 자생 과수원을 돌아다닐 수 있을지 모른다. 그러나 그들 중 대부분은 사과주 공장이 되었으며, 이제는 모두 다 쇠락했다. 멀리 떨어진 어떤 도시에 있는 과수원에 관한 얘기를 들었는데, 언덕 가장자리에 있는 그 과수원에는 사과가 굴러와 낮은 가장자리의 벽에 4피트 높이로 쌓였는데 주인이 그것들이 사과주로 변할까봐 잘라내 버렸다고 한다. 금주법과 접붙인 과실이 널리 소개된 이후에 사람들은 자생 사과나무를 전혀 심지 않았다. 이런 사과나무는 황량한 풀밭 어디서나 눈에 띄며 거기에는 그 주변에 나무들이 무성히 자라고 있다. 한 세기 후에 이 들판을 걸어가는 사람은 야생사과를 따 먹는 재미를 알지 못하게 될 것이다. 불쌍한 사람 같으니라고, 그가 알지 못하게 될 즐거움이 많은지 모른다. 볼드윈과 포터 품종 사과가 주도적인 위치를 차지하고 있지만 한 세기 전에 있었던 것과 같은 광대한 과수원이 우리 마을에 조성될지 모르겠다. 그때는 사과주를 위해 거대한 과수원들이 제멋대로 흩어져 조성되었고, 사람들은 사과를 먹고 마셨다. 사과즙을 짜고 난 더미가 유일한 묘상(苗床)이었으며 나무는 식재하는 비용을 빼고는 공짜였다. 사람들은 벽 가에다 나무를 꽂고 알아서 자라도록 내버려둘 여유가 있었다. 내가 보니 요즘에는 아무도 외딴길이나 골목길, 숲 계곡의 바닥 같은 외진 장소에 나무를 심지 않는다. 이제 접붙인 나무가 있고 그것들을 사기 위해 돈을 치렀기 때문에 그들은 자기 집 옆 화단 같은 땅에다 그 나무들을 모으고 담으로 둘러싼다. 따라서 이 모든 일의 결과로 우리는 사과를 배럴통에서 찾을 수밖에 없게 될 것이다.

이것은 "브두엘의 아들 요엘에게 임한 여호와의 말씀이라."[52]

"늙은 자들아 너희는 이것을 들을지어다. 땅의 모든 주민들아 너희는 귀를 기울일지어다. 너희의 날에나 너희 조상들의 날에 이런 일이 있었느냐?"

"팥중이가 남긴 것을 메뚜기가 먹고 메뚜기가 남긴 것을 느치가 먹고 느치가 남긴 것을 황충이 먹었도다."

"취하는 자들아 너희는 깨어 울지어다. 포도주를 마시는 자들아 너희는 울지어다. 이는 단 포도주가 너희 입에서 끊어졌음이니."

"다른 한 민족이 내 땅에 올라왔음이로다. 그들은 강하고 수가 많으며 그 이빨은 사자의 이빨 같고 그 어금니는 암사자의 어금니 같도다."

"그들이 내 포도나무를 멸하며 내 무화과나무를 긁어 말갛게 벗겨서 버리니 그 모든 가지가 하얗게 되었도다."

"농부들아 너희는 부끄러워할지어다. 포도원을 가꾸는 자들아 곡할지어다."

"포도나무가 시들었고 무화과나무가 말랐으며 석류나무와 대추나무와 사과나무와 밭의 모든 나무가 시들었으니 이러므로 사람의 즐거움이 말랐도다."

---

52 이하는 구약성서 요엘서 1장에서의 인용으로 번역은 개역개정판을 따랐다(처음부터 각각 1절, 2절, 4절, 5절, 6절, 7절, 11절, 12절의 인용이다).

8

허클베리

내 가냘픈 갈대 피리로 전원의 노래를
연주하고자 하네
부디 아무도 원치 않는 것을 부르는 일이 없기를.[1]

내가 보기에는 어리석게도, 많은 대중 연설가들은 자신들이 사소한 것이라고 부르는 것에 대해 말할 적에 때로는 선심 쓰는 체하며 그런 사소한 것들을 완전히 무시해서는 안 된다고 충고하곤 한다. 그러나 그들이 이렇게 구분 지으면서 실제 10피트짜리 막대기나 자신들의 무지보다 더 정확한 척도를 사용하는 것은 아니다. 이런 기준에 따르면, 하찮은 것은 작고 중요한 것은 크다. 큰 호그통[2] 가득 담긴 어떤 것이나, 여러 마리 소가 끌어야 할 만큼 커다란 치즈, 국기에 대한 경례, 군 병력 소집, 살진 수소, 컬럼버스[3]라는 준마(駿馬), 블랭크 씨, 오이난 소년[4] 등을 그 누구도 사소한 것

---

1 베르길리우스의 『전원시(*Bucolica*)』 Eclogue VI에 나오는 구절.
2 호그통(hogshead): 미국에서 63~140갤런들이 통을 지칭.

이라고 부를 리는 없다. 짐마차의 바퀴는 크고 눈송이는 작다. 캘리포니아의 그 유명한 나무, 웰링토니아 기간테아(*Wellingtonia gigantea*)는 거대하다. 그러나 그 나무가 자라난 씨는 알아보는 여행객이 거의 없을 만큼 작은데, 모든 씨와 사물의 근원은 다 마찬가지이다. 그러나 플리니우스는 자연은 가장 작은 것에서 빛을 발한다(*In minimis Natura praestat*)고 말했다.

이 나라에서는 정치적 연설은 스워드 씨[5]가 하든 칼레브 쿠싱[6]이 하든 중대한 것이고, 한 줄기 빛은 사소한 것이다. 의회의원의 지혜나 남성성을 뭉텅이로 잃는 것보다 의원 한두 명의 몸집에서 6인치를 줄이는 편이 더 큰 국가적 재난으로 여겨질 것이다.

교육이라는 이름에 포함된다고 생각되는 것은 —그것이 독서든 쓰기든 산수든 관계없이— 모두 중대한 것이지만, 내가 언급하는 그런 연사들에게서 실제 교육을 구성하는 것은 거의 전부가 사소한 것이다. 한마디로, 그들이 잘 알지 못하며 관심이 별로 없는 것들은 사소한 것이고, 그렇기

---

3 콜럼버스(Columbus): 1860년 당시 가장 빨리 달린다고 알려진 말.
4 오이난 소년(Oinan Boy): 리오 스톨러(Leo Stoller)가 편집하면서 아일랜드의 전사(前史) 시인인 오시안(Ossian)을 오이난으로 잘못 기록. 오시안이라는 이름은 1762년 스코틀랜드의 시인 제임스 맥퍼슨(James Macpherson, 1736~1796)이 오이신(Oisin)의 시들을 '발견해' 『핑갈(*Fingal*)』이라는 서사시집과 이듬해 『테모라(*Temora*)』를 출판하면서 유럽 전역에 알려지게 되었다. 이 책들은 3세기경의 게일어 원본을 번역한 것으로 추정된다. 그러나 게일어 발라드에 기초한 부분도 있었지만 실제로는 맥퍼슨이 독창적으로 지어낸 것이 대부분이며 호메로스와 존 밀턴의 작품 및 성서에서 따온 부분도 많았다.
5 윌리엄 헨리 수어드(Sir William Henry Seward, 1801~1872): 미국의 정치가. 연방 국무장관으로 1867년 러시아로부터 알래스카 지방을 720만 달러에 매입했다. 대부분의 문제에서 링컨과 가장 가깝고 가장 큰 영향력을 행사한 조언자였다.
6 칼레브 쿠싱(Caleb Cushing, 1800~1879): 미국의 외교관이자 법률가. 주의회 의원과 연방의회 의원(1835~43)을 지낸 뒤 중국 주재 판무관으로 임명되어 중국과 치외법권 원칙을 확정한 망하조약(望廈條約, 1844)을 체결했다. 1852년 매사추세츠 주대법원판사가 되었고 1853년에는 프랭클린 피어스(Franklin Pierce) 대통령에 의해 연방 법무장관으로 임명되었다.

때문에 선하고 중대한 것은 거의 모두 그들에게는 사소할 수밖에 없으며, 그것들이 조금이라도 더 중대해지는 과정은 매우 더디다.

겉껍질이 알맹이에서 분리되면 거의 모든 사람은 겉껍질로 몰려들어 그것을 경배한다. 이 세상에 아주 소문이 나고 널리 퍼진 것은 기독교의 겉껍질뿐이고 그렇기 때문에 그 알맹이는 여전히 아주 작을 뿐 아니라 찾아보기도 어렵다. 기독교의 알맹이에 바탕을 둔 교회는 단 하나도 없다. 일반적으로 더 숭고한 법칙을 따르는 것은 그런 편협함을 드러내는 것과는 아주 거리가 멀다고 여겨진다.

내가 보니 영국의 많은 자연주의자들은 자신들이 추구하는 일을 더 중요한 일이나 '더 어려운 연구'에 그저 방해가 되는 하찮은 것 혹은 시간 낭비라고 말하는 딱하기 그지없는 습관이 있는데, 그들은 이 점에 대해 독자에게 용서를 구해야 한다. 그들 인생의 모든 남은 시간들을 참으로 위대하고 진지한 어떤 일에 모두 바쳤다고 사람들을 믿게 하려는 듯이 말이다. 그것이 단지 공적인 혹은 박애적인 봉사이고 그래서 그들이 자신과 가족들을 먹이고 입히며 주거를 제공하고 따뜻하게 하는 퍽이나 영웅적이고 고결한 사업에 몰두해왔던 것이라면, 그리고 이 모든 일의 주된 가치가 결국 그들이 그렇게 경멸스럽게 말하는 자신들의 고유한 연구를 수행할 수 있게 해주는 것이라면, 우리가 이런 일에 관해 분명 더 많이 들었어야 할 텐데 별로 들어본 적이 없는 것 같다. 그들이 말하는 '좀 더 어려운 연구'는 자신들의 수지타산을 맞추는 것이다. 비교해서 말하자면, 그들이 말하는 더 중대하게 추구하는 일과 더 힘이 드는 연구야말로 시시하고 시간 낭비일 뿐인데 그들은 정말 이런 사실도 깨닫지 못하는 바보들인가? 그들이 하는 말은 사실상 아무리 좋게 보려 해도 공염불에 불과하다. 전 인류가 이런 "지적인" 양식을 얻으려고 그들을 의지해온 것이다.

여러분들은 모두 허클베리[7]가 무엇인지 알고 있다고, 그러니까 본 적도 있고, 따보기도 했을 뿐 아니라 맛본 적도 있으리라 생각되므로 오늘 저녁 상상 속에서 허클베리 밭을 다시 찾아가기를 꺼리지는 않을 것이다. 말린 허클베리가 신선한 허클베리보다 맛이 못하듯, 비록 이렇게 여행하는 즐거움이 실제 여행보다 형편없이 부족하지만 말이다. 허클베리는 7월 3일에 (통상 13일 즈음에) 익기 시작해서 22일경에는 따기에 충분할 정도로 알이 여물고 8월 5일경에 절정에 이르며, 8월 중순 이후까지도 신선함을 유지한다.

여러분들도 알다시피 이 나무는 끝이 넓게 펼쳐지며 관목이 우거지고 껍질은 짙은 갈색이고 새순은 빨갛고 잎은 두툼하다. 다른 종들보다 꽃은 작고 아주 붉다.

허클베리는 위도상 서스캐처원 강[8]에서 조지아 주의 산맥까지 그리고 대서양에서 미시시피 강까지 분포한다고 하는데, 이 지방의 그리 많지 않은 지역에서만 번성하며 전혀 발견되지 않는 넓은 지역도 있다.

최근에 식물학자들은 내가 보기에는 타당한 이유도 없이 이 나무를 저명한 프랑스 화학자의 이름을 좇아 가이루사키아 레지노사[9]라고 부르고 있다. 그가 그 나무의 과즙을 처음 증류해내어 이 둥그런 가방 안에 담았더라면 그런 영예를 받을 만했을 것이고, 혹은 그가 아주 유명한 허클베리

---

7 허클베리(huckleberry): 1860년 2월 8일 콩코드 리시움에서 소로가 했던 강연문 중 하나.
8 서스캐처원(Saskatchewan) 강: 캐나다 중서부를 흐르는 강. 로키 산맥에서 시작하여 위니펙 호로 흘러 들어간다. 중류 일대는 밀 농사가 발달하였다. 두 개의 큰 원류인 노스서스캐처원 강과 사우스서스캐처원 강이 발원한다.
9 가이루사키아 레지노사(*Gaylussacia resinosa*): 가이루사키아는 프랑스의 화학자 조제프 루이 게이뤼삭(Joseph Louis Gay-Lussac, 1778~1850)의 이름을 따서 명명되었다.

따는 사람이어서 학비를 냈다든지 아니면 대단한 허클베리 애호가였다면 그렇게 반대하지는 않을 것이다. 그러나 그는 허클베리를 한 번도 본 적조차 없는 것 같다. 파리 자연주의자 위원회가 지금 막 휴런(Huron) 호수 호안에서 바구니를 채운 인디언 처녀에게 이 중요한 소식을 알리도록 지목된다면 어떻겠는가! 그것은 우리가 은판사진[10]이 탁월한 치피와족 주술사 '부는 바람(The-Wind-that Blows)'을 좇아 최종적으로 이름 지어졌다는 말을 듣는 것과 유사할 것이다. 다른 사람은 그것을 안드로메다 바카타(Andromeda baccata)라고 부르는데, 이는 안드로메다를 낳는 베리라는 뜻이다―그러나 그는 분명히 허클베리와 우유(牛乳)에서 동떨어진 지역에 살았을 것이다.

푸른빛 허클베리를 보게 되는 것은 6월 19일쯤이나 혹은 한 삼주쯤 지나서 허클베리를 잊어버렸을 즈음으로, 햇볕이 드는 어느 언덕에서 푸른 열매와 잎사귀 가운데서 검거나 푸른 허클베리를 처음 발견하게 되는데, 이는 언제나 나의 기대보다 앞선다. 설사 아직 덜 익은 것이 확연해도 나는 그것을 꼭 맛보고 그렇게 해서 허클베리 철을 개시한다.

그리고 나서 하루 이틀이 지나면 푸른 열매들 가운데 까맣게 익은 열매들이 아주 빽빽하게 들어차 색이 까만 이유가 벌레 먹어서 그런 것이 아닐까 하는 의심에 더는 빠지지 않는다. 그리고 하루쯤 지나 한 덤불에서 허클베리 한 움큼을 따서 집에 돌아오면 그 사실을 꼭 기록한다. 그러나 그렇게 믿는 사람이 거의 없는데 이는 사람들은 대부분 한 해의 일을 헤아

---

10 은판사진(Daguerreotype, 다게레오타이프): 잘 닦은 은판에 요오드 가스를 뿜어 빛을 쬔 뒤, 수은 증기 속에서 현상하는 사진기법. 이 사진법을 발명한 프랑스의 화가이자 사진기술자인 루이 자크 망데 다게르(Louis Jacques Mandé Daguerre, 1789~1851)에서 이름을 가져왔다.

리는 데 아주 뒤쳐지기 때문이다.

　모든 일이 순조로운 해에는 8월 초순이면 언덕이 허클베리로 온통 까맣게 된다. 나고그 연못[11]의 어느 한 밭에서만 100여 부셸(bushel)의 허클베리를 본 적도 있다. 허클베리 덤불들이 열매의 무게를 못 견뎌 바위 위로 늘어지기도 한다. 그 모습은 정말 매력적이지만 그래도 아직은 하나라도 따서는 안 된다. 이 열매는 모양과 색, 맛이 다양해서 어떤 것은 둥글고, 어떤 것은 배(梨)[12]처럼 생겼고, 어떤 것은 반질반질한 검정색이고, 어떤 것은 탁한 검정색이며, 또 어떤 것은 파란색인데 껍질은 질기고 두껍다(그러나 결코 흰 과분이 낀 블루베리의 묘하고 희미한 파란빛은 아니다). 또 어떤 것은 더 달기도 하고, 어떤 것은 더 맛이 없기도 하고, 이외에도 기타 등등 식물학자들이 알고 있는 것보다 훨씬 더 다양하다.

　오늘쯤이면 숲을 베어낸 지저분한 자리에서 높고 가느다랗게 자라는, 큼직하고 종종 배처럼 생긴, 달고 푸른 허클베리의 열매를 딸 수 있을 것이다. 짙은 그늘에 덮이고 숲에 가로막혀 지난 100년간은 허클베리가 그곳에서 열리지 않았지만, 그 열매의 즙은 더욱 농축되었고, 자연이 선물한 새로운 조리법 덕에 가장 오래 묵은 포도주처럼 최고로 맛좋은 열매를 내놓게 된 것이다.

　그러다가 내일이 되면 까만 열매들이 반짝반짝 빛을 내는 아주 촉촉한 땅에 들어서게 될 터라서 열매 하나하나가 눈동자가 되어 우리를 빤히 보고 있는 것 같은데 그 파란색 열매들은 너무나 크고 단단해서 그것이 허

---

11 나고그 연못(Nagog Pond): 미국 매사추세츠 주 미들섹스 나고그 연못 강(Nagog Pond River)에 있는 연못. 식수 공급을 위해 이용되고 있으며 콩코드 시의 소유이다.
12 배(pear): 동양의 둥근 배와 달리 서양 배는 표주박 모양이다.

클베리라는 사실도, 먹을 수 있다는 것도 믿기 어려울 것이다. 그래서 마치 외국을 여행하고 있거나 꿈꾸는 듯한 느낌을 받을 수도 있다.

허클베리는 대부분의 다른 휘틀베리과(whortleberry family-산앵도나무과) 열매보다 단단하고, 그런 만큼 가장 상품가치가 있다.

허클베리를 자세히 들여다보면 노란 먼지나 곡식 가루를 뿌려놓은 것처럼 점이 찍혀 있는데, 그것들은 문지르면 지워질 것 같다. 현미경으로 들여다보면 송진이 스며 나온 것처럼 보인다. 그리고 작은 녹색 열매에 노란 이끼의 작은 얼룩처럼 눈에 띄게 밝은 주황색이나 레몬색 점들이 찍혀 있다. 그것은 분명히 나뭇잎이 자라나며 펼쳐질 때에 나뭇잎을 확연히 뒤덮는 물질로서 반짝거리는 수지 성분과 같이 만지면 끈적거리고, 그래서 이런 종류의 허클베리를 '수지(樹脂)의'라는 뜻으로 레지노사(resinosa) 또는 레지너스(resinous)라고 부른다.

허클베리 중에는 늪에서 자라는 종류도 있는데, 이 덤불은 키가 크고 가느다란 풀처럼 한쪽으로 구부러지거나 늘어지며 높이는 보통 3~4피트인데 간혹 7피트짜리도 있다. 열매는 앞서 언급한 레지노사 열매보다 늦게 열리고, 둥글며 보통 그렇듯이 수지 얼룩점이 있는 반질반질한 검정색이다. 윗면이 다소 평평한 열매자루[13]에 간혹 열 개 혹은 열두 개가 한데 몰려 열리기도 하지만 대개는 더 띄엄띄엄 열린다. 나는 이 허클베리를 늪지대 허클베리라고 부른다.

---

13 열매자루(raceme): 무한화서(無限花序)의 하나인 총상(總狀)화서(총상꽃차례). 무리를 져서 피는 하나하나의 꽃이 짧은 꽃자루에 달려 있으며 모든 꽃자루는 길이가 거의 같다. 꽃줄기는 길게 자라고 고른 간격으로 꽃눈이 만들어지는데 금어초(金魚草)에서처럼 줄기와 꽃자루가 만나는 자리, 즉 겨드랑이 위쪽에 잎처럼 생긴 포(苞)가 달리기도 한다.

하지만 가장 눈에 띄는 종은 레드 허클베리[14]다. 그중 일부는 하얀색인데 —덜 익은 것은 희끄무레하다— 검은색 허클베리와 같은 시기에 영근다. 이 열매는 붉은 바탕에 하얀 볼을 가졌는데 약간 서양 배 모양으로 생긴 것들도 꽤 있고, 윤기가 흐르며 반투명한 표면에는 보일 듯 말 듯 매우 작고 흐릿한 흰색 반점들이 있다. 아직 푸릇푸릇할 때도 익었을 때만큼이나 일반 허클베리와 쉽게 구분된다. 나는 이 읍내에서 그것들이 자라는 장소를 서너 군데 알고 있다. 이것을 가이루사키아속 레지노사 변종 에리트로카르파(*Gaylussacia resinosa var. erythrocarpa*)라고 부를 수 있을 것이다.

한번은 어떤 사람의 부탁을 받고 측량 업무를 한 적이 있는데 일이 다 마무리될 때가 되어서야 돈을 언제 주어야 할지 몰랐다고 말하는 것이었다. 흔한 경우는 아니지만, 적당한 때에 돈을 주겠다는 의미로 받아들인 터라 처음에는 별로 신경을 쓰지 않았다. 그렇긴 해도 일을 시킨 사람이 돈을 언제 주어야 할지 모른다면, 돈을 받는 입장인 나로서는 언제 받을 수 있을지 더더욱 모를 일이 아닌가. 하지만 그 남자는 돼지우리에 돼지가 있고 —일찍이 본 돼지 중에 가장 튼실해 보이는 돼지들— 내가 측량한 농장도 있으며 그 농장이 거기 있다는 것을 그만큼 나도 알고 있으니 절대 안심해도 된다는 말을 덧붙였다. 여러분도 짐작하듯이 이쯤 되니 나도 안심이 되었다. 수개월 후, 남자가 레드 허클베리 1쿼트를 보내왔다. 모두 그의 농장에서 자란 것들이었기 때문에 불길한 생각이 들었다. 내가 각별한 친구도 아니므로 이 선물로 나를 아주 특별히 대접해준 셈이었다. 나는 이 선물이 내가 받아야 할 돈의 첫 번째 할부금이며, 그렇게 되면 마지

---

14 레드 허클베리(red-huckleberry): 미국 남부에서 주로 자라 흔히 'southern cranberry'라고도 불리는 과목.

막 할부금을 받기까지는 갈 길이 멀다는 생각이 들었다. 남자는 몇 년에 걸쳐 대금의 일부를 돈으로 갚고는 그것으로 끝이었다. 앞으로도 레드 허클베리 선물은 조심해야겠다.

레이트 훠틀베리(Late Whortleberry)라는 것도 있는데 —댕글베리[15]나 블루탱글[16]이라고도 불리는데— 허클베리가 익기 시작한 지 약 한 달이 지나 허클베리와 블루베리가 쭈그러들고 썩어들어 갈 무렵인 8월 7일경에 영글어 8월 말이 가까워오면 절정에 이른다.

레이트 훠틀베리는 키가 크고 잘생긴 관목으로 키는 무려 허클베리의 두 배 정도이고, 열매에서는 새하얗게 분이 나며 축축하다 싶을 정도의 응달진 관목 숲에서 자라는데, 과실이 많이 열리려면 날씨가 습해야 하는 것 같다.

이 열매는 베리류 중에서 가장 예쁜데 표면이 고르고 둥글며 푸른색으로 대부분의 허클베리보다 크고 더 투명하며, 긴 줄기에 2~3인치 길이로 매달려 있으며, 다소 엉켜 있기도 한다. 잘 모르는 사람들은 독이 있을까봐 피하는데, 아마도 그런 점에서 더 예쁘고 기억에 남는지도 모른다. 꽤 먹을 만하기는 한데 약간 떫으면서 특이한 맛이 나고 보통 허클베리에 비해 썩 맛있지는 않으며 껍질도 질기다.

9월의 첫 주가 끝날 무렵이면 훠틀베리 중에서 통상 먹을 수 있는 거라고는 레이트 훠틀베리뿐인데 그것은 그때까지도 꽤 신선한 상태를 유지한다. 하지만 이 부근에서는 보기 힘든 종으로, 특정한 해에만 푸딩을 만들어 먹을 만큼 딸 수 있다.

---

15 댕글베리(Dangleberry): 과실이 달랑달랑 매달려 있어서 붙은 이름.
16 블루탱글(Blue Tangle): 덤불처럼 엉켜 자라서 붙은 이름.

이 마을에는 헤어리 허클베리(Hairy Huckleberry)라고 불리는 또 다른 종류의 허클베리가 자라는데, 레이트 휘틀베리와 비슷한 시기에 열매가 익는다. 안드로메다 포리폴리아[17]나 칼미아 글라우카(*Kalmia glauca*)가 자랄 만한, 물이끼가 많고 차가운 늪처럼 가장 야생적이고 사람들 주의가 미치지 않는 장소 혹은 그에 못지않게 방치된 곳으로 더 단단한 저지대에서만 발견되기 때문에 여간해서 보기 어렵다. 열매는 타원형에 검은색으로 짧은 털이 나 있어 우리가 먹기에는 껄끄럽다. 헤어리 허클베리는 내가 아는 한, 이 마을에서 볼 수 있는 *Vaccinieae*종으로 그 열매를 먹을 수 없는 유일한 베리이다. 이 주의 다른 지역에서 자라는 디어 베리(*Deer Berry*) 혹은 스코 허클베리[18]라는, 또 다른 종류의 휘틀베리를 본 적이 있는데 그것들의 열매 또한 먹을 수 없다고 한다. 헤어리 허클베리는 그저 맛이 밍밍하다. 좀 더 단단한 땅에서 자라는 것들은 맛이 더 낫기는 한데, 두껍고 털이 깔깔한 껍질이 남기는 뒷맛 때문에 맛있다고 하기는 어렵다.

헤어리 허클베리와 댕글베리는 둘 다 통상적인 허클베리와 같은 속(屬) 혹은 아속(亞屬)에 속한다.

허클베리는 7월 말이 되기 전에 비가 와서 보호해주지 않으면 제대로 크기도 전에 말라버리기 십상이다. 심지어는 채 여물기도 전에 가뭄 때문에 말라서 딱딱하고 까매진다. 반면에 완전히 여물었을 때 많은 비가 내려 열매가 터져서 상해버리는 경우도 빈번하다.

허클베리는 8월 중순에는 이미 말랑말랑해지고 벌레가 먹어, 보통

---

17 안드로메다 포리폴리아(*Andromeda polifolia*): 북반구의 북부 지역에서 두루 발견되는 철쭉과의 상록 관목. 통상 Bog-rosemary로 알려져 있으며, 분홍 꽃이 핀다.
18 스쿼 허클베리(Squaw Huckleberry): 미국 동부의 습지에 흔한 블루베리. 주로 사슴이 먹는다고 알려진 녹색의 혹은 누르스름한 장과이다.

20일경에는 아이들이 더는 장에 내다 팔지 않는데, 구매자들이 알아채기 때문이다.

벌레 먹기 시작하고 열매 따는 이들이 밭을 저버릴 즈음은 얼마나 때가 늦은 것인가! 이제 산책하는 이는 매우 고독해진다.

그러나 숲이나 여타의 추운 지역에서라면 계절에 따라서는 일주일 혹은 그 이상도 어느 정도 신선함을 유지하기도 한다. 따 먹는 사람이나 심지어 벌레보다 열매가 훨씬 더 많아, 새들이 열매를 보고도 그냥 지나치는 듯 보이는 해에는, 10월 14일에도 맛은 좀 퍽퍽해도 튼실하고 신선하며 꽤 속이 꽉 찬 열매를 보았다. 이때쯤에는 가지 위의 나뭇잎은 거의 다 떨어지고, 채 떨어지지 않은 나뭇잎들은 모두 붉게 물들어 있는데도 말이다. 허클베리 열매는 나뭇잎이 모두 떨어진 후에도 계속 가지에 달려 있다가 마침내 비를 맞아 흐물거리다가 못쓰게 되고 말았다.

때로 그것들은 8월 중순경인데도 마르기 시작한다. 열매가 익었지만 상하기 전인데, 8월 말경 가뭄으로 인해 덤불이 너무 시들어 갈색이 되어, 마치 따는 사람들이 꺾어버렸거나 타 죽은 것처럼 보였다.

늦은 9월에 허클베리는 냄비에 넣어 말린 듯 딱딱하고 쭈그러들었긴 해도, 이것들로 여전히 까만 언덕들을 보았다. 어느 해에는 12월 11일에도 허클베리가 가지에 여전히 잔뜩 매달려 있었는데, 너무 빨리 익은 채 말라버려서 단맛은 남아 있지 않았다. 자연 스스로가 말린 허클베리를 보고서 인디언들이 허클베리를 사람이 말려야 한다고 최초로 생각했을지도 모르겠다.

로 블랙베리와 허클베리, 그리고 로 블루베리의 제이종(第二種)인 하이 블루베리는 보통 8월 첫 주에 절정을 맞는다. 하이 블루베리는 삼복,[19] 혹은 삼복기의 첫 열흘 동안 최대 크기까지 자라며 아주 풍부하다.

식물학자들은 허클베리를(습지와 산지) 크랜베리와 같은 종으로 분류하는데 ─스노베리(snowberry), 월귤나무(bearberry)─노루귀(mayflower), 백옥나무(checkerberry)─안드로메다스,[20] 매화오리,[21] 월계수, 진달래, 철쭉, 백산차(ledum), 노루발(pyrolas), 왕자 소나무(prince's pine), 구상난풀속(Indian pipes), 그리고 다른 여러 식물들─ 이들은 모두 히스과(科)라고 불리는데, 오늘날에는 더 이상 존재하지 않는, 구세계의 히스와 여러 면에서 비슷하며 히스와 유사한 땅을 차지한다. 그 초기의 식물학자들이 미국인이었다면 허클베리는 히스를 포함하는 허클베리과(科)라고 불렸을지도 모른다. 이 목(目, 철쭉, *Ericaceae*) 식물은 화석 상태로 발견된 것 중 가장 초기 것에 속한다고 하는데, 지구상의 그 어느 식물보다도 오랫동안 살아남을 것이라고 한다. 조지 B. 에머슨[22]은 훠틀베리가 본연의 히스(즉 본질적으로 꽃받침 부분으로 둘러싸인 과즙이 많은 과일이라는 점에서)와는 다르다고 말한다.

훠틀베리가 속한 속(屬)을 식물학자들은 대부분 백시니엄[23]이라 부르는데 ─이 훠틀베리가 모든 베리 중에서 으뜸인 듯하다─ 이 말은 내 생

---

19 삼복(dog days): 7월 초부터 8월 중순경까지의 무더운 때.
20 안드로메다스(andromedas): swamp andromeda를 가리킨다. 진달래과 리오니아속의 퍼진 관목(Lyonia ligustrina). 줄기 끝에 소포엽(小苞葉)이 붙은 총상의 흰 꽃이 핀다. 미국 동부산(産)이다.
21 매화오리(clethra): 쌍떡잎식물 진달래목 매화오리나무과의 낙엽소교목. 학명은 *Clethra barbinervis*이고 매화오리나무과로 한국(한라산), 일본, 중국, 아메리카 등에서 자란다.
22 조지 배럴 에머슨(George Barrell Emerson, 1797~1881): 미국의 교육가, 여성 교육의 선구자. 시인인 랠프 왈도 에머슨의 사촌이기도 하다.
23 백시니엄(*Vaccinium*): 철쭉과에 속하는 관목 종. 크랜베리, 블루베리, 빌베리 혹은 훠틀베리, 링곤베리 혹은 카우베리와 허클베리 등 상업적으로 중요한 열매가 많이 속한다. 다른 많은 철쭉과의 식물들처럼 일반적으로 산성 토양에서 자란다.

각에는 본래 베리(berry)를 뜻하는 바카(bacca)에서 유래한 것 같은데 이 단어의 어원은 논의 중이다.

훠틀 혹은 허틀베리, 빌베리, 블루 베리인 블리(Blae) 혹은 블레아(Blea)는 뉴잉글랜드 지방에서는 자라지 않는 바키니움 미르틸루스(*Vaccinium myrtillus*)의 열매와 이보다 더 드물고 국지적이며 이곳에서도 볼 수 있는 바키니움 울리기노숨(*Vaccinium uliginosum*)에 대해 본래 영국에서 붙인 이름이다.

훠틀베리라는 어휘는 수사슴의 베리라는 색슨어 헤오르트베르그(*beortberg*) 혹은 헤어러트-베르그(*beorot-berg*)에서 유래했다고 한다.

허츠(Hurts)는 문장(紋章)에 쓰이던 고대 영어 단어인데 베일리(Bailey)에 따르면 이는 '허틀베리를 닮은 몇몇 구(球)'를 뜻한다고 한다.

독일 사람들은 하이델-베레(Heidel-berre)라고 하는데, 히스 베리라는 뜻이다.

1709년 로슨(Lawson)이 쓰기 시작한 허클베리라는 말은 훠틀베리에서 유래한 미국식 영어로 보이는데 같은 과(科)의 열매에도 쓰이지만, 영국의 훠틀베리와는 통상 다른 종(種)을 가리킨다. 사전에 따르면 베리(berry)라는 단어는 포도 혹은 포도송이를 뜻하는 색슨어인 베리아(beria)에서 유래했다. 훠틀베리의 프랑스어 이름은 숲 속의 포도라는 의미의 'raisin des bois'이다. 베리라는 단어가 미국에서 새로운 의미를 가지게 된 것이 분명하다.

우리나라에 베리류가 얼마나 풍부한지 우리는 미처 깨닫지 못한다. 고대 그리스와 로마인은 그들에게 딸기와 허클베리, 멜론은 존재하지 않았기 때문에 이런 과일의 가치를 그리 중요시하지 않은 것 같다.

영국인 린들리(Lindley)는 그의 저서인 『식물학의 자연 체계(*Natural*

System of Botany)』에서 Vaccinieae가 "북미 원산이라고 하며 그것들을 북쪽 고위도 지대에 이르기까지 풍성히 찾아볼 수 있는데 유럽에는 별로 없고 샌드위치 군도[24]의 고지에서도 흔히 발견된다"라고 말한다.

조지 B. 에머슨의 기록에 의하면 바키니에(Vaccinieae)는 "아메리카의 더 따뜻한 지역의 산지나 온화한 지역에서 주로 발견된다. 유럽에서 발견되기도 하고 아시아 대륙과 섬에서, 혹은 대서양, 태평양, 인도양의 섬들에서도 발견된다." 또한 "휘틀베리와 크랜베리는 이 대륙[25]의 북부 전역에서 자라며 유럽의 같은 기후대에서 자라는 히스를 대신하는데, 이것들은 이 대륙을 히스에 못지않은 아름다움으로 채우며 비교할 수 없을 만큼 유용하다"라고 말한다.

최근에 우리가 식물을 정리한 바에 따르면, 뉴잉글랜드에 휘틀베리과 (Vaccinieae)는 열네 종이 있는데 그중 열한 종은 열매를 먹을 수 있고, 여덟 종은 날로도 먹을 수 있는데, 그 여덟 종 중에서 다섯 종은 풍부하다. 다시 말해서 허클베리, 블루엣(bluet) 혹은 펜실베이니아 블루베리, (뉴잉글랜드 북부 지방의) 캐나다 블루베리, 제이종(the second) 혹은 흔한 로 블루베리, 그리고 수고(樹高) 블루베리 혹은 습지 블루베리가 그 다섯 종 안에 포함되는데, 특정한 시기와 지역에서는 흔한 댕글베리 또한 포함됨은 두말할 나위가 없다.

반면에 라우든과 다른 사람들의 말에 따르면 우리가 날로 먹을 수 있는 종은 여덟 종이지만 영국에서는 단지 두 종만 먹을 수 있다고 한다. 더 정확히 말해서, 빌베리(Bilberry, V. myrtillus)와 블레아 베리(Blea-berry) 혹

---

24 샌드위치 군도(Sandwich Islands): 하와이 군도.
25 여기서는 북미 대륙을 가리킨다.

은 늪지 훠틀베리(Bog Whortleberry, *V. ugliginosum*)인데 둘 다 북아메리카에서 발견되며, 후자는 화이트 산 정상에 흔하지만, 영국에서는 스코틀랜드와 잉글랜드 북부에서만 볼 수 있다. 그러니까 우리 땅에는 풍부한 종이 다섯 종인데 반해 영국에는 한 종뿐인 셈이다.

결국 라우든이 말한 서른두 종의 바키니움(*Vaccinium*) 중에서 위의 두 종과 그 외에 네 종을 제외한 모두가 북아메리카에만 속하며, 유럽에서 볼 수 있는 것은 서너 종 정도이다.

그러나 내가 이 주제로 이야기를 나눈 몇몇 영국인들은 영국에도 미국 못지않은 허클베리 종류가 있다고 생각하고 싶어 하며 또 그렇다고 말한다. 그러므로 그들 나라의 권위자들이 이미 언급하지 않았다고 말한 최상의 것, 즉 날로 먹는 단 두 종의 가치와 그 풍요함에 대해 언급하려고 한다.

라우든은 늪지 훠틀베리에 대해 "이 열매가 입맛에 맞기는 해도 빌베리에 비하면 맛이 떨어지며, 많이 먹으면 어지럼증과 약한 두통을 일으키기도 한다"라고 말한다.

그리고 영국의 일반 훠틀베리(*V. myrtillus*)에 대해서는 "이 나무는 콘월에서 캐이스네스까지 영국 어느 지방에서나 볼 수 있다. 남동부 지방에서 가장 보기 힘들고 북쪽으로 갈수록 점점 양이 늘어난다"라고 말한다. "멋진 데다 열매까지 맺는 식물이다. 영국의 북부와 서부 지방에서는 이 열매를 타르트로 만들거나 크림과 함께 먹기도 하고 젤리로 만들어 먹기도 한다. 또 다른 지역에서는 파이나 푸딩으로 만든다. 이 열매만 먹든 우유와 함께 혹은 다른 식으로 먹든 간에 아이들 입맛에 매우 잘 맞는다. 톡 쏘는 맛이 난다"라고 얘기한다.

콜먼[26]은 「삼림지대, 히스 황야 그리고 산울타리(Woodlands, Heaths,

and Hedges)』에서 이렇게 얘기한다. "우리 고지대와 산악지대를 여행하는 사람이라면 거의 상시 동반자 같은 이 기분 좋은 꼬마 관목을 못 보고 지나쳤을 리가 없다……. 이 강인한 꼬마 산지 식물은 이 지역 사람들이 오르기에는 너무 높을 거라고 큰소리칠지도 모를 바로 이 높디높은 산 정상, 바람이 잘 통하는 고지대에서 가장 잘 자란다. 요크셔, 그리고 여러 북부 지방에서는 다량의 빌베리를 시장에 내다 파는데 이는 주로 파이와 푸딩 재료로 쓰이거나 혹은 잼 형태로 보존되기도 한다……. 그러나 이 야생 열매의 풍미 대부분은 상쾌한 공기와 산 중의 연회(宴會)를 돋보이게 하는 풍광의 매력 덕분임이 틀림없다……. 빌베리로 그득한 지역에서 우리의 눈을 맞아주는 가장 예쁜 광경 중의 하나는 '빌베리를 따는' 한 무리의 시골 아이들이다. (시장에 나오는 빌베리는 대부분 아이들이 따온 것이다.) 그곳에서는 '철사 같은 덤불'에 무릎까지 빠진 채로 혹은 부서진 잿빛 바위를 넘어 베리가 잔뜩 무리 지어 있는 곳으로 기어오르는 아이들을 볼 수 있는데, 햇볕에 그을린 얼굴은 건강하게 달아오르고, 군데군데 선명한 빨강이나 파랑, 흰색의 그림 같은 옷을 입고 있거나 아니면 벗고 있는데, 화가의 눈으로 보면 황야 지역의 자주색, 회색, 갈색과 아름답게 대조되어 아주 멋진 그림의 주제가 될 것이다."

그곳 관계자들은 마치 새가 그 열매를 먹는다고 말하듯 아이들과 다른 사람들도 그 열매를 먹는다고 말한다. 이 모든 사실로 미루어보아 뉴잉글랜드 지방과는 달리, 제철의 훠틀베리가 고대 영국 사람들이 정기적으

---

26 윌리엄 히긴스 콜먼(William Higgins Coleman, 1863년 사망): 영국 식물학자. 1840년부터 1847년까지 로버트 홀든 웨브(Robert Holden Webb) 목사와 함께 식물상에 대한 책인 *Flora Hertfordiensis*를 준비하는 일에 힘을 쏟았다.

로 먹는 음식의 중요한 부분을 차지하지는 않는다는 것은 분명하다. 허클베리 푸딩을 맛볼 수 없는 여름을 어떻게 생각해야 할까? 허클베리 푸딩과 조너선[27]의 관계는 플럼 푸딩과 존 불[28]의 관계와 같다.

그러나 뉴잉글랜드 지방 최초의 식물학자 중의 한 명인 머내시 커틀러 박사[29]는 허클베리를 그저 아이들이 우유와 함께 먹고 싶어 하는 과일이라고 대수롭지 않게 말한다. 이런 식으로 아이들 뒤에 몸을 숨기는 것은 얼마나 배은망덕한 짓인가! 커틀러 박사가 자기 연배의 사람들 대부분과 마찬가지로 허클베리 철 내내 허클베리 푸딩이나 파이를 먹는 것이 드러나도 놀랄 일은 아니다. 차라리 그가 엄지손가락으로 찔러 플럼 열매를 빼내며 "난 정말 대단한 의사야!"라고 솔직하게 외쳤더라면 그를 용서했을 텐데. 하지만 그는 영국 책을 읽느라 정신이 팔려 있었거나 그가 젊었을 때는 백인들이 허클베리를 그렇게 많이 먹지 않았을 수도 있다.

빌베리가 영국에 아직도 널리 퍼져 있기는 하지만 이전에는 훨씬 더 풍부했다. 어떤 식물학자는 "허클베리는 그냥 두면 영국 전체를 뒤덮어, 히스(*Culluna vulgaris*)와 화이트 산맥에서 자라는 크로베리(crowberry,

---

27 브라더 조너선(Brother Jonathan): 건국 초기에 미국을 상징하던 허구의 인물. 신문 만화나 애국적인 내용의 벽보에서 삼색 모자를 쓰고 긴 군복 상의를 입은 전형적인 미국 혁명당원의 모습으로 그려지곤 했다.
28 존 불(John Bull): 문학작품이나 특히 정치 만화에서 전형적인 영국인으로 묘사되는 인물. 보통 영국 국기로 만든 조끼를 입은 살찐 중년 남자의 모습이다. 스코틀랜드의 의사·풍자작가인 존 아버스닛(John Arbuthnot, 1667~1735)이 영국-프랑스 사이의 전쟁 중지를 제창하여 쓴 정치적 풍자 팸플릿집 『존 불의 역사(*The History of John Bull*)』(1712)에 등장하는 전형적인 영국인 이름에서 유래한다.
29 머내시 커틀러(Manasseh Cutler, 1742~1823): 미국 독립혁명기의 미국인 목사이자 하원의원, 오하이오대의 창립자. 미국예술과학아카데미의 초창기 회원을 역임했다. 당대의 신학·법·의학에 능했을 뿐 아니라, 천문 기상학적 조사를 하기도 하고 중요한 식물 연구를 수행한 최초의 미국인 중 한 명이기도 하다.

Empetrum nigrum)와 더불어 영국 식물 자연 외관의 특징 대부분을 형성할 종 중의 하나"라고 말한다.

영국에는 우리의 허클베리가 속하는 가이루사키아(*Gaylussacia*)속(屬)에 해당하는 식물이 없으며, 영국에서 우리나라 종(種)들은 북쪽으로는 그리 멀리 퍼지지 못한다.

그러므로 내가 일반적으로 영국에는 뉴잉글랜드보다 먹을 수 있는 열매의 종류가 훨씬 더 적다고 말해도 무방할 것이다.

브램블베리(bramble berry)라고 불리기도 하며, 우리의 라즈베리(raspberry)나 블랙베리(blackberry), 심블베리(thimbleberry)와 같은 속(屬)에 속하는 루부세스(*rubuses*)를 예로 들어보겠다. 라우든의 말에 의하면, 이 땅이 원산지인 베리가 여덟 종인 데 반해 영국에는 다섯 종류가 있다고 한다. 그러나 이 다섯 종 중에 흔히 눈에 띄는 건 두 종뿐이지만, 우리의 경우는 네 종이 매우 흔할 뿐 아니라 맛도 좋다. 영국인 콜먼은 그들의 최고 품인 영국 라즈베리에 관해 ―우리도 같은 종을 재배하는데― "그 야생종은 대단히 중요하다고 할 정도로 그리 풍부하지는 않다"라고 말한다.

일반적으로 야생 열매는 다 마찬가지다. 들장미열매(hip)와 산사나무열매(haw)는 여기보다는 영국에서 상대적으로 훨씬 더 중요하지만, 영국에서도 일반적으로 통용되는 이름을 얻지 못했다.

내가 이렇게 말하는 이유는 우리가 얼마나 만족해하고 감사해야 하는지 보여주기 위함이다.

영국의 식물은 위도상으로 우리가 사는 곳보다 훨씬 더 북쪽에서 자라는 것들이며, 우리나라 고산지대의 몇몇 관목이 그곳의 평원에서 발견되기도 한다. 그래서 영국의 훠틀베리 두 종은 우리나라에서는 고산이나 최북단에서 자라는 식물임을 기억해야 한다.

자세히 살펴보면, 블루베리와 허클베리가 연약하고 열매를 맺지 못한다 해도 우리나라 숲 속에서는 사람들 발밑 어디서나 찾을 수 있을 터인데, 그것들은 강인한 아메리카 원산(原産)으로서 식물들 사이의 다음 선거에서는 부상해서 제자리와 권력을 찾을 준비가 되어 있으며, 인간이 발가벗겨 놓은 언덕에 다시 옷을 입히고 온갖 연금 수령자[30]들을 먹여 살릴 것이다. 숲이 잘려나간들 어떠하리. 대자연은 이미 오래전에 이런 비상사태를 예견하고 대비했기에 공백기라고 해서 열매를 맺지 못하게 내버려두지는 않는다. 대자연은 곧바로 그 상처를 치유하기 시작할 뿐 아니라, 그 손실을 보상해주고 숲이 제공하지 못했던 열매로 우리의 생기를 되찾게 해준다. 백단(白檀)이 자신을 자른 나무꾼 주변에 향기를 퍼뜨린다고들 하는데, 이 경우에도 대자연은 자신을 황폐하게 한 손에 예상치 못한 열매를 쥐어준다.

   나는 매년 그 녀석들을 어디서 찾을지 알아내는 데 충분할 정도로만 오래 나무가 잘려나간 곳이 어딘지를 기억하기만 하면 된다. 그것들이 임상[31]에서 때를 기다리는 것은 이처럼 한 세기에 한 번 우리의 기운을 새롭게 하기 위함이다. 농부가 풀을 얻기 위해 풀이 무성한 목초지를 베어내고 불을 놓거나 혹은 아이들의 접근을 막는다면 허클베리는 그곳에서 이전보다 더 왕성하게 자라나고, 새로 난 블루베리 싹은 땅을 심홍색으로 물들일 것이다. 우리의 모든 언덕에는 허클베리가 있거나 존재했었다. 보스턴의 세 언덕,[32] 그중에서도 특히, 벙커힐은 두말할 나위가 없다. 우리 어머니는 로웰 박사의 교회가 현재 서 있는 곳으로 어떤 여자가 휘틀베리를

---

30 이 언덕에 기대어 사는 모든 동식물과 사람을 일컫는다.
31 임상(林床, forest floor): 산림 지표면의 토양과 유기 퇴적물의 층.

따라간 것을 기억하고 있다.

요컨대 미국의 북부와 영국령 북아메리카에 있는 휘틀베리 숲은 거대한 숲 아래서 살아남은 일종의 축소판 숲으로서, 거대한 숲이 잘리면 다시 나타나고 그 숲 너머 북쪽으로 뻗어나가기도 한다. 크로베리나 빌베리, 크랜베리처럼 열매를 맺는 이 과(科)의 작은 관목들을 그린란드의 에스키모들은 '베리 그래스(berry grass)'라고 불렀는데, 크란츠[33]에 의하면 그린란드 사람들은 잔디와 흙에 '빌베리 가지(bilberry bushes)'를 섞어 겨울집을 덮었다고 한다. 그들은 또한 이를 태우기도 했는데 나는 어떤 이웃 사람이 연료로 쓰기 위해 허클베리 가지를 자르는 기계를 발명했다는 말을 들었다.

흙과 태양에 노출되는 정도에 따라 휘틀베리가 얼마나 도처에 퍼져 있는지 참 놀라울 정도인데 1,000피트를 오를 때마다 새로운 종이 있다고 말할 수 있다. 내가 말하는 것 중에서 한두 종류는 어떤 토양, 어떤 지역에서도 잘 자란다.

늪에는 하이 블루베리(high blueberry)가 ―거의 모든 들판과 언덕에서 허클베리, 제이종 로 블루베리와 더불어― 그리고 숲, 언덕과 산의 특히 시원하고 공기가 잘 통하는 공터에는 펜실베이니아 블루베리와 캐나다 블루베리가 자라지만, 우리 지방의 고산지대에는 높은 산 정상에만 자라는 두 종류가 있다. 그러니 이 과(科)의 식물은 가장 낮은 계곡에서 가장 높

---

32 보스턴의 세 언덕(three hills of Boston): 펨버턴힐(Pemberton Hill), 벙커힐(Bunker Hill), 버논 산(Mount Vernon)을 가리킴. 이들 세 언덕은 예전만큼 주변 풍경을 압도하지는 못한다. 높은 건물에 가리어 잘 눈에 띄지 않기도 하지만, 60피트 이상 잘려나가기도 했다. 19세기 초, 더 넓은 건축 용지를 공급하기 위해 산 정상의 흙을 만에 내다버렸다.
33 하인리히 요한 네포무크 폰 크란츠(Heinrich Johann Nepomuk von Crantz, 1722~1799): 당시 오스트리아의 합스부르크 지배에 있던 룩셈부르크 태생의 식물학자이자 내과의사.

은 산 정상까지 두루 자라서 뉴잉글랜드 대부분의 지역에 주도적인 키 작은 관목층을 형성하고 있는 셈이다.

이 부근에 사는 이 과의 유일한 종인 진짜 허클베리(huckleberry proper)도 마찬가지다. 내가 알기로는 이 근처 어디에도 관목이 자라는 곳이 없지만, 허클베리의 한두 변종은 그곳에서도 자란다. 라우든의 말에 의하면 이 목(目)의 모든 식물은 "이탄토(泥炭土) 혹은 점착력이 강한 성질의 흙이 필요하다." 그러나 허클베리의 경우는 이와 다르다. 허클베리는 가장 높은 언덕 정상에서 자란다―아무리 바위투성이라도, 아무리 메말라도 허클베리는 자란다― 순모래 땅에서도, 우리 지방의 사막에서도 자라지만 동시에 가장 건강하고 비옥한 땅에서도 잘 자란다. 어떤 변종은 밑에 흙이라고는 거의 없는 것 같은 불안정한 수렁에서도 자라는데, 거기에서 발견되는 것은 두말할 필요도 없이 맛없는 종인 헤어리 허클베리(hairy huckleberry)이다. 이 종 또한 이 지방 숲 전체에 다소간 드문드문 퍼져 있는데, 별개 종인 댕글베리는 특히 축축한 숲과 잡목 숲에서 자란다.

자연은 이토록 주의 깊게 새와 네발짐승, 그리고 인간에게 이런 종류의 맛난 베리를 흙과 기후에 따라 조금씩 조절해가며 열매를 따 먹을 이가 있을 만한 곳은 어디에서나 제공한다. 옥수수와 감자, 사과와 배는 비교적 서식 범위가 좁지만 우리에게 익숙한 거의 모든 관목들이 미치지 못하는 더 높은 워싱턴 산 정상에서도 훠틀베리로 바구니를 채울 수 있는데, 이는 그린란드에서 자라는 것과 같은 종류다. 그리고 또다시 집에 돌아와서는 그린란드인들은 꿈에도 생각지 못한, 이 지방 가장 낮은 늪에서 자라는 또 다른 종으로도 한 바구니를 채울 수 있다

내가 찬미하는 베리는 대부분 소위 인디언 알공킨 종족(Algonquin Family of Indians)이라고 불려온 것과 거의 동일한 영역을 가지고 있는 듯

한데 그들의 영토는 현재 미국 동부, 중부와 북서부 주들과 캐나다를 포함하며 현재의 뉴욕에 있는 이로쿼이인들의 영역에 둘러싸여 있다. 이 베리들은 알공킨 종족과 이로쿼이(Iroquois) 종족들의 일상적 과일이었다.

물론 인디언들은 당연히 우리보다도 야생 열매를 대단히 중요시했는데, 그중에서도 허클베리가 가장 중요했다.

인디언들은 우리에게 옥수수 사용법과 심는 법뿐 아니라 휘틀베리 사용법과 심는 법, 그리고 겨울을 대비해 그 열매들을 말리는 법을 가르쳐주었다. 인디언들이 오랜 경험을 통해 이 열매들이 해가 없고 인간에게 유익하다는 것을 알게 되어 시범을 보이지 않았더라면, 우리는 이런 종류를 맛보고 알게 되기까지 오랫동안 망설였을 것이다. 나는 메인 주의 한 인디언 뒤를 따라 걸으며 전에는 먹어볼 엄두도 내지 못한 열매를 그가 따 먹는 것을 보고는, 먹을 수 있는 열매 목록에 몇 가지를 추가했다.

인디언들이 허클베리를 이용하는 광범위한 용도를 여러분들에게 이해시키기 위해, 이 주제에 관해 누구보다도 관찰력이 예민한 여행객들의 증언을 가능한 한 우리가 들은 것과 거의 같은 순서로 상세히 인용하려 한다. 아주 광범위한 지역을 감안할 때, 여러 날에 걸쳐 반복되고 동시에 일어나는 증언을 참을성 있게 경청한 뒤에야 진실을 알 수 있게 되기 때문이다.

그러나 인디언들이 제철에 신선한 베리를 가지고 어떻게 사용했는지—손으로 따서 입으로 가져가는 것—를 발견한 사람들이 한 말은 거의 없는데, 이는 이런 식으로 베리를 사용하는 것이 그들에게 가장 중요했다 하더라도, 여기에 대해서는 거의 말할 것이 없었기 때문이다. 우리에게는 요리책이라 불리는 조리법 책들이 있지만, 과일이나 타르트가 식탁에 올릴 준비가 될 즈음에는 더 이상의 말은 필요 없고 그저 먹을 일만 남게 된다.

그러므로 허클베리를 따라 가는 인디언들이 6주 이상의 휴가를 내고 아마도 허클베리 들판에서 캠프를 했음에도 그들의 설명은 거의 없거나 아예 들을 수가 없다.

인디언들이 베리 이용법을 우리 백인들에게서 배운 것이 아님을 보여 주기 위해 충분히 시간을 거슬러 올라가 보려고 한다.

1615년, 퀘벡 시를 건설한 샹플랭[34]은 멀리 오타와까지 올라와 그 땅을 염탐하고 알공킨족 사이에서 비망록을 작성한 후 휴런 호수라고 불리는 담수 바다로 가는 길에 원주민들이 그가 블루와 라즈베리라고 불렀던 조그만 베리를 따서 겨울에 쓰려고 말리는 것을 보았다. 블루는 그 지역에서 흔한 블루베리로서, 우리 초기 로 블루베리(*Vaccinium Pennsylvanicum*)의 한 종류라고 생각된다. 또한 그는 휴런 호수 근처에서 원주민들이 간 옥수수 가루를 채를 쳐서 삶아 으깬 콩과 섞어 일종의 빵을 만들고, 때로는 말린 블루베리와 라즈베리를 거기에 넣는 것을 보았다.

이는 청교도들이 대서양을 건너기 다섯 해 전으로 내가 알고 있는 허클베리 케이크에 관한 최초의 설명이다.

프란체스코회 수도사인 가브리엘 사가드[35]는 1624년 휴런 지역을 방문한 후 "휴런 족이 오휀타크(Ohentaque)라고 부른 블루와 일반적으로 하이크(*Habique*)라 불리는 다른 조그만 과일의 양이 얼마나 많은지, 우리가

---

34 사뮈엘 드 샹플랭(Samuel de Champlain, 1567~1635): 프랑스 탐험가. 프랑스의 캐나다 식민지 개척자, 뉴프랑스(New France)의 아버지로 유명하다. 청년 시절 앙리 4세 치하에서 위그노 전쟁에 종군하였고, 훗날 왕명으로 캐나다를 탐험(1603~1607)하고, 세인트로렌스 강과 포트로열 항을 조사하고 퀘벡을 건설하였다(1608). 나중에 그의 이름을 따 명명된 샹플레인(Champlain) 호를 발견하여 그 지방 경영을 담당하는 한편, 모피 거래에도 손을 댔다.
35 가브리엘 사가드(Gabriel Sagard): 17세기 프랑스의 가톨릭 사제이자 프란체스카 헤콜레(Récollets) 수도회의 선교사. 뉴프랑스와 휴런 지방에 관한 저술로 유명하다.

태양에 플럼을 말리듯 그 야만인들도 겨울에 쓰려고 그것들을 정기적으로 말려서, 환자를 위한 과자를 만드는 데 쓰기도 하고 죽(sagamite, 일종의 자두죽)[36]에 맛을 내거나, 재 아래에다 굽는 빵 혹은 케이크에 넣기도 한다"라고 얘기한다.

사가드에 따르면 그들은 빵 속에 블루베리와 라즈베리뿐만 아니라 딸기, '야생 오디(meures champestres) 그리고 다른 작은 열매를 생으로 넣거나 말려서 넣었다.

초기 프랑스 탐험가들은 블루베리를 따는 것이 인디언들에게 중요하고 정기적인 추수라고 얘기한다.

퀘벡에 거주하던 캐나다 예수회의 수도원장 르죈[37]은 1639년 쓴 『예수교 릴레이션』[38]에서 야만인들에 대해 언급하며 "몇몇 야만족들은 천국이 블루잇(bluet)으로 가득 차 있는 곳이라고 생각한다"라고 적고 있다.

인디언에 대해 잘 아는 로저 윌리엄스[39]는 1643년에 출판한 주변의 인디언들에 관한 글에서 "서타시(Sautaash)는 원주민들이 말린 건포도(포도와 휘틀베리의)인데 일 년 내내 보존하며, 두드려서 가루로 만들어 바짝 말려

---

36 아메리카 인디언들이 먹던 묽은 옥수수죽. 때에 따라 채소나 줄풀, 황설탕, 동물 지방, 콩, 훈제 생선이나 동물의 골을 첨가하기도 한다.
37 폴 르죈(Paul Le Jeune, 1591~1664): 프랑스의 선교사. 1624년에 성직에 서품되었으며, 1631년 캐나다 제수이트(Jesuit) 선교단의 수도원장에 임명되었을 때 퀘벡으로 가, 그곳에서 종교적·교육적 업무를 시작했다.
38 『예수교 릴레이션(The Jesuit Relations)』: 뉴프랑스의 제수이트 선교단에 관해 연대순으로 기록한 민족지적인 기록. 『뉴프랑스의 제수이트 이야기(The Relations des Jésuites de la Nouvelle-France)』라고도 한다.
39 로저 윌리엄스(Roger Williams, 1603~1683): 식민지 시대 미국의 종교가. 신정정치를 비판하고 인디언의 권익을 옹호하는 주장을 펴다가 매사추세츠에서 추방당했다. 이후 프로비던스로 가서 로드아일랜드 식민지를 건설하고 모든 종파의 사람들을 받아들였다.

거칠게 간 곡식과 섞어서 사토티히(Sautauthig)라 불리는 맛있는 요리를 만들곤 했는데, 이는 플럼 케이크나 향신료를 넣은 케이크(spice cake)가 영국인들 입맛에 맞듯 그들 입맛에 맞는 요리였다"라고 기록하고 있다.

그러나 너새니얼 모턴[40]은 1669년에 출간한 『뉴잉글랜드 연대기』(*New England's Memorial*)에서 1636년 올덤(Oldham) 씨의 죽음에 관해 나라간세트 족 추장인 카노니쿠스[41]와 교섭하러 가는 백인들에 대해 얘기하며 "삶은 밤은 인디언들에게 흰빵과 같은 것인데, 연회에서는 특별한 것이기에, 영국인들의 풍습을 따라서 두드려 편 옥수수로 푸딩을 만들거나 그 안에 건포도 같은 블랙베리를 잔뜩 넣어 변화를 시도했다"라고 했는데 이는 휘틀베리임이 틀림없다. 이것은 인디언들이 영국인들을 모방했음을, 아니면 인디언들이 스스로 익숙하지 않거나 일상적이지 않은 음식을 손님들에게 내놓았음을 암시하는 것 같다. 그러나 이 음식들이 인디언들에게 새롭거나 특별한 것이 아니었음은 익히 알려진 바이고, 오히려 인디언들을 모방한 쪽은 다름 아닌 백인들이었다.

존 조슬린[42]은 1672년 출간한 『뉴잉글랜드의 진품들(*New England Rarities*)』에서 뉴잉글랜드의 과일에 관해 "빌베리는 검정색과 하늘색 두 종류로 흔히 눈에 띄며 …… 인디언들은 빌베리를 햇볕에 말려, 부셸 단위로

---

40 너새니얼 모턴(Nathaniel Morton, 1616~1685): 매사추세츠의 플리머스 식민지에 정착한 후, 생애의 대부분을 윌리엄 브래퍼드(William Bradford) 총독 밑에서 플리머스의 장관으로 지냈다.
41 카노니쿠스(Canonicus, 1565경~1647): 아메리카 인디언 나라간세트(Narragansett)족 추장. 영국인 정착민들에게 우호적이었다.
42 존 조슬린(John Josselyn, 1638~1675): 영국의 여행가. 뉴잉글랜드로 여행하는 동안 보고 들은 것을 글로 남겼다. 그의 책은 식민지 시대 뉴잉글랜드의 동식물상에 관한 가장 완벽한 정보를 담고 있다.

영국인들에게 판다. 인디언들은 이 열매를 건포도 대신 끓이거나 구운 푸딩과 묽은 죽에 넣는다"라고 말한다.

일찍이 내가 들어본 인디언들의 허클베리 모임 중에 가장 큰 모임은 처치 대령[43]의 생애에서 언급되고 있는데, 그는 1676년[44] 여름 필립 왕을 추적하다가 떼를 지어온 대규모의 인디언 무리와 마주쳤는데, 대부분은 여자들로서 현재 뉴베드퍼드[45]지역의 평원에서 휘틀베리를 따고 있었다. 그는 그들을 살해하고 66명을 포로로 잡았는데 그중 몇몇은 도망치며 바구니와 열매를 내던져버렸다고 한다. 100여 명에 이르는 그 여자 원주민들의 남편과 오빠, 남동생들은 여자들은 그곳에서 휘틀베리를 따도록 남겨둔 채, 근처의 커다란 삼목 습지에서 다른 사람들을 만나 앞으로 보다 더 중요한 식량이 될 말과 소를 잡으러 조금 전에 스콘티컷 넥[46]으로 갔다고 했다.

1689년 라 혼탄[47]은 오대호[48]에서 보내온 편지에서 블루베리를 말려 보관하는 인디언들에 대해 수많은 프랑스 여행객들이 얘기한 적이 있다는

---

43 벤저민 처치(Benjamin Church, 1639~1718): 미국 게릴라전 훈련의 아버지로 여겨지는 인물.
44 필립 왕 전쟁은 1675~1676년에 뉴잉글랜드의 원주민 인디언과 영국 식민자 사이에 벌어진 전쟁이다. 백인의 지속적인 침탈에 항거하여 인디언 부족 연합체를 결성하고 전쟁을 주도한 원주민 추장 메타콤(Metacom)을 식민자들이 필립 왕이라고 불렀다.
45 뉴베드퍼드(New Bedford): 1640년 건설된 미국 매사추세츠 주 남동부 버저즈 만(灣) 서부의 도시. 독립전쟁 후 세계 굴지의 포경기지(捕鯨基地)로서 크게 융성하였다.
46 스콘티컷 넥(Sconticut Neck): 미국 매사추세츠 주 브리스톨 카운티의 페어헤이븐 시에 위치한 지명.
47 라 혼탄(La Hontan, 1666~1715): 17세에 장교로서 가세(家勢)를 다시 일으키기 위해 뉴프랑스에 왔다. 프랑스로 돌아와 1703년부터 인디언과의 대화, 편지, 회상록을 출간하여 성공을 거두었다. 유럽 문명과 종교를 비난하여 물의를 일으키기도 했다.
48 오대호(Great Lake): 미국과 캐나다 국경의 다섯 개 호수. 동쪽에서부터 차례로 온타리오(Ontario) 호, 이리(Erie) 호, 휴런(Huron) 호, 미시간(Michigan) 호, 슈리리어(Superior) 호이다.

말을 반복하며 "북부의 야만인들은 여름에 블루베리를 대량으로 수확하는데, 이는 특히 사냥이 기대에 미치지 못할 때 중요한 식량자원이 된다"라고 얘기한다. 이런 사실에 비추어보면 우리가 보통 생각하는 것보다 그들은 훨씬 더 선견지명이 있었다.

라슬레 신부[49]는 1691년 노리지웍(Norridgewock?)에서 아베나키(Abenaki)어 사전을 만들고 있었는데, 그의 말에 의하면 아베나키어로 신선한 블루베리는 사타르(Satar), 건조한 것은 사키사타르(Sakisatar)이며, 7월에 해당하는 아베나키라는 말은 블루베리가 익는 때를 의미한다. 이와 같은 사실은 블루베리가 그들에게 얼마나 중요했는지를 보여준다.

앙네펭 신부[50]는 1697년의 기록에서 그를 포로로 잡은 수(Sioux)족(族) 나우도웨시(Naudowessi)가 성 앤서니 폭포(falls of St. Anthony) 근처에서 블루베리를 가미한 줄풀(wild rice)로 진수성찬을 즐겼다며, "그들이 여름철에 햇볕에 말린 블루베리는 코린토스[51]의 건포도―〔즉 수입한 건포도〕― 못지않다"라고 적고 있다.

영국인 존 로슨[52]은 1709년 출판한 캐롤라이나 주에 관한 책[53]에서 노스캐롤라이나에 대해 "이 지방의 허트베리(hurts), 허클베리, 블루에는 네 종류가 있는데 …… 그중 첫 번째 종류는 잉글랜드 북부에서 잘 자라는 것

---

49 라슬레 신부(Father Raslles): 1689년 프랑스에서 미국으로 건너왔다. 제수이트로서 아베나키스(Abenakis)족과 함께 거주했다.
50 앙네펭 신부(Father Louis Hennepin, 1626~1705경): 가톨릭 사제로서 프란체스코의 헤콜레 수도사. 북아메리카 내륙을 탐험했다.
51 코린토스(그 Korinthos, 영 Corinth): 그리스 남부 펠로폰네소스 반도의 북쪽에 있는 고대 및 현대 도시. 옛 그리스의 예술·상업의 중심지이다.
52 존 로슨(John Lawson, 1674?~1711): 영국인 탐험가이자 박물학자, 저술가. 미국 노스캐롤라이나의 역사에서 중요한 역할을 했다.
53 존 로슨이 저술한 『신(新)캐롤라이나 여행기(*A New Voyage to Carolina*)』(런던, 1709).

과 같은 블루와 빌베리이다." "두 번째 종류는 나지막한 수풀에서 자라는데" 열매는 블루나 빌베리보다 더 크다. 세 번째 종류는 저지대에서 3~4피트 높이로 자란다. "네 번째 종류는 나무 위에서 자라는데 키가 약 10~12피트에 이르고 어른의 팔 두께만 하며 수로나 저지대에서 발견된다……. 인디언들은 이 열매를 여러 부셸 따 멍석 위에서 말린 후 이것으로 플럼 빵이나 그 외의 여러 먹을거리를 만든다"라고 말한 바 있다. 내 기억으로는 그가 '허클베리'라는 말을 처음으로 사용한 작가이다.

유명한 자연 식물학자 존 바트럼[54]은 1743년에 당시에는 야생지였던 펜실베이니아와 뉴욕 지역을 지나 이러쿼이와 온타리오 호수로 가는 여정 중 필라델피아로 돌아오는 길에 "펜실베이니아에서 인디언 여자가 허클베리를 말리고 있는 것을 보았다. 네 개의 갈래진 막대를 3~4피트 높이로 땅에 세우고 다른 것들을 교차시킨 후에 그 위로 흔한 수레국화(*Jacea*)나 사라툴라(*Saratula*) 갈대 줄기를 놓고, 그 위에 베리를 올려놓았는데 마치 엿기름을 가마 위에 걸쳐놓은 모직 천에 펼쳐놓은 것 같았다. 그 아래에서 인디언 여자가 모닥불을 지폈고 그녀의 아이 중 한 명이 지키고 있었다"라고 말했다.

캄[55]은 1748~1749년 이 지방을 여행하며 "이러쿼이 지방을 지나는 길에 그들은 나를 잘 대접하고 싶을 때마다 말린 허클베리를 섞어 타원형으로 갓 구워 낸 옥수수 빵을 주었는데, 플럼 푸딩에 넣는 건포도만큼이나

---

54 존 바트럼(John Bartram, 1699~1777): 미국 초기의 식물학자, 원예가, 탐험가. 스웨덴의 식물학자 칼 폰 린네(Carl von Linné, 1707~1778)는 그가 "세상에서 가장 위대한 타고난 식물학자"라고 말했다.
55 페르 캄(Pehr Kalm, 1716~1779): 스웨덴 태생의 핀란드 탐험가이자, 식물학자, 박물학자, 농경제학자. 린네의 가장 중요한 제자 중 하나다.

빽빽하게 허클베리가 들어있었다"라고 기록하고 있다.

모라비아교[56] 선교사인 헤케웰더[57]는 지난 세기 말엽, 생애의 대부분을 델라웨어 인디언들[58] 사이에서 보냈다. 델라웨어 인디언들은 두께가 1인치, 지름이 6인치인 빵에 "말린 휘틀베리 혹은 생 휘틀베리를 섞었으나, 찐 휘틀베리는 사용하지 않았다"라고 말했다.

루이스와 클라크는 1805년에 로키 산맥 서부에서 인디언들이 말린 열매를 광범위하게 사용하는 것을 보았다.

1852년 출간된 오언[59]의 『위스콘신, 아이오와와 미네소타의 지질학적 개관』[60]에서 마침내 다음과 같은 사실이 드러난다. "우리 지방의 초기 로 블루베리(early low blueberry)인 바키니움 펜실바니쿰(*Vaccinium Pennslvanicum*[*Lam.*])은 북부 세인트크로이(upper St. Croix)의 사바나에 많다. 이것은 흔한 허클베리로 푸른 덤불과 더할 나위 없이 무성한 열매로 모래 능선을 덮고 있는 뱅크스소나무(*Pinus Banksiana*)의 특징적인 성장과

---

56 모라비안(Moravian)은 18세기 보헤미아에서 등장한 복음주의자들을 말한다. 18세기 경건주의 운동의 영향을 받았다.
57 존 헤케웰더(John Heckewelder, 1743~1823): 미국의 모라비아교 선교사. 본명은 John Gottlieb Ernestus Heckewelder.
58 델라웨어(Delaware) 인디언: 알공킨어를 쓰는 북아메리카 인디언 연합. 미국 델라웨어 주 헨로펀 곶에서 롱 섬 서부에 이르는 대서양 연안에 살았다. 델라웨어 강 유역에 특히 많이 모여 살았기 때문에 이런 이름이 붙었다. 르나페(Lenape)라고도 불렸다.
59 데이비드 데일 오언(David Dale Owen, 1807~1860): 저명한 미국인 지질학자. 인디애나, 켄터키, 아칸소에서 처음으로 지질학적 조사를 했다.
60 『위스콘신, 아이오와와 미네소타의 지질학적 개관(*Geological Survey of Wisconsin, Iowa and Minnesota*)』: 오언이 저술한 이 책의 원제는 *Report of a geological survey of Wisconsin, Iowa, and Minnesota and incidentally of a portion of Nebraska Territory made under instructions from the United States Treasury Department*이며 1852년 출간되었다.

관련이 있다. 인디언들은 이것을 대량으로 따서 연기에 말리는데 허클베리는 이런 형태로 맛있는 먹을거리가 된다."

그러므로 아득한 옛날부터 현재에 이르기까지 인디언들은 북미의 북부 전역에 걸쳐 훠틀베리를 우리보다 훨씬 더 광범위하게, 사계절 내내 그리고 다양한 방식으로 이용해왔고, 그러기 때문에 훠틀베리는 우리보다 인디언들에게 훨씬 더 중요했다는 것을 알 수 있다.

이와 같은 증거에서 인디언들은 말린 베리를 보통 케이크나 허클베리 죽 혹은 푸딩의 형태로 먹었음을 알 수 있다.

옥수수 가루와 허클베리로 만들어져서 우리가 허클베리 케이크라고 부르는 것이 원주민들의 주된 케이크였음이 분명하다. 허클베리 이외의 다른 베리나 과일을 같은 방식으로 넣기도 했고 우리 입맛에는 안 맞는 것을 케이크에 넣기도 했다. 하지만 인디언들이 그들의 케이크에 무슨 소다나 진주회(珍珠灰) 혹은 명반을 넣었다는 말은 들은 적이 없다. 옥수수와 허클베리가 자라는 곳이면 방방곳곳 어디에서나 찾아볼 수 있으며 이렇게 잘 알려진 국민적 케이크가 우리에게는 없다.

우리 선조들이 인디언 옥수수나 그들의 허클베리에 대해 듣기 오래전부터 인디언들은 독자적으로 그 케이크를 먹어왔다. 아마 1,000년 전에 이곳을 여행했더라도 인디언들은 그 여행객에게도 그곳이 코네티컷이건 포토맥이건 나이아가라건 오타와건 미시시피건 모두 똑같이 이 케이크를 권했을 것이다.

낸터컷(Nantucket)족 마지막 인디언이 몇 년 전에 죽었는데 그곳에서 내가 본 한 그림이 그의 모습을 잘 재현하고 있었다. 손에는 허클베리가 가득 담긴 바구니를 들고 있었는데, 마치 그가 삶의 마지막에 한 일을 시사하는 듯했다. 나도 마지막 허클베리보다 더 오래 살 것 같지는 않다.

태너[61]는 1789년 인디언들에게 포로로 잡혀 생애의 상당 부분을 인디언으로 살았다. 그는 적어도 휘틀베리의 다섯 종류에 치퍼웨이[62] 이름을 붙였다. 태너는 "미인(meen)-블루베리, 미이넌(meenun)-블루베리"라는 이름을 붙이며 "이 단어가 과일 이름으로 쓰이는 거의 모든 복합어에 마지막 음절로 들어간다"라고 말한다. 이러한 사실로 볼 때, 이것이 우리들 사이에서만큼이나 치퍼웨이인 사이에서도 대표적인 베리 혹은 베리 중의 베리였던 것 같다.

현재 그리스어와 라틴어 혹은 영어로, 우리 식물학자들이 사용하는 부적당한 식물명 대신에, 인디언 명칭이 다양한 허클베리 종에 가능한 한 널리 복원되어 명명되면 좋을 것 같다. 인디언 명칭이 과학적이고 대중적인 용도에 맞을 것 같다. 아메리카 특유의 과(科)를 마치 대서양 반대편에서 건너온 것인 양 간주하는 것이 최선은 아님이 분명하다. 바키니움(*Vaccinium*)속(屬)에 해당하는 라틴어가 베리를 의미하는지, 아니면 꽃을 의미하는지는 여전히 불분명하다.

존경할 만한 혈통으로 여겨지는 것을 찾아, 식물학자들은 오랫동안 이 과(科)를 이데 산[63]까지 거꾸로 거슬러 올라가고 싶어 했다. 투른포르[64]는 이 식물을 이데 산의 포도(Vine of Mount Ida)라고 부르기를 주저하지

---

61 존 태너(John Tanner, 1780?~1847?): 9세 때 인디언들에게 납치되어 1791년 오타와 인디언인 넷노콰(Net-no-kwa)에게 팔린 후, 인디언들 사이에서 살았다. 약 30년 후 집으로 돌아갈 즈음 더는 영어를 말하지 못했다.
62 치퍼웨이(Chippeway): 과거 북미 인디언 최대 종족. 오지브웨(Ojibwe)족 또는 오지브웨이(Ojibway)족이라고도 불린다.
63 이데(그 Ide, 영 Ida) 산: 크레타 섬에서 가장 높은 산(2,456미터). 지금은 '민둥한 산'이라는 뜻의 프실로리티스(Psiloritis) 산이라는 이름으로도 알려져 있다. 그리스 신화에서 크로노스의 아내이자 제우스의 어머니인 레아(Rhea)를 섬기는 산으로, 이 산의 동굴에서 제우스가 태어났다고 한다.

않는다. 일반적인 영국 라즈베리 또한 그리스의 오래된 이름을 따라 루부스 이데아(*Rubus Idaea*) 혹은 이데 산 검은딸기나무(*Mount Ida bramble*)로 불린다. 사실 블루베리와 라즈베리는 시원하고 공기가 잘 통하는 환경, 즉 언덕이나 산에서 가장 잘 자라기는 한다. 그래서 이런 식물들과 비슷한 것이 적어도 이데 산에서 자라기는 할 거라는 생각이 쉽게 든다. 그러나 모내드녹 산(Mount Monadnoc)은 산 이름이 나쁜 바위(Bad Rock)라는 뜻이기는 하지만, 이데 산 못지않으며 블루베리가 자라기에는 아마 더 나을 것이다. 그러나 시인이 쓰기에는 최악의 바위가 가장 좋다. 그러니 그 동방의 불확실성을 이 서양의 확실성으로 바꾸자.

미국 북부 지방에는 몇몇 야생 플럼과 먹을 수 없는 능금, 맛있는 포도가 몇몇 자라며 좋은 견과류가 많다. 그러나 나는 다양한 종의 베리야말로 열대 지방에서 나는 유명한 과일과 비교할 수 있는 우리나라의 야생 과일이라고 생각하는데, 나는 이것들과 열대 과일을 바꾸지 않을 것이다. 왜냐하면 먹거나 팔 수 있는 뭔가를 단지 배에 한가득 얻는 것이 목적이 아니고, 그것을 따는 기쁨도 무시할 수 없기 때문이다.

허클베리 수확과 비교하면 배의 수확은 얼마나 하찮은 것인가? 원예가들은 배에 관해 법석을 떨지만, 일 년 동안 통틀어 배 한 통(barrel)[65]을 키우거나 사 먹는 가정이 얼마나 되겠는가? 그 수는 비교적 미미하다. 일 년에 내가 맛보는 배는 대여섯 개가 채 되지 않으며 대부분의 사람도 나보다 더 많이 먹을 것 같지는 않다(이 글은 이웃 배 과수원에 배가 열리기 전에

---

64 조제프 피통 드 투른포르(Joseph Pitton de Tournefort, 1656~1708): 프랑스의 식물학자. 처음으로 식물의 속(屬) 개념을 정확히 정의한 학자로 유명하다.
65 미국에서는 31.5갤런 혹은 약 6.6말.

썼는데 이제 그는 나와 다른 이의 주머니를 빈번하게 배로 채워준다). 그러나 대자연은 식탁에 베리를 6주 이상 쌓아올린다. 실제로 사과 수확도 허클베리 수확만큼 중요하지는 않다. 아마도 매년 이 마을에서 소비되는 사과는 가구당 1배럴이 안 된다. 그러나 이것은 모든 남자와 여자, 아이, 게다가 새들이 한 달 이상 허클베리를 따는 것을 고려하면 정말 하찮은 것이다. 허클베리 수확에 비하면 하물며 오렌지나 레몬, 견과, 건포도, 무화과, 모과의 수확조차도 우리에게 거의 의미가 없다.

허클베리는 금전적으로도 매우 유익하다. 몇몇 애시비(Ashby) 주민들이 1856년에 허클베리를 2,000달러어치 팔았다는 이야기를 들었다.

5월과 6월 우리 지방의 언덕과 들판은 온통 허클베리와 같은 과의 다소간 종 모양의 예쁜 꽃으로 넘치는데 이 꽃들은 보통 땅을 향하고 있고 다소 붉거나 분홍빛을 띠고 있으며, 곤충이 웡웡대는 소리가 울려 퍼진다. 각각의 꽃은 이 땅이 생산할 수 있는 가장 자연스럽고 건강에 좋으며 구미에 맞는 베리의 전조이다. 내 생각에 바키니에(Vaccinieae) 혹은 훠틀베리과의 꽃인데, 훠틀베리과가 베리의 대부분을 산출한다. 바키니에의 베리를 약속하는 꽃인 것이다! 이 작물은 시골 어디에서나 야생으로 자라는데 건강에 좋고 풍부하며, 공짜로 주어지는 진정한 신들의 음식이다. 그러나 인간은 어리석은 악의 화신이라 담배 재배에 빠져 있으며, 그 목적을 이루기 위해 노예제와 그 밖의 수많은 저주받은 것들을 만들어냈다. 끝없는 노동과 잔학 행위를 하며 평생 담배를 키우는데, 그것이 허클베리를 대신하는 주요 산물이다. 소용돌이치는 담배 연기가 이 땅에서 위로 올라간다. 이 연기가 주민들이 신을 기리며 피우는 유일한 향이다. 우리 같은 사람들이 무슨 권한으로 기독교도와 이슬람교도를 구별할 수 있겠는가? 대구와 고등어의 권리처럼 거의 모든 권리는 주의회에서 대표되지만 허클베리의 권리는 그렇지 않다. 이 땅을 처음 발견한 사람들과 탐험가들이 허클베리에 대해 보고를 했지만, 탐험가들은 상대적으로 허클베리를 그리 중시하지 않았다.

블루베리와 허클베리는 우리 인류와 밀접하게 관련되어 있으며, 수수하고 건강에 좋으며 보편적인 과일이다. 새처럼 인간도 먹고 사는 이런 류의 베리가 없는 나라를 상상하기 힘들다. 블루베리와 허클베리는 인디언들이 이곳에서 살던 때와 마찬가지로 지금도 우리의 언덕을 덮고 있다. 그런데 이 베리들이 주요한 야생 과일이 아니란 말인가?

이 계절에만 베리가 이렇게 풍부한 의미가 무엇인가? 자연은 최선을 다해 자신의 자녀를 먹이기에 이제 막 다 자란 한배 새끼들도 먹을 것을 충분히 찾을 수 있다. 덤불과 덩굴은 각각 제구실을 하며 여행자에게 자양분이 있으면서도 맛난 음식물을 제공해준다. 여행자는 양껏 먹을 만큼의 베리를 얻기 위해 가던 길을 벗어날 필요가 없다. 그 길이 그를 높은 곳으로 이끌 건 낮은 곳으로 이끌 건, 숲이 우거진 곳이건 공터이건 거의 어디에나 갖가지 색과 향이 나는 허클베리가 있다. 로 블루베리 제이종은 습한 땅에서 가장 크게 자라고, 늪에서 자라는 하이 블루베리는 새콤달콤한 맛이 나고, 둘 또는 그 이상의 로 블루베리 변종을 거의 모든 모래 평원과 둑, 돌 더미에서 볼 수 있다.

마침내 인간은 자연과의 관계에서 돌아다니다가 따기도 하고 먹기도 하는 동물과 같은 위치에 서게 되었다. 들판과 언덕은 계속 펼쳐져 있는 식탁이다. 다양한 품질의 각종 포도주, 다이어트 음료, 주스에 물을 탄 음료가 그들이 마시고 원기를 회복하도록 수많은 베리의 껍질 아래 담겨 있으며, 사람들은 도처에서 이 음료를 들이킨다. 그것들은 음식으로서라기보다 사교를 위해 제공된 것으로서 우리를 대자연과의 피크닉으로 초대하는 것 같다. 우리는 대자연을 기념하며 따고 먹는다. 그것은 일종의 성례

전—성찬—으로 어떤 뱀도 우리에게 먹도록 유혹하지 않는 금단의 열매이다. 대자연과 이어주는 약간의 순수한 맛으로 우리를 자연의 손님으로 만들어 관심과 보호를 받을 자격을 부여한다.

지금처럼 내가 이 지방 언덕 중의 하나를 오르며, 열매를 매달아 땅 쪽으로 휜 허클베리와 블루베리 덤불을 보니 그것이 올림포스 언덕이나 낙원을 가리키는 언덕에서 자라기에 적당한 과일 같다는 생각이 들었다.

처음에는 이런 생각이 드는 곳이 올림포스 산이며 베리를 맛보는 사람이 신이라는 생각이 떠오르지는 않는다. 인간은 왜 왕족이 된 듯한 순간에 왕위를 포기해야 하는가?

사람들은 베리가 자라는 마른 풀밭에서 식욕을 채우기 위해서가 아니라, 머리에 생각이 떠오르는 대로 그저 단순히, 그 베리가 마른 풀밭처럼 말라버린 사고(思考)를 위한 양식인 듯이 베리를 먹는다. 그러면 베리는 반드시 뇌에 자양분을 준다.

때로는 이전 해의 식량 부족을 보상하기 위해 이 열매가 여느 때와 달리 풍부할 때도 있다. 우호적으로 습한 날씨로 인해 베리가 더할 나위 없이 완숙해져, 언덕의 비탈면이 말 그대로 이 베리들로 검게 된 해도 있었다는 기억이 난다. 어떤 한 피조물, 아니 모든 피조물이 먹을 수 있는 양보다 무한히 많은 갖가지 종류의 베리가 있었다.

이와 같은 해에 코넌텀 힐(Conantum Hill) 비탈의 그 베리들은 깊이가 말 그대로 5내지 6인치나 된다. 우선 모든 식물의 그늘 밑을 조사해보면 열매가 무성하게 달린 크고 가장 먼저 익은 엷은 파랑색 블루베리인 블루잇을 발견하게 되는데, 이는 부드럽고 풍미 있으며 껍질은 얇고 시원해 다른 어떤 것보다도 천상의 과일이라 할 만하다. 바로 위에는 훨씬 더 조밀한 덩이와 열매가 달린 제이종 로 블루베리의 다양한 변종이 있는데 딱딱하며 단 먹을거리다. 이들 위에 다양한 품질의 큼직한 블루 허클베리와 블랙허클베리가 있고, 이것들 위에는 환상(環狀)을 이룬 검은 열매의 무게로 인해 덤불 아래로 처진 로 블루베리가 무성하여 다른 것들과 한 덩어리가 되어 흔들리고 있다. 반면에 여기저기에서 이제 막 익기 시작한 하이 블랙베리는 이 모든 것 위로 우뚝 솟아 있다. 이처럼 이 베리들은 말하자면 잎사귀나 잔가지와는 떨어진 채, 덩어리로 혹은 무더기로 살짝 매달려 있어서 공기가 그 사이로 순환하면서 열매들을 잘 보존한다. 또한 사람들은 이 덤불을 우아하게 헤치고 나아가 그들의 엄지손가락이 아무리 크다고 해도 그 엄지손가락만큼이나 큰 것들로 하이 블랙베리 중 최고로 좋은 것만 따거나, 변화를 줄 겸 여기저기서 허클베리를 한 움큼 따는데, 자신들이 발 아래서 맛있고 시원하며 푸른 분이 묻은 것들을 깔아뭉개고 있다는 것은 결코 생각하지 못한다. 그런 경우에 나는 덤불을 제쳐 벌리고는 지금까지 평생에 그런 것들을 본 적도 들은 적도 없는 사람들에게 그것들을 드러내 보인다.

앞으로 나아감에 따라 이런 땅뙈기와 덤불은 모두 직전 것보다 더 풍성하고 더 검게 보이고, 마침내 허클베리가 마치 블랙베리 흉내를 내는 듯 너무도 크게 부풀어 있어 후년을 위해 그 자리를 표시해둔다.

이토록 풍족하지만 새나 짐승이 허클베리를 먹는 것을 보지는 못한다. 개미와 허클베리 벌레(huckleberry-bug)만이 그것을 먹는다. 이 목초지에 있는 저 소들은 허클베리를 좋아하지 않아서 그대로 두고 지나다니니 우리에게는 참 다행이다. 허클베리가 넘치도록 많기 때문에 없어서 아쉬웠던 적이 없고 우리가 찾는다고 해서 헤클베리가 억지로 나타나는 것도 아니기 때문에 우리는 새와 네발짐승들이 어떻게 허클베리를 이용하는지 알지 못한다. 그러나 허클베리는 인간보다 새나 네발짐승에게 훨씬 더 중요하다. 개똥지빠귀가 인간이 좋아하는 벚나무를 찾아오면 우리가 주목하지만 그 새가 언제 허클베리를 따는지는 알지 못한다—여우는 우리가 없을 때만 들판을 찾아온다.

한번은 내 배에 허클베리 덤불을 한 아름 싣고, 노를 저어 동행인 두 숙녀를 태우고 집으로 오는 동안, 그들은 이 덤불들에서만 빈 가지들을 가끔씩 흐르는 물속으로 던지며 허클베리를 3파인트(pint)[66] 땄다.

베리가 비교적 드문 평범한 해에도 시내에서 조금 떨어져 인적이 드문 곳, 부주의한 농부들의 집과 담장 사이나 그 주변에서 가끔씩 예기치 않게 아주 많은 허클베리를 볼 때가 있는데, 그 토양이 내가 사는 곳보다 훨씬 더 비옥한 것 같았다. 모든 덤불과 나무딸기는 열매를 맺는다. 길의 양쪽이 바로 과수 정원이다. 그런 땅에는 신선하고 풍부한 블랙베리, 허클베리, 심블베리가 가득하다—가뭄의 흔적도 따가는 사람들의 흔적도 없다. 빛나고 큼직한 검은 베리들이 바위를 덮고 있는 나뭇잎 아래에서 나를 슬쩍 쳐다본다. 바위가 습기를 머금고 있나? 아니면 이 열매들을 따려는 손가락은 없나? 나는 헤매다가 더 비옥한 땅으로 들어온 듯하다—다소 오지인 에덴(Eden)으로 말이다. 이곳은 즐거운 동산(Delectable Hills)이다. 젖과 허클베리가 흐르는 땅인데 단지 아직 이 젖에 베리를 넣지 않은 것뿐이다. 거기에서는 풀이 시들지 않으며 이슬도 풍부하다. 이토록 축복받은 이들 주민들은 어떤 덕을 행한 걸까라고 자문해본다.

자신의 행복을 깨닫는 농부는 더할 나위 없이 운이 좋은 사람이다 (*A fortunatos nimium, sua si bona norint Agricolas*).

게다가 이 베리들은 아이들을 들판이나 숲으로 이끌어들이는 데 중요

---

66 파인트(pint): 건량(乾量)의 단위. 1파인트(pint)는 1~2쿼트(quart)로서 0.550리터이다.

한 역할을 한다. 베리 철은 대단히 중요하게 여겨지기에 학교에 다니는 아이들은 이쯤해서 방학을 맞는다―그래서 귀여운 손들이 여럿 작은 열매를 따느라 바빠진다. 이 일은 오락이지 고된 일이 아니며, 게다가 보수가 좋을 때도 가끔 있다. 그들에게 8월 1일은 뉴잉글랜드에서 노예해방 기념일이다.

다른 어떤 용건으로는 멀리 있는 언덕이나 들판, 늪에 가본 적이 없는 여성과 아이들이 지금은 집 안 부엌용품의 절반을 손에 들고 그곳으로 분주하게 가는 모습이 눈에 띈다. 나무꾼은 겨울에 땔감을 구하러 늪에 가지만 그의 아내와 아이들은 여름에 베리를 따러 거기로 간다.

이제 당신은 진짜 시골 여성이 어떠한 사람인지를 알게 될 터인데 그들은 해변에는 가지 않지만 베리와 견과류에는 정통하며 들판에서는 남성적이며 눈을 부릅뜬 사람이다.

이제 예언자 스가랴[67]가 내려온 저 먼 이상향(Elysium)으로 건초 마차를 타고 가는 것은 ―모두 다 이런 이야기를 들어보지는 못했을 텐데― 용수철이 달리지 않은 건초 선반 바닥에 모두 앉아야 하기 때문에, 신경이 과민한 사람과 내용물이 가득 담긴 들통은 견디기 어렵다. 그러나 대화하기에는 좋은데, 이렇게 계속 덜컹대어 모든 결점은 감추고 그렇지 않았다면 어색하게 대화가 끊어졌을 대목에서 이를 메워주고―베리보다도 더 기억할 만한 새로운 광경으로 인도하기 때문이다. 그러나 나이 든 산책자에게는 흩어져서 덤불 아래 반쯤 숨은 무리들 그 자체가 무엇보다도 신기하고 재미있는 볼거리이다. 날씨가 더우면 아이들은 덤불을 꺾어 그늘진 곳

---

67 스가랴(Zechariah, 또는 Zachariah): 기원전 6세기 후반 히브리의 예언자. 스가랴서(書)는 구약성서의 한 편이다.

으로 가지고 가서 여자 아이들이 편하게 베리를 딸 수 있게 해준다. 그러나 이렇게 하는 것은 앞일을 생각지 않는 나태한 방법이며 언덕의 모습을 눈에 거슬리게 만든다. 프로그램에 들어 있지 않은 일도 많다. 만약 음악을 아는 사람이라면, 아마도 전에 들어본 적이 없는 소 방울 소리, 혹은 사람을 달아나게 하는 갑작스러운 천둥을 동반한 소나기 소리 혹은 방전 소리를 들을 수 있을 것이다.

나는 견습 기간을 거쳤으며, 그 이후 허클베리 밭에서 밑바닥 일도 꽤 했다. 내가 그런 식으로 해서 학비와 옷값을 지불해본 적이 없지만, 그것은 내가 받은 최상의 교육이었으며 스스로 그럴 만한 가치가 있었다. 시어도어 파커[68]가 허클베리를 딴 돈으로 교육을 받은 유일한 뉴잉글랜드 소년은 아니다. 비록 그가 그 후에 허클베리 밭보다 더 멀리 있는 학교나 하버드에 가지 못했더라도 말이다. 거기에는 스토리, 워런, 웨어 밑에서는 아니지만 그들보다 훨씬 더 현명한 교수들 밑에서 항구적인 법과 의학, 신학을 배울 수 있는 대학이 있었다. 왜 그렇게 서둘러 허클베리 밭에서 대학 운동장으로 가려고 하는가?

옛날에 시내에서 멀리 떨어진 히스가 무성한 황야에서 살던 그 사람들은 시내에서 영향력이 있는 방식을 받아들이기를 꺼려하였기에 나쁜 의미에서 야만인(heathen)이라 불렸다. 그래서 히스 황야(heath-lands)인 허클베리 밭에 사는 우리 같은 사람들은 큰 마을이나 도시 사람들의 생각을 받아들이는 데 더딜 것이라고 생각되고, 그래서 허클베리 사람들이라는 별

---

68 시어도어 파커(Theodore Parker, 1810~1860): 미국의 유니테리언(Unitarian) 신학자, 목사, 학자. 매사추세츠 주 렉싱턴에서 농사를 짓는 대가족의 막내로 태어났다. 파커가 27세 될 때 즈음엔 가족 대부분이 폐결핵으로 죽은 듯하다. 독학으로 들어간 하버드대학을 1831년 졸업 후(명예학위), 1836년에는 하버드의 신학부도 졸업했다.

명을 얻게 될지도 모르겠다. 그러나 가장 나쁜 점은 시내에서 특사가 오는 것이 우리를 구원하기 위해서라기보다는 우리의 베리 때문이라는 것이다.

가끔씩, 고요한 여름날 아침에 양재사(洋裁師)가 밥을 먹어야 하고 허클베리 푸딩이(당국에 의해) 식사로 정해지면, 근처 언덕을 혼자 오르도록 급파되는 사람은 열 살배기 소년인 나였다. 이처럼 나의 학교 교육은 함부로 변경되었으며 핑계거리도 찾을 수 있었다. 근처 언덕에 베리가 아무리 적어도 푸딩에 필요한 만큼의 정확한 개수를, 그것도 모두 잘 익은 것으로 11시까지는 확실히 딸 수 있었다—조숙한 것들인지 아닌지를 확인하기 위해 세 번이나 그 경로를 돌았지만 말이다. 이런 경우 접시를 채울 때까지 하나도 먹지 않는 게 나의 원칙이다. 베리를 따러 가는 것은 베리를 먹는 것 이상의 의미를 수반하기 때문이다. 집에 있는 사람들은 상대적으로 소화하기 어려운 푸딩만 먹었지만, 나는 푸딩을 먹고 싶은 식욕은 말할 필요도 없을 뿐더러 오전에 야외에 있었다. 그들은 푸딩 안에 든 플럼만을 먹었지만 나는 푸딩에는 결코 들어가지 않은 훨씬 더 단 플럼을 먹었다.

함께 가는 동무가 있었던 경우 몇몇은 어찌나 이상하게 생긴 그릇들을 가져오던지 가끔씩 이 그릇 안에 베리가 어떻게 놓일까 궁금하곤 했다. 또 어떤 아이는 커피 끓이는 주전자를 허클베리 밭으로 가져왔는데 이런 그릇은 적어도 욕심꾸러기 소년이 집으로 오는 길에 허클베리 한두 줌을 집어먹는다 해도, 뚜껑을 닫고 한 번 흔들어주기만 하면 다시 주전자가 꽉 찬다는 장점이 있었다. 소년들의 이런 행동은 우리가 집 쪽으로 더치 하우스(Dutch House)에 이를 때까지 계속되는 것을 보았다. 면이 여럿인 그릇이면 아마 어떤 것으로도 이렇게 할 수 있을 것이다.

그 당시는 젊은 미국이 있었는데 지금은 늙은 미국이 되었지만 그 원칙과 동기(動機)는 여전히 변치 않은 채, 단지 다른 것에 적용될 뿐이다. 때로는 그 장소에 다다르기 직전에 모든 소년이 언덕 비탈로 달려가 급히 장소를 고르고는, 그 자리의 경계를 가리키며 "내가 이 자리 찜"이라고 외치고 다른 장소에 대해서는 "나는 저 자리 찜" 등등을 외쳤고 그러면 이것이 때때로 허클베리 밭에 관한 훌륭한 법으로 간주되기도 했다. 어쨌든 우리가 인디언과 멕시코인들의 영토를 차지한 것도 다름 아닌 이것과 비슷한 법을 통해서였다.

한번은 이런 식으로 허클베리 밭을 황폐하게 만든 아버지, 어머니와 아이들 등 온 가족을 만난 적이 있다. 그 가족은 지나가며 관목을 조각조각 자르고 한 부셸들이 바구니의 가장자리 위로 관목들을 부러뜨려 잘 익은 베리와 아직 푸른 베리와 잎사귀, 가지 등을 바구니 가득 담았다. 그래서 그들이 내 시야에서 벗어나자 야만인이 지나간 것 같았다.

자유로운 느낌과 모험심에 젖어 들통을 들고서, 하루 종일 해야 하는 일과에서 벗어나 저 멀리 언덕이나 늪을 향해 들판을 가로지르곤 하던 일을 몇 년이 지난 후에도 나는 잘 기억하고 있는데, 지금 이 세상의 모든 지식을 준다 해도 내 온 존재가 그렇게 확장되었던 그때의 경험과 바꾸지 않을 것이다. 해방과 확장, 이것이 모든 문화가 확보하려고 하는 열매이다. 나는 결코 그치지 않고 책들을 공부해서 알게 되었을 것보다 그 책들에 관해 더 많은 것을 갑작스럽게 알게 되었다. 내가 보거나 들을 만한 가치가 있는 것을 보고 들을 수밖에 없는 교실에 내 자신이 와 있음을 알았다―이곳에서는 교훈이 내게로 오기 때문에 그 교훈을 얻지 않을 수가 없다. 종종 되풀이되었던 이런 경험이 학교로 가서 결국 책을 공부하도록 나를 가장 크게 격려한 것이었다.

하지만, 아, 우리에게 불행한 날이 닥쳤구나! 허클베리 따는 이들에게 밭에서 나가라는 명령이 들리고, 허클베리 따기를 금하는 통지서가 붙은 말뚝이 보이기도 한다. 몇몇 사람은 허클베리를 따도록 그들의 밭을 그 정도로만 허용한다. 시골의 영광이 이렇게 사라지는구나(*Sic transit gloria ruris*).[69] 누군가를 비난하려는 게 아니라, 모두를—아니 우리들 모두의 보편적인 운명을 한탄한다. 우리는 이런 일이 생기기 전에 인생의 일부라도 살아왔음을 충분히 고마워하지 않는다. 시골에서의 삶의 진정한 가치는 어떻게 될까? 만약 우리가 그런 가치를 찾으러 시장에 가야 한다면 어떨까? 결국 푸주한이 수레에 허클베리를 실어 나르는 지경에 이르고 말았다. 허허 참, 교수형 집행인이 결혼식을 거행하는 것과 같은 셈이다. 이렇듯 허클베리를 쇠고기 스테이크와 같은 수준으로 떨어뜨리는 게 우리 문명의 불가피한 경향이다. 말하자면 그것의 5분의 4, 혹은 허클베리를 따라가는 일은 지워버리고, 쇠고기 스테이크에 따라 나오기에 가장 적합한 부분, 즉 푸딩만을 남기는 것과 같다. 우리 모두는 쇠고기 스테이크를 먹으러 가는 것이 어떤지를 알고 있다. 그것은 우선 우리의 오랜 동료 노동자인 브라이트(Bright)의 머리를 때려 기절시키는 일로 시작해서—혹은 아비시니아[70]의 방식으로 피 흘리는 그 녀석에게서 스테이크 한 조각을 잘라내고 나서 거기서 또 다른 것이 자라기를 기다리는 것과 같다. 이제 푸주한이 문에 분필로 쓴 품목은 '송아지 머리와 허클베리'이다.

나는 영국과 유럽 대륙의 주민들이 인구와 시장 독점권이 커짐에 따라 자신들의 자연권을 다소 잃은 것은 아닌가 하는 생각이 든다. 지구의 야생 열매는 문명 이전에 사라져버렸거나 그 열매의 껍질만을 대형 시장에서 발견할 수 있을 뿐이다. 말하자면, 시골 전체가 읍내나 사람들이 밟아

---

69 라틴 원문의 영역은 'Thus the glory of the country passes away.'
70 아비시니아(Abyssinia): 에티오피아(Ethiopia)의 옛 이름.

다진 공유지가 되었고 남겨진 열매라고는 몇몇 찔레와 산사나무뿐이다.

허클베리 밭이 사유지가 된 곳은 도대체 어떤 시골이란 말인가? 큰길을 가다 그런 밭을 지날 때면 마음이 무거워진다. 이 땅에 드리운 어두운 그림자가 보인다. 거기에는 대자연이 베일에 싸여 있다. 이 저주받은 현장에서 서둘러 빠져나온다. 어떤 것도 더 이상 자연의 아름다운 얼굴을 손상시켜서는 안 된다. 이 이후로는 이곳이 예쁘고 맛난 베리가 현금으로 변환된 곳으로, 그리고 허클베리가 더럽혀진 곳으로밖에 보이지 않는다.

사실 우리는 야생풀과 나무를 그렇게 하는 것처럼 베리도 사유재산으로 만들 권리가 충분히 있다. 관습이 인가한 다른 수천 가지 관행보다 이것이 더 나쁘다는 게 아니다. 그러나 이것은 다른 것들이 얼마나 악한지, 우리 문명과 노동의 분화가 어떤 결과를 가져오는지, 그리고 돈이 모든 것을 좌우하게 되었음을 시사하기 때문에 최악이다.

전문 허클베리 채집꾼인 A는 B의 밭을 세내었는데 지금쯤 그는 특허를 받은 허클베리 말써레로 작물을 수확하고 있을 것이다.

전문 요리사 C는 그 베리 몇 개로 만든 푸딩을 끓이는 일을 감독하고 있다.

한편 그 푸딩은 D 교수가 먹을 텐데, 그 교수는 서재에 앉아 책을 쓰고 있다—물론 바키니에(*Vaccinieae*)에 관한 책이다.

이제 이 쇠락 과정의 결과가 그런 작업에서 드러날 것이다. 그리고 그것이 허클베리 밭의 최종적인 결실이 될 것이다. 그러나 그것은 쓸모없는 일일 것이다. 그 안에는 어떤 허클베리의 정신도 없을 테고 그렇기 때문에 그 책을 읽는 일은 육체를 피곤하게 할 것이다.

나는 다른 종류의 노동 분화를 믿는다. 따라서 D 교수가 자기 서재와 허클베리 밭 사이에서 자유롭게 자신을 나누도록 되어야 한다고 생각한다.

이 경우 주로 후회스러운 것은 사실상 심술쟁이 심보[71]가 초래하는 결과이다. 이는 우리가 인류를 밭에서 베리를 채집하는 일로부터 배제함과 동시에 인류를 건강과 행복, 영감(靈感) 그리고 그곳에서 발견되는 베리보다 훨씬 더 좋고 멋진 수많은 열매를 얻는 일에서 배제하는 것이기 때문이다. 그러나 우리는 이런 것을 어떻게 따는지 알지 못하며, 직접 우리 스스로 따지도 못하며 시장으로 나르는 일도 없는데 이는 이런 것을 거래하는 시장이 없기 때문이고, 그래서 그것을 덤불에서 그냥 썩게 할뿐이다.

이렇게 우리는 자연과의 소박하고 온전한 관계에 한 번 더 일격을 가한다. 잘 모르긴 해도 이것은 최근에 콩자루를 빙빙 돌리고 소리 없는 종을 울리는 일에 마음을 붙인 자들의 변명이다. 베리에 관심이 있는 모두가 그것을 가질 수 있도록 허용되는 한 얼마 되지 않고 작다고 해도 그것들은 아름답다. 그러나 여기가 누군가가 세낸 블루베리 늪이라고 말한다면 나는 눈길 한 번 주지 않을 것이다. 우리는 이렇게 베리를 엉뚱한 사람, 즉 베리의 가치를 제대로 모르는 자들의 손에 의탁한다. 이는 우리가 그들에게 돈을 치르지 않으면 그들은 즉시 허클베리를 따지 않을 거라는 사실에 의해 증명된다. 그들은 허클베리에 대해 금전적 이익 이외에 어떤 관심도 없다. 우리 사회의 체질이 이와 같기 때문에 우리는 타협을 하고, 이렇듯 베리를 격하시켜 예속되게끔 하는 것이다.

따라서 우리 목장에서 자생하는 열매에 대한 권리를 처음으로 주장하면서 우리는 약간의 비열함을 느끼고, 또한 우리가 외면하는 즐거운 베리 무리들이 우리를 얕보고 경멸한다는 것을 깨닫지 않을 수 없다. 누가 베리

---

71 심술쟁이 심보(dog-in-the manager): 이솝 우화 속, 자기에게 쓸모없는 것도 남이 쓰려면 방해하는 심술쟁이.

를 차지할지 베리에게 정하게 한다면, 그저 즐거운 시간을 보내러 온 건초 마차 위의 아이들로 하여금 따도록 하고 싶지 않겠는가?

바로 이것이 철로를 가지는 대신 치러야 할 대가 중 하나이다. 소위 모든 진보는 시골을 도회지로 바꾸는 경향이 있다. 그러나 이런 잇따른 상실이 한 번이라도 제대로 보상된 적이 있었는지를 나는 분명하게 알지 못한다. 이미 말한 대로 이것은 우리 제도의 대다수가 어떤 기원과 토대에 기반을 두고 있는지를 시사한다. 이제 널리 퍼지기 시작한 이런 관행에 특별히 불평하려고 이런 말을 하는 것이 아니다—내가 카이사르를 덜 사랑하는 것이 아니라 로마를 더 사랑한다는 말이다.[72] 이는 사람들의 생활 방식 못지않게 내 자신의 방식도 불만스럽기 때문이다—그래서 나는 내 말이 여러분들의 가슴에 분명히 와 닿으리라 생각한다. 내가 군중 수천 명을 향해 발사해도 아무도 맞히지 못하는, 대부분의 목사와 같은 그런 서투른 사수가 아니기를 바란다— 내가 그 누구도 겨누지는 않지만 말이다.

이처럼 우리는 꽃밭에서 수소처럼 행동한다. 대자연의 진정한 열매는 어떤 세속적인 보상을 뇌물로 받는 일이 없기 때문에 두근대는 가슴과 섬세한 손으로만 딸 수 있다. 어떤 고용된 일꾼도 우리가 허클베리 따는 일을 도울 수 없다.

인디언들 사회에서 땅과 땅에서 나는 수확물은 공기나 물과 마찬가지로, 일반적으로 모든 종족에게 공유되며 자유롭게 허용되었다. 그러나 인디언을 밀어낸 우리 사회에서 대중의 것은 마을 한가운데에 있는 조그만 마당이나 공유지, 그 옆에 위치한 묘지, 그리고 용인(容認)에 의해 한 마당

---

72 "not that I loved Caesar less, but that I loved Rome more.": 셰익스피어의 『줄리어스 시저(*Julius Caesar*)』 3막 2장에 나오는 브루투스의 말.

에서 다른 마당으로 가는 아주 좁은 길로 된 공공통행로인데, 이 길은 해가 갈수록 점점 더 좁아지고 있다. 어느 방향으로든 어떤 개인이 길에서 통행료를 받는 곳에 이르지 않고 5마일을 마차를 타고 갈 수 있을지 의심스러운데, 그 사람은 자신이나 자신의 후계자에게 이 모든 것이 귀속되는 때가 오기를 바란다. 바로 이것이 우리 문명인들이 정한 방식이다.

이 같은 방식으로 뉴잉글랜드 마을을 건립한 선조들이 어떤 선례(先例)의 영향을 받았건, 내 마음이 그들에 대한 경의와 감사로 넘치지는 않는데, 이는 이 신세계에서 낡은 영국의 편견으로부터 해방된 도제(徒弟)의 손이 훨씬 더 잘할 수 있었으리라 생각하기 때문이다. 몇몇 사람들이 우리에게 확언하듯, 선조들이 이처럼 멀리 떨어진 곳에서 '신을 경배할 자유'를 진정으로 추구했다면, 이왕이면 그렇게 싼값에 얻을 수 있을 때, 왜 그 자유를 좀 더 확보하지 않았을까? 선조들은 예배당을 짓는 것과 동시에, 왜 인간의 손으로 짓지 않은 훨씬 더 장엄한 사원을 신성모독과 파괴로부터 보존하지 않았을까?

군구(郡區)[73]를 보기 좋게 만들며, 거주하기 위해 멀리에서도 찾아오게 할 만한 자연적 지형은 무엇인가? 폭포가 흐르는 강이나 초원, 호수, 언덕, 낭떠러지, 개개의 바위, 숲, 그리고 홀로 선 오래된 나무들 같은 것은 아름답다. 이런 것은 달러나 센트로 표현할 수 없는 숭고한 쓰임새가 있다. 읍내 주민들이 현명하다면 그들은 상당한 비용을 치르고서라도 이러한 것들을 보존하려고 할 것이다. 이런 것들이 고용된 선생이나 설교자, 혹은 현행 학교 교육에서 승인된 여하한 체제보다 훨씬 더 많은 것을 가르쳐주기 때문이다.

---

73 군구(郡區, township): 미국·캐나다의 군구(카운티 아래의 행정구역 단위).

이런 것의 효용성을 예견하지 못하고서 주로 수소에 대한 법규를 제정하는 사람은 주(州)는커녕 시의 설립자가 되기에도 적당하지 않다고 생각한다.

시(市)의 아름다움을 손상하는지 감시하기 위한 위원회를 각 시에 둘 가치가 있을 것이다. 시골에 가장 큰 바위가 있다면 그것이 어느 한 개인에 속하거나 현관 계단이 되도록 해서는 안 될 것이다. 특별한 가치를 가진 금속을 왕에게 귀속시키는 나라가 있듯이, 위대한 자연의 아름다움을 지닌 더 고귀한 사물은 여기서도 대중의 것이어야 한다.

신세계를 새롭게 유지하도록 노력하자. 도시는 조심스럽게 쓰는 반면에, 시골에서 사는 이점을 가능한 한 보존하자.

이 도시에 강보다 더 큰 장식물이나 보물인 자연적 지형은 없는 것 같다. 그것이야말로 사람이 여기 혹은 다른 곳에서 살지를 결정하게 하는 요인 중의 하나이며, 우리가 낯선 사람들에게 처음 보여주는 것 중의 하나이다. 이런 면에서 우리는 강이 없는 인접한 시들에 비해 큰 이점을 누린다. 그러나 한 기업으로서의 시는 강을 가장 순전히 실용적인 관점 외에 다른 어떤 관점으로도 바라보지 않았고, 그래서 강의 자연적인 아름다움을 보존하기 위해서는 아무 일도 하지 않았다.

시를 설계한 사람들은 강을 영원히 공동 소유물로 만들었어야 했다. 크기가 비슷한 지역을 소유한 심미안 있는 개인이 보통 영국에서 하는 정도는 적어도 시가 총괄적으로 했어야 했다. 실제로 수로는 물론이고 모든 강의 둑 한쪽이나 양쪽은 대중을 위한 공도(公道)이어야 한다고 생각한다 —강이 그저 그 위로 떠가는 데만 유용한 것은 아니다. 이런 경우 각 둑은 대중의 보도로 확보했어야 하며 그 둑을 장식하는 나무는 보호받았어야 하고, 중심가에서 그곳에 이르는 사람들이 많이 다니는 도로 또한 마련되어야 했다. 이런 시설은 고작 2, 3에이커의 땅과 나무만 조금 있어도 될 터이고, 그러면 우리 모두에게 이득이 되었을 것이다. 그러나 현재 강은 시내에서 비교적 멀리 떨어진 지점에 있는 다리에서만 접근할 수 있고, 그곳에 누군가의 소유지를 침범하지 않고서 서 있을 수 있는 강변은 1피트도 되지 않는다. 둑을 따라 조용히 산책하고자 하면 어느새 시냇물과 직각으로 서서 수면보다 훨씬 위로 툭 튀어나온 울타리를 만나게 될 것이다. 지극히 당연한 얘기지만 현 제도하에서 각 개인은 강변을 독점하려고 한다. 종국에는 예배당 종루(鐘樓)에서야 겨우 시냇물을 내려다보게 될 것이다.

내 기억 속에 강변을 둘러싸고 있는 그 나무들에 관하여 말하자면—그것들은 어디에 있는가? 그리고 앞으로 10년이 더 지나면 그 나머지도 어디에 있게 될까?

그러니 어떤 중심부에 전망 좋은 언덕 꼭대기가 있으면 그것을 대중이 이용할 수 있도록 따로 남겨두어야 한다. 시내의 산 정상—인디언들에게조차 성스러운 장소—이 사유지를 통해야만 다다를 수 있다는 점을 생각해보라. 말하자면 남의 땅을 침범하지 않고서는 들어갈 수 없는 사원, 아니 사원 자체가 사유재산으로 누군가의 소마당[74]에 있는 경우를. 그런데 이것이 흔한 현실이다. 뉴햄프셔 법원은 마치 그들이 결정해야 할 일인 양, 최근 워싱턴 산(Mount Washington) 정상이 A의 것인지 B의 것인지를 판결하면서 B에게 유리한 결론을 냈다고 하는데, 소문에 의하면 B가 어느 겨울날 담당 관리와 함께 거기를 올라갔고 그 후 공식적인 소유권을 얻었다고 한다. 그런 지역은 겸손과 경배를 위해서라도 개인이 점유하지 못하게 해야 한다. 그곳에 오르는 여행자가 거기로 올라가면서 자기 고향의 골짜

---

74 소마당(cow yard): 농지 가까이에, 소를 넣고 울로 둘러막은 땅.

기는 물론 자기 자신을 조금이라도 벗어나며, 자신의 비굴한 습성은 뒤에 남기고 간다는 것을 시사하기 위해서라도 말이다.

사람들이 사원을 전혀 인정하지 않고 사원이라는 단어를 우상숭배와 관련지어 생각하는 요즈음 사원에 대해 이야기하는 것은 그저 비유법임을 나는 알고 있다. 내가 보기에 사람들은 대부분 대자연을 돌보지 않으며, 그들이 살아 있을 수 있는 한, 그리 큰 액수는 아니더라도 규정된 금액만 준다면, 자연의 모든 아름다움에 관한 자신의 몫을 기꺼이 팔아버릴 것 같다. 아직은 사람들이 날아다니며 땅을 파괴한 만큼 하늘은 파괴하지는 못하니 다행이다. 하늘 쪽은 당분간 안전하다. 어떤 사람들은 이런 것을 돌보지 않기 때문에 우리가 힘을 합해 소수의 약탈로부터 모든 것을 보호해야 될 이유가 바로 여기에 있다.

그래도 지금까지는 어느 방향으로든 자유롭게 가로질러 다녔지만, 더 많은 반대에 부딪치면서 자연스레 매년 자유는 점점 더 줄어들고 있으며, 이내 영국과 같은 곤란한 상황에 처하게 될 것이다. 그곳에서는 토지를 가로지른다는 건 말도 안 되는 이야기이고 어떤 귀부인 개인의 대정원을 걸어 들어가려면 허가를 받아야 한다.

희망적인 징조가 없지는 않다. 도서관이 늘어나고 있으며 시에서는 대로변을 따라 나무를 심는다. 그러나 광활한 경관 자체는 관심의 대상이 아니란 말인가?

우리는 군구(郡區)가 인디언에게서 백인에게로 이양되는 것을 지켜본 오래된 참나무 몇 그루를 잘라버리고, 혹 1775년[75] 한 영국군 병사에게

---

75 1775년: 미국 자치정부에 대한 영국 정부의 위협은 1775년 전쟁으로 이어졌고, 마침내 미국은 1776년에 독립을 선언했다.

서 빼앗은 탄약상자로 박물관을 시작할지도 모른다. 자연적 지형이 참으로 웅대하고 아름다운 특성을 지녔다고 주장하는 일은 얼마나 드문가! 이 지역에서 10여 마일 내에, 우리가 아는 한 세상에서 경치가 가장 아름다운 곳이 있을지도 모르지만 그곳 주민은 그 장소를 소중히 여기거나 깨닫지도 못한다—그러니 다른 이들에게 알린 적도 없다. 그러나 그곳에서 낟알만 한 금을 주웠거나 민물조개에서 진주를 발견했다면 주 전체가 그 소식으로 떠들썩할 것이다.

매년 수천 명이 야생의 원시적인 아름다움을 느끼며 새로운 기운을 받고자 화이트 산을 찾지만 이 지방이 발견되었을 때는 이와 비슷한 아름다운 것들이 전역에 퍼져 있었다. 조금만 더 심미안을 가지고 예지를 발휘했더라면 이런 아름다움의 많은 부분이 보존되어 우리가 현재 누릴 수 있을 텐데 말이다.

이 지방에서 진정한 부(富)가 어디에 있는지를 깨달은 마을이 하나라도 있는지 의심스럽다.

지난가을 우리 마을에서 서쪽으로 단지 8마일 떨어진 복스버러[76]를 방문한 적이 있는데, 그곳에서 본 것 중 가장 멋지고 기억에 남는 것은 멋진 참나무 숲이었다. 매사추세츠 주에 더 멋진 숲이 있을까 싶다. 이 숲을 50년 더 유지한다면 전국 방방곡곡에서 사람들이 숲 속 다람쥐를 쏴서 잡는 것보다 더 가치 있는 목적을 위해 순례 여행을 오게 될 것이다. 그러나 복스버러가 그 숲 지대를 부끄러워한다면 복스버러도 뉴잉글랜드의 나머지 지역과 같은 운명이 될 것이라고 혼잣말을 했다. 복스버러의 역사가 쓰인다고 해도 역사가들은 이 숲에 —그 시(市)에서 다른 무엇보다 흥미로운

---

76 복스버러(Boxboro): 미국 매사추세츠 주 미들섹스 카운티(Middlesex County) 내의 마을.

부분— 대해서는 아마 한마디도 쓰지 않고 교구의 역사만 강조할 것이다.

결국 내 말이 틀리지 않았음이 판명되었다. 왜냐하면 그 후 얼마 되지 않아 스토[77]에 관한 아주 간략한 역사 안내문을 발견한 적이 있는데 그 안에 복스버러가 포함되어 있었다—약 100년 전 존 가드너 목사[78]가 쓴 『매사추세츠의 역사적 수집물(*Massachusetts Historical Collections*)』에 들어 있는 글이었다. 그 글에서 가드너 목사는 그 성직의 전임자가 누구였는지 말한 후 이어서 자신이 이주했을 때, "눈에 띄는 일에 관해 말하자면, 그 지역은 우리와 유사한 처지에 있는 마을 중에서 그런 일이 가장 적었으며…… 존 그린(John Green) 씨의 무덤이 거기 있다는 사실 한 가지를 제외하면 대중의 주목을 받을만한 것이라곤 전혀 떠오르지 않는다며, 그가 영국에 있는 동안 크롬웰이 존 그린을 재무부의 서기로 임명한 적이 있다"라고 말했다. 가드너 씨는 "그가 일반사면령(act of oblivion)에서 제외되었는지 아닌지는 분명치 않다"라고 말했다. 어쨌든 그는 뉴잉글랜드로 돌아왔고, 가드너 씨가 말하듯 '살다가 죽었으며 이곳에 묻혀 있다.'

나는 가드너 씨에게 그가 일반사면령에서 제외되지 않았다고 분명히 말할 수 있다.

사실 그 당시에 복스버러의 숲에 별반 특이한 점은 없었지만, 다른 숲 못지않게 사람들의 흥미를 불러일으킨 건 확실했다.

몇 년 전에 자기 고향의 역사를 쓰는 일에 착수한 한 젊은이와 나눈 대화가 기억난다. 내륙 깊숙한 곳에 있는 야생 산촌이었는데 바로 그 마을

---

77 스토(Stow): 미국 매사추세츠 주 미들섹스 카운티 내의 마을.
78 존 가드너 목사(Reverend John Gardiner, 1765~1830): 미국 매사추세츠 주 보스턴 트리니티 처치(Trinity Church)의 목사.

지명이 내게 수많은 의미를 암시해 거의 내가 그 일을 하고 싶을 지경이었다. 초기 정착민 중에서 쫓겨난 사람이 거의 없었으며 재무부의 서기 중 단 한 사람도 그곳에 묻히지 않았다. 그러나 유감스럽게도 그 젊은 작가는 자료가 부족하다며 불평한다는 사실을 알게 되었고, 또한 그의 이야기의 정점은 그 마을이 C장군의 거주지였으며 그 가족의 저택이 여전히 거기에 건재하다는 사실이라는 것을 알게 되었다.

그러나 그 이후에 들려오는 소식에 의하면 복스버러는 숲을 밀어내고 들어설 수도 있는 집이나 농장 대신에 여전히 그 숲이 자리하고 있음에 만족한다고 한다. 그 숲이 아름다워서가 아니라 그 땅이 당시보다 더 많은 세금을 현재 납부하기 때문이다.

그렇기는 해도 몇 년 안에 선박용 목재 혹은 그 같은 일에 쓰기 위해 나무가 잘려나갈 것 같다. 그렇게 없애버리기에는 그 숲은 너무나 소중하다. 이런 숲 몇 개는 주가 매입해서 보존하는 것이 현명하리라 생각한다.

매사추세츠 주민들이 자연사 교수직을 만들 준비가 되어 있다면 좋으련만—그래서 자연 자체의 일부를 손상되지 않은 채로 보존해야 하는 중요성을 알아야만 한다.

이 마을에서 자라나는 세대는 열등한 표본밖에는 본 적이 없는 터라 무엇이 참나무고 무엇이 소나무인지 알지 못한다. 식물학이나, 예를 들어 참나무와 귀중한 이 지방 식물들에 대해 강의할 사람을 고용해야 할 것인가?—한편에서는 남아 있는 이들 나무의 몇 안 되는 최상의 표본들이 잘려나가도록 내버려두면서 말이다. 이것은 마치 라틴어와 그리스어를 아이들에게 가르치면서 한편에서는 이들 언어로 인쇄된 책들을 불태우는 것과 매한가지다.

나는 모든 읍내에는 공원, 혹은 더 정확히 말하면 통째로든 나뉘어서든 500 혹은 1,000에이커 규모의 원시림이 있어야 한다고 생각한다. 그 안에 있는 가지 하나도 잘라서 연료로 써서는 안 되며, 해군을 위해서도 짐마차를 만들기 위해서도 잘라서도 안 되며, 더 중요한 목적을 위해 쓰이도록 저절로 썩게 해야 한다. 교육과 휴양을 위해서 영원히 공동 소유가 되어야 한다.

월든(Walden) 호수를 한가운데 둔 월든 숲이 보존될 수도 있었으며, 이 마을 북부의 약 4제곱마일 넓이의 미개간지인 이스터브룩스 지방도 허클베리 밭이 될 수도 있었을 것이다. 이런 토지의 주인이 특별히 기억할 만하거나 기억할 필요가 있는 정상적인 상속자 없이 세상을 떠나려 한다면, 이미 충분히 많은 것을 소유하고 있는 어떤 개인에게 유증하지 말고 모든 인류에게 넘겨주는 편이 현명할 것이다. 그렇게 해서 마을을 설립하면서 저지른 잘못을 바로잡을 수 있도록 말이다. 어떤 이가 하버드대학이나 다른 공공기관에 기부하듯이 숲이나 허클베리 밭을 콩코드 시에 기부할 수도 있을 것이다. 확실히 이 마을은 기억할 만한 가치가 있는 기관이다. 외부의 야만인들(heathen)은 잊고 이곳에 사는 이교도들(pagans)과 미개한 사람들을 기억하라.

소목장용 공유지(cow commons)와 성직자용 부지(ministerial lots)에 대한 이야기는 들리지만, 우리는 인간 공유지(men commons)와 평신도용 부지(lay lots) 또한 원한다. 마을의 가난한 자들을 위한 초원과 목장, 식림용지가 있는데 왜 마을의 부자들을 위한 숲과 허클베리 밭은 안 되는가?

학교 제도를 자랑하면서 왜 학교 선생님과 교사(校舍)에서 멈추는가? 우리 모두가 교사(教師)이고, 우리의 교사(校舍)는 우주이다. 책상이나 학교 건물에만 신경을 쓰고 학교의 주변 경관을 소홀히 하는 것은 터무니없는 짓이다. 주의를 게을리하다가는 결국 우리의 멋진 학교 건물이 소 목장 안에 서 있게 되고 말 것이다.

시(市)가 자랑삼아 내세우는 것은 공원인 경우가 많은데 그럴 경우 그 땅의 원래 상태에 손을 대는 일을 최대한 삼가야 한다.

지나가는 매 계절을 살면서 공기를 숨쉬고, 물을 마시며 과일을 맛보고 각각의 영향력에 몸을 맡겨라. 이런 것이 자신의 유일한 음료이자 식물성 약이 되게 하라.

배를 타고 황량한 대양을 건너거나 다리우스[79]의 영역 안에서 발진티푸스나 괴혈병으로 죽어가기라도 하는 것처럼 페미컨[80]이나 말린 고기를 먹지 말고 8월에는 베리를 먹어라. 일리노이[81]의 대초원에서도 발진티푸스나 괴혈병으로 죽는 이가 있는데, 그들은 그렇게 숨 막히고 경멸할 만한 삶을 산 것이다.

모든 바람에 몸을 내맡겨라. 어떤 계절이든 당신의 모든 구멍을 열어 자연의 온 기운을, 모든 하천과 대양을 들이마셔라. 독기와 감염은 몸 밖이 아니라 몸 안에서 생긴다. 자연이라는 위대한 영향력을 받아들이는 대신 자연법칙에 어긋난 삶을 살다 무덤가에 이른 병약자는 그렇게 여전히 부자연스러운 삶을 지속하면서 특정한 풀로 만든 차만을 마시는데, 이는 바람구멍에서는 절약하지만 마개에서 낭비하는 셈이다. 그는 자연도 자신의 삶도 사랑하지 않은 채 병들어 죽어가기에 그를 살릴 수 있는 의사는 없다.

---

79 다리우스 대왕(Darius the Great, BC 550~BC 486): 다리우스 1세. 고대 페르시아 아케메네스 왕조의 위대한 왕(재위 BC 522~BC 486). 뛰어난 행정조직과 대규모 건축 사업으로 유명하다. 몇 차례에 걸쳐 그리스 정복을 꾀했으나 기원전 492년에는 폭풍으로 함대가 파괴되었으며 기원전 490년에는 마라톤에서 아테네에 패했다.
80 페미컨(pemmican): 말린 쇠고기에 지방 과일을 섞어 굳힌 인디언의 휴대식품. 비상용 휴대용 보존 식품을 뜻한다.
81 일리노이(Illinois): 미국 중서부의 주.

봄에는 푸르고 가을에는 노랗게 무르익어라. 물병처럼 각 계절의 영향력을 마셔라. 너를 위해 특별히 조제되어 어떤 치료에도 쓰일 수 있는 진정한 만병통치약이다. 여름의 물병은 사람을 아프게 하는 일이 없고, 그의 지하저장실에 저장해둔 물병만이 사람을 아프게 한다. 네가 빚은 포도주가 아니라 자연이 담아준 포도주를, 염소나 돼지가죽에 보관한 포도주가 아니라 가지각색의 고운 베리 껍질에 담긴 포도주를 마셔라.

대자연이 너 대신 담고 절이고 보존하게 하라.

모든 자연은 매순간 최선을 다해 우리를 건강하게 한다. 자연의 존재 이유가 달리 있는 것이 아니다. 자연에 반항하지 말라. 아무리 약한 체질이라도 병들지 않을 것이다. 사람들은 온 자연이 아니라 몇몇 야생 것들만이 유익하다는 것을 발견했고 알아냈다고 생각한다. 물론 자연은 건강의 또 다른 이름일 뿐이다. 자신이 봄 혹은 여름, 가을, 겨울에 몸이 좋지 않다고 생각하는 사람들이 있는데[82] 여러분들이 말장난을 용서한다면 이는 그들이 참으로 그러한 계절 속으로 잘, 즉 제대로 들어와 있지 않기 때문이다.

---

82 소로는 이 문장을 각 계절 안에 충분히 들어와 있지 않다는 의미로도 쓰고 있다.

옮긴이 해제

『소로의 자연사 에세이(*The Natural History Essays*)』는 『월든(*Walden*)』의 저자로 우리에게 널리 알려진 헨리 데이비드 소로(Henry David Thoreau, 1817~1862)의 자연주의자로서의 면모가 확연하게 드러나는 책이다. 철학적 사상가, 명상가로서의 모습이 『월든』에서 두드러진다면 이 책에서는 자연에 대한 섬세한 관찰과 이를 바탕으로 인간과 자연의 관계에 치중하는 생태학자, 자연애호가로서의 모습이 잘 나타나 있다. 이 책에는 소로 생전에 혹은 사후 간행된 뉴잉글랜드 지역의 자연과 자연사에 관한 에세이 8편이 실려 있다. 따라서 이 책을 통해 독자들은 여기저기 흩어져 있는 소로의 자연사 에세이들을 일목요연하게 읽고 자연에 관한 소로의 사상을 체계적으로 개괄할 수 있다.

이 에세이들은 시기적으로는 소로가 26세 때 1842년 7월에 《다이얼》지에 발표한 「매사추세츠 자연사(Natural History of Massachusetts)」를 필두로 하여 그의 사후 (소로는 1862년 5월 6일 폐결핵으로 죽었다) 1862년 11월 《애틀랜틱 먼슬리》지에 발표된 「야생사과(Wild Apples)」까지를 포함한다. 이렇게 보면 40여 년간에 걸쳐 소로가 쓴 자연사 에세이들이 이 책에 거의 다 들어 있는 셈이다. 「허클베리(Huckleberries)」는 소로가 초고 형태로 남겨놓은 것으로서, 리오 스톨러(Leo Stoller) 교수가 본문에 관한 주와 해설을 더해 「허클베리」(아이오와대학의 윈드호버 출판사와 뉴욕공공도서관, 1970)라고 편찬한 것인데 여기에 수록되어 있다. 「매사추세츠의 자연사」 이후 소로는 「와추셋 산 등반기(A Walk to Wachusett)」를 1843년 1월 《보스턴 미셀러니》지에 게재하였고, 「겨울 산책(A Winter Walk)」을 1843년 10월에 《다이얼》지에 다시 실었다. 그 후 20여 년 간격을 두고 1860년 《미들섹스 농업회보》에 「숲 나무들의 천이(The Succession of Forest Trees)」를 실었고 「산책(Walking)」과 「가을의 빛깔(Autumnal Tints)」은 각기 《애들랜틱 먼슬리》지의 1862년 6월 호, 10월 호에 실었다. 이 20년 동안에 소로는 『콩코드 강과 메리맥 강에서 보낸 한 주(A Week on the Concord and Merrimack)』(1849)와 『월든』(1854)을 썼고 자연사 에세이와 여행기인 『메인 숲(The Maine Woods)』(1864년 사후 출판)과 『케이프 코드(Cape Cod)』(1865 사후 출판)를 저술했다. 따라서 1840년대에 나온 그의 초기 자연사 에세이들과 생애 말년 강연을 바탕으로 작성된 에세이들을 비교해보는 것도 흥미로운 일이겠다.

자연주의자로서 소로의 출발점은 자신이 태어나고 자란 뉴잉글랜드에 대한 열렬한 애정이었다. 소로는 1817년 7월 12일 미국 매사추세츠 주 농촌인 콩코드에서 2마일 떨어진 외할머니 농장에서 태어났는데 그의 가족은 19세기 유행했던 자연사 연구와 탐험에 아주 열성적이었다. 소로도 가족과 함께 식물채집을 했으며 사냥과 보트 타기 등을 즐겼고, 그래서 나중 보트를 다루는 기술과 나무에 관한 지식으로 랠프 왈도 에머슨(Ralph Wald Emerson)과 너새니얼 호손(Nathaniel Hawthorne)의 마음을 사로잡기도 했다. 어린 시절 자연과의 직접적인 대면을 통해 그 안에서 얻은 체험적 지식이 평생 가장 소중한 자산으로 자리한 것이다. 소로가 「매사추세츠의 자연사」에서 물고기에 관해 설명하며 "이름과 서식지만 알게 되어도 물고기를 사랑하는 마음이 생겨나는 법이다……. 시내에 피라미가 있다는 것을 알게 되어 모든 지식 면에서 그만큼 더 현명해졌고 모든 행운을 누릴 자격도 그만큼 더 갖추게 된 것이다. 그래서 피라미와 더 교감해야 하고 어느 정도 그의 친구가 될 필요도 있다고 생각한다"라고 말하는 것도 바로 이 때문이다. 자연 사물과의 간접적인 지식이 아니라 직접적이고 구체적인 지식(앎)을 통해 사랑이 생겨나고 이 사랑 때문에 그것들과 교감하게 되고 마침내 그것들이 바로 생태계에서 자신의 친구이자 동료임을 깨닫게 되는 과정을 이 구절이 말하고 있는데, 이는 자연사 에세이 전부를 관통하는 특징이자 소로의 생태적 비전의 핵심이라 할 수 있다.

"나는 자연을 위해 …… 한마디 하고자 하는데"라는 「산책」의 서두에 나오는 구절과 "사과나무의 역사와 인간의 역사는 놀라울 정도로 긴밀히 연관되어 있다"라는 「야생사과」의 첫 구절이 소로의 자연사 에세이 전체를 가늠해볼 수 있는 열쇠를 제공한다. "자연을 위해 (혹은 자연을 대신해) 한마디 하겠다"라는 말은 무엇보다도 자연을 말을 하는 주체로 인정하는 것으로서 이 경우 자연이 말하는 언어는 일반 대중에게는 들리지 않지만 소로처럼 자연과 밀접히 살며 세심하게 자연을 관찰한 사람은 그 언어를 들을 수 있는 것이다. 이는 소나무 숲 한가운데 살면서도 "마을 사람들이 소나무의 이 순박한 노래를 과연 들어본 적이 있을까 하는 의심이 든다"라는 구절에서도 분명히 드러난다. 따라서 자연작가로서 소로의 임무는 보통 사람들의 귀에는 들리지 않는 자연의 언어를 인간의 언어로 전달하는 데 있다. 이런 점에서 "말 못하는 모든 것들의 대변인"임을 자처하는 20세기 미국을 대표하는 생태시인 게리 스나이더(Gary Snyder)도 소로의 이런 사상을 계승하고 있다고 할 수 있을 것이다. 자연사 작가로서 소로가 꿈꾸는 시인과 참된 문학의 특질은 「산책」의 다음 구절에 명확히 드러난다.

> 자연을 그려내는 문학은 어디에 있는가? 바람과 강물을 구슬려 그의 일을 하도록, 그리하여 그를 대신해 말하게 할 수 있는 사람은 시인이 될 수 있을 것이다. 농부가 봄에 서리가 밀어 올린 말뚝을 내리박는 것처럼 단어를 그 원시적 의미에 못을 쳐 고정할 수 있는 사람, 말을 쓰는 만큼 추론해내서 그 말들을 뿌리에 아직 흙이 묻은 채로 책장에 이식할 수 있는 사람이 시인이 될 수 있을 것이다. 그의 말은 너무나 진실하고 신선하며 자연스러워 도서관에서 곰팡이 쓴 두 책장 사이에서 반쯤 질식한 채로 있다가도 봄이 다가오면 꽃봉오리처럼 벌어질 것이고, 주변의 자연과 공감하여 충실한 독자를 위해 해마다 나름대로 꽃을 피우고 열매를 맺을 것이다.

여기서 우리가 주목해야 할 점은 참된 시인은 단어의 원래 의미를 훼손하지 않고 그대로 전달할 수 있어야 한다는 것과 그의 말이 진실하고 신선한 씨처럼 독자 속에서 꽃을 피우고 열매를 맺어야 한다는 주장이다. 전자가 책을 통해 간접적으로 얻거나 인간의 편견에 의해 주입되고 왜곡된 지식이 아니라 자연과의 밀접한 교감과 세밀한 관찰에서 비롯한 살아 있는 지식에서 나오는 글이어야 함을 강조하는 것이라면, 후자는 그 글이 속이 빈 교언(巧言)이나 생명 없는 죽은 씨가 아니라 독자들의 마음에 배태되어 자연을 새롭게 바라보도록 그들을 변화시킬 능력이 있어야 함을 말하는 것이다.

「야생사과」의 "사과나무의 역사와 인간의 역사는 놀라울 정도로 긴밀히 연관되어 있다"라는 첫 구절은 소로가 쓰는 자연사가 자연에 관한 과학적이고 객관적인 사실에 관한 기록이 아니라 자연과 인간의 역사가 지닌 밀접한 연관성에 관한 것임을 분명히 한다. 이는 자연이 인간 혹은 인간이 만든 문명과 동떨어져 있는 것이 아니라 이것들에게서 지대한 영향을 받는 것이고, 인간 또한 자연이 베푸는 혹은 부과한 여러 조건들에 의해 삶이 제한된다는 인식에서 나온 것이다. 자연사 작가의 임무가 우선적으로 자연 자체에 대한 탐구와 기술(記述)에 있는 것은 사실이지만 소로는 여기서 멈추지 않고 자연과 인간의 상호작용과 상호관계를 밝히는 데 치중함으로써 자기를 여타 자연사 작가들과 구별한다. 거대하고 변화무쌍한 현상을 묘사하는 데서 그치지 않고 문명에 미치는 자연의 중요성을 해석해내어 궁극적으로 인간의 의식 속에 자연을 중요하게 만드는 것이 소로의 목적이었고 이를 통해 기존의 자연관 및 사회적·경제적 질서를 재편하려는 게 그의 궁극적인 의도였다. 그리고 이런 경향은 20세기 주요 생태작가들인 존 뮤어(John Muir), 메리 오스틴(Mary Austen), 앨도 레오폴드(Aldo Leopold), 에드워드 애비(Edward Abbey), 배리 로페즈(Barry Lopez), 웬델 베리(Wendell Berry) 등에게로 계승되었다고 할 수 있다.

소로의 자연사 저술을 이해하기 위해서는 그가 살던 당시 자연과 과학에 관한 견해가 어떠했는지를 알아볼 필요가 있다. 당시 자연에 관한 견해는 크게 양분되어 있었는데, 자연이 인간의 유익을 위해 존재하고 인간은 그것을 마음대로 이용하고 쓸 수 있다는 실용주의적 견해가 한편에 자리했고, 그 반대편에는 자연을 "영혼의 그림자, 혹은 다른 나(other me)"로 간주하는 초절주의자적인 자연관이 퍼져 있었다. 산업혁명의 바탕이 된 자연에 관한 실용주의적인 견해가 자연을 단순히 하나의 물질로 취급해 자연이 지닌 신성을 모두 제거해버린 반면, 초절주의자들의 자연관은 현실 속의 구체적인 사물 너머 이상적이고 초월적인 "이상(the ideal)"의 모색에 주력함으로써 자연세계의 물리적 실체를 희석화하는 경향을 보인다. 소로는 이 두 입장의 중간 어디쯤에 위치한다고 할 수 있다. 그는 자연사 에세이에서 베이컨주의자들로 대변되는 기계론적, 실용주의적 관점을 신랄하게 비난하지만 초절주의자들의 자연관도 무조건 신봉하지는 않는다. 자연이 단순히 우리의 삶을 유지하고 문명을 건설하는 데 소용되는 물질이 아니라 우리를 신성과 연결해주는 고리이자 어떠한 이론이나 기준으로도 설명되지 않는 신비임을 그가 체험적으로 알고 있기 때문이다. 또 다른 한편으로 소로는 자연이 결코 어떤 관념이나 사상으로 희석화되지 않는, 우리의 오감을 통해 그들의 소리를 듣고, 느끼고, 만지고, 냄새 맡을 수 있는 감각적 대상물임을 경험적으로 체득하고 있다. 따라서 소로는 이 책에 실린 에세이에서 자연에 관한 객관적 묘사와 주관적 상상력을 결합하여 자신만의 독특한 세계를 그려내고 있다. "자연의 구석진 곳 어디에서든 아름다움을 발견하면 그것을 찬찬히 보는 데 필요한 한적하고 고요한 기분에 젖어 한 생명체가 지닌 말로 표현할 수 없는 그만의 비밀이 떠오른다. 그것이 얼마나 소박하고 내밀한지를 말이다. 이끼 속에 깃든 아름다움은 가장 신성하고 조용한 구석에서 음미해야만 한다"라는 구절에 소로의 이런 특질이 잘 나타나 있다. 자연을 자세히 들여다보는 세밀한 관찰이 "한 생명체가 지닌 말로 표현할 수 없는 그만의 비밀"을 깨닫게 한다는 것이다. 소로는 이런 방법을 통해 우리에게 하찮은 이끼 속에도 "가장 신성한 아름다움"이 있음을 보여주고 나아가 음미하도록 한다.

 소로를 자연주의자로 만든 것, 아니 나아가 그를 가장 뛰어난 생태작가로 만든 것은 다름 아닌 관찰이다. 소로가 말하는 관찰은 통제하고 정복하여 상품화하고 소비하기 위해 조사하는 것이 아니라 자연의 아름다움을 제대로 느끼며 바라보는 것이다. 「메사추세츠의 자연사」 말미에서 소로는 자신의 관찰 방법을 다음처럼 설명한다.

"올바른 관찰 태도는 몸을 수그리는 것이다"라는 말은 참 적절하다. 지혜는 조사하지 않고 바라본다. 오랫동안 바라보아야 비로소 제대로 볼 수 있다. 철학의 시작은 느린 법이다. 어떤 법칙을 발견해내고, 두 개의 다른 사실을 조합할 수 있는 사람은 가슴 속에 광기를 품고 있는 사람이다. '물은 위에서 아래로 흐른다'는 사실을 학교에서 배웠을 법한 시기를 생각해볼 수도 있겠다. 하지만 진정한 과학자는 자신의 섬세한 기관을 통해 자연을 더 잘 알게 될 것이다. 그는 다른 사람들보다 더 잘 냄새 맡고, 맛보고, 보고, 듣고, 느낄 것이다. 그의 경험은 더 깊고 섬세할 것이다. 우리는 추측이나 추론, 또는 수학을 철학에 적용함으로써가 아니라 직접적인 접촉과 교감을 통해 배운다. 윤리와 마찬가지로 과학 역시 연구나 논리적인 방법들만으로는 진실을 알 수 없다. 베이컨주의자도 다른 사람들만큼이나 허점이 많다. 아무리 기계와 기술의 도움을 받는다고 해도, 가장 건강하고 다정한 사람이 가장 과학적인 사람이며, 인디언의 지혜를 완벽하게 이해하는 사람이다.

인간이 만물의 영장이라는 교만의 높은 봉우리에 서서 자연 만물을 내려다보며 "조사"하는 것이 아니라 몸을 수그려 그들의 눈높이에서 자신의 온 감각을 열어 오랫동안 바라보는 것이 소로의 방법이다. 소로는 이런 겸손한 자세를 지녀야 단순한 지식이 아니라 참된 지식, 연구나 논리적인 방법으로는 도달할 수 없는 지혜를 얻을 수 있음을 강조한다. 이런 지혜는 무엇보다도 자연에 관한 피상적이고 물리적인 사실 너머 인간과 자연의 상호 의존적 관계에 대한 뜻깊은 성찰을 의미하는 것이다. 특히 그가 이런 사람을 "진정한 과학자"로 부르며 자신의 가장 중요한 연구 방법으로 추론이나 추측이 아닌 "직접적인 접촉과 교감"을 들고 있음을 주목해야 한다. 일반적으로 과학적 지식이 자연과 인간 사이의 더 심화된 분리와 조화의 상실인 데 반해, 여기서 소로가 말하는 인디언의 지혜 혹은 "아름다운 지식"은 인간과 자연의 대립적 관계에 의해 야기된 틈을 메우고 서로를 지구라는 생태계를 공유하는 "친구"라는 관점에서 이해할 수 있게 해준다.

이런 점에서 보는 행위는 소로에게 아주 특별한 의미를 지닌다. 그에게 자연 사물을 보는 것은 단지 우리 육체의 눈으로 사물을 보는 것 이상을 의미한다. 우리의 망막에 비치는 것은 그 사물이 가진 표피적인 모습에 불과하기 때문에 소로는 이보다 더 중요한 것은 우리가 마음의 눈으로 보는 것이라고 말한다. 우리가 지닌 상상력, 윌리엄 워즈워스(William Wordsworth)의 표현을 쓰면 "내면의 눈(our inner eyes)"이 이 표피적인 모습에 의미를 부여하는 것이다. 소로는 우리는 볼 준비가 되어 있는 것만을 볼 수 있다고 하면서 "사물들이 우리 시야에 보이지 않는 것은 그것들이 우리의 시선이 가는 경로에서 벗어나 있기보다는 우리의 정신과 눈을 그쪽으로 가져가지 않기 때문이다. 다른 어떤 젤리(jelly)에도 보는 능력이 없는 것처럼, 우리 눈 그 자체에도 보는 능력이 없기 때문이다. 우리는 얼마나 멀리 넓게, 혹은 얼마나 가까이 좁게 보아야 하는지를 깨닫지 못한다. 자연현상의 아주 많은 부분을 이런 이유로 인해 사는 동안 보지 못하게 되는 것이다"라고 주장한다. 이렇게 보면 소로에게 본다는 것은 오히려 관조(觀照)라는 말에서 보듯 내면의 눈으로 명상하는 동양의 관(觀)에 가깝다고 할 수 있겠다. 「겨울산책」의 다음 구절은 이런 "봄"의 행위가 얼마나 깊은 통찰을 가능하게 하는지를 잘 보여준다.

이 나무꾼의 역사를 알아볼 수 있는 흔적이 얼마나 많은지 보라! 이 나무토막을 보면 그의 도끼가 얼마나 날카로웠는지를, 그리고 도끼를 내리친 경사면을 보면 그가 어느 쪽에 서 있었는지, 그가 나무 주위를 돌지 않고 나무를 팼는지 혹은 손을 바꾸었는지의 여부를 짐작해볼 수 있다. 쪼개진 나뭇조각들이 휜 모습을 보면 그 토막이 어떻게 떨어져 나왔는지를 알 수 있다. 한 나무토막에는 나무꾼과 세계의 모든 역사가 새겨져 보관되어 있다.

앨도 레오폴드가 『샌드 카운티 연감(A Sand County Almanac)』의 「튼실한 참나무(Good Oak)」 장에서 벼락을 맞아 쓰러진 80년 된 참나무를 톱으로 자르며 그 동심원의 나이테 하나하나가 생긴 해의 역사적 사실을 추론하고 있는 것처럼, 여기서 소로는 나무꾼이 도끼로 자른 나무 파편을 통해 도끼날이 어떠했는지, 어느 쪽에서 팼는지, 손을 바꾸었는지의 여부도 알 수 있다고 말한다. 나아가 소로는 이 나뭇조각 하나를 자세히 들여다보면 그 속에 "나무꾼과 세계의 모든 역사가 보관되어 있다"라고 하며, 이를 시인의 상상력으로 포착해내고 있다.

관찰과 사색이라는 이중의 방법을 통해 과학적 진리와 시적 진리를 결합하는 것이 소로의 목적이다. 소로는 이런 이중의 렌즈를 통해 우리가 갖고 있는 잘못된 편견과 선입견을 교정하며 자연과 문명에 대한 새로운 관점을 제시하는데, 이런 태도는 자연과학에 대한 해박한 지식을 인문학적으로 해석해내며 시의 효용이 우리의 편견을 교정하는 데 있다고 주장하는 미국의 시인 A. R. 애먼즈(Ammons)에게로 이어지고 있다. 소로의 이런 태도를 가장 잘 드러내는 구절이 까마귀에 관한 「매사추세츠의 자연사」의 언급이다.

나는 까마귀가 백인들에 의해 우리나라에 들어왔을 거라는 글을 어디선가 본 적이 있다. 이 말을 믿느니 차라리 이 소나무들과 솔송나무들을 백인이 심었다는 말을 믿는 편이 낫겠다. 이 녀석들은 우리의 발자국을 따라다니는 스패니얼이 아니고 오히려 인디언의 음울한 영혼처럼 개간지 위를 휙휙 날아다니는데, 그런 모습이 내게는 자주 윈스럽이나 스미스보다는 필립이나 포우하탄을 떠올리게 한다. 까마귀는 암흑시대의 잔재이다. 그처럼 미미하지만 그렇게 그처럼 끈질긴 생명력으로 미신은 항상 세계를 지배한다. 영국에는 떼까마귀가 있고 뉴잉글랜드에는 까마귀가 있다.

영국과 미국에 사는 까마귀가 서로 다른 종인데도 불구하고 사람들은 까마귀를 백인들이 신대륙에 들여왔다고 말한다면서, 소로는 이런 우스꽝스럽고 터무니없는 미신이 끈질긴 생명력으로 세상을 지배하고 있다고 한탄한다. 여기서 그가 말하는 미신은 여러 가지가 있을 수 있지만 우선적으로는 그가 『월든』과 이 책에 수록된 에세이에서 집요하게 공격하고 있는 과학적 객관주의와 물질주의 혹은 문명에 대한 맹신 등이라고 생각된다. 이런 맹신을 타파하고 독자들을 놀래게 해서 관습적인 사고의 틀에서 벗어나게끔 하기 위해 소로는 과장된 진술과 역설, 아이러니, 패러디, 풍자 등의 수사적 전략을 자주 사용한다.

소로가 교정하려고 하는 가장 대표적인 편견이 자연과 문명, 혹은 문명과 야만에 관한 대중들의 견해이다. 자신이 태어나 자란 콩코드가 급속도로 산업화되는 과정 속에서 소로는 사람들에게 행복을 가져다주리라고 기대한 문명이 오히려 사람들의 삶을 돈의 노예로 전락시키며 왜소하게 만드는 것을 목격한다. 나아가 이런 문명이 인간 삶의 바탕인 자연을 무차별적으로 파괴하는 것을 보면서 그는 발전이라는 이데올로기에 사로잡힌 문명의 맹목성을 주시한다. 그리하여 마침내 모든 것을 이성과 논리, 금전적 가치로 판단하는 문명의 광기는 오직 자연이라는 영약(靈藥)에 의해서만 치유될 수 있다는 인식에 이른다.

건강은 사회 속에서는 찾을 수 없고 오로지 자연 속에서만 찾을 수 있다. 적어도 우리 발이 자연 가운데 서 있지 않으면 우리의 얼굴은 창백하고 납빛일 것이다. 사회는 항상 병들어 있고, 그래서 가장 좋은 사회는 가장 심하게 병들어 있다. 소나무의 향기만큼 건강한 향내가 사회에는 없고 고지대 초원에서 영속(永續)하는 생명체들처럼 폐부를 관통하며 생명을 복원시키는 향기도 없다. 그래서 나는 자연사 책을 일종의 특효약으로 곁에 두고 지내는데 그런 책을 읽으면 온몸의 상태가 정상으로 돌아온다. 자연은 병든 자에게는 정말 병든 것이지만, 건강한 자에게는 건강의 원천이다. 자연의 미가 지닌 특성을 깊이 생각하는 사람에게는 어떤 해(害)나 실망도 다가올 수 없다. 자연의 평정을 공유하는 사람이 절망이나, 영적 혹은 정치적 압제나 노역의 교리를 가르친 적은 없다.

자연에 관한 소로 사상의 핵심을 담고 있는 이 구절(「매사추세츠의 자연사」)에서 소로는 우리의 문명사회가 병든 사회임을, 그것도 가장 심하게 병들어 있는 사회라고 주장한다. 이는 문명이 우리로 하여금 온전한 인간이 되지 못하게 하는 질병이라는 스나이더의 주장과 맥을 같이하는 말이다. 나아가 그는 이 병든 사회를 치유할 약은 다름 아닌 자연이라고 단언한다. 여기서 소로가 말하는 자연은 "세상의 보존이 야생성(野生性) 속에 놓여 있다(In the wildness is the preservation of the world)"라는 소로의 가장 유명한 말에서 보듯 문명의 영역으로 편입되지 않은, 다른 말로 하면, 이성과 논리 그리고 인간의 지성 너머 존재하는 세계를 가리킨다. 그가 「산책」에서 "어떤 문명도 그 눈길을 감당해낼 수 없는 야생성을 내게 달라"라고 외치는 것도 문명에 의해 순화되고 길들지 않은 자연과 야성성 안에서만 인간 본연의 삶을 살 수 있기 때문이다.

소로가 「산책」 서두에서 자신을 자연의 대변인으로 자처하며 그 이유를 밝히는 다음 대목에서 야성(wildness)에 관한 그의 견해가 분명히 드러나는데, 야성은 실제 야생지역(wilderness)이 아니라 우리의 문명에 의해 훼손되지 않은 우리의 원래 정신적 태도나 가치를 가리킨다.

> 나는 자연을 위해, 절대적인 자유와 야성을 위해 한마디 하고자 하는데 이는 예의 바르기만 한 문화나 자유와는 대조되는 것으로서, 인간을 사회의 구성원이라기보다는 자연의 거주자 혹은 구성원이요 일부로 간주하는 것이다. 문명의 옹호자들은 충분히 많기 때문에 나는 극단적인 주장을 펼치려고 하는데, 그 때문에 아주 강한 진술이 될지도 모르겠다. 문명은 목사, 학교 위원회, 그리고 여러분들 각자가 알아서 할 일이다.

여기서 우리가 주목할 점은 소로가 자연과 절대적인 자유, 야성을 거의 동의어로 쓰고 있다는 사실이다. 야성은 모두 "예의 바르기만 한 문화나 자유와는 대조되는 것"이라고 주장하며 이런 것들에 관한 자신의 글쓰기의 목적이 인간을 "사회의 구성원이라기보다는 자연의 거주자 혹은 구성원이요 일부"로 되돌리려 하는 것임을 말하고 있다.

소로의 자연사 에세이 모두는 이런 점에서 보면 문명이라는 온갖 화려한 것들로 장식되어 있는 좁은 응접실을 벗어나 대자연의 광활한 품으로 나오라는 초대장이다. 소로는 이 번지르르한 응접실의 의자는 문명이 제공하는 안락의 상징이지만 사람들을 결국에는 앉은뱅이로 만들고 만다고 한탄한다. "적어도 하루에 네 시간을 모든 세상일에서 완전히 벗어나 숲과 언덕, 들판 위를 거닐지 않으면 나의 건강과 원기를 보존할 수 없다고 생각한다"라고 고백하는 그가 이른 아침부터 저녁까지 하루 종일 의자에 붙어사는 사람들의 놀라운 인내에 경탄하지 않을 수 없다고 고백하는 장면은 참으로 아이러니하다.

> 기술자들과 가게주인들, 그들 중 대대수가 —마치 다리가 서거나 걷기 위해서가 아니라 앉기 위해서 만들어지기라도 한 것처럼— 가게에서 오전뿐만 아니라 오후에도 내내 다리를 꼬고 앉아 있는 것을 보면 나는 때로 그들이 오래전에 모두 자살하지 않은 데 대해 어느 정도 칭찬을 들을 자격이 있다는 생각이 든다.
> 나는 얼마간 녹이 슬지 않고서는 단 하루도 방 안에 머무를 수 없는 사람이고, 그래서 저녁의 그림자가 햇빛과 이미 섞이기 시작해 하루를 벌충하기에는 너무 늦은 오후 네 시, 그 막바지 시간에라도 산책을 하러 살며시 집을 빠져나오는 데 속죄해야 할 어떤 죄라도 저지르는 듯한 느낌이 들었다. 나는 몇 주 혹은 몇 달, 나아가, 합하면 대략 몇 년 동안이나 자기들 스스로를 가둘 수 있는 내 이웃들의 도덕적 무감각은 말할 것도 없고, 그 인내력이 나를 놀라게 한다는 것을 고백한다. 지금 오후 세 시에도 마치 새벽 세 시인 양 앉아 있는 것을 보면 그들은 도대체 어떤 물질로 만들어진 건지 모르겠다.

소로에게 종일 의자에 앉아 하루를 보내는 것은 우리의 본성에 반하는 것이요 극심한 도덕적 무감각인 동시에 일종의 자살행위인 셈이다. 문명은 끊임없이 우리를 좁은 울타리에 가두어 우리가 자연과 상관없는 존재라는 환상을 부추긴다. 그러나 이런 삶은 자유와 자립을 포기하고 오직 문명이 요구하는 것에 복종하는 노예의 삶에 다름 아니라고 소로는 강변한다. 그가 『월든』의 서두에서 "사람들 대다수는 말없이 자포자기의 삶을 산다. 체념이라는 것은 확인된 자포자기이다. 절망의 도시에서 절망의 시골로 들어가며 당신네들은 밍크와 사향뒤쥐의 용맹을 보고 스스로를 위로해야 한다"라고 말하는 것도 같은 맥락이다.

소로가 「산책」에서 자세히 묘사하고 있는 것처럼 산책은 단순히 우리의 두 다리로 하는 운동이 아니라 우리의 몸과 영혼을 바깥 세계에 개방하는 행위이다. 그리고 이런 점에서 산책은 끊임없이 우리가 예기치 않았던 것들을 대면하게 해 우리의 사고를 확장하며 변화시킨다. "산책은 해방시킨다"라고 하며 "형태와 / 수직선과 / 직선 / 구역과 상자 그리고 / 사고의 속박"에서 벗어나 "색조와 음영 / 〔파도의〕 융기와 흘러가는 물굽이와 / 겹치는 광경들로" 나아가게 되었다는 A. R. 애먼즈의 「코슨즈 내안(Corsons Inlet)」의 구절이 소로의 산책의 특성을 잘 요약하고 있다. 우리의 생각과 행동을 구속하는 주입된 "사고의 속박"에서 벗어나 자기 발로, 자기 눈으로, 자기 귀로, 자기 손으로 직접 체험하는 것만이 참된 앎이 될 수 있는 것이다. "먼지로 뒤덮인 길을 가는 지친 여행자들에게 가장 큰 위안이 되는 것은 그의 두 발이 거쳐가는 길이 너무나도 완벽하게 인간의 삶을 상징하고 있다는 점이다. 산을 올라갈 때가 있으면 골짜기로 내려갈 때도 있는 법이다. 정상에서는 하늘과 지평선을 바라보고, 골짜기에서는 다시 정상을 올려다본다"라는 구절에서 보듯 이런 산책이 우리 인생의 은유임은 두말할 필요가 없다. "서쪽으로 가는 것은 진취적인 기상과 모험심에 사로잡혀 미래로 가는 것과 같다"라는 소로의 말은 개간되지 않은 야성의 세계를 상징하는 서부로의 산책이 멈춘 인생은 더 이상 미래가 없는 "생중사(生中死)"의 마비된 삶임을 천명한다.

　이 책에서 가장 아름다운 다음 구절은 산책이 어떻게 우리를 사고, 특히 관습과 인습의 속박에서 벗어나 새로운 인식에 이르게 하는지를 여우를 통해 보여준다. "필페이와 이솝의 시대부터 현재에 이르기까지 네발 달린 들짐승을 통틀어 가장 친근하고 명성이 자자한 것은 여우이다"라고 하여 여우를 바라보는 우리의 시선이 이미 유구한 문화, 역사에 의해 제한되었다고 전제한 뒤에 소로는 "여우의 최근 흔적들이 여전히 겨울 산책길을 여전히 다채롭게 한다"며 여우의 발걸음을 묘사한다.

　눈 덮인 연못 위로 아무것도 신경 쓰지 않고 자유롭게 달리는 여우를 볼 때나, 빛나는 햇빛 속에서 산마루를 따라 여우가 지나간 길을 얼마간의 간격을 두고 쫓아갈 때면 나는 태양과 땅의 진정한 소유자가 여우인 것만 같아 그 모두를 여우에게 내주고 싶다. 여우가 태양 속으로 들어가는 것이 아니라 마치 태양이 여우를 쫓아오는 것 같고, 그 둘 사이에 분명한 교감이 있는 것 같다. 이따금 눈이 아직 뭉쳐지지 않아 보슬보슬 하고 5~6인치 정도만 쌓인 경우에는 여우를 발로 쫓아가 따라잡을 수 있다. 비록 이렇게 하다 곤경에 처하게 되는 경우도 있지만, 이런 상황에서도 녀석은 놀라우리만치 침착하게 가장 안전한 방향만을 선택한다. 겁을 먹은 경우에도 아름답지 않은 발걸음은 결코 떼는 법이 없다. 눈에 전혀 방해를 받지 않고 줄곧 체력을 아끼는 듯하는 여우의 걸음걸이는 표범의 빠른 걸음을 닮았다. 땅이 평평하지 않을 때는 땅 표면의 모양과 같은 우아한 곡선을 계속 만들어내며 나아간다. 여우가 달리는 모습을 보면 마치 등뼈가 없는 것 같다. 때때로 코를 땅에 박고 1~2로드가량을 가다가 자신이 가는 길이 만족스럽다 싶으면 고개를 높이 쳐든다. 내리막길에 이르면 앞발을 모은 채 내밀어 앞에 있는 눈을 밀어내며 재빠르게 미끄러져 내려간다. 어찌나 살살 걷는지 아무리 가까운 곳에서도 그 소리를 듣기 어렵지만, 아무리 멀리 떨어진 곳에서도 들을 수 있는 그런 음조(音調)를 지니고 있다.

필페이나 이솝의 신화 또는 동화에 나오는 여우는 교활하고 이기적인 짐승이지만 여기서 소로가 목격한 여우는 태양과 땅의 진정한 소유자, 대자연의 주인으로서 더할 나위 없이 우아하고 멋진 존재이다. 가장 가까이서 자세히 여우를 바라보고 관찰한 겨울 산책길이 지금까지 인류 모두가 빠져 있었던 잘못된 편견에서 소로를 벗어나게 해 여우의 참 모습에 눈뜨게 한 것이다. 태양과 교감하며 여우가 내딛는 우아한 발걸음은 어찌 보면 가장 이상적인 산책자의 모습이라고도 할 수 있을 것이다.

자연주의자 소로가 설파하는 복음의 주된 교리 중 하나는 자연이 가장 위대한 교사이며 우주 전체가 우리의 학교라는 사실이다. 소로는 "나는 견습 기간을 거쳤으며, 그 이후 허클베리 밭에서 밑바닥 일도 꽤 했다. 내가 그런 식으로 해서 학비와 옷값을 지불해본 적이 없지만, 그것은 내가 받은 최상의 교육이었다"라고 말한 뒤 그럼에도 사람들이 "왜 그렇게 서둘러 허클베리 밭에서 대학 운동장으로 가려고 하는가?"라며 의아해한다. 그는 모든 교육의 목적이 자아의 해방과 확장이라면 자신이 책을 통해서 얻은 것보다 바로 이 허클베리 밭 대학에서 더 많은 것을 배웠다고 고백한다. 일반 대학 강의실과 달리 이 교실에서는 "보거나 들을 만한 가치가 있는 것을 보고 들을 수밖에 없고" "교훈이 내게로 오기 때문에 그 교훈을 얻지 않을 수가 없"기 때문이라고 덧붙인다. 이 자연의 교사(校舍)에서 자연의 교사(敎師)가 가르치는 핵심적인 교훈은 「허클베리」 결론을 장식하고 있는, 자연에 순응하여 사는 삶의 중요성, 지극히 평범하지만 그렇기 때문에 숨쉬는 것만큼이나 중요한 삶의 지혜이다.

모든 바람에 몸을 내맡겨라. 어떤 계절이든 당신의 모든 구멍을 열어 자연의 온 기운을, 모든 하천과 대양을 들이마셔라. 독기와 감염은 몸 밖이 아니라 몸 안에서 생긴다. 자연이라는 위대한 영향력을 받아들이는 대신 자연법칙에 어긋난 삶을 살다 무덤가에 이른 병약자는 그렇게 여전히 부자연스러운 삶을 지속하면서 특정한 풀로 만든 차만을 마시는데, 이는 바람구멍에서는 절약하지만 마개에서는 낭비하는 셈이다. 그는 자연도 자신의 삶도 사랑하지 않은 채 병들어 죽어가기에 그를 살릴 수 있는 의사는 없다.
봄에는 푸르고 가을에는 노랗게 무르익어라. 물병처럼 각 계절의 영향력을 마셔라. 너를 위해 특별히 조제되어 어떤 치료에도 쓰일 수 있는 진정한 만병통치약이다. 여름의 물병은 사람을 아프게 하는 일이 없으며 그의 지하저장실에 저장해둔 물병만이 사람을 아프게 한다. 네가 빚은 포도주가 아니라 자연이 담아준 포도주를, 염소나 돼지가죽에 보관한 포도주가 아니라 가지각색의 고운 베리 껍질에 담긴 포도주를 마셔라.
대자연이 너 대신 담고 절이고 보존하게 하라.
모든 자연은 매순간 최선을 다해 우리를 건강하게 한다. 자연의 존재 이유가 달리 있는 것이 아니다. 자연에 반항하지 말라. 아무리 약한 체질이라도 병들지 않을 것이다. 사람들은 온 자연이 아니라 몇몇 야생 것들만이 유익하다는 것을 발견했고 알아냈다고 생각한다. 물론 자연은 건강의 또 다른 이름일 뿐이다. 자신이 봄 혹은 여름, 가을, 겨울에 몸이 좋지 않다고 생각하는 사람들이 있는데 여러분들이 말장난을 용서한다면 이는 그들이 참으로 그러한 계절 속으로 잘, 즉 제대로 들어와 있지 않기 때문이다.

자연주의자 소로가 자연사 에세이 전체를 통해 설파하려고 하는 교훈이 그의 아름다운 문체에 담겨 있다. 문명이라는 저급한 것—「야생사과」의 표현을 빌면 사과 본연의 천상적이고 영묘한 모든 특성이 사라져버리고 "오직 과육과 껍질 그리고 고갱이만" 남은 시장에 나온 사과와 같은 것—에 도취되어 그것이 최고의 사과인 양 먹고 즐기는 우리에게 진짜 사과는 시장에서 사 먹을 수 있는 것이 아니라 야생의 들판에 서 있는 사과나무에서 직접 따 먹어야 한다고 소로는 말한다. 문명이 가져다준 무기력과 나태는 야생이라는 얼얼하고 톡 쏘는 강장제에 의해서만 치유가 가능하기 때문이다. 그의 말대로 "삶은 야성과 함께 공존한다. 가장 살아 있는 것이 가장 야성적"이고 그렇기 때문에 이 야생성 속에서만 세상이 아니 우리가 온전히 존재할 수 있는 것이다.

소로 책을 번역하는 일의 어려움은 익히 알려진 사실이지만 이 책을 번역하는 일은 특히 자연사 자체에 대한 방대한 지식이 요구되었기 때문에 이중의 어려움이었다. 소로가 살던 당시 뉴잉글랜드 지역의 역사와 생태에 관한 거의 박물학적 지식이 없이는 글 속으로 깊이 들어가기가 쉽지 않았고 소로가 언급하는 수많은 고전과 인물들에 관한 인유와 동식물들에 관한 적합한 번역어를 찾는 작업이 쉽지 않았다. 옮긴이의 힘이 미치는 범위 내에서 최대한 주를 달았지만 아직도 미흡한 감을 떨쳐버릴 수 없다. 생태와 자연사에 관한 책을 번역할 때마다 부딪히는 최대 어려움 중의 하나는 동식물에 관한 적당한 한국말을 찾는 것인데 여기서도 마찬가지였다. 식물들은 같은 이름을 지니고 있어도 지역에 따라 고유종이 많아 그 특성이 다 다르고 또 어떤 종들은 라틴어 학명만 있고 널리 통용되는 일반 명칭(common name)은 아예 없기도 하다. 이 경우 소로도 라틴어 학명만 쓰고 있어 한글 번역판에도 그대로 학명만 기재하였다. 영어 berry는 장과(漿果)라는 한국말이 있지만 berry만 따로 떨어져 있는 경우는 장과로 번역하는 것이 가능하였으나 huckleberry, billberry, snowberry 등과 같이 한 단어로 연결되어 있는 경우 허클장과, 빌장과, 스노우장과 등으로 번역할 수 없었기에 베리라는 말로 통일하였음을 일러둔다. 아울러 naturalist는 문예사조로서의 자연주의 작가들과 혼동을 피하기 위해 박물학자라고 번역해야 한다는 주변의 의견도 있었지만 자연주의자로 옮겼다. 이 용어가 자연애호가, 박물학자 등을 뜻하는 말로 통용되고 있고 또 이 책의 제목과도 상응하기 때문이다. 또한 hardwood를 활엽수를 번역하였는데 이는 포플러 나무 같은 예외가 있긴 하지만 일상적으로 학자들 사이에서도 통용되는 개념이고, hardwood의 사전적 역어인 견목(堅木) 혹은 경목(硬木)이라는 말은 보통 목재에 적용되는 말이라 살아 있는 나무에 적용하기에는 부적합하기 때문이다. 외래어 표기는 국립국어연구원의 '외래어표기법 및 표기 용례'를 따랐지만, 그리스·로마 신화와 그 관련 인명·지명 등은 원어 발음을 존중하여 표기한 이재호·김원중의 『서양문화지식사전』(현암사)을 기준으로 삼았다.

    소로는 만연체의 대가로서 그의 문장은 수식이 또 다른 수식으로 끊임없이 이어져 마치 물 흐르듯이 흘러간다. 그런 만큼 한 문장이 반 페이지 심지어는 한 페이지가 되는 경우도 종종 있다. 『월든』을 위시해서 지금까지 국내에서 간행된 소로 책들은 가독성과 독자들의 편의를 위해 이런 긴 문장들을 짧은 단문으로 잘라 번역되어 있다. 그러나 글의 내용뿐만 아니라 문체도 그 책의 일부분이고 그런 문체를 작가가 선호한 경우 거기에는 작가 나름의 분명한 이유가 있으므로 함부로 변경해서는 안 된다는 게 옮긴이의 생각이다. 소로 학자들과 얘기해본 바에 의하면 소로는 애초부터 자신의 글이 술술 읽히는 것을 원치 않았다고 한다. 자신의 글이 정보를 전하는 글이 아니기에 소로는 독자들이 글을 읽다 문맥을 잃고 "이게 무슨 의미지?"라고 하며 다시 돌아가 곰곰이 생각해보기를 원했다는 것이다. 이런 점을 염두에 두고 이 책을 번역하는 동안 옮긴이는 의미를 전달하는 데 불가피한 경우를 제외하고는 원문의 리듬을 그대로 따라가려고 노력했음을 밝혀둔다.

　　이 원고를 준비하는 과정에 수많은 사람들의 도움을 받았다. 수없이 많은 어렵고 이해하기 힘든 구절의 자문에 기꺼이 응해준 아이오와대학의 크리스토퍼 메릴(Christopher Merrill) 교수와 강원대학교의 신두호 교수, 성균관대학교 동료 교수인 사이먼 에스톡(Simon Estok) 교수, 그리고 여러 단계의 원고를 읽고 다듬어준 성균관대학교 제자인 이영현, 김유곤, 신혜연, 허선경, 이예미, 한진경에게 감사의 마음을 전한다. 아울러 부족한 원고를 멋진 책으로 만들어준 아카넷 출판사의 김일수 팀장과 좌세훈 편집자에게 깊이 감사한다. 아무쪼록 이 책이 생태주의자이자 자연주의자로서 소로의 또 다른 모습을 널리 알리는 계기가 되어 생태와 자연에 관한 그의 깊은 성찰이 환경의 오염과 생태계의 파괴로 절체절명의 위기에 봉착한 우리들을 깨우는 수탉의 울음소리가 되길 기대한다.

2013년 2월
김원중

지은이
:: 헨리 데이비드 소로 Henry David Thoreau

『월든』의 저자로 널리 알려진 소로는 미국의 저명한 작가이자 시인인 동시에 철학자, 자연주의자, 노예해방론자이다. 그는 1817년 미국 콩코드에서 태어났다. 어릴 적부터 자연을 좋아해 가족들과 함께 탐조여행을 하고 보트 타기를 즐겼다. 하버드대학 졸업 후에 일정한 직업 없이 측량기사 일을 하며 산책을 즐겼다. 매사추세츠 주 고향 주변의 자연을 관찰하여 『저널』에 기록하였는데, 1837년부터 1861년까지의 방대한 기록을 담고 있고 현재 프린스턴대학출판부에서 16권으로 편찬 중에 있다. 소로의 작품 대부분이 이 『저널』에서 비롯했다. 대표작으로는 『월든』 이외에도 『콩코드 강과 메리맥 강에서 보낸 한 주』, 『메인 숲』, 『케이프 코드』 등이 있다. 1862년 폐결핵으로 사망하였다.

옮긴이
:: 김원중

성균관대학교 영어영문학과와 같은 대학원을 졸업하고, 미국 아이오와대학교 대학원에서 박사학위를 받았다. 현재 성균관대학교 영어영문학과 교수로 재직 중이며 주로 생태와 환경에 관한 글을 쓰고 있다. 우리나라 시를 영어로 번역하는 작업을 꾸준히 하여 김지하, 정현종, 신경림, 황지우 시선과 *Cracking the Shell: Three Korean Ecopoets* 등 10권의 책을 미국에서 출판하였다. 지은 책으로 『브라우닝 사랑시연구』와 『서양문화지식사전』(공저), *East Asian Ecocriticisms: A Critical Reader* 등이 있고, 옮긴 책으로는 『인디언의 복음』, 『숲에 사는 즐거움』, 『샤갈의 아라비안 나이트』, 『샤갈의 다프니스와 클로에』, 존 뮤어의 『나의 첫 여름』 등이 있다. 문학과환경학회 창립 멤버로서 회장을 지냈다.

한국연구재단총서 학술명저번역 서양편 536

소로의 자연사 에세이

1판 1쇄 찍음 | 2013년 2월 22일
1판 1쇄 펴냄 | 2013년 2월 28일

지은이 | 헨리 데이비드 소로
옮긴이 | 김원중
펴낸이 | 김정호
펴낸곳 | 아카넷

출판등록 2000년 1월 24일(제2-3009호)
100-802 서울시 중구 남대문로 5가 526 대우재단빌딩 16층
전화 | 6366-0511(편집) · 6366-0514(주문)
팩시밀리 | 6366-0515
책임편집 | 좌세훈
www.acanet.co.kr

ⓒ 한국연구재단, 2013

Printed in Seoul, Korea.

ISBN 978-89-5733-281-8 94840
ISBN 978-89-5733-214-6 (세트)